全球暢銷30年經典

九型人格聖經

認識自己，理解他人，找到轉化的力量

美國九型人格祖師級權威 海倫・帕瑪 Helen Palmer——著 張佳棻——譯

THE ENNEAGRAM

UNDERSTANDING YOURSELF AND THE OTHERS IN YOUR LIFE

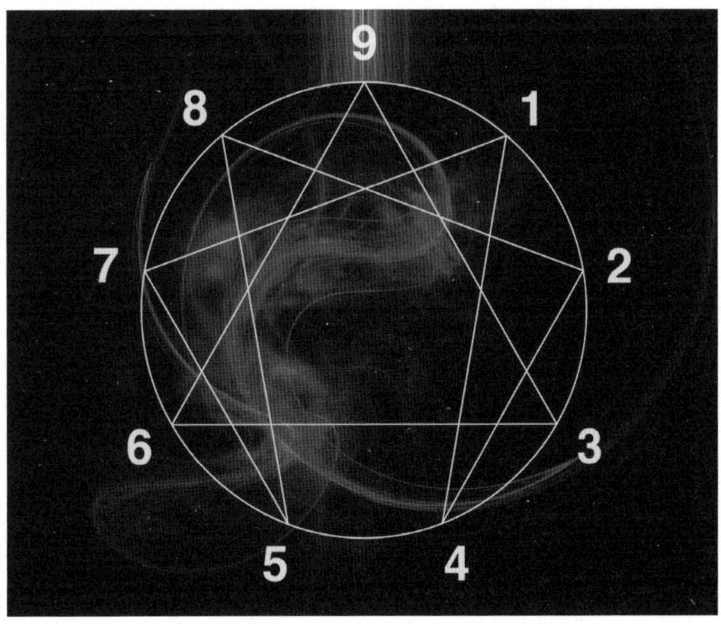

獻給本書中的幾百位個案，他們觀察自己的內心戲，
並把自己的故事貢獻出來。

還要獻給約翰．潘特蘭爵士（Lord John Pentland），
謝謝他為我提供的諮詢及友誼。

前言——對於實相的覺醒

我這輩子還沒遇過有人對「人格」一點都不感興趣——特別是進一步了解自己的人格或是類型。這樣的興趣可以追溯到我念研究所的時候，我專攻「人格」這個領域，因此做了任何我找得到的心理測驗，期待它們可以告訴我更多關於自己的事情，我身邊大部分的同學也像我一樣。

為什麼我們對於認識自己那麼感興趣？

第一個動機是單純的好奇：理智和情感的運作方式非常有趣。為什麼我會以某種特定的方式看待這樣的狀況？為什麼我的感覺是這個樣子但其他人卻有不同的感受？當我和朋友面對某個共同的情況，對這件事也有相同的了解，為什麼在我感到沮喪的時候，他卻覺得生氣？思考這些事情非常有趣，和其他人聊聊這些事情也很好玩。

第二個動機相當實際：我們的生活充滿了許多痛苦。身體的疼痛、沒有達成的期望、各種瑣碎的煩惱和延誤、其他人對我們不好，諸如此類，這些問題都為我們帶來了許多痛苦。受苦的時候，我們通常都會責怪外在的境遇：如果我沒有背痛就好了、如果承包商即時出現、如果通勤沒有花掉那麼多時間、如果其他人可以賞識我的才氣和魅力，我才能真的快樂起來。不過，如果我們對自己有一些認識，就會發現，雖然外在有許多讓人煩心的事情，我們也不必要為自己製造許多痛苦：如果我沒有彎腰搬重物；如果我沒有不必要地給自己安排那麼緊張的截止日期；如果我提早十分鐘出門上班，就不會有時間壓力；如果我沒有那麼渴望其他人的認同，生活就不會那麼難過。我之所以在這個自顧自運轉的世界裡覺得不耐煩，而且經常感到痛苦，是不是因為自身人格的關係？

為什麼我的類型讓我那麼在意其他人的認同？雖然在理智上我知道這件事一點也不重要。

為何我們會以特定的方式行動和感受？傳統心理學的人格理論可以為我們提供一些洞見。這些理論很少能真正改變我們的內在，然而正是內在的某些部分讓我們不必要地受苦。這些理論的實際效果不如它們所提供的洞見，之所以會如此有很多原因。比如說，在了解一種人格理論之後，我們獲得的見解可能是錯誤的；因為我們對於其中某些想法產生了誤解。此外，所有的人格理論都只有部分的真實性，某個系統或許富於啟發性、而且於情於理都相當有說服力，卻不一定能夠運用在實際的生活中，反成了自我改變的障礙。同樣地，我們的人格之中還有一些對於真正的自我了解並不那麼感興趣的面向（比如說，自大），這些面向可能會妨礙我們，讓我們無法有效地利用這些人格系統。有時候光是理性的見解遠遠不夠：我們還需要情感上的理解，這通常必須透過有技巧的諮商心理師或是治療師的幫助；這種情感上的理解，也可能來自某個強烈的生活事件對我們造成的驚嚇。

許多人在理智上都覺得人格理論很有趣，但是對於它們的實際效用通常都會感到失望。關於這一點還有另外一個重要的原因，那就是幾乎所有廣為人知、被普羅大眾接受的人格系統，都無法超越日常生活。

大部分的人會去找諮商師或是治療師，都是因為他們覺得自己無法「正常」表現而感到苦惱。他們覺得和別人交往很困難、覺得自己很糟或是習慣性地自我防衛，這造成了很大的痛苦。他們希望自己就像正常人一樣，他們覺得正常人可以輕易地和別人交往、有著良好的自我感覺、而且不會把自己的生活搞得一團糟。正常的生活當然會有高低起伏，而心理諮商和心理治療，有時候（很少每次都有效）的確能幫助人們活出更好的、「正常的」日常生活。

一九五〇年代，心理治療師發現了一種新型的患者，我在我的著作《覺醒》（*Waking Up*）中，把這種患者稱為「成功的不滿者」（successful malcontent）。這種類型的人就當代的社會標準來看，通常都是成功人士，他們有體面的工作、還算不錯的收入、過得去的家庭生活，在社群中也受到眾人的認可和尊重：在我們的社會裡，這些條件都是獎賞，理應為我們帶來快樂。然而成功並不代表人生從此再也沒有痛苦和困難：有些痛苦和困難是日常生活的一部分，而且也以這樣的態度被概括承受。這些「成功的不滿者」，知道自己就一般的標準來說相當「快樂」，但是他們仍然轉向心理治療，因為他們覺得這樣的生活依然有些「空虛」。生活中除了金錢、工作、消費產品、社交生活，難道就沒有別的了嗎？這一切到底有什麼意義？

基於人性和個性等傳統理論的舊有治療方法，對於這些人來說沒有什麼幫助（現在還是一樣）。傳統的治療方法可能會梳理患者的人格結構，找出一些在過去沒有被注意到的細節，就人格的起源提出一些有趣的看法，但是對於最重要的問題，即生活的深層意義，卻在相當大的程度上略而不談。就像我之前說的，幾乎所有廣為人知、被普羅大眾接受的人格系統，都無法超越日常生活的範疇，但是對於「成功的不滿者」來說，他們的治療必須要進入比日常生活的範疇還要深的地方。

「成功的不滿者」的出現，促成了「人本心理學」（humanistic psychology）和「超個人心理學」（transpersonal psychology）的發展。對於這兩個心理學派來說，就日常生活以及為了因應日常生活所必要的人格而言，過去的心理學知識有其功用；但是它們還發現，人性之中還有存在性的、靈性的重要面向。當一個人成功地發展出日常生活所需的各種技巧，如果他想要保持健康快樂，就必須在存在性、靈性的面向繼續成長。處理普通生活的人格理論，在某個限度之內都還算有幫助，但是一旦我們的成長必須超過那個限度，這些理論的局限性就變得顯而易見。我們開始對它們感到失望，但是沒有辦法確切地知道為什麼事情會變成這樣。

當我在研究所學習人格理論的時候，就對生活中的靈性與超個人向度有著強烈的興趣，因此也發現傳統心理學對於認識人類有其作用，但是仍然有許多局限。

唯一的例外是榮格「集體潛意識」（collective unconscious）這個概念，它開了一扇門，讓我們通往存在的靈性面向。不過，心理學或心理治療這個行業，對於榮格的接受度並不是很高，因此，他的想法並沒有成為一套能夠被普遍應用的工作體系。我後來發現，世界上各個靈性體系都隱含了一套自己的人格理論和心理學（請參閱拙作《超個人心理學》〔*Transpersonal Psychologies*〕），這些靈性體系對於超越日常生活的個人成長提供了很大的可能性。其中一個特別的體系，「九型人格」（Enneagram），在實際的應用上有著很高的價值，但是當《超個人心理學》在一九七五年首次出版的時候，我只能在書裡介紹一些梗概。

「九型人格」這個詞彙來自於葛吉夫（G. I. Gurdjieff），他開創性地修正了東方的靈性教導，讓它們能夠為西方人所用。他的教導使用了九型人格的基本形式，並且透過他最知名的學生鄔斯賓斯基（P. D. Ouspensky）所寫的《探索奇蹟》（*In Search of the Miraculous*）一書廣泛地流傳開來。葛吉夫說得相當明白，正是人格裡的缺陷為我們帶來了不必要的痛苦。他說每個人都有一個「主要特徵」（chief feature），它是我們人格的軸心，我們人格裡許多虛妄不實的面向便是圍繞著它發展出來。如果我們能夠找到這個「主要特徵」，便能更有效地了解並且超越這些虛假的面向——葛吉夫稱之為「虛假人格」（false personality），因為這些人格特質大多是小時候被強加在我們身上的，而不是出於我們自由意志的選擇。葛吉夫顯然將九型人格運用在他和自己學生的工作上，不過據我所知，他沒有對自己的學生透露和這個系統相關的任何細節。

一九七二年，我第一次聽說九型人格這個理論，那時候我在研究所開了一堂以「轉化的意識狀態」（altered states of consciousness）為主題的課程。我的一位學生——喬恩・考文（Jon Cowan），跟我說了一些九型人格的事情，還說他已經「找到我的類型」（typed me）。接著我和考文共進了幾次午餐，他為我解釋九型人格的基本原則，把九型人格圖畫在餐巾紙的背面給我看（在餐巾紙的背後交換令人興奮的點子，是科學界一個源遠流長的傳統）。那個時候我對成長的渴望非常強烈，於是加入了柏克萊大學的一個研究小組，主持人是智利的精神病學家克勞迪歐・納蘭霍（Claudio Naranjo），我的學生就是在這裡接觸到九型人格理論。納蘭霍將九型人格的基本系統和現代的心理學知識，以一種非常巧妙的方式結合起來。

我後來得知，納蘭霍過去在智利就學的時候，從奧斯卡・伊察佐（Oscar Ichazo）那裡學到九型人格的基本理論，伊察佐本人則是宣稱他從一個名為「薩爾蒙尼兄弟會」（Sarmouni Brotherhood）的神祕學校習得九型人格，據說葛吉夫本人也在那裡學習過。這聽起來既迷人又浪漫，但是卻讓我這樣一個年輕科學家感到有些坐立不安，我狂熱地想要將理性和非理性區別開來，如果科學真的可以用來解釋靈性的話。祕密兄弟會可能存在，可能不存在，但是在科學界裡談論這些事情，無異於在一頭狂牛面前揮舞紅色的旗幟！我那時候研究了許多不見容於心理學界的主題，像是靜心、意識轉化狀態以及超心理學（parapsychology），要再去接觸一個顯然超越日常生活範疇的神祕主義體系似乎不太明智。不過，九型人格理論之所以吸引我，正是因為它超越了日常生活的範疇，它討論了存在性和靈性的美德，如果我們可以重新找回基本的生命能量，不再讓它流向病態的自我防禦、對抗我們的真實本性，我們就可以進一步發展這些美德。

所以我試著從九型人格系統抽離開來，但是我有一個感覺，或許我可以把它當成一套觀念體系，以這種態度對它進行評價，不去理會它的「神祕學」起源，或是傳統心理學界可能會有的成見。如果我們把它當成一種和人格理論相關的心理學知識、一個觀念體系或是一套人格理論，九型人格理論非常令人驚豔。毫無疑問，它是我見過最複雜、最細緻的人格理論系統。我的意思不是說它會讓我們的腦袋打結，而是說它非常實用，而且在背後有著相當複雜的思想架構。傳統的人格理論系統大多是以比較為主要方法，如此一來人格經常被過度簡化。

雖然科學家大大地強調「客觀」這件事情，但我自己和許多其他人的研究讓我相信，我們在進行研究工作的時候，大部分的時候其實都帶著偏見和主觀。不過正是因為試圖保持客觀，科學才沒有變成某種枯燥乏味的學院派哲學。如前所述，我對九型人格抱持著正面的態度，就是為了盡我所能，以當代的心理學知識來評價這一套系統。當然，我個人對於九型人格的反應也是重點所在。當我知道九型人格對於我這個類型的解釋，那真是我這輩子最具啟發性的時刻。回顧生命中各種讓我困惑的事件和我對它們的反應，在九型人格的解說之下，一切都變得言之成理了。更重要的是，我發現我對待生命的態度有其缺陷，但是現在我有一套方法可以改變它。在了解朋友們的人格類型之後，我開始能夠理解他們的行為，我們的互動變得更順暢，我也成了一個更體貼的朋友。從第一次知道我的人格類型以來，我獲得了一系列的洞見，之後幾年，在我個人成長的路途上，這套系統持續地為我提供了許多幫助，證明了它的效用。

過去曾經有許多年，只有克勞迪歐・納蘭雍和奧斯卡・伊察佐的學生能夠接觸到九型人格理論，作為密集、小型的心靈成長工作的部分課程。這或許也是介紹這個理論的最佳方式，因為在團體中，學生更有可能去試著應用它。然而現今有許多人，特別是「成功的不滿者」，他們試著要了解自己、超越自己，於是做為一種傳播媒介，小團體的局限就變得相當明顯。因此，海倫・帕瑪寫的這本書是一份天大的禮物，她分享了她對於九型人格的了解，並且將她自己的研究成果——她針對「直覺的發展和應用」這個題目所進行的大量工作和生產的特殊知識——加進了九型人格的基本架構。她認為九型人格的每一種類型，都是建立在某種感知／錯誤感知上，這一點對我們尤其有幫助。

我相信這本書的內容可以為人們帶來極大的幫助，不僅僅只是讓人們認識自己的類型，還能幫助他們超越這些類型。九型人格理論並非個人成長的唯一方法，但它確實是非常有用的一個。作為一個體系，它遠遠稱不上完美，就像帕瑪在書中指出的，如果要繼續發展，它還需要更多的實證和科學研究——就算是這樣，它依然是一個相當實用的系統。

當初發現這個系統的那種興奮感受已經淡去，走過十五個年頭，我仍然覺得九型人格理論能夠幫助我們了解其他人，對他們感同身受，並且與他們建立良好的關係。然而要記住的是，書本、課程還有基於九型人格的個人諮商，只能傳達和現實有關的概念，而非現實本身。就像古老的禪宗寓言提醒我們的，指向月亮的手指頭並不是月亮本身。

九型人格理論內含的認知／情緒架構，能夠幫助我們了解、轉化我們的人格，但它不是絕對的真理，無法完全反映我們時時刻刻都在變動的存在狀態。它是一種人格類型理論，和傳統的心理學方法相較，九型人格更能夠提醒我們：即使我們已經不再需要自我防衛，大多時候依然住在一個假想的世界裡，並且將關於現實的想法和感覺當成現實本身。以這種態度來運用九型人格理論，這個系統對於所有的人來說都會是一個很棒的工具。如果我們把它當成絕對的真理，或者從此不再留意觀察自己或其他人，九型人格理論就會像其他觀念體系一樣，墮落成一種我們看待自己和其他人的新型刻板印象，這麼一來我們就像是醒時作夢，繼續活在生活的幻覺中。這本書提供了一個強大的工具：但願你可以利用它來達成個人對於實相的覺醒，喚醒我們內在深處的本性。

查爾斯．塔特（Charles T. Tart）

加州大學戴維斯分校（University of California at Davis）心理學教授

編按：艾瑞卡學院出版社（Arica Institute Press）出版了許多由奧斯卡．伊察佐（Oscar Ichazo）撰寫的書籍和文章，它們記述了伊察佐先生的「九型人格」理論。而本書的作者海倫．帕瑪，就九型人格的實際應用發展出了自己的理論，用來了解人格及其和「高度覺知狀態」之間的關係，這和伊察佐先生所闡述的九型人格相當不同。海倫．帕瑪，以及哈波柯林斯出版社（Harper Collins），和艾瑞卡學院並無合作關係，這本書也沒有經過艾瑞卡學院或是伊察佐先生本人的背書或是授權。

第一部

九型人格理論基礎

01 人人都在九角星圖之內

九型人格理論起源於古老的蘇菲教派，它描述了九種不同的人格類型，以及它們之間的相互關係。這個教導能夠幫助我們辨認自己的類型，讓我們知道如何處理自己的問題；了解我們的同事、戀人、家人和朋友；並且學著欣賞每個類型的潛能，像是移情、全知與愛。這本書可以促進你的自我了解，為你打造更美好的人際關係，並且讓你熟悉專屬於你這個心智類型的特殊能力。

九型人格理論是一種教學傳統，它將人格特質視為導師或是潛能的指標。在我們發展高等意識狀態的時候，這些能力便會顯露出來。這個模型描述了人類可能的進化層級，以人格為起點，進化到一系列不尋常的人類潛能，如移情、全知與愛，不過這本書的圖表僅僅就完整的理論模型提供了部分的視野。當我們把焦點放在九種類型的時候，絕對不能忽略這個大的脈絡，這點非常重要，因為完整的九型人格理論，是少數幾個處理人格和其他層次人類潛能的意識模型。這個系統的力量仰賴一個事實：一些看似尋常的人格模式，一些被我們視為神經質的情感和思考的習性，在這個系統中都被當成通往高等覺知狀態的潛在途徑。

因為我們把大部分的注意力聚集在思想和情感上面，認為我們就是這些思想和情感[1]，所以九型人格對於人格類型的描繪，對我們來說有著明確的價值。

然而，假設我們的人格或是每個人心目中的「自己」，事實上只是人類發展過程中的一個面向，那麼我們的思想和情感就某個層面上來說，一定是某種預備站，讓我們可以了解自己下一階段的演化。從這個擴充的心理學觀點來看，我們可以把自己的神經質傾向視為老師和好朋友，它能帶領我們光榮地進入下一個發展階段。就像九型人格理論指出的，如果我們的人格是帶領我們邁向更高意識狀態的墊腳石，那麼去學習和自己人格特質相關的應用性知識，可以讓我們成為更有效率、更快樂的人；有了這樣的知識，我們就能學著將人格擺到一邊，讓下一階段的意識狀態得以開展。

蘇菲教派的口述傳統

九型人格理論是口述教學傳統的一部分，要傳述九型人格，最好的方法，依然是親自去看、去聆聽一群同類型的人談論自己的生活。如果你看到、聽到一群口條清晰而又樂於表達的人提出類似的觀點，這個場景所傳達出來的關於這個系統的力量，是這些話語的文字稿遠遠比不上的。一個小時之後，一群在最初看起來體態各有不同的人漸漸趨於一致。旁觀者可以感覺到他們的相似之處：身體姿態、情緒的調性、臉上緊繃的部位，還有散發出來的個人氣質（這是更細微的類型指標）。當某個類型的人物在揭露自己的時候，觀眾席會瀰漫著一股明確的存在品質。每一種類型都會為現場帶來一種獨特的感受，一種和其他類型完全不一樣的品質，或者我們可以把它稱為該類型的存在感。

同類型的一群人可能在一開始看起來毫無共同點，這是因為觀者通常都會先注意他們的性別、年齡、種族、職業以及個人風格。然而，不到一個小時，他們就會出現某種一致性：他們過去的生活、他們所做的人生抉擇、他們的喜好、他們的生活目標；他們試圖逃避什麼又夢想著什麼。如果你可以把注意力從表面的穿著特色和迷人的笑容移開，你會發現他們甚至連長相都變得有點類似。當你不再注意表面的線索，你就能夠開始體會這個類型的成員共有的渴望和困境，進而辨識出他們的類型。

這九種類型之中的每一個都以相當不同的方式看待世界，如果你可以學會跟隨其他人的內在感受，你便能跳出自己的視角，真正去了解你周遭親朋好友的本質，而不是盲目地相信他們就是你所認為的那個樣子。如果你可以順著其他人的行事作風來看，你就能夠對他們的處境感同身受。當你從其他類型頭腦的觀點來看這個世界，你立刻就會明白，每個類型都受制於一種系統性的偏見。

每次當我聆聽同類型團體的生命故事，並且在其中發現自己生活的主要特徵，總是會為九型人格的力量感到動容。這些都是現代的故事，傳述的地點在廣告代理商、超級市場、大學課堂以及靜心的會館。講述這些故事的人有著和我一樣的思考模式，他們的生活方式就像是我的生活方式一樣。我知道我可以信任他們所提供的訊息、諮詢，以及他們對於自己的新發現。

讓這樣的個人歷史傳述更加驚人的是，當他們在進行深入又個人的自我揭露時，都帶著一種暫時將自己擺到一邊的意圖。當你訴說自己的故事，當然是想要釐清某些驅動你生命的模式如何運作。但是在這些例子當中，自我了解的目的，是要學著觀察自己內在的這些模式，然後把注意力從中抽離開來，讓自己最後可以把人格放到一邊。對於一個探究不同意識狀態的系統來說，把人格「放到一邊」，不僅僅意謂著去處理一個問題，讓痛苦消失就好。

把人格放到一邊的用意，是把注意力從思想和情感當中抽離開來，這樣我們才能注意到其他的感知方式。

在這本書中，個案的談話都是聽著錄音帶謄寫下來，這些人在公開的討論會按照他們的類型進行發言。他們自願參加並且公開揭露自己的內心世界，讓觀者能夠透過他們說的話來學會辨認不同的類型。當我對其中一些參與者進行訪談，我的注意力總是放在到底是什麼讓一個類型有別於其他的類型，所以我提出的問題還有措辭，都著重在這九種人格類型的獨特之處，而不是它們的相似性。

我必須強調，人們以各種不同的方式彼此互異，我們在人際關係中遭受的許多痛苦，都是因為我們對別人的觀點視若無睹。我們不明白自己的親朋好友都是以各自的方式過活，每個人都有著只屬於自己的獨特現實。

舉例來說，每對情侶都得花上許多心力，才能搞清楚伴侶對於愛情所抱持的前提是什麼。如果其中一個是9型人（中立調解型），另一個是8型人（保護型），9型人怎麼會知道，愛和信任必須經過一連串近距離的衝突，才會有所進展？8型人又怎麼會曉得，9型人對於直接的命令完全不予理會，頑固地拒絕因為受到逼迫而進入行動，但是卻能夠在別人需要他們的時候輕易地挺身而出？

分類的局限

如果說九型人格有什麼問題，那就是它看起來太棒了。它是少數幾個關注正常行為以及高功能行為（high-functioning behavior）的系統，而不是把焦點放在病理學上。它將許多心理學的智慧濃縮成一個堅實的體系，而且淺顯易懂。如果你能夠找到自己以及生命中重要人物的類型，立刻就能針對你們之間可能會有的相處模式找到許多訊息。因此，自然而然地，你會想要把對方放到九個盒子的其中一個，這樣你就可以知道對方在想些什麼，也能預測對方的行為模式。

我們想要將其他人歸類，因為這能夠減少未知的奧祕帶來的緊張。此外，在西方國家，我們相當熱衷於把龐大的資訊縮減成固定的類別，這樣我們才能就事情的原因和結果進行預測。

然而，九型人格理論不是一套固定不變的系統。在這個模型裡，九個類型彼此互相連線，這意謂著人格也處於某種變動的態勢當中，在這樣的動態中，我們每個人都具備這九種人格類型的潛力，只是我們對於和自己有關的議題有著最為強烈的認同。九角星的連線結構也指出，每個類型都擁有轉變成其他類型的可能性。九個類型呼應了目前心理學的類型學[2]，九角星的連線則是指出不同人格類型之間特定的關係，目前的心理學才要開始研究這個現象。

九角星的連線也能預測當特定人格類型處於壓力之下或處於安穩的生活狀態，可能會以哪種方式改變他們慣常的行事作風；所以每個類型事實上都有三個主要面向——主導的面向表現出這個類型的世界觀，其他兩個面向則是描述了——當這個類型處於安全狀態或是在面對壓力的時候，會表現出什麼樣子的反應。

當我們在面對壓力或是感到安逸的時候，我們的行為會產生顯著的變化。此外，我們也會因為認同自己的人格特徵而產生改變。有時候我們會過度沉溺在自己類型當中的某些特徵，導致我們無法注意任何其他事情。一旦注意力固著在某些人格特徵，我們就真的把自己困在盒子裡了，我們失去了自由。如果無法把注意力從反覆出現的人格傾向抽離開來，或是不能冷靜地觀察自己的行為，我們便受制於自己的習慣，因而失去了選擇的自由。

不過，我們並非無時無刻都受到人格的奴役，我們通常都可以轉移自己的注意力，換個方式看待自己的處境。就九型人格理論來說，我們正在進化的光譜中攀升，在這個過程中，我們可以讓自己從慣性和個人的視角當中解放出來，擴大我們的覺知，讓它超越那些定義我們人格類型的特質。

將人分門別類可能會造成不幸的自我實現的預言。我們或許會試著將別人歸類，然後把他們變成清單上幾個特徵加總起來的扭曲綜合體，這大大地強化了刻板印象。我們全都因為過去遭受的對待而被塑造成今日的樣子，而且相信別人對我們的看法都是真的。我們開始以別人看待我們的方式來看待自己，我們所呈現出來的特質也是別人教我們的。

這就是為什麼我會說九型人格的問題就是它太棒了。如果你知道自己要找什麼，尤其是如果你可以對另一個類型的觀點感同身受，要把人分類相當容易。因為這個系統太棒了，有好幾次，我看到人們假裝自己是靈媒：面對不太熟悉的人，他們能夠快速而正確地找到他們的類型，接著再說出許多和這個人有關的細節。在分類的時候，這個系統很棒，但是如果我們抱持著錯誤的態度，會忘了認識人格類型的目的，是希望將來有一天可以把人格擺到一邊，這樣才能展開真正的工作——也就是活出高等意識狀態。眼光狹小的分類貶低了這個系統的價值以及目標，人格類型只是邁向高級人類潛能的墊腳石。

幸好分類在現實世界中不一定有用。舉例來說，如果一個雇主針對某個特定工作擬一張「錄用」和「不予錄用」的名單，類型在這裡就沒什麼作用。「藝廊如果缺人一定要雇用4型人（浪漫多感型）」，如果這個4型人對於繪畫一點眼光都沒有，這件事情不可能行得通，即便4型人通常都具備深厚的藝術潛能。「不要雇用5型人（觀察型）做一個高能見度的工作」，也會鑄成大錯，因為5型人可能正忙著培養一些外向的特質，說不定已經準備好要為這個工作貢獻自己的才能。對於希望獲得配對公式的媒婆來說，貼標籤也是行不通的，比如說：3型人的理想伴侶是7型人；2型人和4型人不是速配的戀人，但是可以當好朋友。

2型人和4型人或許會發展出不符合數字公式的浪漫愛情，這種事情是他們自己或是媒婆都無法了解的。同樣地，因為5型人擅長擬定策略、3型人是很糟的推銷員、8型人相當精於商場的周轉機制，單憑這樣的看法，就想要把他們組成一個「最佳工作團隊」也不一定能行得通。貼標籤和分類沒有什麼好處，因為和清單上所描繪的類型特徵相較，真實的人類更加多變、更加複雜。

既然這樣，那我們為什麼要那麼在意類型呢？如果一組正確的標籤，不會降低尋找雇員或是選擇伴侶的風險，那我們何必費心去研究人格類型？原因在於，如果你找出自己的人格類型，你就能夠開始工作。你可以信賴同類人的經驗談，讓它們引導你，你會開始了解哪些情況能夠讓你變得朝氣蓬勃，而不是表現得神經兮兮。學習類型最重要的理由，並不盡然是要讓你去找到別人的人格特徵，而是為了減少你自己身為人類所感受到的痛苦。

學習類型的第二個理由，就是你可以了解其他人，就像他們了解自己一樣，而不是以你自己的觀點來看待他們。以這種方式來了解其他人，可以讓工作團隊運作得更有效率，讓戀情充滿魔力，讓家人團圓在一起。雖然我們無法指定某個人格類型的人出任某個特定職務，並且期待他們以某種特定的樣子表現自己，然而我們卻能學著從同事的觀點來看待某個工作計畫。

同樣地，我們不能以清單上一些你喜歡的人格特質去挑選伴侶，然後希望他們不會表現出這個類型不討喜的一面。我們甚至無法假設，當伴侶在面對生活壓力或是感到困惑的時候，是不是反而會對親密關係感到抗拒。我們只能說，藉著仔細觀察，注意每個人格類型的人會以什麼方式對愛情敞開，我們便能了解他們的觀點，並且據此改變我們的態度。

發展歷史

「九型人格」（Enneagram）這個詞彙來自希臘文的「ennea」，意思是「九」，以及「grammos」，意思是「點」。它是一個有著九個點的星形圖，可以用來測繪任何事件在物質世界裡發展的進程：事件的發端，以及事件發展的各個階段。九型人格理論模型是回教神祕主義蘇菲教派固有的一部分，它被用來度量宇宙的進程，以及人類意識狀態的發展。就整體而言，這個系統的教導非常明確，就像是猶太神祕主義卡巴拉教派的「生命之樹」（Tree of Life）一樣，事實上，它們有許多共同點[3]。這樣的類比很有趣，因為九型人格理論和古代的卡巴拉教誨所敘述的是同樣的主題，只是它的發展似乎沒有留下任何文字紀錄。我們無法找到任何回教神祕主義對於九型人格的英文評論，不過這個系統就是建立在神祕主義的前提之下，亦即人性是一個進化的過程，朝著更高的意識狀態演進。[4]

西方世界開始知道九型人格理論，是因為喬治．伊凡諾維奇．葛吉夫，一個極富於個人魅力的靈性導師，他曾經提到九型人格是蘇菲教派的口頭教學工具，他用這個工具，來了解學生是不是具備足夠進行特定內在工作的特質。關於葛吉夫的工作有許多文獻可供參考，這些文獻經常提到這個系統，但是對於葛吉夫如何運用九角星圖來看出人們的潛力，或是這個圖表能夠為他提供哪些訊息，這些書裡都沒有提到相關的細節。

葛吉夫的學生會研究九角星圖的數學性質，但是他們對於九型人格知識，大部分都是透過非口語的身體律動練習而獲得。這些律動練習，讓他的學生能夠對於物質世界中某個事件的進程——從一開始到各個不同的發展階段——培養出一種身體上的覺知。葛吉夫律動是一系列令人印象深刻的舞蹈動作，必須要有一大群人才能進行。這些動作在設計上的用意，是為了教導學生去認識事件在發展過程當中某些比較不明顯的特徵，也就是說，我們可以透過肉體來感覺事件發展的韻律，這麼一來，我們就能夠辨認出某些關鍵時刻，在這些關鍵時刻帶入巧妙的「衝擊」或是新的動能，將這個事件維持在某個特定的軌道上，讓它繼續前進。

葛吉夫對他的學生循循善誘，希望他們能夠用自己的身體去感知九角星模型所揭露的「永恆運動」（perpetual motion）。在葛吉夫「人類和諧發展機構」（The Institute for the Harmonious Development of Man）的大廳，地板上就有一個九角星。他的學生就站在這些標示著數字1到數字9的端點上，練習精心編排的動作模式，這些動作能夠展現出點與點之間、以及1—4—2—8—5—7這些內在連線之間的關係。文獻裡可以看到，葛吉夫的學生討論他們對於內在節奏以及自然律動的身體感受，以及當他們在舞出點與點以及線與線的關係時，會出現的自然停頓以及力量的重整。他們描述了一種當注意力從思考抽離出來的時候，身體會發展出一種特別的覺知，這個時候，舞者會全然地融入舞蹈的身體動作之中。

當葛吉夫還在世的時候，沒有任何書寫的紀錄提到九型人格理論，而延續其教誨的學校，也傾向於將人格視為某種在邁向高等意識狀態時，必須放到一邊的東西，而不是被當成一種有用的訊息來源，告訴我們如何達到特定的心智狀態。就人類完整的潛力來看，這些學校把我們獨特的人格，當成演化之中比較低的進化部分，所以它們把教學的重點，放在非口語的律動還有葛吉夫的注意力練習（「自我觀察」或是「記得自己」），以之做為進入內在生活的正確途徑[5]。藉著堅持老師這個角色的重要性，這些學校或許私底下有某些共識，亦即，只有那些「知道的人」（one who knows）才有辦法成功地運用蘇菲教派的人格系統。

> 在過去有很長的一段時間，九型人格被當成一個祕密。如果說現在它變得唾手可得，那也只是不完整的理論架構，如果沒有一個知道的人來教授它，沒有人可以把它應用在實際的生活之中。[6]

當然還有別的可能性——或許這些學校不知道九種人格要如何對應九角星圖，或是在那個時候，心理診斷的藝術和九型人格的知識還有落差。然而，葛吉夫提到這個系統的方式、以及他對「九型人格與個性」這個問題的直接回答，都指出他對這樣的訊息有所保留，認為他的學生可能沒有辦法接受這一套訊息。

葛吉夫顯然認為，他那個時代的人還沒準備好要正確地認識自己的內在模式。雖然這些學生進行了自我觀察練習，在葛吉夫那個時代的歐洲，連佛洛伊德的潛意識理論都還不盛行，他的學生也不知道任何複雜的心理學知識——像我們今日習以為常的那樣。我們通常都看不見自己的動機、還有我們的感知遭到心理防禦機制的扭曲——這樣的概念對於那個時代的人而言，是個極大的洞見。雖然他們努力地藉著練習來工作，他們所憑藉的是盲目的信心，相信老師可以給他們一些東西，因為他們自己並不具備任何心理學知識。

內在觀察者

自我觀察是一種基礎的內在工作，各個傳統的修行戒律都包括這一項。這個練習的重點在於，將注意力往內收攝，學著去覺察自己的思想，以及其他從內在生起的「注意力對象」（objects of attention）[7]。要進入這個練習有許多方法，不過一開始的體驗都是和辨認自己的機械性（或是慣性）和模式有關，並且看看自己頭腦中某些反覆出現的心理傾向多麼頑強。如果你能夠抽離開來，以一個旁觀者的角度觀察，同時談論自己思考和感覺的習慣，就能減少這些習慣對你的制約，且降低它們自行發作的機會。透過練習，思想會漸漸地變成某種「身外之物」（separate from myself），而不是「真正的我」（who I really am）。

如果持續練習，觀察自己的思想和情感，你將會開始對自己的人格傾向感到疏離，並且覺得它們有些擾人。當你把注意力轉移到內在觀察者的立場，思想會變得像是「我思考的東西」（what I think），而不是「真正的自我」（my real self），因為你的覺知中有個部分繼續保持抽離，觀看著思想的浪潮經過。一旦注意力受到規範，成了分開的「觀察者自我」（observing self），你就能夠以一種更客觀的立場來認識真實的自己；透過練習，你會發現你的真實本性比較像是這個觀察者，而不是那些你可能持有的思想和感覺。當然，如果你的注意力又回到思想上面，分開的、抽離的覺知將會消失，你很可能會再一次失去客觀性，又落入「自動化反應」（on automatic）的窠臼。

從某種程度上來看，所有成功的心理治療，都仰賴一種把注意力從習慣分離出來的能力，讓患者可以用中立旁觀者的角度描述這些習慣。正確的自我觀察，對於辨識自己的人格類型來說非常重要，因為你必須知道自己情感和頭腦的慣性，這樣你才有辦法從同類的故事當中看見自己。

雖然葛吉夫不認為他的學生可以了解其人格類型的重要性，但他做了許多嘗試，就是為了喚醒學生對於自己性格的覺察。他最常使用的方法有兩個：「戳別人敏感處」（stepping on people's favorite corns），還有「向傻瓜敬酒」（the toasting of idiots）。葛吉夫屬於九型人格中的8型人，即保護型，他人如其型，因為他教學的方法便是去找到學生性格之中最敏感的部分，對它狠狠施壓，直到學生開始表現出防衛性的反應。

> 去刺激某個人最敏感的地方，這個方法對我來說有著奇蹟般的效果。它對每個來找我的人都能產生很大的效果，我不需要特別做些什麼，這個人就會帶著極大的滿足和迫不及待，把那張父母為他們戴上的嚴肅面具給摘下來；
>
> 這給了我前所未見的機會，讓我可以從容而又安靜地欣賞他們內在世界的風景。[8]

敬酒是另一個葛吉夫向他的學生介紹類型的方法。要和葛吉夫共進晚餐，每個賓客都得喝下大量的酒，因為他們必須對各種類型的人輪流敬酒。葛吉夫會要求一個新來的賓客選擇一個最適合自己的類型，接著其他賓客就把這個新人當成那一類型的傻瓜來敬酒。

> 他使用了這樣的字眼（傻瓜），不過他用的是這個字的原始意義，而不是我們所知道的那個意思——這個字真的是用來指稱「類型」的另一個字。在用餐的過程中會有好幾輪

敬酒，慣例是每三次敬酒就要喝完一杯白蘭地或是伏特加。女性的話則是每六次敬酒要喝完一杯；單單一個晚上，敬酒的次數可以達到二十五次之多。

你知道，他是俄國人，俄國人真的很會喝伏特加。但是葛吉夫的賓客之所以都得喝酒，還有另外一個更重要的原因……因為他一次必須會見許多人，所以要盡快把他們看清楚。嗯，你知道酒精如何能使一個人敞開，所以這個人之前極力隱藏的祕密都會被洩露出來。這就是阿拉伯人說的：「酒精讓一個人更像人。」[9]

在敬酒的時候，葛吉夫通常會指出他在其中一個傻瓜身上看到的人格特質，有時候他會把這個特質說出來，有時候則是表演出來。

「你就像隻愛擺架子的公火雞，」在第一個晚上他對某人這麼說，「明明是一隻火雞，還想假裝自己是真正的孔雀。」葛吉夫熟練地搖頭晃腦，發出一兩個刺耳的聲音，餐桌上看起來真的好像有一隻公火雞朝著母火雞在炫耀些什麼。過沒多久，我們看著他又變成一隻更大的動物：「為什麼你看著我的樣子，好像是一頭公牛看著另一頭公牛？」他問另一個人。接著他稍稍改變了眼神，配合著頭部的姿態和嘴唇的弧度，一頭受挑釁的公牛就這樣呈現在我們的眼前。[10]

即便葛吉夫用各種挑釁和露骨的羞辱來表現這些類型，但是這些段落中對於人格類型的定義依然模糊不清。是因為葛吉夫沒有心理學專門知識，所以無法成功地處理人格議題嗎？

或者他就像許多現代的靈性導師一樣，對於門徒的過去沒有那麼大的興趣，而比較喜歡把人格擺到一邊這樣的工作方式？

心理緩衝器

要認識自己的人格類型，最主要的障礙就是葛吉夫稱為「緩衝器」（buffers）的東西。他相信我們透過一個精密的內在緩衝器系統，或是心理防衛機制（psychological defense mechanisms），隱藏了自己的負面人格特質，讓我們無法看見在人格內部運作的力量。當葛吉夫的學生正在練習自我觀察的時候，大致的時間點正是佛洛伊德率先發展出無意識的防衛機制理論的時候。葛吉夫試著教導他的學生觀察自己的緩衝器，而不是透過一個心理分析師來探索潛意識，就探索內在生活而言，這是一個相當激烈的途徑。今天我們對於這個事實有著更深入的了解：心理防衛是我們維持「自我感」（sense of self）的一個重要方式。九型人格，從第一型至第九型，其主要的防衛機制分別是：反向作用（reaction formation）、壓抑作用（repression）、認同作用（identification）、內射作用（introjection）、疏離作用（isolation）、投射作用（projection）、合理化作用（rationalization）、否認作用（denial）以及麻醉作用（narcotization）。

葛吉夫的學生不了解心理學，對於這些詞彙也不太熟悉，不過他們的功課就是要深入自己的內心去探索他們無意識的防衛系統：

我們知道火車上的緩衝器是怎麼回事，它們是車廂或貨車廂相撞時減少衝擊力的裝置。如果沒有緩衝器，車廂間的碰撞會讓人覺得非常不舒服，而且可能造成危險，緩衝器能緩和這種衝擊，使它們不被察覺或注意。我們也可以在人類身上找到相同的裝置，它們不是天然的，而是人造的，雖然我們並非刻意為之。它們出現的原因是因為人類身上有許多矛盾：

在意見、情感、同情、語言以及行動之間的各種矛盾。

如果一個人在有生之年察覺到內在的各種矛盾，他將會不斷感到內心的衝突和不安。如果他能感覺到所有的矛盾，他會覺得自己瘋了。一個人不可能毀掉矛盾，但如果他的內在有了「緩衝器」，他就可以免於這些矛盾觀點、情感、語言所帶來的衝擊。[11]

葛吉夫接著說，雖然緩衝器會讓生活好過一點，它們卻會減少內心的磨擦，對葛吉夫的教學系統來說，這樣的摩擦是人類成長不可或缺的一個要素。透過緩衝器的幫助，我們被引誘到某種沉睡中；在沉睡之中，我們的一舉一動都充滿了機械性。因為我們安裝了緩衝器而且昏昏欲睡，所以無法觀察自己的真實本性，而我們對於真實世界的感知，就這樣被從屬於我們人格類型的特殊觀點所扭曲。

鄔斯賓斯基以葛吉夫的觀點寫了很多和內在發展有關的東西，他也說緩衝器是用來減少我們內在矛盾所造成的衝突。他建議自己的學生在尋找緩衝器的時候，可以把注意力放在那些會讓他們想要進行自我防衛的生命問題，那裡往往就是緩衝器的所在之處。

一個有著強力緩衝器的人，不會覺得有任何自我改善的必要，因為他對於自己內心的矛盾一無所知：他接受自己，對於自己全然感到滿意。

不過，當我們的自我工作開始揭露某些內在矛盾，我們便知道緩衝器就安裝在這些矛盾附近。透過自我觀察，我們慢慢會發現緩衝器的兩邊究竟有些什麼東西。所以好好地看看你內在的矛盾，這會引導你找到自己的緩衝器，特別要去留意有哪些話題會讓你變得暴躁易怒。或許你認為自己有一些優點——這樣的想法就建立在緩衝器的一側——但是你還不知道在緩衝器的另一邊究竟有什麼樣子的矛盾存在。無論如何，如果你對於這個優點感到有些不安，這就意謂著它附近就有一個緩衝器。[12]

在我們這個時代，大多數人都承認我們對於自己基本的人格特質其實並不了解。揭開我們的人格結構內部這些盲點、防衛機制，以及認知上的矛盾，對於創造一個心理健全的生活是非常重要的。如果一個人試著成為葛吉夫所說的「真正的人類」（a real human being），這個任務更是加倍重要。尋道者之所以要留意緩衝器，是因為無意識的防衛機制會以一種非常特定的方式轉移注意力，讓我們所見所聞盡是扭曲的現實。

我們之所以必須先觀察人格、然後再降低它的驕傲和活力，還有另一個原因——因為透過人格扭曲的透鏡，我們無法看到事情的本來面目，而是看到它呈現出來的樣子。我們看見的東西沒有一樣是清楚的或是客觀的，我們的視線與所見對象之間總是有一陣擾亂的煙霧，像是喜歡和不喜歡、愛好與偏見、執著與個人特色。除非我們能夠去除這種個人歧見，不然怎麼能夠以人們或是事物本然的樣子來看待他們？除非我們能夠先把人格的阻礙去除，不然怎麼能獲得更多的知識，尤其是透過直覺或是直接感知而不是透過理性而來的知識。被人類稱之為直覺的東西，如果是由人格所掌控，事實上只不過是人類偏見和特定習性的顯現，除此之外就沒有別的了。[13]

後天養成的人格

在日常用語當中，「人格」（personality）和「自己」（self）這兩個詞彙是同義詞。以靈性的術語來說，人格又被稱為「自我」（ego），偶爾也被稱為「虛假人格」（false personality），這些詞彙的主要功能，僅僅是用以區分葛吉夫所說的「本質」（essential nature），以及我們在成長過程裡養成的「人格」。[14]

我們每個人都擁有某種「本質」，它的性質異於我們後天養成的人格，這是靈性心理學中一個相當基本的概念。本質被描述成「一個人固有的東西」（one's own），是我們出生時便具備的潛力，而不是從教育、概念和信仰所獲得的東西。

在本質的狀態中，我們就像孩子一樣：我們的思想、情緒或是直覺中沒有任何衝突存在；我們自然而然地以正確的方式行動，毫不遲疑地維護自己的身心健康，這是因為我們對於環境還有對其他人有著毫無防備的信任。身為成人，我們知道自己擁有一些良好的無意識潛能，因為我們偶爾會有一種和周圍環境協調一致的感覺，在這種狀況下，我們突然有了某種直覺式的洞見，或是以一種非常有效率的方式行動。在那些片刻當中，我們知道某些事情，但是不知道為什麼會知道；在我們還不知道怎麼做的時候，身體就自己行動了；或是在我們還不知道要說什麼的時候，便聽見自己把意料外的真相給說出口。

我們都帶著某種本性出生，所以有能力和這個世界維持一種直覺式的關係，然而這種假設本身是無法證明的。不過，許多靈性傳統所流傳下來、教導我們達成更高人類潛能的方法，似乎都以這種概念為前提；而且在人類發展的光譜上，它們通常都將人格作為本質的對立面。[15]

這些代代相傳的方法指出，我們可以透過特定的方式，來穩定身體的能量和內在的注意力，這兩者都能引導我們去感受自己與環境、與其他人在本質上的聯繫。和本質相關的經驗是全然的，因為它會取代「我自己」這種感知。在本質性的體驗當中，「我個人的思想」或是「我個人的感覺」，這樣的覺知不復存在。就這種狀態來說，我們的確是將成人的人格擺到了一邊，重新進入孩童的心智狀態——那是在我們人格尚未養成之前的心智狀態。

九型人格的九角星指出，本質性的存在狀態總共有九個主要的面向。我們或許能夠觸及這九個面向，但是用來接近每個面向的方法略有不同。我們之所以必須尋找本質的特定面向，是因為它的「不在」（absence）會讓人感到痛苦。舉例來說，如果你長期以來都有恐懼的議題，這意謂著你失去了孩童本質性的信任——對環境、對他人的信任——並且為這種失落而受苦；因此尋找勇氣將會成為你生命的重要驅力。

當我們抱怨自己變得「自動化」的時候，當生活變得如此機械化，以致於我們對自己感到陌生的時候，就是感覺到有某些重要的東西從我們的天性中消失了。「我實在是受不了自己的習性」、「我想要把生活打掉重練」，這些宣言在在都指出，我們的機械性行為讓我們遠離了自己的本性。

當我們明白自己的行為乃是出於慣性，這樣子的了解指出一個事實，那就是內在觀察者確實存在。想想看下列陳述的差異：「生活很無聊」以及「我對自己感到很無聊」。在下面的說法當中，我們可以看到注意力的位置有什麼不同：「我太生氣了，根本就搞不清楚自己在做什麼。」以及「我看著自己生她的氣。」就前者而言，這個人生氣的感覺取代了觀察的能力；後者則是指出，有一股覺知的力量是超脫於事件之外的。

「我跳出自身之外來感覺」這種疏離感，通常伴隨著一種想要「找到自己」、「發現真實的自己」的願望，這也可以說是一種想要重新喚醒本性的願望。以這種追尋的品質來說，它和想要退回安穩的童年時期的欲望，或是想要被伴侶珍惜的欲望不太一樣。這種追尋出自於一種飢渴，一種對於日常生活的不滿，這種渴望在表達上通常會指出人類本質的特定面向：「我想要學著愛人」、「我想要減少我對別人的依賴」，或是「我想要找到行動的勇氣」。彷彿我們內在有些地方在童年時期受到傷害，然而這種失落感可以幫助我們把注意力集中在追尋上頭：我們覺得有些神經緊張，所以尋求療癒；我們覺得痛苦，所以開始靜心。

人格之所以會發展出來，是因為我們必須在這個物質世界活下來。對於一個孩子來說，就算他們對於環境有著出於本質的信任，還是得配合家庭生活的現實做出調整，因此就產生了衝突。從一個包含了本質這個概念的心理學觀點來看，人格發展出來是為了要保護本質，不讓它被這個物質世界所傷害。

意思就是，孩子和環境的某些連結、某些沒有防禦的面向受到了威脅，因此孩子必須開始保護自己，避免受到更多傷害。當他們開始就本質受到威脅的部分形成防禦，就被稱為「失去與本質的連結」，或是「從恩典中墮落」。

從發展心理學的觀點來看，我們可以說這種本質性的連結，存在於生命中的某個特殊時期，在這期間，幼童用一種高度以感覺為中心、尚未分化的方式，來和母親以及環境連結在一起。幼童還無法分辨自己和他人的不同，也沒有自己的界線或是防衛機制。他們成長的時候必須發展出一個分離的自我感，以之來適應早期家庭生活的壓力；然而，西方心理學對於生命早期這種未分化的連結，沒有特別的研究，也沒有強調重新和這些原初感受連結的重要性。

不管從哪個觀點來看，天賦、興趣以及防衛機制的奇特組合，造就了我們的成長，讓每一個人都有著全然的獨特性。最後我們的注意力會開始窄化，範圍局限於我們獲得的特性上頭；由於這種注意力的轉變，我們忘了自己與環境、與其他人在本質上的連結，而把它驅逐到無意識的範疇中。

取代這種本質性連結的替代品，就是靈性傳統所說的「虛假人格」，它是一套想法或是信念──我們模仿父母，學到了這一套東西，用它來減少傷害、偽裝自己。不過，即便是身為成人，我們仍然保留著某些和本質有關的記憶，這種記憶表現為「當我感到快樂」、「當我毫無畏懼」以及「當我對愛敞開」的感受。此外，我們之所以會知道，這種本質性的感受仍然存在於我們的無意識之中，因為成年之後我們偶爾還是會在某些時候碰觸到它們，像是當我們「超越自己」，或是在某些有著不凡需求的時刻。

當我們的注意力離開了它與本質的內在連結，我們就失去了真正的自己，只能往外看著這個物質世界，一下子感到滿足、一下子感到匱乏，我們很少感受到全然的安心、全然的寧靜。

要存活下去必須仰賴一套成功的界線和防禦機制──這種機制從根本上來說，它和本質那種具備高度感受性、對環境和他人不設防的生活方式相較，一點也不相容。

不過，如果我們後天人格中的恐懼和欲望開始減弱，並且開始覺察「我成了我的作為」、而非「真正的我」，那麼「發現真我」的願望就覺醒了，就像是一聲回家的呼喚。重新學習我們和環境以及其他人的原始連結，可以被想成是一條回家的道路，這條道路意謂著把養成的人格與體驗本質的能力整合在一起。我們希望，成人的天賦和技巧可以變成一種工具，讓本質的能力得以發揮，應用在公眾的利益上。

有句古老的蘇菲諺語，說明了人格和本質的親戚關係：「記得並且了解你長成了什麼模樣，成為在現在的你之前的那個你。」[16]

性格的主要特徵

發現自己的人格類型，可能會讓人非常驚訝，因為在這個發現的同時，我們會知道我們的類型是怎麼窄化了我們的選擇、將我們局限在特定的觀點裡面。我們可能會獲得一種讓人相當震驚的了解——雖然實相有著三百六十度的視野，然而我們卻只能看到其中的一小部分。我們大部分的選擇和興趣都是基於相當微妙的習性，而不是基於真正的自由抉擇。葛吉夫在談論類型的時候，說人格類型便是圍繞在某個性格上的主要特徵而建立起來的。

和葛吉夫一起工作的人都能夠辨識一個人的主要特徵，不管這個特徵有多麼隱蔽。當然，他們無法百分之百地界定這個特徵，但是他們的定義通常都相當好、而且非常接近實際的狀況。舉例來說，「某某人」（So-and-So）（葛吉夫指出我們團體裡的某個成員）：「他的特徵就是他總是不在家……」

> 當他對我們團體裡另外一位成員談到類型問題的時候，說他的特徵就是他根本不存在。「你知道，我沒有看到你，」葛吉夫說道，「這不是說你一直都處於這種狀態，可是當你像現在這個樣子，你根本就不存在。」
>
> 他對另一個人說他的主要特徵就是凡事總要與人爭辯。「可是我才不會爭辯呢！」這人立刻急切地回答，我們都忍不住笑了。[17]

在神祕學校裡，類型這個問題通常以一種緩慢而且小心翼翼的方法被揭露出來，為的是要介紹一個概念：那就是我們並不自由；還有，在重新尋找本質的過程當中，我們人格類型的特徵可能會是我們潛在的盟友。舉例來說，如果你發現自己在性格上有種傾向，讓你經常為各種事情忙得喘不過氣來，因此無法執行對你的生命而言最重要的任務（9型人——懶惰），那麼「把注意力集中在最重要的任務」，並且要自己「採取正確的行動」，這兩件事就會成為最順應你天性的好幫手。對9型人來說，懶惰一直都是一位好朋友，保護他們免於必須因為個人職位變動而造成的痛苦，因為9型人覺得自己的職位總有一天會被裁撤。

如果你是9型人，總是被次要的工作計畫壓得喘不過氣來，而且很難對別人說「不」，這兩個事實對你而言就是持續而且忠誠的提醒，說明你忽略了自己真正的需求。如果你可以適時地觀察到自己在什麼時候陷入了某種慣性，就會清楚知道什麼時候該將你的注意力從比較不重要的追尋當中抽離出來，然後回到你的主要任務上頭。

同樣地，如果你是九型人格之中的7型人，總是希望可以對各種選項保持開放，以免錯過任何刺激的冒險（7型人——暴食），那麼去練習一次把焦點放在一個對象上面，可能會為你帶來很大的解脫。如果你是7型人，對各種選項保持開放的這種生活方式，可能會讓你覺得自己沒有極限，而且相信自己每天都在行使選擇的自由。這樣一個幻覺不會停止，除非哪天時機成熟，讓你想要許下某個永久的承諾，或者開始靜心，把注意力集中在單一的焦點之上。

如果你能這麼做，你內在的引導就會前來助你一臂之力，你的腦海會突然湧現許多可靠而又明智的計畫。你越是讓你的注意力保持穩定，你的想法和計畫就會變得越有吸引力。你會把高等意識狀態當成一種迷人的選項，直到你發現自己根本就無法控制頭腦。不過，如果你是7型人，像猴子一樣的頭腦將會成為你個人的內在引導。當注意力從一極跳到另外一極，就是要提醒你輕輕地把它帶回來。

對於西方人來說，在面對「我們的人格限制了我們的自由」這樣一個概念的時候，特別難以接受。在西方，我們可以自由地旅行、自由地學習、自由地攀爬成功的階梯。然而，當我們的注意力被那些主導我們人格類型的特定議題所支配，即便在這種狀況下，我們依然可以選擇自己的工作或是穿衣風格，但我們的注意力就會被這些議題附帶的狹隘觀點所占據。

在自我研究的某個特定階段，找到自己的「主要特徵」是相當重要的一件事，主要特徵指的是主要的弱點，像是一個軸心，每件事都圍繞著它轉動。我們可以把這個特徵從某個人身上揪出來，但是這個人會說：「荒謬，我絕對不是這樣的人！」有時候這個主要特徵實在是明顯到無法反駁，但是藉著心理緩衝器的幫助，我們沒兩下就會忘了這件事。我就認識一些人，他們幫自己的主要特徵命名過好幾次，也把這件事情記在心裡好一段時間。後來我再見到他們的時候，他們已經把這件事忘得精光。或者當他們記得的時候表現出某個樣子，忘記的時候又表現出另一種樣子，要談論的時候彷彿自己之前從來沒有談過這件事。你必須自己試著認識它，當你感覺到它，你才會知道。如果是別人告訴你的，你可能會一直忘掉。[18]

當我們的人格正在運作，我們很難觀察它的細微差異，通常我們的朋友比較能夠看見我們的習性特徵，比我們自己看自己還要容易。綽號通常會指出這個特徵，它就像是一個密碼，是通往一個人內在生活的鑰匙。

「主要特徵」總是會被同樣的動機所驅動，它扮演著決定性的角色，就像是保齡球的偏重，讓球無法直線前進。「主要特徵」總是讓我們偏離主要路線，它來自於七大罪（seven deadly sins）之中的一宗罪或是多宗罪，但主要是來自自戀和虛榮。如果我們變得更加有意識，我們就可以發現它；發現它又會進而增進我們的意識。[19]

強烈情感（陰影）

九型人格理論指出我們情感生活的九種主要特徵，它們和基督教的七大罪可以相提並論，此外還在3型人和6型人的部分加上了「欺騙」和「恐懼」。這些情感的習慣，是在我們從天堂落入人間、墮落進入物質生活的時候發展出來的，它們是兒童為了適應早期的家庭生活所造成的一些強烈情緒陰影。

如果一個兒童發展得很好，那麼這些強烈情感就會被輕輕帶過，僅僅表現為某種傾向。

但是如果有嚴重的心理症狀，那麼其中一項情緒陰影就會變成強迫性的心理特徵；它會削弱自我觀察的能力，同時占據了我們大部分的注意力，讓我們無法去做其他事情。

藉著為自己的「主要特徵」命名，我們就能學著觀察這樣的習慣是怎麼掌控著我們的生活。接著我們便能把神經質的、偏斜的注意力變成盟友，雖然它讓我們受苦，也讓我們記得自己究竟失去了什麼。「主要特徵」是一種在兒時發展出來的神經質習慣，它也是我們個人的導師，常駐於我們隱密的內心，時時刻刻提醒著我們，為我們指出通往本質的方向。

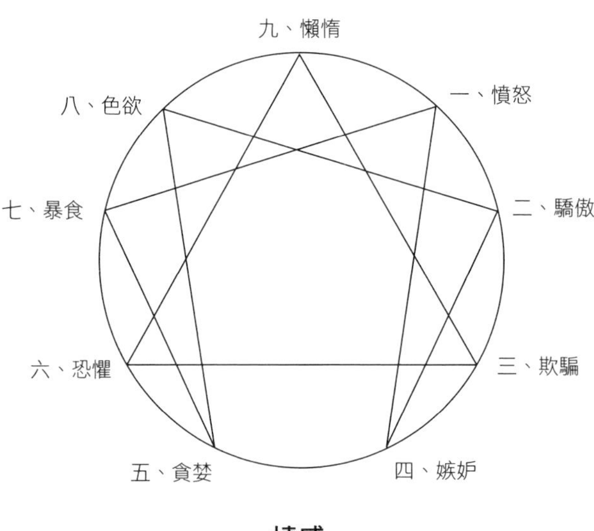

情感

出處：John Lilly and Joseph Hart. The Arica Training; Transpersonal Psychologies, ed. Charles Tart, Harper & Row, 1975, reprinted by Psychological Processes, Inc. 1983.

02 九型人格的注意力、直覺以及類型

不同的注意力

一旦人格形成，注意力就被那些定義我們人格特徵的心理傾向給抓住。我們失去了以一種本質的、天真的能力，無法以這個世界本然的樣子來回應它，並且對於那些可以支持我們人格類型世界觀的訊息，有一種選擇性的敏感度。為了存活，我們只看見我們必須看見的東西，對於其他的一切視若無睹。

舉例來說，如果你和我走進一個充滿陌生人的地方，或許你的習慣是尋求別人的認同；然而如果我的心理傾向是恐懼，那麼我就會開始找理由告退。對你的安全感而言重要的東西，對我來說可能一點意義也沒有，因為我執著的可能是別的東西。就實際的情況而言，我們都沒有活在自己的本質當中，我們的內在充滿了那些塑造我們人格類型的思想和情感，我們並沒有活在當下，或是當某些重要的生命事件發生的時候，我們也不在那裡。我們兩個都無法客觀地看待這個房間中發生的事件，因為我們的注意力會畫地自限，只會去注意那些和我們的觀點相容的訊息。

讓我們繼續就這個例子討論下去：如果我們一起去參加派對，你去尋求人們的注意力和認同，而我則是必須克服自己的恐懼，這就好像我們去了不同的星球參加派對。在這個夜晚快結束的時候，我們可能各自和不同的陌生人聊天，聊的是完全不一樣的話題，以不一樣的方式來表現自己，然後在離去之前蒐集不同的電話號碼。

如果事後討論自己的心得，就會發現我們對同樣的一段對話有不同的結論，並且認為自己從同一個陌生人的臉上看到了不同的意圖。

我可能講得稍微有些誇張，就是為了說明這樣的論點：在同樣的場景當中，你和我很有可能把注意力放在完全不同的地方。我要藉此重申一個事實：我們都沒有看到最完整的、全視角的可能性。你看到的現實和我看到的現實並不一樣，因為我們不太會記得那些對我們而言缺乏吸引力的東西，經常會把注意力放在那些對我們的類型而言重要的事情上。

要指出某個類型的特徵並不難。這本書有許多敏銳的自我觀察者所做的自我陳述，他們大方地描繪了他們情感的習性以及頭腦的傾向。他們指出了自己的注意力會被哪些議題吸引，更重要的是，他們試著把自己的注意力從習性中分離出來，說明自己是如何注意那些驅動他們生命的議題。

一點都不讓人驚訝的是，有經驗的自我觀察者之中不乏靜心多年的修行者，他們都能夠說明自己是如何地以尊重的態度，將注意力集中在那些占據他們腦袋的議題上面。觀察和注意力是靜心者的語言：你覺知到什麼？你是否保持臨在，或者心不在焉？留意你正在注意的對象，看看你的注意力去了哪裡[1]。一旦你培養出穩定的內在觀察者，你便能夠輕易認出在內心世界中流動的念頭和情緒。不過，最讓我感興趣的是這樣的現象：我們太過在意那些吸引了我們注意力的東西，因此忘了去觀察，當我們在接收自己類型感到有趣的訊息時，我們的注意力是如何被組織起來的[2]。我們對於自己的議題相當警覺，但是並沒有留意自己——是以哪種方式來蒐集那些可以支持我們心理傾向的訊息。

讓我們繼續擴大剛剛的類型比較，比較尋求感情和認同的人（2型人——驕傲）以及害怕的人（6型人——恐懼）。我們可以問問2型人，當他們想要別人認同的時候，會發生什麼事，然後問問6型人，當他們感到害怕時，會有什麼反應。剛起步的自我觀察者通常會這樣回答：「我被某個人迷住了，想要與他調情。」或者是：「我覺得有點不舒服，想要逃走。」如果2型人和6型人沒辦法觀察自己內在的注意力轉變，那麼他們就不會知道自己是怎麼選擇了某些信號，也無法描述他們內心細微的變化。這些2型人或6型人對於辨認某些微小的信號可能相當在行，比如說對方喜歡他們，或是接近對方可能會為自己帶來潛在的危險，但是他們可能無法解釋自己的這種敏感度，或者告訴我們，我們該怎麼調整自己的注意力，以便了解他們的世界觀。

藉著有經驗的自我觀察者的幫助，我們對於決定各個類型觀點的注意力位置獲得了更好的描述。以下的自我觀察來自一個典型的6型人，如果你不是恐懼型的人，但是曾經開車經過加州一號公路，你會對她頭腦的狀態深感同情：

> 我之前在洛杉磯工作，我的丈夫則是在加州理工州立大學（Cal Poly）念書，當時我每個禮拜都要在加州一號公路來回往返好幾次。這沒什麼大不了的，算不上什麼問題，除非我因為什麼事情心情不好，這樣我就得好好注意路況。那時候如果我是開車的人，情況可能會好一點。因為如果我的週末過得很糟，而開車的人又是我先生，我不得不看窗外，

但是窗外的陡坡簡直教我無法忍受。看到這樣的景象，我就想到輪胎可能會打滑，或者我們沒有適時轉彎而發生意外。這些想法相當強烈，我覺得自己都要吐了。

有個禮拜天我真的不想回去洛杉磯，覺得自己得休息一下，好好振作起來，因為我的腦袋一直想到那些海岸邊的懸崖和下面的岩石。最後我因為太過焦慮進了醫院，不是因為我撞上峭壁，而是因為我在腦海裡看見自己把車子往峭壁開，就在我要撞上岩壁的時候，我反射性地轉彎，穿越了對向的車道，衝到山邊去。

當這個6型人試著將自己從頭腦裡的一場車禍解救出來的時候，她顯然被自己的心理投射給抓住了。她說這個墜崖事件看起來非常真實：她可以感覺到自己把車開過去，她看見許多岩石，而且覺得自己在轉彎的時候已經沒救了。同時，她很清楚這件事就發生在短短的幾秒鐘之間，後來當她復原了，鼓起勇氣再次開車上路，讓自己的注意力保持安穩，遠離想像，在他先生就學期間持續在加州一號公路往返。

我以前非常怕我媽，她是個酒鬼，可以在短短的十五分鐘之內從她本來的樣子變成一個十分可怕的人，開口沒任何好話。只要她一喝酒，我就會想：她這次會發酒瘋嗎？如果會，情況會有多糟？

過去我曾經一天到晚盯著她，看看她是不是在哪裡藏了一瓶酒；她喝酒的時候，我就會看著她的臉，猜想這張臉在晚上會變成什麼樣子。我會看著她，試著想像：這張臉看起來還鎮定嗎？它會不會開始對我大吼大叫？它會變得很恐怖嗎？還是睡著了？當我看到她開始喝酒，就會開始想像她的各種臉，然後根據她臉上的樣子來做打算，看看我是要留下來還是要逃走。

由她這輩子的生活經驗所養成的這種想像力，對這個6型人來說是一大幸運，也是一大負擔。說她幸運，是因為她擁有一條潛力無窮的管道，可以深入內在經驗世界，體驗其中的豐富和各種細節；說這是一大負擔，是因為她的想像力是如此強大，強大到可以暫時取代客觀的現實。當她緊急轉彎的時候，顯然在投射某些東西。在那個情況下，毫無疑問地，她把內在的想像投射到了外在的環境，導致她誤判了自己的狀況。她也會同意，當她試著去解讀母親的酒癮時，這樣的投射一樣也在運作。在她的觀察中，有很大一部分訊息來源，無疑是基於她母親熟悉的身體訊號，以及她對於被羞辱或是被虐待的恐懼。

不過她的確採取了童年時期的想像力模式，對於一個孩子來說，那樣子的環境相當令人絕望；她所看到的這些意象變得如此強大，甚至取代了她的想法。她學會用這些視覺上的意象尋找問題的答案，把「其他的臉」作為一種訊息來源，藉此為自己提供情緒上的支持，同時也根據她所看到的意象來採取行動。

直覺與類型

同一位6型人也報告了一樁相當明確的通靈經驗。這件事情發生的時候，她的心智狀態就像車子「墜崖」，以及她看見母親「其他的臉」的時候一樣。

我一個很要好的朋友，努力了好幾年終於懷孕了。她打電話給我，聽起來狀況很好，我們打算見個面慶祝一下。見面的時候，她容光煥發；然後她的「其他的臉」開始出現，並不是我刻意召喚它們、想要從中獲得什麼訊息。

這件事真的有點奇怪。當時我們正在一家墨西哥餐廳吃晚飯，她很高興，但是當她在講話的時候，有某種東西籠罩在她的臉上，我可以看見失落的眼淚和悲傷的印記。我想我最好什麼都不要說，因為我知道她會失去那個孩子。她真正的臉繼續在講話，但是她另外的臉變得相當可怕，整張臉看起來相當冷酷，我知道事情就這樣定下來了。有一下子那張臉變得平和，接著又消失。只是幾秒鐘的時間，我就知道這整件事情會如何發生：她會流產，然後繼續嘗試，非常冷酷的下巴說明了這一點，不過下一次就會一切順利了。

這個6型人接著描述當她看見某個未來事件的時候，自己產生的情緒反應；她說在那個時候，這種情況感覺起來相當自然，而且不知怎麼地有點熟悉。她補充說，在接下來的一年當中，她朋友另一張臉所指出的後續事件都一一應驗了。

注意力練習

直覺可以說是當我們把注意力從慣性的思考和感覺抽離出來時，所產生的一種副作用。如果我們沒有進行基本的注意力練習，通常都會過度集中在思考的狀態，所以我們無法以一種可靠的方式來接收各種同時存在的印象。如果剛剛提到的那位6型人女士可以試著去了解，看看自己老愛往壞處想的這個習慣什麼時候會出現，還有學著在想像變得太過真實之前，把注意力轉移到別的地方。這樣的話，她將會受益無窮。

如果她可以保持臨在，無論是開車還是走路，這實際上就是一種轉移注意力的方法，而不是任由自己的想像變得強大無比。

但是這位6型人女士能不能清楚地分辨幻想（fantasy）和正確的靈視（vision），特別是當這兩種印象那麼緊密地交纏在一起？她能不能學會任意地創造出正確的直覺式意象呢？

如果她想要好好利用這種心智習慣，她就得學著去分辨思想、由個人思想投射而出的幻想、以及她在朋友臉上所見到的那種正確的直覺式印象。這種進階的辨別練習，早已存在於各種靈性技術之中；而且，一如既往，初步的工作就在於強化內在的觀察者。

就算是最基本的內在練習，也不在本書的討論範圍之內。要進行這些練習，最好是在一個充滿支持性的環境之中，向一位有經驗的老師學習，而不是從一本書去學。在書裡，就算是最精確的措辭，也會因為讀者變動的大腦狀態的解讀，而受到貶損。這本書是關於每個不同類型的人所表現出來的人格特徵，就這個目的來說，本書的重點僅僅在於，指出每個類型的人把注意力投入其人格特徵的方式，可能是一個重擔，也有可能是偽裝的祝福。

重擔在於，因為我們自身注意力的慣性，使得我們對於那些藏在神經質顧慮背後的重要事件，渾然不覺。6型人習慣想像事情最壞的一面，卻不知道忘了去想像最好的一面。就她童年時期對於安全感的需要來說，這樣一個習慣是適當的，但是說來奇怪，對她而言，這反而讓想像事情最美好的一面看起來像是一種假裝。去想像事情最糟的可能性，成了她現實的標準；想像最好的可能性被斥為一種幼稚的幻想。

凡事往壞處想也暗藏著某種祝福，這個6型人對於這件事情已經相當熟練，如果她可以學著任憑自己的意願，施展出這種奠基於防衛機制的注意力轉移，她可能會發現自己具備某一種特定直覺風格的專門技術。

我對於九型人格特別感興趣的一點，就是那些擁有直覺式和本質性體驗的敘事者，他們故事中夾帶著某些特殊的訊息。藉著他們的故事，我們便能夠假設：我們神經質的顧慮，究竟是以哪種方式將我們帶領到其他的頭腦狀態。身為一個老師，這真的是一個很棒的機遇。我的學生知道怎麼調節自己的注意力，所以能夠以一種詳細的方式對我說明自己的內在過程。我見識到直覺這件事是如何同時成為他們生活的負擔以及支持。我也得以把一些學生無意中採取的、非常獨特的注意力轉換方式，記錄下來，他們直覺性地這麼做，因為這和形成他們人格特徵的某些議題有關。

我一次又一次地聽見某個熟悉的故事，這個故事大概是這樣：「我父母說的話相當不清楚，我必須找出真相。」或是：「我可以感覺到自己正在進行調整，讓自己變成其他人喜歡的那個樣子。」這些都是反覆出現的兒時回憶，孩子們必須想辦法解讀大人的訊息，才能在家庭生活的壓力之中存活下來。

身為成人，我的學生認為自己對於童年的各種問題有一些直覺性的洞見。讓我們繼續進行類型的比較，6型人（恐懼）一致地認為他們擁有校準精良的「鬼扯偵測器」（bullshit detector），可以看見人們藏在表面之下的真實意圖。2型人（驕傲）則是認為自己能夠依靠直覺來改變自我形象，藉此獲得人們的接納和喜愛。

讓我們考量這個事實：如果6型人（妄想）認為自己可以預測，因此能避開某些潛在的傷害，他們就會覺得比較安全；如果2型人（虛偽）覺得自己可以表現出有魅力的樣子，他們就會覺得自己比較可愛——對此我仍然感到相當震撼，每個類型的心理傾向，使得這個類型的人發展出直覺性的訊息感受方式，並且永久地改變神經質的顧慮。注意力練習的重要性相當清楚，就是要超越神經官能症。

藉著進行這些基本的練習，我的學生獲得了兩次重大勝利。首先，他們將自己從偏頗的世界觀解脫出來。其次，對於他們很可能在無意中一直運用的直覺風格，他們獲得了一個機會，可以更有意識地覺察這一點。

當熟練的自我觀察者，談論自己是如何把注意力放在許多個人議題上，他們會使用相當具有啟發性的語言。關於「其他的臉」還有很多不同的說法，注意力要轉移到內在的視像也有許多方式。還有一些陳述，像是「我與別人融合在一起」，或是「我的某個部分被往前拉」，或是「我接收了他們的感覺」，或是「我變成他們」，或者是「我抽離出來看」。這些陳述單純是基於心理投射的扭曲嗎？它們真的只是從一種信念——相信我們可以從生活中各種議題獲得某些特別訊息——衍生出來的嗎？它們是根據最低限的身體信號，或者是在某個程度上，是由構成我們類型、對於某些議題具備的真實敏感度所衍生出來？

舉例來說，和恐懼的6型人相較，想要取悅他人的2型人，就很有可能以「與人融合」這樣的感受來運用他的注意力。2型人要學會「看見其他的臉」可能相當容易，不過2型人訴說的故事通常都和「與人融合」有關，而不是去想像事情最壞的可能性。

一個邊緣性人格的精神病患，可能也會告訴你一個「與人融合」的故事，這類型的人從未發展出明確的人格界線。「和某人融合」也是愛人會擁有的深刻體驗，愛人的覺知轉移並且超越了自我的界線。但是當一個熟練的自我觀察者，被要求為「與人融合」這樣的陳述提出更多細節，這聽起來就像是在描繪特定靜心練習的注意力狀態。

那些「與人融合」或是「我變成……」的敘述，聽起來就像是我可敬的武術老師所說的話，他是一個活生生的範例，擁有一種將其他人包含到他自己的感受中的能力。

我的老師會下這樣的口令：「往下掉到丹田（把注意力帶到肚子），打開你的感覺場域，然後融合。」[3]當他進入「打開感覺」的注意力狀態，就可以精準地模仿某個練習夥伴的隨機動作，這個夥伴可能在好幾公尺之外，站在某個屏風後面。經典的柔道「亂取」（Rondori）練習，或稱為「多人自由對打」（multiple-person attack），這是和遠距的感覺能力有關、另一個讓人印象深刻的例子[4]。「亂取」練習也可以蒙著眼進行，在過程當中，攻擊會從四面八方向你襲來，這會迫使練習者對於身體周圍的空間產生連續而又清晰的感受，特別是背部。

同樣地，像是「我看到內在的臉」這樣的陳述，聽起來就像是「內視練習」（inner eye visualization practice）的結果。這樣的練習可以發展一種分辨能力，將由個人思想所投射的幻想，以及不是由思想或感覺所主導的準確直覺式的靈視，區分開來。[5]

為什麼這種感知總是出現在我們人格類型受傷的地方呢？事實是，我們的注意力會持續返回的那個心理傾向，就是我們可以開始觀察注意力位置的地方，特定的注意力的位置，讓我們以一種無意識的方式與他人和環境保持連結。當我們產生了某種神經質的顧慮，我們就開始發展注意力的力量。我們想要好東西，所以讓自己的感官向外延伸，善加運用我們的注意力。

舉例來說，極度渴望愛的孩子，可能會學著將注意力轉向內在，在那裡和雙親之一融合在一起，或者無意識地在他們的身體之內感受他人的期望，並且改變自己來取悅別人。同樣地，在面對比他們年長、比他們強壯而又能夠掌控他們生活的人，擔心受怕的孩子可能無意而又準確地感受別人的惡意。這些真實的敏感度可能會伴隨著我們到成年時期，但是成年以後，我們只能指出這些人格傾向，卻忘了造成這些傾向的神經質的顧慮。

對於生活裡某些重要議題，你注意事情的方式很可能會超越一般的感知，轉而進入直覺的領域，而且不會覺得有什麼不尋常的事情發生。

這和學會去看細微的身體信號無關，像是身體語言或是臉部的訊息。直覺是一種「知道」（knowing），來自於無念的頭腦狀態（non-thinking state of mind）。這種狀態和日常的思考狀態密切相關，如果你對於稍微改變自己的感知沒有太多猶豫，你就能夠訓練自己的直覺。如果在你還小的時候，某種直覺感應讓你感到安全和幸福，那麼在你成年以後，你可能會在無意中將直覺作為一種訊息來源。這可能會讓你在做決定的時候有某些優勢，並且為你的個人生活帶來一些和敏感度相關的特別品質。

如果在你小時候直覺對你沒有什麼幫助，如果你必須對於那些情感上難以忍受的事情保持覺知，那麼你可能已經將自己的注意力從內在的感知移開，而且可能會抗拒去穿透神祕家所說的「知覺的面紗」（perceptual veil）。[6]

直覺和本質

直覺讓我們可以觸及範圍廣大的訊息，因此也是一項令人高度渴望的人類資源。然而直覺並不是本質，它只是一種洞見的來源以及創造力的載具。在本質的狀態之中，我們沒有進行任何靈性練習的必要，或產生什麼洞見，或是聽從直覺引導，因為在本質當中沒有個人的自我感受：沒有一個作為的人，或擁有什麼的人，或者是受引導的人。注意力必須要有一個與之關連的環境或他人才能存在；然而在本質當中，我們自發並且準確地行動，並未覺察到個人的思想或是感受。

偶爾我們會處於自己的本質之中，比如說當我們還不知道要做什麼的時候，身體就做出了正確的反應，或是當我們還不知道說什麼之前，便開口一語道出了真相。我們偶爾會相當自然地進入某種屬於本質的特性，在那些高峰時刻，我們瞥見了人類可能成為的樣子。

九型人格圖的結構

三的法則與七的法則

九型人格的九角星圖描繪了神祕主義兩個重要法則的關係：「三的法則」（law of Three）（三位一體，trinity）代表著一個事件在發韌時會出現的三種力量；當這個事件在物質世界顯化時，再由「七的法則」（law of Seven）（八度音階，octaves）掌管著它發展的各個階段。

三的法則呈現為九角星圖內部的三角形。這個三角形傳達一個理念，那就是對於任何創造來說，「三力」（three forces）都是必須的，而不只是我們看得見的兩個力，即因跟果。這個概念被基督教保留下來，表現為聖父、聖子、聖靈的三位一體；在印度教裡則顯現為造物的三個神聖之力，稱為梵天（Brahma）、毗濕奴（Vishnu）以及濕婆（Siva）。這三位一體的力也可以稱為創造、毀滅以及維持之力，或者是主動、被動以及調和之力。葛吉夫是九型人格系統的主要來源，他簡單地將這些力稱之為「第一力」（force One）、「第二力」（force Two）以及「第三力」（force Three），他發現人類對於「第三力」一無所知。

具體地了解這三力如何一起運作，可以讓事件在時間的長河當中一直持續下去，而不是絕望地四分五裂；因為在一個事件持續發展的過程當中，這三力在不同的階段會顯示出不同的訊息。舉例來說，當一個事件開始的時候，如果運作的力量是調和之力，那麼到了這個事件發展的下一個階段，這個力就會轉變成主動之力。如果我們對九角星圖的象徵有更完整的了解，就會知道它是一個不斷在變化的模型。

這個圖形能夠為我們指出，某個事件在進展的過程中比較不顯著的面向，比如說在某個時刻，我們可能會需要新的能量流才能讓這個事件繼續維持下去。

就數學而言，九角星圖中間3—6—9這個三角形，可以被描述為，創造之初的三力想要重新成為一個整體的企圖。以算術來表示，我們可以用一或是整體，來除以三，這麼一來，我們會得到一個分數，它的後面幾位數會無限循環，寫成1÷3＝0.3333……

一旦某個事件有了開端，「七的法則」或是「八度律」便開始運作。我們可以在音階裡看見八度律，呈現為七個音階再加上一個重複的Do，它掌管著事件的進程，讓它得以在這個物質世界開展。至於七和整體的關係，可以用一除以七來表示，這也會產生一個循環的小數，即0.142857142857……其中沒有任何三的倍數。完整的九型人格圖是一個被分成九等分的圓形，代表「三的法則」和「七的法則」的融合，在九角星圖內部的線條以特定的方式相互關連。[1]

當我們將九型人格模型實際應用到人類身上，中間的三角形指出頭腦有三種主要的傾向：形象（魅力，3型人）、恐懼（6型人）以及忘記自己（9型人）。主要的頭腦議題和最強烈的情感議題互相對應，接下來的圖形會指出三種核心人格類型的頭腦和情感傾向。

九種類型

一、完美主義型（The Perfectionist）

對自己和別人充滿批判性。相信凡事總有一個正確的作法。覺得自己在道德上比別人優越。會因為害怕犯錯而拖延行動。講話的時候使用很多「應該」（should）和「必須」（must）。

進化的1型人可以成為相當睿智的道德英雄。

二、給予型（The Giver）

需要別人的喜愛與認同。藉著成為對方不可或缺的一部分，來獲得愛與讚賞。全心全意地想要滿足別人的需求；有控制欲；有許多不同的自我——對每個朋友展現出不同的自我；致命的吸

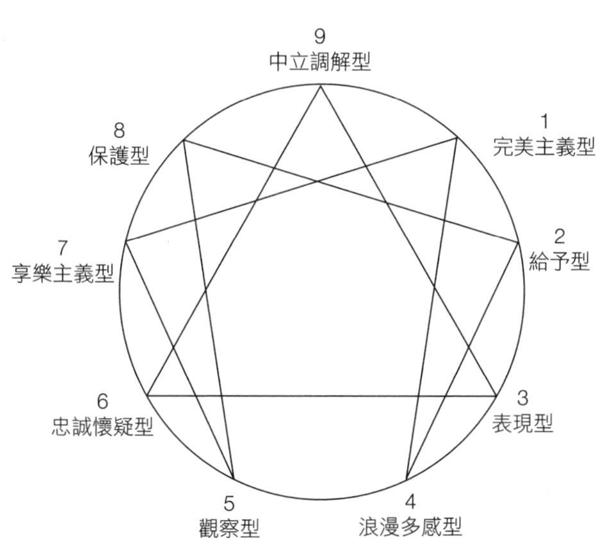

九型人格圖

引力。

進化的2型人會發自內心地關懷和支持別人。

三、表現型（The Performer）

希望藉著表現和成就來獲得愛；充滿競爭意識；對於贏家的形象還有和別人比較這件事非常執著；精通自我形象的大師；A型人格；混淆真實的自我和職業角色；看起來可能比實際上還有生產力。

進化的3型人，可以成為非常有效率的領導者、良好的承包商、稱職的發起人以及帶領球隊獲勝的隊長。

四、浪漫多感型（The Tragic Romantic）

容易被得不到的東西所吸引；理想永遠不在此時、此地；悲情、憂傷、充滿藝術氣息、敏感；總是會想著不在場的戀人或是失去的朋友。

進化的4型人在生活上充滿創意，而且有幫助其他人度過難關的能力；他們致力於創造出充滿美感以及熱情的生活；迷戀特別的主題，像是出生、性愛、激烈的思想與情感以及死亡。

核心理智問題

9
忘記自己

6
偏執

3
形象

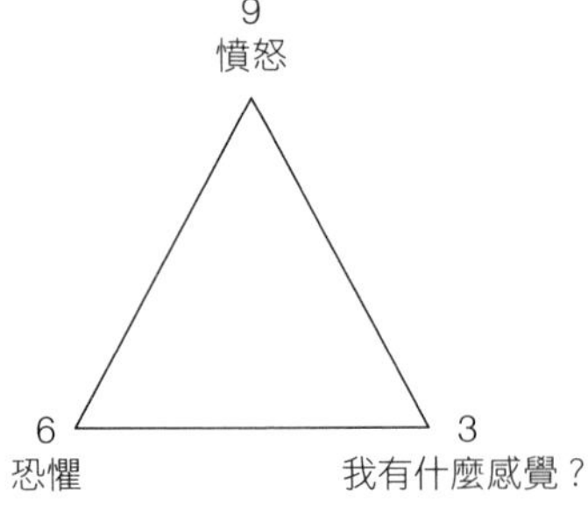

五、觀察型（The Observer）

在情感上與其他人保持距離。注重隱私，不輕易涉入任何事情。減少個人需求是一種防禦機制，藉此避開與他人的牽連。認為承諾或是他人的需求會榨乾自己的精力。將各種責任和義務分開來看；不願依附任何人、任何情感、任何事物。

進化的5型人，可以成為一流的決策者、象牙塔裡的知識分子以及儉樸的修行人。

六、忠誠懷疑型（The Loyal Skeptic）

充滿恐懼、富於責任感、因為猜疑而飽受折磨。做事拖拖拉拉——想的比做的多——害怕採取行動，擔心暴露自己會遭受別人攻擊。

認同被壓迫者的訴求、反獨裁主義、願意自我犧牲、忠於奮鬥的目標。被逼到絕境的時候，恐懼型的6型人會顯得搖擺不定，覺得自己受到迫害，然後屈服。反恐懼型的6型人覺得自己總是遭受迫害，傾向於採取激烈的手段對抗恐懼。

進化的6型人可以成為很棒的團隊成員、忠誠的士兵、好朋友，他們能夠為公益事務奉獻自己的心力，態度就像是一般人為個人利益打拚一樣。

七、享樂主義型（The Epicure）

彼得潘，不老男孩——永遠年輕、半吊子、靠不住的戀人、膚淺、喜歡冒險、熱愛美食、享受生活、無法對愛情承諾，希望可以對所有的選項保持開放，讓情緒保持激昂；通常都很開心，人來瘋；習慣帶頭發起某些事情，但是無法貫徹始終。

進化的7型人非常善於綜合各家意見，他們會成為優秀的理論家，像是文藝復興時代的人物。

八、保護型（The Protector）

極度有保護欲。會維護自己和朋友的權益；充滿鬥志、喜歡主導、愛找人吵架，一定要確定事情都在自己的控制之下；公開表現自己的憤怒和力量；尊敬那些勇敢接受挑戰的對手；透過性愛和近距離的對峙與他人連結；放縱的生活方式；做什麼事情都太超過、太晚睡、嗓門太大。

進化的8型人會是絕佳的領導者，特別是如果他處於反對者的立場，他們可以成為相當有力的支持者，總是希望可以保障朋友的安全。

九、中立調解型（The Mediator）

異常矛盾；可以看見所有的觀點；隨時都準備好要用別人的希望來取代自己的希望，用不必要的活動來取代真正的目標。以食物、電視、酒精來麻醉自己的傾向；對別人的需要比對自己的需要更了解；經常會恍神，不確定自己是不是想要待在現場或是加入某一群人；很好相處，會以間接的方式表達憤怒。

進化的9型人可以成為很棒的和事佬、顧問、談判專家，只要他們堅持目標，就能夠獲得良好的成就。

側翼性格

出現在3—6—9這個三角形兩邊的人格類型就是主要人格類型的變異。意思就是，3型人的兩個側翼，即2型人和4型人，他們在面對形象這個議題時有著類似的傾向，在生活中對於「我有什麼感覺？」這個問題也有不同程度的體會。6型人的側翼（5型人和7型人），都有潛在的偏執傾向以及感到恐懼的情感慣性。9型人的側翼（8型人和1型人），都有一種藉著沉睡來忘記自己的核心的傾向，他們忘了對於自己而言最重要的需求是什麼，同時也具有憤怒

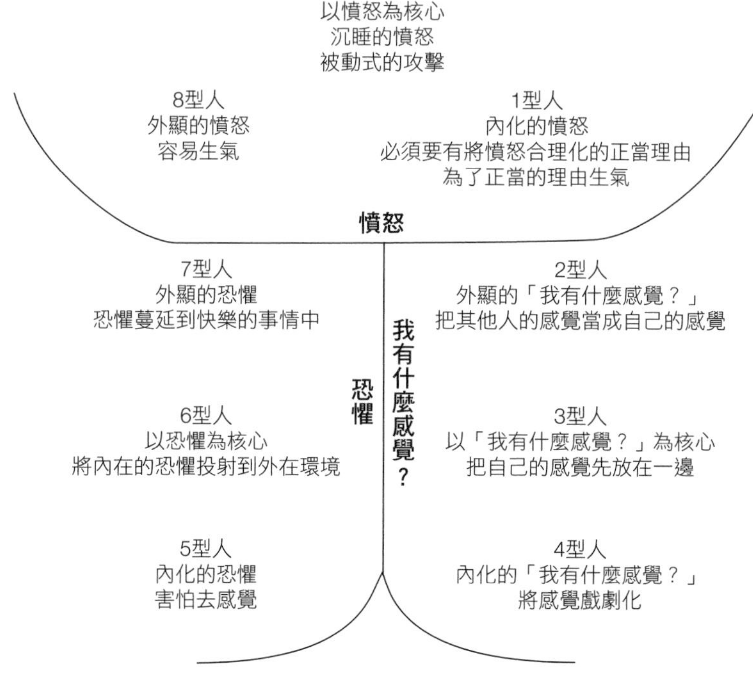

的心理傾向。

這個3—6—9三角形的側翼，代表著核心人格傾向「外顯」和「內化」的版本，在心理治療的過程中，當療癒發生，核心人格傾向便會浮現出來。這可能意謂著一個7型人（外顯的恐懼類型），可能在一開始看起來什麼都不怕，但是當他的心理防衛機制減弱的時候，卻可能變得鬼鬼祟祟和偏執（6型人的核心）。

只有3—6—9這個三角形的側翼，能夠顯示核心人格外顯和內化的變形版本。舉例來說，8型人的側翼，即7型人和9型人，並不代表8型人外顯和內化的變異。不過，每個人格類型的側翼都有其影響力，因為它們為這個人格類型增添了不同的色彩。比如說，在九型人格圖頂端的憤怒群組中，其中的9型人也可能會傾向以間接和被動的方式表達憤怒：他們可能會靠向8型人（保護型），傾向於以一種粗魯而又倔強的「別逼我」態度，被動地表達憤怒；或者也會靠向1型人（完美主義型），變得極度吹毛求疵，不過這仍然是一種間接的表達方式。

同樣地，如果一個不是三種核心的人格類型，比如說4型人，他會以一種戲劇化的方式表達自己的情感：他們可能會偏向5型人（觀察型），進入一種內化的抑鬱狀態；或者會偏向3型人（表現型），極度亢奮地想要把憂鬱控制住。這些側翼的特色讓每個人格都具備高度的獨特性，就算是兩個同屬於某個人格類型的人，即便他們有著同樣的人格傾向和憂慮，也不會完全一模一樣。在九型人格的課堂上，我們特別喜歡去辨別同一人格類型群組成員不同的色彩，為這些不同的色彩命名。舉例來說，如果一個4型人向5型人靠攏，他可能會變得比較孤僻、比較注重隱私；如果4型人向3型人靠攏，他就會變成一個比較俏皮、比較戲劇化的4型人——他們有著忙碌的行程表，不過仍然有著4型人憂鬱、哀傷，以及感到失落的心理狀態。

每個人格類型都受到它的兩個側翼影響，雖然其中一個側翼的色彩，會在這個人格占主要的優勢，但是我們也不能低估另外一個側翼以一種潛能存在這樣一個事實。

人格類型的動態

「三的法則」也能說明每個人格類型都是由三種面向所構成：主導的面向會在一般的情況下運作，它被稱為你的人格類型；第二種人格面向會在你進入行動（或者處於壓力之下）的時候開始產生作用；當你感到安全的時候（沒有壓力），第三種人格面向就會開始運作。在接下來的圖表，行動點（壓力點）的位置以箭頭的方向來表示，而無壓力點的位置則是和箭頭的方向相反。因此每個人格類型都是三種面向的結合，每個面向會在特定的生活情境下被觸發。舉例來說，當觀察型的人（通常表現得安靜而又孤僻）處於壓力之下，他就會移動到享樂主義者的位置（自相矛盾地變得外向而友善，試著和人群接觸來減輕壓力）。當觀察型的人感到安全，他就會變成一個保護型的人（對其他人下指令，控制個人空間）。

安全狀態和壓力狀態下的表現

當我們從安全的生活情境移向行動，進入了壓力狀態，我們頭腦和情感的傾向就會改變

——這樣一個事實，在九型人格的愛好者當中，製造出了某種對於安全感的狂熱崇拜。一個人在安穩時會有的反應，聽起來就比在行動／壓力下的反應還要吸引人。因此安全感狂熱者會採取一種尋求安全感的策略，他們認為通往健康的道路就在於培養出更好的安全感。對於他們來說，對於沿著箭頭移動，意即移向行動以及隨之而來的壓力，會進一步強化人格類型對自己的強制性。

這種看法顯然是基於一種簡單的邏輯推演——把安全感當成人格的積極面，把壓力點當成人格的消極面。

根據我在研討會與參與者的對談，並沒有任何證據可以顯示，如果一個人明確地抓住任何一個能夠朝向安全感移動的機會——比如說和一個合適而又合意的對象談戀愛——會必然地引導出安全點的積極品質。因為缺乏經驗，或者因為過去某些經驗而造成的不安全感，

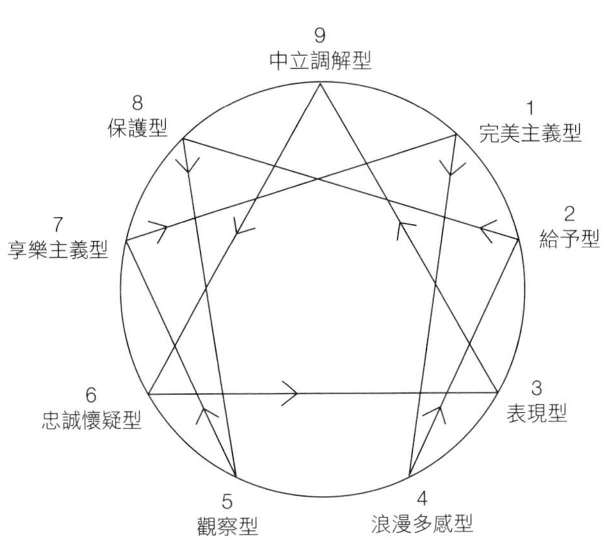

朝向行動，遠離安全（朝向壓力，遠離無壓力）

一個好機會可能反而會造成壓力。我訪問過好幾個人，他們在面對充滿許諾的生活情境時，反而直接一頭栽入了安全點的消極面向；我也記錄了許多故事，這些案主藉著發展他們人格類型之中最佳的行動／壓力面向，因而成就了自己的事業地位。

在所謂的壓力點找到療癒的可能性，這樣的技巧隱含在許多傳統當中，像是完形治療（Gestalt therapy）或是譚崔靜心練習——在這些練習當中，練習者會刻意地追求負面的情感並且面對它們。朝著壓力移動這種作法，背後的用意在於，有技巧地將我們的情感提升到潰堤的點，並且藉著完整而又全然地經驗這個負面的習性，我們才有辦法讓自己從這樣的制約當中解脫出來。

我們可以訓練自己發脾氣，而不是試著保持超脫。或者老師會把一個學生安置在一個設計好的情境裡面，讓他的焦慮達到最高點。驕傲的人格類型會被安排去刷很多地板，而恐懼類型的人，會在滿月之夜被安排到當地的墓園靜心。葛吉夫所使用的方法——去挑撥某個人最敏感的地方——說明了一個概念，那就是刻意地引導由壓力所產生出來的能量，並且使用這樣的能量來工作，這除了能為我們帶來成長，也會讓我們培養出從所謂負面情感把注意力抽離出來的能力。[2]

策略性地培養某些情感，與此同時學著保持超然，這樣的相互關係也表現在德爾菲神廟的儀式中。這座神廟裡同時膜拜著太陽神阿波羅（Apollo）和酒神戴歐尼修斯（Dionysus）：戴歐尼修斯代表著「鮮血與大地之力的生命奧祕」這種陰性力量，他和阿波羅會在曆法上的同一年受到信徒輪流膜拜，阿波羅所顯現的是陽性的品質，包括清晰、距離感以及超然的態度[3]。酒神信仰要求信徒全然地將注意力奉獻給身體和心理的感受，如果這些感受可以獲得完整的表達，信徒便會自然而然地對客觀性以及從感覺抽離出來感到渴望。同樣地，阿波羅式的理想——距離和清晰——「拒斥任何靠近之物」，也只有在我們體驗過那些由於激烈的情感所帶來的問題，才能獲得清晰。此外，一個信徒也必須過著全然的情感生活，只有這樣，在最後超然才會有意義。[4]

阿波羅是光之神、理性之神、平衡之神、和諧之神、數字之神——阿波羅會讓那些在膜拜時靠得太近的信徒眼盲。不要直視太陽，偶爾到某個陰暗的酒吧歇息一下，和戴歐尼修斯乾一杯。[5]

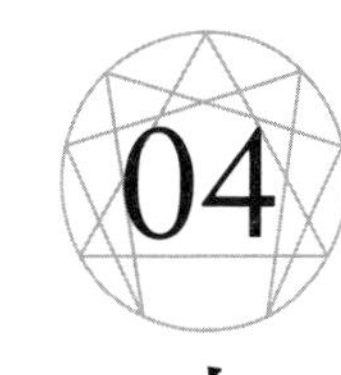

本體系的貢獻者

九型人格的建立

當我們手上有張像是這樣的九角星圖，最重要的任務，就是將不同的人格類型擺在正確的位置上，因為它們之間有著特定的關連。將這些情感擺放在正確的位置上，是奧斯卡·伊察佐想出來的。再加上葛吉夫稱之為「主要特徵」，看似簡單實際卻不然的分類，我們便獲得了九型人格的密碼。

蘇菲教派認為人格傾向所指出的是我們失落本質的特徵，伊察佐根據這樣的想法，進一步指出九型人格之中每一型所具備的高等理智和情感特質。我們本質的特徵，正好就和人格受傷最嚴重的部分完全相反。舉例來說，一個發展良好的恐懼型人物，很可能表現得很勇敢，而發展良好的驕傲型人物可能會發展出真正的謙虛。伊察佐將高等的理智特質稱為「神聖意念」（Holy Idea），將高等的情感特質稱為「美德」（Virtue）。

要正確地了解高等理智能力和高等情感美德，我們會遭遇許多非常實際的問題。它們和我們日常的思考和情感一點關係都沒有；實際上，它們並非由思考的自我或是感覺的自我來主導。諸多的高等能力，是我們與本質失去連結之後所遺失的特質，獲得其中一種能力，就代表我們成功地消解了某個導致我們痛苦的神經質傾向。高等理智會讓我們自發性地進入某種特定的認知品質，它不是以思想做為媒介；美德則是一種自動的身體反應，和個人的喜好或厭惡沒有關係。

因為高等理智不同於我們人格所展現的理智，我們很容易就會產生這樣的想法或是概念：當我們有謙虛的想法或是強迫自己勇敢的時候，就會認為自己處於本質當中。然而我們所抱持的這些和自己有關的想法，和本質那種對環境、對他人既不設防而又敞開的和諧體驗相較，只不過是一種表面功夫而已。

一直到一九七〇年，伊察佐的工作才開始為世人所知，那時候他公開宣布自己要在智利的艾瑞卡舉辦某種心靈訓練。參加的美國人大約有五十個，其中包括了約翰·利里、克勞迪歐·納蘭雍以及喬瑟夫·哈特。他們回到美國之後，報告伊察佐使用了許多蘇菲的概念，因為葛吉夫的工作，許多人對於這些概念相當熟悉。他運用許多練習來發展「三個頭腦」（three brains），或者稱為三種人類智能，葛吉夫稱之為「理智」（mental）、「情感」（emotional）以及「本能」（instinctual）；他也運用動物的特質作為教學方法，並且就九種人格類型做了簡短的記錄，後來發表在《超個人心理學》這本書中談論艾瑞卡學院訓練的那一章。[1]

最重要的是，伊察佐將各個人格類型正確地擺放在九角星上頭，因此我們可以透過訪談來核對這些人格類型之間的關係。

在一份難得的公開聲明當中，伊察佐說他在十九歲的時候被某個上師收為門徒，透過這位上師所屬的團體，他接觸了禪宗，並且學習了蘇菲以及卡巴拉（Cabala）這兩個神祕主義的基本教誨。這個團體還使用了某些技巧，後來他才知道那是葛吉夫的工作技巧[2]。伊察佐最後創立了艾瑞卡學院，目前它的中心在紐約市。被問及在這樣的傳播過程中他扮演著什麼樣的角色，他說：「與其說艾瑞卡學院是我的發明，不如說它是我們這個時代的產物。我貢獻給這個學校的知識有許多來源，那是我在進行個人追尋的時候碰到的。」

以下的九型人格圖表來自約翰·利里和喬瑟夫·哈特所著關於艾瑞卡學院相關訓練的文章，被收錄在《超個人心理學》中。接下來的圖表列出

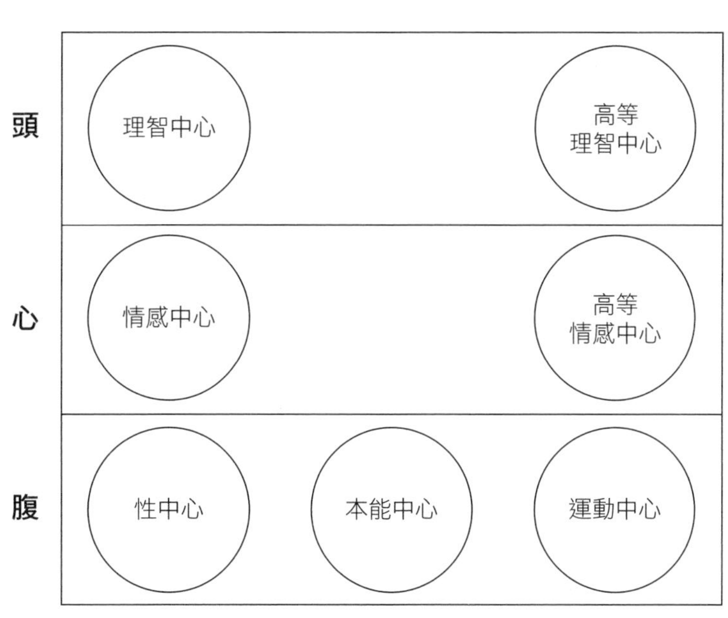

三種智能中心

出處：Michael Waldberg, *Gurdjieff, An Approach to His Ideas* (Routledge and Kegan Paul, 1973), 112.

了和九型人格傾向有關的一些用語，教導九型人格的老師把它們視為一種基本原則。多年以來，他們在研討會上訪談過特定人格類型的與會人士，並且蒐集他們的特徵和行為舉止。

和理智中心相關的這個圖表，包括了各個人格類型最原始的名字，我刻意地改動了這些名字，希望能讓這個系統脫離葛吉夫「為魔鬼命名，把他揪出來」（naming the devil in order to route him out）這樣的理念。原本的名字和問句，刻意強調了某個人格類型的負面傾向，因為負面的習性比較露骨，讓人們可以比較容易辨認出九種類型的差異之處。舉例來說，如果我們沒有做出「有壓力的時候我就會製造衝突」（8型人——保護型）和「有壓力的時候我就會變得孤僻」（5型人——觀察型）這樣的區別，我們就沒有辦法分辨這兩種人格類型的差異，因此也就無法採取某些策略來幫助這些人格類型進化。

如果我們只看諸佛和超凡覺悟者的陳述，我們所聽見的話語都是來自高等理智中心，像是：「我似乎沒有感受過任何壓力，我就是知道一個問題會如何結束。」（5型人——全知），或是：「我順著流遍全身的那股力量。」（8型人——天真）。意思就是，我們無法以這些話語辨別出不同的人格類型。

雖然透過各個人格類型的負面差異，可以讓我們比較容易辨別它們，不過我認為過度注意這些類型的特質，會降低它們作為導師和引導者的重要性，因為它們可以引導我們到高等意識狀態。

子類型

腹部中心（Belly Center）的運作大部分是無意識的，不過我們每個人對於和生存（自保本能）、性愛以及社交生活相關的議題，都有著迫切的擔心，我們可以藉由這個事實來辨認出這個中心。

以下是一個和子類型有關的寓言：一個牧牛人坐在三腳凳上擠牛奶，牛奶指的可能是教誨的養分或者是生命的養分。這張板凳的一隻腳壞了，所以當他在擠牛奶的時候，他的覺知便朝著壞掉的那隻腳傾斜。故事在這裡指出，我們有三個主要的關係場域，其中一個比另外兩個還要破損。當其中一個關係領域受到傷害，我們便發展出一種特定的心智傾向，用來減少那個受損的部位為生活所帶來的焦慮。這三個關係場域便是性愛（親密關係以及其他一對一的關係）、社交（群體關係）以及自保（我們和個人生存這件事的關係）。身為成人，我們對於自己人格之中的這三種心理傾向，都有一定的敏感度，但是我們會對其中一個產生特別嚴重的關注。舉例來說，這三種關係，在很大的程度上都和安全感、聲望以及男性及女性的形象有關，不過在三個當中會有一個成為我們主要的顧慮。

如果這三種關係在自保的部分受損得最為嚴重，那我們就可以假設，這個個體主要的生存議題會與安全感有關，同時也會受到虛榮這個主要特徵以及欺騙這個情感的影響。

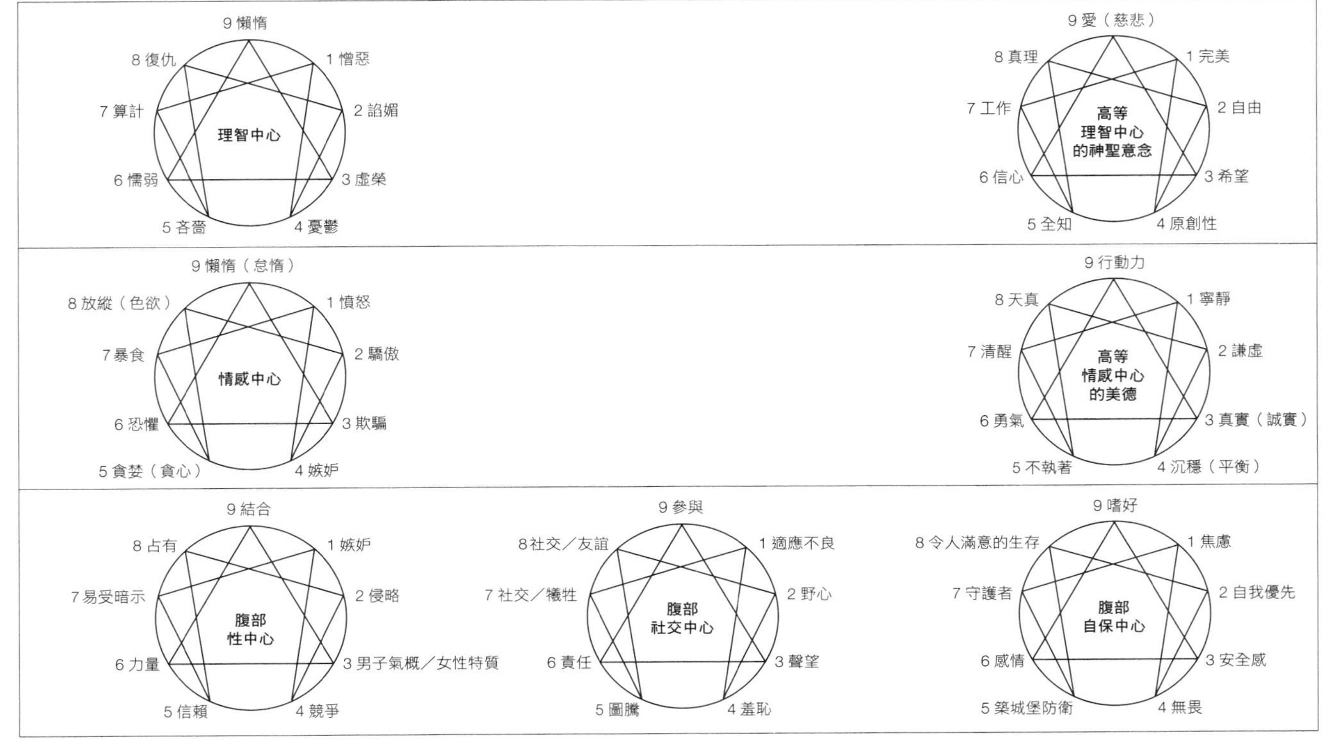

九型人格簡介

改寫自：*Transpersonal Psychologies*, Edit. Charles Tart, Harper & Row, 1975. reprinted by Psychological Processes, Inc. 1983, Charlels Tart.

九型人格和當代心理學

伊察佐的九型人格理論帶給我們某些困難，因為他在介紹各個類型的時候，對於和該類型有相關的各種重要議題，只描述了其中一個；此外，他的用字遣詞也無法被直接轉譯成心理學用語。在九型人格傳播的過程當中，克勞迪歐．納蘭雍將這樣一個缺憾補足了。納蘭雍是智利的精神病學家，他參與了艾瑞卡學院部分的訓練，並且以他的能力將九型人格理論放到心理學的脈絡當中。藉著《真正的追尋》（*The One Quest*）這本書，納蘭雍早就建立起自己綜合東西方意識研究的名聲[3]。他對於九型人格理論的貢獻，在於成功地將神祕主義轉

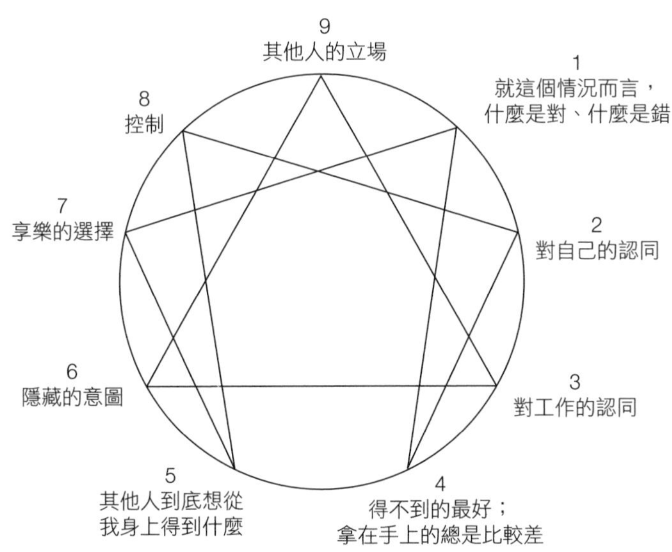

注意力的焦點

出處：海倫．帕瑪的研究。

化道路的洞見和方法，與西方心理學的理性力量結合在一起。這也促使「那些知道的人」開始談論類型問題，讓後來的人得以設計出一系列的問題，這樣一來，人們就能夠藉著觀看和聆聽同類人的故事來辨認自己的類型。

藉著和那些熟悉心理學、並且能夠描述自己理智和情感傾向的人們進行訪談，納蘭雍獲得許多洞見。他有一張九型人格圖表，測繪出支撐各個人格類型的重要心理防衛機制。對我來說，這讓葛吉夫在他的工作中所暗示的以及伊察佐接著發展的九型人格理論，得到了實現。如果九型人格理論沒有這麼精確地被放到西方類型學的範疇裡來談，它可能到現在依然被視為某種神祕主義。

我從納蘭雍那裡學到九型人格理論，他以口語的方式傳授這個材料。他訪談了許多高功能人士的團體，這些人都在從事特定的靈性修持。去聽聽那些人為什麼想要尋求高等意識，還有他們是如何一路走來，追尋那超越個人自我的某種東西，總是可以為我帶來很多啟發。

這個系統被發展成一套神祕教導的心理學工具。我個人的興趣主要是在靈性修持以及直覺訓練，而不是心理學，不過我想要知道同樣類型的人，是否會被類似的靜心法門所吸引，我也想要知道，每種類型的人在進行修持的時候，是否會遭遇某些特定的問題。真理在5型人（觀察型）之夜首度向我顯露，那時候納蘭雍正在對一群5型人就他們早年的家庭生活進行訪談。其中一個高度緊縮的觀察型個案，整個晚上都坐在沙發的扶手上，在一個安全的距離之外看著這一切，他說：「我知道我的家人想要從我身上得到什麼，在他們知道之前我就知道了。」

我記得自己突然感到一陣解脫，並且充滿了感激。這個5型人漫不經心的說詞，卻觸碰到我內心某個發展已久的覺知，他人就坐在那裡，加上他所說的話，引發了我對九型人格的興趣。我立刻就知道他對某些事情有一種特別的直覺；他的敏感度在孩提時代發展出來，作為其生存策略的一部分；他可能會活靈活現地描述，他是如何將自己的注意力用於「了解其他人的期望」；如果他可以釐清自己在童年時期是如何進行自我防衛，他將很有機會發展出任意進入直覺式心智狀態的能力。

在那個最早期的教室中還有許多其他人，後來也以相當不同的方式各自為九型人格理論做出了貢獻。其中一位包伯．歐奇斯（Bob Ochs）是我的好朋友，他是耶穌會的教士以及九型人格狂熱者，他寫下了對於每一種人格類型的想法，還有九型人格和天主教的理念在哪些方面有契合之處。歐奇斯寫下的幾頁東西，在耶穌會的社群中意外地大受歡迎。這些宗教社群的成員一起生活、一起工作，事務通常相當繁忙，然而他們真心地接納了這個系統；具體來說，是因為他們有這樣的需求，必須了解和自己一起生活、一起工作的夥伴內心的想法。凱斯琳．史畢思（Kathleen Speeth）是納蘭琼另一位最早期的學生之一，她將自己擅長的心理學知識加進了這個系統，讓九型人格理論在納蘭琼臥病在床、呈現半退休狀態的時候，還能繼續發展下去。

一九七六年，我開始以討論小組的形式對自己的學生進行訪談，把它當成某個擴大直覺訓練課程的一部分。這個在我家客廳聚會的小組，剛開始總共有四十個人，隨著時間過去，增加到好幾千人。他們因為親自看見、聽見這些與會者談論自己的生活，也找到了自己的人格類型。這本書裡摘錄的談話都是從這些課堂而來，我立刻想到要設計一套問卷，以之來凸顯某些直覺式和本質性的體驗；而這本書裡和注意力以及直覺風格相關的素材，則是我對於九型人格理論的貢獻，希望藉此可以讓九型人格繼續流傳下去。我有一個原則，在我將某個議題作為特定人格類型的特徵之前，我都會將這個議題一次又一次的帶到討論會進行驗證。

透過艾瑞卡學院，伊察佐也持續地將自己的洞見納入這個系統。他是我們這個時代九型人格訊息的主要來源，並且持續地探索這一種人類意識轉化的模型。

注意力的焦點

1型人：評估在當前的情況下，什麼是對、什麼是錯。

2型人：渴望獲得別人的認同。

3型人：希望工作和表現獲得正面的肯定。

4型人：注意力的轉換和能不能得到某些人事物有關，選擇性的焦點，認為得不到的東西最好，對手上的東西棄如

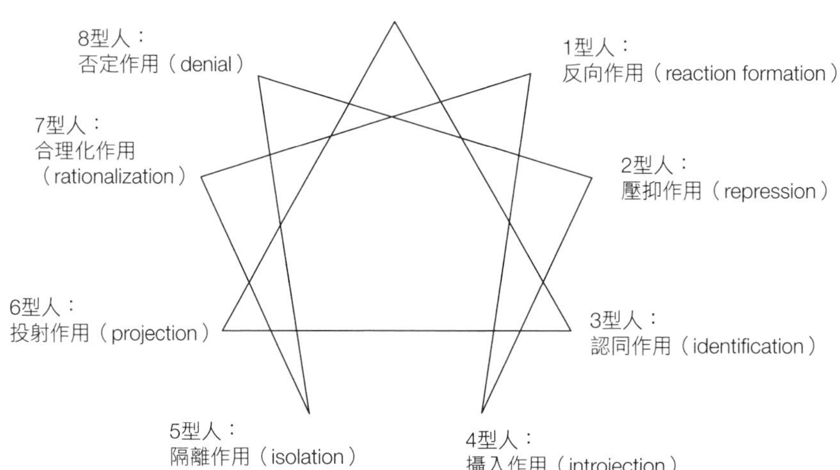

心理防衛機制的九角星圖，或葛吉夫所說的「緩衝器」

出處：克勞迪歐．納蘭雍的研究結果。

敝屣。

5型人：希望保有隱私，對於他人的期望相當敏感。

6型人：從環境中尋找線索，希望找到別人隱藏的意圖。

7型人：注意力會轉向快樂的心理聯想，以及樂觀的未來計畫。

8型人：注意任何可能會讓自己失去控制的徵兆。

9型人：試圖界定別人的行動和觀點。

我們擁有三種智能這樣的概念——理智、情感和以腹部為基礎的本能——也說明了我們實際上有三種不同的直覺連結形式——透過思

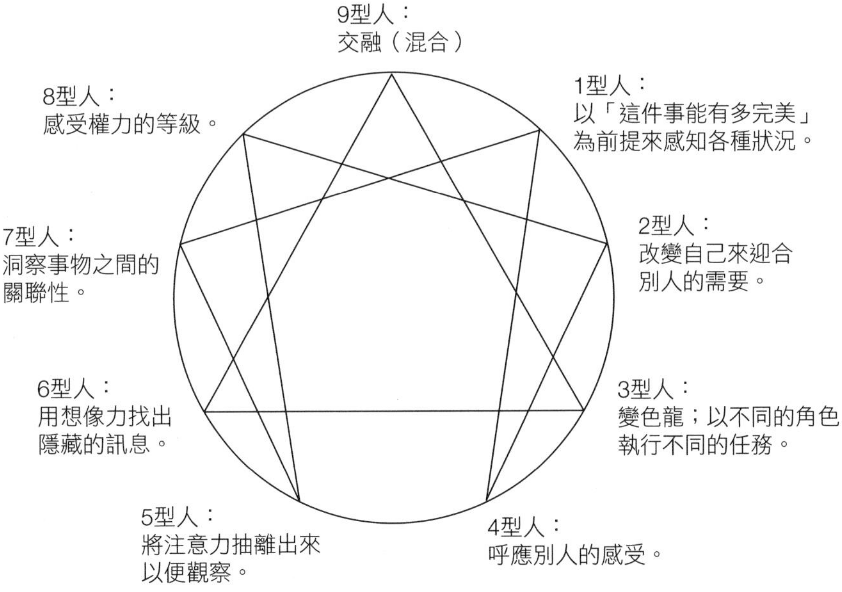

直覺風格的九角星圖

出處：海倫．帕瑪的研究成果。

考、感覺，以及根植於肉體並且以腹部為中心的智能。九角星圖的頂端，也就是8型人、9型人、1型人，通常自然地以腹部為基礎，他們能夠輕易地透過肉體來接收直覺的印象。感覺類型的人位於九角星圖的右側，即2型人、3型人、4型人，他們大多透過情感反應來接收直覺。理智類型的人集中在左側，亦即5型人、6型人、7型人，他們主要是透過理智的方式來接收直覺。

有個重點必須記得，我們可以發展出許多直覺能力，並不限於以我們人格類型特有的模式來接收直覺。但是因為每個類型的注意力都放在完整實相的特殊面向，所以每個類型都會發展出一種——就他們所關注的事情而言最適當的注意力模式。9型人通常會透過身體來接收直覺，彷佛是在回答這樣一個內在問題：「在這個環境中，我的位置在哪裡？」以感覺為中心的3型人，會透過情感來接收直覺，以之回答「我和誰在一起？」以頭腦為中心的6型人，則是以理智的印象來接收直覺，以此回答「現在的情勢如何？」因此，每個類型的人都會慣性地把注意力放在頭中心、心中心或是腹部中心；雖然他們也可以學習其他類型的注意力位置，不過更有可能的是，他們會找到屬於自己特定類型的直覺風格。

每種直覺風格都建立在特定的、自動化的注意力轉換之上，它是各個人格類型日常感知的一部分。如果我們仔細地進行自我觀察，就會發現這種注意力轉換，就像是基本靜心練習的基礎，它能夠幫助我們培養出——以特定的方式抽離注意力，和把注意力聚集在某處（集中焦點）的能力。

根植於身體的直覺：1型人—9型人—8型人

1型人：在日常事務當中去感受達到完美的可能性，會特別注意不正確的事情，因為被感官接受到的任何明顯錯誤，都會傷害持續不斷的「事情能有多完美」這樣的感知。

9型人：將其他人攝入自己的內在。就像一面鏡子一樣，吸收所有出現在面前之人的印象，並且將摹本返還給觀者。在和人交往的時候，9型人會覺得自己融入了他人的觀點，請見下文「2型人和9型人看起來很像」。

8型人：感覺自己身體變大而「充滿了整個空間」。可以在人們身上或在環境之中感覺到臨在（presence）以及力量（power）的特質。透過訓練，便能大幅度地感受到各種特質。

根植於情感的直覺：2型人—3型人—4型人

2型人：透過移情作用改變自己來迎合別人的需求，感覺自己變成別人想要的樣子，在頭腦尚未涉入之前便改變了自己的情感。請見下文「2型人和9型人看起來很像」。

3型人：像變色龍一樣改變自己的角色和個人形象，藉此引導出用來完成某個工作所需要的特質。注意力的焦點集中在任務上，或是其他人對於這個任務的反應。在3型人還沒想到要怎麼做之前，很有可能已經自動而又適當地改變了角色。

4型人：呼應其他人的情感。承擔別人的痛苦，在情感上與他們共鳴。4型人說他們可以感知一位不在場的家人、愛人或友人的情緒狀態。

根植於理智的直覺：5型人—6型人—7型人

5型人：為了不帶偏見地觀察，將注意力從思想和情感當中抽離出來。理性地觀照，沒有來自個人思想或是感覺的干擾。

6型人：看見表象背後沒有被說出來的意圖。使用想像力做為工具，將隱藏的觀點揭露出來。

7型人：洞悉看似毫不相干的聯想之間的關係。把問題擱在一邊去做別的事；在做不重要的事情時，反而靈光一現，獲得解決原來問題的點子。

2型人和9型人看起來很像

當2型人和9型人在描述他們和別人直覺式的連結時，都會說自己「與人融合」。2型人首先會改變情感狀態，接著融入這樣的情感面向之中，讓其餘的面向都成了一種背景；在融合的時刻，2型人會因為變成其他人想要的樣子，全然地陷入某種興奮狀態。

就某個程度來說，這和多重人格的現象有關：2型人的許多人格面向或許都覺得自己相當真實，但是它們不會在同一個時間點出現。

9型人不會改變自己的自我形象。他們將其他人的世界觀整個吸收進來，但是不會把自己變成別人想要的樣子；9型人也不會在不同的角色觀點之間作轉換。當9型人在與人融合的時候，他們會說自己不復存在，忘了自己的立場，他們融入其他人的感受和觀點之中，而且對此的感受比對自己的感受還要強烈。

在關係中注意力的焦點

認識自己和親朋好友的類型有一個很大的好處，那就是你可以在九角星圖上看看你們會在哪些端點交會，還有在哪些端點，你們必須多試著了解對方。一般來說，如果兩個人屬於同一類型，他們的觀點很有可能會沆瀣一氣。舉例來說，我認識很多雙方都是1型人（完美主義型）的夫妻，他們通常都會就事物的品味和正確性，協調出最完美的生活方式，也會因為經常看到對方反映出自己內在的批判性而感到困擾。

以「感應性精神病」（folie a deux）的關係來說，這種狀況就像是某個人格類型的世界觀，被同類型的伴侶所確認了。一對3型人（表現型）伴侶，會同意生活是一連串的挑戰，而一對4型人伴侶，則是會認為生活的重點在於感受的強度和被拋棄的恐懼。

如果你和你的伴侶在某個點交會，當你們面對一件事情，那個點會為你們帶來一種與其性質有關的自發性的了解。不過，如果你移動到九角星圖上某個位置，而那是你伴侶的自然傾向無法了解的，那麼你們可能會發現彼此老是在誤解對方的意思。舉例來說，一對6型人—8型人伴侶，會在九角星的第七點、第五點以及第九點交會，當6型人因為壓力向3型人靠攏，或者8型人在覺得安全的時候向2型人靠攏（2型人和3型人就在隔壁，但是就側翼來講，它們之間並無特殊的關係意義）。我們可以根據和這幾個端點有關的議題，大膽地就他們的關係做出一些預測。

在第七點交會

愉快地談論一整天發生的事情，和彼此分享未來的計畫、旅行和朋友的聚會以及要做的事情。計畫一起做某些事情，支持彼此的目標。他們之間的性愛充滿遊戲性質，相當輕鬆。

在第五點交會

躲在家裡；待在同一個房間裡閱讀，不然就是找個可以耍自閉的個人空間。喜歡伴侶待在自己周圍，但是不要太靠近。在這個交會點上（6型人的側翼，8型人的壓力點），他們可能對彼此沒什麼性慾。8型人在面對壓力的時候會想要一點隱私，所以6型人在對方想要自己一個人的時候，最好不要過度投射，認為這段關係已經結束了。當8型人想通的時候就會來找你。

在第九點交會

積極地融入對方。6型人會將表現的焦慮先放到一邊去，但是可能會被困在一些瑣事或是要收尾的一些細節（9型人的缺點）中。在家裡東摸西摸，看著湯鍋，做一些家務事。充滿色慾（8型人的側翼，6型人的安全點）。如果6型人的性慾沒有因為在過程中變得害怕而中斷，8型人會是很匹配的對手，讓6型人在其中放鬆下來，確確實實地感受到對方的愛。矛盾的是，對6型人來說，發現伴侶對自己而言變得很重要，可能會導致憤怒。憤怒一開始可能會以投射的方式表現出來，認為這個伴侶有什麼意圖。如果6型人往安全點移動，便能接受自己的情感，因為自己對8型人的愛而受到感動。

8型人向自己的安全點（2型人）靠攏

8型人的行為會從高度的控制狂變得揮霍無度，莫名其妙的大方，渴望生命中一切美好的事物，一切都能被原諒。8型人希望受對方照顧，而不是負責打點一切事情。在乎對方的小動作。8型人是根植於身體的感覺主義者，所以當他們移到第二點，就會開始享受美食、娛樂、敬酒和奉承式的友情。如果這個6型人伴侶夠聰明，就會一起參加派對。

6型人向自己的壓力點（3型人）靠攏

在這個位置上，6型人很可能把注意力都放在某個任務上，在偏執的邊緣游移不定。一旦6型人投入某個任務，其注意力便會擺盪在興奮以及一種和任務成敗有關的偏執狂之間。如果8型人試圖取得控制權，逼迫6型人採取行動，或是針對6型人行動上的問題大發議論，6型人可能會一刀兩斷，同時離開這個任務和8型人。

不過，8型人可以藉著承擔這個計畫當中某些6型人可能會拖延的部分，來支持他的伴侶。如果這個計畫持續下去，恐懼型的6型人便能以一種更適當的觀點，重新審視一些在之前似乎是不可克服的障礙，8型人則是會成為本日的英雄。8型人必須了解粗暴地接手和適當的支持之間的差異，6型人則是要在放手不做和把部分責任委託給別人這兩件事情之間取得平衡。

心理診斷的九型人格圖

以下的九角星圖納入了《精神疾病與診斷手冊》第三版修訂版（*Diagnostic and Statistical Manual III, Revised*）的主要精神疾病項目。為了醫療保險的緣故，這本手冊（縮寫為DSM IIIR）通行全美國。關於這一項研究——九型人格與心理診斷——相關的論述基礎請見本書的附錄。

只有透過最嚴謹的研究，我們才能為九型人格理論在西方心理學的思潮當中找到一席之地。舉例來說，目前市面上很多心理測驗和自我評量都和這個系統有若干「雷同」之處，但是它們沒有任何研究上的根據，或者是採用現象學的方法來訪問各種類型的個案。這些所謂的雷同之處，看起來很有希望而且相當吸引人，但是它們對於九型人格理論並無任何助益，因為它們並非以任何研究結果為基礎。九型人格理論的工作持續在進展，目標是要建構出一套實證的工作架構、並且發展出一套紙筆評量的題庫，我把相關的摘要放在本書的附錄中。

根據納蘭雍對於主要心理防衛機制的見解，以及這些年來我在討論會上聽過的許多故事，我們可以說，下一個九角星圖所呈現出的精神疾病診斷排列，和目前的心理學知識相當吻合。關於這樣的排列，要驗證它的可靠性，其中一個測試就是它是否能

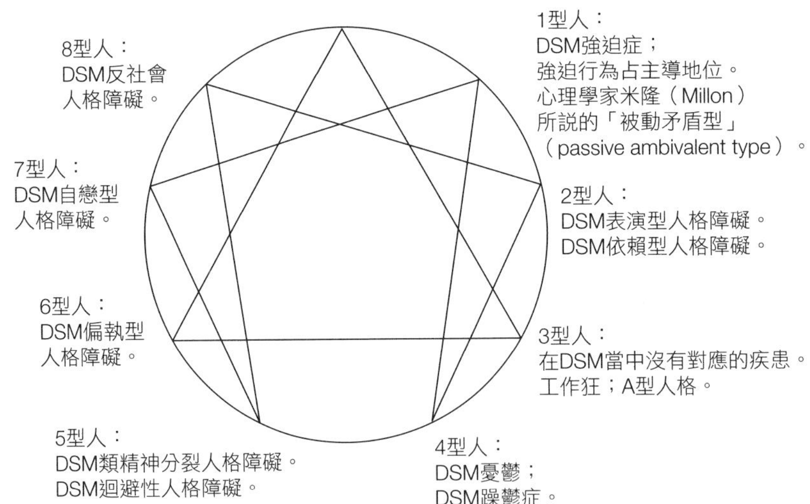

病理學的九角星圖

夠被自行驗證。意思就是，有能力的自我觀察者，應該要從某個對於其人格類型的描述找到自己的位置，並且就他們在壓力點和安全點時會產生的行為變化，做出正確的回應。

ＤＳＭ的診斷項目描繪的是嚴重的心理疾病。從注意力練習的觀點來看，這意謂著患者喪失了往後退一步來觀察的能力。如果一個人沒有辦法將注意力轉移到內在觀察者中立的制高點，我們就沒有辦法把「我做了什麼」與「我是什麼」分開來看。就病理學而言，注意力會沉浸在我們人格類型特有的思想和感覺之中，讓我們無法採取其他的觀點。

現在的心理學研究才開始注意，九角星圖內部各個類型的連線關係。舉例來說，光是內部的三角形就指出了某些令人驚奇的關聯性——它指出強迫症（9型人）、偏執狂（6型人）以及工作狂（3型人）的傾向，會存在同一個個體當中，並且能夠依此預測特定的生活情境（正常、壓力、安全），可能會造成什麼樣的行為。

診斷補充說明

以身體為中心的類型：9型人為核心，8型人和1型人為側翼

9型人

ＤＳＭ所謂的強迫症（obsessive compulsive）；強迫思考（obsessive side）占主導地位，米隆所說的「主動矛盾型」（active ambivalent type）。在做決定的時候會感到猶豫不決，陷在

想要反對和想要服從的欲望之間。以九型人格的術語來說，9型人想要成為一個好人（1型人）、也想要成為一個不服從的人（8型人），在這之間進退兩難。

9型人通常會停留在內心衝突當中，而不是採取某個立場來改變現狀。其內在的問題比較像是「我想要待在這裡嗎？」而不是1型人的「我在做正確的事情嗎？」無法真正投入任何立場。如果他們必須就服從或反抗這個議題採取行動，就會啟動防衛機制，把注意力分散到不重要或是次要的任務。自我麻醉和恍惚是主要的防衛機制。他們可能會主動地表現出矛盾，但是又會消極而間接地表達憤怒。

有些9型人說他們會採取被動式的攻擊，他們相當頑固而且愛抱怨，就九型人格的術語來說，他們這麼做是因為向側翼的8型人（積極反對）靠攏。被動式攻擊的9型人的矛盾，在於雖然他們和比較具有強迫傾向的9型人一樣，對於個人的立場都抱持著矛盾的態度，但是他們不會照著別人的規定走。他們會讓自己融入其他人的願望，表面上看起來好像很合群，但是同時挑三揀四、拖拖拉拉，並且表現出許多其他反對傾向。

1型人

DSM中由強迫行為主導的強迫症，內心可能像9型人一樣矛盾，但是不會表現出來，是米隆所說的被動矛盾型。在服從或反對的衝突當中偏向「對」的那一邊。反向作用（reaction formation）這一防禦機制，讓他們無法覺知自己的憤怒和真實的願望。堅守以正確和錯誤為評量的道德準則，有做正確的事情的強迫心理。相信凡事總有個唯一正確的作法。

8型人

DSM所指稱的反社會型人格（sociopathic type），我的作法就是正確的作法。

以情感為中心的類型：3型人為核心，2型人和4型人為側翼

3型人

在DSM當中沒有相應的診斷項目，近來才受西方的心理學界認可為一種類型。當事情做得正起勁的時候，會先把感覺放到一邊。注意力放在任務本身，而不是在自己身上。雖然有些3型人說自己有自戀的特質，比如說認為自己在成就上和從優點來看都比其他人還要優越，不過這樣的優點是因為努力工作而獲得，而不是一種天生就有的東西。3型人會犧牲自己真實的需要來維持一種贏家的形象，而不是採取一種比較自戀的態度，也就是說，他們不會以對未來成功的想像來取代當下的勤奮工作。

3型人和7型人看起來很像

這兩者都是能量高昂的外向者，兩者都非常樂觀、善於自我行銷、而且想要別人的認同。兩者都會投射出贏家的形象。3型人會工作到自己不支倒地為止，但是7型人只會在自己還感興趣的時候工作。3型人想要可以凌駕他人的權力，成為萬眾注目的領導者，願意投入到最棒、責任最重的工作上。他們是循規蹈矩的人，尋求他人的認同；他們辛勤工作，希望可以得到立即的回饋。

7型人想要嘗遍天下一切美好的事物。他們喜歡冒險甚於獲得權力。他們不需要守規矩來尋求認同，因為他們認為自己凌駕於社會規範之上。他們不在乎責任的問題，只要自己認同自己，為光明的未來感到激動不已，而不是為了立即的目標工作。

2型人

DSM的表演型（histrionic）和依附型（dependent）人格。兩者都需要有人給他們持續不斷的認可和贊同。在關係中才會有自我的感受。兩者都會適應另一半的需求，以此確認愛情的存在：「我變成愛人想要的樣子。」依附型人格藉著溫和的順從來適應對方，通常會緊抓住某一段關係。表演型人格會採取具有侵略性以及操控性的姿態，來取得對另一半的控制權。

4型人

DSM所說的憂鬱症（depression）和躁鬱症（bipolar）。以九型人格的術語來說，當他們因為壓力而向2型人（表演型憂鬱）靠攏，或者是為了對抗憂鬱因此變得過度活躍，即向3型人的側翼靠攏，都會表現得相當激動。

以理智為中心的類型：6型人為核心，5型人和7型人為側翼

6型人

DSM所說的偏執型（paranoid）。

5型人

DSM所說的類人格分裂型（schizoid）和迴避型（avoidant）。這兩種類型的個案在表現上以社會疏離為主要特徵。有些個案說他們自給自足，對於和其他人親密的個人接觸一點興趣都沒有（類分裂型，被動脫離），另一些個案則是說他們對於社交孤立（迴避，主動脫離）感到相當挫折。

7型人

DSM的自戀型（Narcissist）。認為自己天賦異稟；認為自己的優勢是天生的而不是後天取得。請見前文「3型人和7型人看起來很像」。注意力投射到想像的、樂觀的未來，因此沒有立即做出承諾或工作的需要。「最重要的是，我必須忠於自己。」

第二部

九型人格類型釋義

了解核心人格的變化

要了解這些人格類型會如何互動，最好的方式就是先閱讀九型人格圖內部的三角形，即6—3—9三個核心人格的介紹，接著再以如下的順序來了解這些核心人格的變化，即1—4—2—8—5—7。在課堂上，我們會讓發言的人以這樣的順序就坐，因為照著這樣的安排，觀者會更容易看出當每個類型的人進入行動或壓力狀態的時候會怎麼行動，我依照阿拉伯數字的順序從一到九安排章節，只是為了便於讀者參考。

每一章的開頭都包括了和這個類型相關的心理困境描述、典型的家庭背景，以及該類型所糾結的基本議題。對於每個類型在親密關係和權威關係之中常見的表現，本書也做了簡要的介紹。

關於九型人格理論，最令我感興趣的部分，是每一類型的人如何施展注意力，以及每一類型的人共有的直覺風格。對我來說，注意力練習似乎是連結理性與直覺的橋梁，對西方人來說也是一項重要的工具，讓我們可以重新連結靈性傳統所說的「本質」。我訪問過許多個案，他們都有過直覺式或是本質性的體驗。我也仰賴我的直覺，以它作為一個工具，來深入研究人類心靈之中這一個隱密的私人領域。我在這本書裡加入了和注意力以及直覺有關的小節；為了要對我們本性的特質有更完整的了解，我認為它們是必要的初步工作。

雖然每個人格類型都有特定的傾向來施展特定的直覺能力，不過重要的是，我們必須記得，每個人都有機會可以展現所有類型的直覺風格。

舉例來說，你可能會發現自己的直覺風格，就是你的安全點或是行動點（壓力）的人格類型常見的直覺風格。每個人都是獨一無二的，因為我們都得學著應付生活，不過藉著檢驗我們如何使用注意力，並且培養內在觀察者，我們就會知道自己經常與直覺碰頭，它以一種我們不知道的方式影響了我們所做的決定以及我們的關係。

在「高等心智能力和情感美德」的小節中，我會就——如果一種人格類型發展良好會有哪些特質，進行討論。在描述本質有哪些面向的時候，我們很容易會產生「要如何培養或展現這些特質」這樣的概念，彷彿本質只是個人自我的延伸。事實上，只有當我們處於一種轉化的覺知狀態，在這個狀態下不受思考及感覺的自我所主導，我們才能觸及本質的某些特性。這些特性和我們日常的意識狀態無關。不幸的是，這些特性可能會被窄化成一種平庸的觀念，認為一個進化的人就是要有這樣的表現。

要真正引導出本質的某個特性，第一步就是要培養內在觀察者；其次，要精通靜心、身體工作以及能量練習的各個層次；第三，將這些本質的特性納入圓融的人格中。

我在這本書裡加入了一些材料，像是每個類型的成功之道、特別的注意事項，以及由每個類型所變化出來的次要類型。

所有這些材料都是過去十二年間在課堂上的訪談發展出來的，所以這本書確實可以說是綜合了幾千名參與學生的故事才得以完成。

每一型人的主述重點

- 這個類型所面臨的困境
- 典型的家庭背景
- 這個類型的主要問題
- 親密關係模式
- 親密關係範例：兩個特定類型的伴侶關係
- 這個類型和權威的關係
- 權威關係範例：兩個特定類型的權威關係
- 注意力模式
- 直覺風格
- 對於這個類型而言有吸引力的職場
- 對於這個類型而言沒有吸引力的職場
- 這個類型的名人
- 高等心智特質
- 高等情感特質
- 優勢
- 子類型
- 這個類型的成功之道
- 這個類型的注意事項

1型人：完美主義型

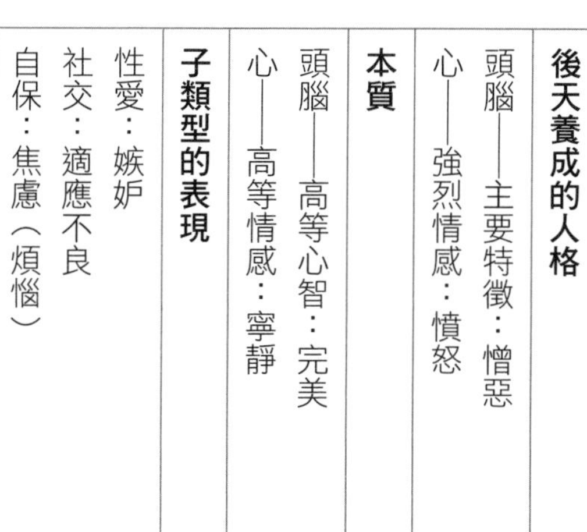

後天養成的人格

頭腦——主要特徵：憎惡

心——強烈情感：憤怒

本質

頭腦——高等心智：完美

心——高等情感：寧靜

子類型的表現

性愛：嫉妒

社交：適應不良

自保：焦慮（煩惱）

困境：內在批評者

1型人小時候是優秀的小女孩和小男孩。他們學著表現得恰如其分、做好自己份內的事，最重要的是，學會在其他人的注視之下表現出正確的樣子。他們記得自己在小時候因為受到大人責備而陷入痛苦，所以學會嚴厲地監督自己，藉此避免犯下可能會吸引別人目光的錯誤。他們自然而然地認為別人也有這種自我改善的欲望，經常會因為看見別人的道德瑕疵而感到失望。

完美主義型的人看起來就像清教徒的老祖宗。他們工作勤奮、品行端正、自立自強，相信正直的思想和善良的行為，可以勝過人性的陰暗面。1型人認為生活艱辛，一個人必須勤奮不懈才有好日子過，他們認為善有善報，還認為一個人必須先把該做的事情做完，才能開始享受人生。

完美主義型的人，通常不知道自己把歡樂拒於門外。滿腦子想著自己「應該」要做些什麼，還有「一定」得完成什麼，因此很少問問自己對生活有什麼期望。

當他們還小的時候，許多發自本性的渴望受到大人的禁止，所以把注意力從本質移開，轉而關注正確的行為，並且學著封鎖自己的欲望。

有嚴重強迫性格的1型人，可能會把大部分的休閒時間用在個人的進修和成長上面，因為他們覺得無論如何總是還有進步的空間。他們會在坐公車通勤的路上做一些簡單的體操，吃午餐要練習一口嚼十下，自由時間則是用來做一些具有建設性和教育性的事情。

1型人說他們內心裡住著一個嚴厲的批評者，對於大部分的人來說，只有在犯下滔天大罪的時候，才會有這種體驗。他們覺得自己的思考總是伴隨著一個批評的聲音，知道這個聲音來自內在，但是它可能相當具有侵略性，就像是從外面來的一樣。這個內在批評者最常做的事情，就是批判1型人的想法或是作為，比如說，如果某個1型人正在演講，這個內在的批評者，便會就他的表現不停地提供意見：「你應該把那個觀點講得更清楚一點。你的聲音有點鼻音。不要離題。」兒時對於批評的恐懼，讓1型人發展出一套內在監視系統，自動自發地監視1型人的思想、談話以及作為。

在提到這個內在批評者的時候，1型人經常有個聯想，覺得自己內在有個比較高等、超越日常思考的部分。雖然他們知道這個內在評論者出自於他們的腦袋，他們還是會傾聽這樣一種發自內心的正當評論，彷彿它來自某種更高的存在領域。

1型人經常說，他們會批判自己憤怒的情緒或是湧現的性慾，當這樣的內在聲音變得太過強烈的時候，他們就會開始對那些破壞規則而又沒有表現出一絲悔意的人感到憎惡。當完美主義型的人試著滿足內在批評者對於完美的要求，他們會覺得自己必須成為好榜樣，同時在心裡暗自譴責那些不遵守規定的人。

對於完美主義型的人來說，內在批評者已經成了他們思考內建的一部分，他們只能假設其他人也帶著一連串的批判念頭在過活。當其他人選擇享樂而不是先把事情做好，1型人會認為那是一種欺世盜名的行為。

對於完美主義型的人來說，他們的注意力大大地集中在——「應該做些什麼」或者是「一定得把什麼事情做好」這樣的焦點上，所以他們的腦袋沒有多餘的空間可以去覺察自己究竟想要什麼。他們因此變得憤世嫉俗，這個字眼描述了一種長期以來對其他人的憤怒感受。這樣的憤世嫉俗可以被定義為一種落差——為了滿足內在批評者的要求，他們逼迫自己努力工作，讓失落已久的真實欲望越離越遠。

延遲享樂會給予1型人一種道德正確的感覺。只有當生活走在正確的軌道上，而且責任義務已盡，他們才願意開始考慮放鬆和享樂。時間都被安排好，分成許多區塊，其中放滿了各種必要的材料，可以用來創造出一個完美又均衡的生活：音樂時間、運動時間、探訪生病友人的時間，還有用功的時間。時間被記事本中的小方格控制，就像是監獄的行程表，記錄了所有該做的事，這樣就能有效地消滅自由時間，讓真正的需要沒有空浮出水面。

> 我實在是太想得到它了，以至於花了整整兩年的時間來做準備。我希望每個步驟都要很完美，結果搞得自己遲遲無法入學。首先我得調合自己的政治信念與藝術理念之間的衝突，因為從政治的觀點來看，我的表現主義的繪畫傾向（expressionist leanings），就社會的角度而言是相當自溺的。接著我必須衡量自己的喜好，我熱愛大自然和戶外活動，然而藝術工作是一個必須久坐的職業。我還要重新檢視我的信仰，它讓我偏愛特定的藝術主題。在我填完入學資料之前，我得把自己的整個世界觀重新整理一下。

這個念藝術的學生如果沒有先對她的內在批評者交代清楚，就無法感覺自己的興奮、期望，以及畫畫帶給她的快樂。

在清教徒的歷史當中，跳舞和遊戲都在禁止之列，因為它們會帶來肉體的歡愉和熱烈的情感，這些情感或許會逃過內在批評者的審查。

完美主義型的世界觀來自於這樣的假設：他們認為就所有的情況而言，都有一個終極正確的解決之道。無論其他道路看來有多麼吸引人，他們依然會致力於行走在這條唯一正確的道路上，這便是1型人的性格陳述。正確的道路可能有好幾條，或是對於某個人來說正確的道路，對另一個人來說可能是錯誤的——對於1型人來說，這樣的想法簡直就是唯恐天下不亂。如果人們可以隨心所欲地自行其是，那要怎樣才能防止邪惡勢力毀滅一切美好的事物呢？

1型人的批判通常都以憤怒和性慾為核心，主要是因為這些衝動在兒時受到大人的懲罰。他們通常不知道自己正在生氣，即便已經明顯地咬牙切齒——就像是要把批評的話語關在嘴巴裡進行審查——他們也沒有發現已經被惹怒了，因為他們把「壞」情緒排除在自己的覺知之外。一個滿臉通紅而且砲火四射的1型人，可能不知道——自己的憤怒在整個對話的過程當中已經向周圍炸開，在離開現場之後，他們還會覺得這場對話一點重點也沒有。

1型人把憤怒當成一種壞情緒，所以無法承認自己的氣憤，除非可以完全確定自己是對的。不過，如果1型人對於自己的立場感到相當篤定，他們的身體就會釋放出極大的能量流。當1型人確定自己是對的，頭腦裡的批判者就會暫時退下，他們也會因為把這股內在壓抑的憤怒釋放出去而鬆了一口氣。在發展良好的1型人身上，這股能量可以被運用在具有高度建設性的目標上。他們通常會現身在人道主義運動的最前線，無私地奉獻自己，態度就像其他人為了薪水或是為了個人名譽而工作那樣認真。如果1型人發展不良，當他們在受到同樣一個有價值的目標所吸引時，便會把注意力投入創建一個正義的平台，以之聲討那些做錯事的人。

1型人住在一個分裂的房子裡。批評者住在房子的上層，對於地下室經常遭受情感洪流的侵襲渾然不覺。如果某個強烈的情感浪潮突然劇烈地升起，1型人很有可能會藉著把注意力放在其他人的錯誤行為，來釋出某些不被接受的情緒，或者讓自己喝個爛醉、嗑藥嗑到茫茫然，藉此讓內在的批評者昏迷過去。藉著豪飲、偶發的暴怒或是在短時間內進行許多強烈的性行為，1型人可以釋放那些由潛意識的需求所累積而成的壓力。

「分裂的房子」這樣的意象，也能用來描述某些完美主義型的人，他們在內在批評者和受困於潛意識地窖之中的情感洪流中間，建造了一道「活門」。建造活門的1型人（**Trapdoor Ones**），對於住在一個分裂的房子裡可能會產生的各種問題，創造出一種雙重生活的解決方法。他們發展出兩種極端的性情，一種適用於「有人認識我的地方」，一種則是用在「遙遠的地方」。他們在那些有人認識他們的地方，通常是被大家委以重任而又尊敬的人物，但是一旦到了某個遠離家人和朋友的環境，可能會變得既放鬆又性感。他們會在無意中展現出這種「活門釋放」的解決之道，比如說在選擇度假地點的時候，他們可能會選擇某個沒有熟人也沒有責任的地方。這種傾向可能會以一種令人困惑的方式表現出來，比如說，他們可能會有著「圖書館員─妓女」，或者是「傳教士─小偷」這樣的雙重身分。

對於住在分裂房子裡的1型人來說，要釋放緊張還有另外一個方法，那就是透過寬恕。如果1型人可以接受錯誤，那麼內在批評者就會退下，他們便能以一種更寬容的眼光來看待自己小小的罪過。寬恕的轉折點就在於承認錯誤，但是同時了解，錯誤並不一定如他們受到制約的想法所認為的，總是伴隨著羞辱和懲罰。一旦他們接受錯誤已成事實，在彌補錯誤的時候，1型人是九型人格之中最有耐心也是最有建設性的人。當一件工作圓滿完成，他們也是最能體會這種快樂的人，渾身上下充滿感激，就像是心裡有天使在飛一樣。一些簡單的小事就能讓他們有完美的感受：乾淨整潔的房子、一個寫得很好的句子，或是在和人對話的時候每個細節都完美得恰如其分。

以下是1型人常見的心理傾向：

- 像清教徒一樣，有著嚴苛的內在標準，不斷地自我批判。
- 依照社會標準正確行事的強迫性需求。
- 做對的事。
- 相信自己在倫理上和道德上比別人優越。認為自己是優秀的人，是最佳人類的前百分之十，因為自己會做正確的事。
- 無法辨認自己真正的需求，特別是如果這些需求不符合正確的標準。
- 總是在腦袋裡拿自己和其他人較量：「我比他們好，還是比他們差？」很在意別人對自己的批評：「他們是不是在批評我？」
- 做決定的時候經常拖拖拉拉，害怕犯錯。
- 不切實際的社會改革者。把自己因為需求沒有獲得滿足所產生的怒氣，發洩到外在世界某些看似合理的目標。
- 兩個自我：憂慮的自己，住在家裡；比較愛玩的自己，只有在離家的時候才會出現。
- 1型人的注意力奠基在想要矯正錯誤的念頭之上，這可能會導致：

——強烈的批判力道。

——對於任何事情的覺知當中，背後都蘊含了變得更完美的可能性，與之相較，錯誤則是作為一種覺知的前景被凸顯出來：「想想看這件事情原本會有多完美。」

家庭背景：高壓

1型人經常提到，自己在年幼的時候受到長輩嚴厲的苛責或是懲罰，導致他們對於良好的表現變得相當執著，藉此避開麻煩。這聽起來似乎是一種會製造出乖孩子的家庭環境，但也逼得孩子必須把父母批評的聲音內化，藉此控制自己的行為。

許多1型人在還沒成年的時候就被父母寄予厚望，希望他們承擔大人的責任。他們還會扮演父母的角色，安撫這個家裡不成熟的大人。

> 我父親想要成為作家，結果他結了婚，必須養家，因此恨透了自己的生活。我覺得他把氣出在我們身上，因為他沒有忠於自己的夢想，總是覺得自己被困在安定的生活裡。我們的母親大部分的時間都在生病，所以我必須照顧弟弟妹妹。家裡的氣氛非常緊繃，每個小孩都得小心翼翼，才不會惹爸媽生氣。我老是覺得事情怎麼做也做不完。
>
> 我記得有一年夏天，爸媽要我把家裡所有的牆壁清洗一遍。我從某一扇窗戶開始，弟弟妹妹正在那附近玩耍，我看見自己把一條窗簾布抓在手裡，突然覺得好生氣，為什麼我得照顧每一個人。我把一大塊窗簾從勾子上扯下來，從來不知道我的心裡藏著那麼多憤怒。

這個家庭有著高壓的氣氛，卻沒有任何回饋。把事情做好是應該的，所以完美主義型的人如果做錯事會被責罵，卻不會因為犧牲自己去成全別人而獲得嘉獎。成為一個完美的人，除了必須大量剝奪自己的喜好，還要對自己進行嚴格的內在控制。到了最後，獲得獎賞的快樂反而不如控制的快感那麼強烈。以下的陳述來自於一個非常成功然而習慣性焦慮的會計師，他描述自己是如何控制自己的享樂：

還在念書的時候，我都會告訴自己：如果這個禮拜好好用功，那禮拜六早上就可以去打籃球。這樣我才會有念書的動力，在禮拜六之前把該做的事情都做完。不過最後沒有去打籃球，我會這樣想：好吧，該做的事情做完了，給自己某些承諾不就是為了這個目的嗎。我沒有去打籃球，倒是做了兩件我一直在逃避的雜務，現在就要做，不然我永遠都不會做。我告訴自己要努力才能玩樂，不過即使我真的完成任務，我也不會出去玩。

當1型人剝奪了自己的樂趣，他們的內在就會產生高度的壓力，逼得他們不得不釋放自己憤世嫉俗的感受，儘管他們仍然無法看見自己的憤怒。

下文的建築師敘述了他是怎樣抒發被壓抑的攻擊性：

我在家裡是個循規蹈矩的小男孩，我不知道自己為什麼會對我的父母還有對學校感到那麼憤怒。我有個發展遲緩的弟弟，我覺得有點丟臉，但我還是試著保護他。別人認為我的母親有點不穩定，最後她真的崩潰了。我就是比較強壯、比較健康，在這樣的環境中，如果我感到快樂，我就會覺得對不起他們。

我一生氣就會開始破壞東西，但是我不知道自己之所以這麼做是因為我生氣了。我的內心會產生一種衝動，就是想要把什麼東西砸爛，最後我會開始想像自己砸爛窗戶，我真的會在半夜帶著一把大鐵鎚到某個廢棄大樓搞破壞，這麼做的感覺實在是太棒了。

強烈情感

許多1型人對於自己正在生氣這件事渾然不覺。他們的頭腦充滿了批判性的想法，這表現在他們緊繃的肢體語言，還有他們忙著糾正別人的行為的事實上。不過除非他們已經到達忍耐的極限，1型人會覺得自己「充滿能量」、「只是有點小小的不爽」，或是「今天完成了很多事」。

對1型人來說，透過正確的原因表達自己的憤怒是一大吸引力。如果有正確的理由，他們就能夠發洩憤怒，又不必責怪自己縱容負面情緒。正是因為這樣，1型人會受到純粹的理念吸引，這些有社會價值的理念，為1型人正義的憤怒提供了安全的發射台。

事實上，如果其他人對於你的犧牲和奉獻一點感覺都沒有，卻還要強迫自己好好表現，那真是一件很辛酸的事情。對於正直而又努力的1型人來說，這實在是不太公平，他們得到的獎勵實在是太少了。因為他們的欲望在兒時遭到否定，1型人再也不知道自己真正想要的究竟是什麼，但是對於什麼事情必須完成，則是有著相當高的敏銳度。1型人可能會因此對那些不遵守規則的人感到相當憤怒，但是除非肯定自己完全正確，不然他們不會表現出來。這種沒有獲得承認的憤怒會被放在心裡，當某個合理的不滿最後終於爆發的時候，會連帶地扯出許多被壓抑的狂怒。以下的陳述來自於一個外表看起來相當溫和的美容師，她談到自己對交通狀況的抱怨：

我覺得交通狀況實在是糟糕。如果每個人都可以遵守交通規則，我還可以稍微忍耐一下。有好幾次我真的氣到不行，只好採取行動。我覺得既然我們都陷在車陣裡，如果有人想要利用這種情況占便宜，我們全部的人都很倒楣。我會爆炸，是因為有個駕駛偷偷地把車開在匝道出口的邊線上，想要插隊先下交流道。我立刻把車子開出線外，在眾目睽睽之下把他的車子逼到路肩去。

找尋釋放活門

對於完美主義型的人來說，他們的憤怒和痛苦都是因為個人的需要沒有獲得滿足。他們真正的願望受到壓抑，被一張「必須完成的事情」的清單所取代。這種情況造成的剝奪效應導致了長期的焦躁，他們客氣的表面之下經常是怒火中燒。1型人特別容易被那些展現出人性陰暗面的行為所激怒，因為1型人無法接受他們的內心也有著同樣的欲望。

我們必須記得1型人住在一個分裂的房子裡。他們的注意力被頭腦裡的批評者所主導，讓他們無法感覺到各種受到否定的情感。如果他們真正的需求快要從潛意識湧現上來，他們腦袋裡的批評者就會對自己開始大加撻伐，希望阻止這種反應繼續擴大的情勢。突然間，任何小失誤都變得十分嚴重，他們的注意力強迫性轉移到需要改正的錯誤上。「你得這麼做，他得那麼做。」每一張漂亮的臉孔都有瑕疵；每個房間的角落都有灰塵；每個美麗的夕陽，下山的位置都稍有偏差。

偶爾1型人會找到某些方法來抒壓，在真實的需求和內在批評者的需求之間找到一個平衡，過著一種雙重生活。他們會有個體面的公眾生活，1型人在其中會遵守各種規定和程序，此外還有一個所有禁忌的幻想都被付諸行動的私人生活。

我小時候住在紐約市，那時候我經常會到各個不同的街區閒晃，看看我能不能偽裝成義大利人或猶太人，或是假裝自己是一個藝術家——如果我去格林威治村的話。我喜歡假裝成別人，這樣我就不用擔心其他人對我的看法，還可以說一些平常在家裡根本想都不敢想的話。

我這輩子第一次的歐洲行大大地解放了我。在那裡沒人認識我，我的父母遠在天邊，所有的建築物都像小小的石頭宮殿，當地的貨幣對我來說就像是「大富翁」裡的假錢一樣。

我開始會在旅行的過程中扮演各種角色，就像我以前在紐約那樣。我會踏上一輛不知道終點在哪兒的火車，讓自己被我創造出來的某個角色附身，一直到我覺得自己完全進入那個角色為止。接著我會在某個小鎮下車，用好幾天的時間假裝自己是另一個人。其中最棒的兩個角色，一個是搭飛機到處旅行的有錢人，另一個是妓女。身為一個有錢又到處旅行的人，我和很多人見面，用三種語言告訴他們我在各地的見聞，這真是太好玩了。假裝成妓女的時候，我到處為了錢去勾搭別人，穿著細高跟鞋以及我所能找到的最輕薄的衣服。這件事情最刺激的地方，就是我變成一個透明人，大搖大擺地坐在酒吧裡，讓自己被妓女的角色占據，但是沒有人會知道我是誰。

完美主義

1型人說被別人批評是很痛苦的事情，因為他們已經背負著自我批評的重擔。對1型人來說，要讚美別人同樣困難，因為這樣的比較會讓他們覺得自己不夠好。這種追求正確的傾向是在孩童時期發展出來，孩子被迫遵照大人的行為標準行事，讓他們開始學會關注適當的儀容、談吐與各種細節，並且養成追根究柢、還有在其他人自認為做得不錯的工作上挑毛病的傾向。從1型人的觀點來看，要獲得稱讚只能藉由強烈的自我審查、並且完美地執行每個步驟來完成目標。

我靠著當油漆師傅好不容易才讀完大學，一整天被分割成各種時段，用來處理各種必要的事。我總是逼自己要把所有的事情都做完，而且還要做好，只要那天的工作進行得不夠完美，我就不會離開工作崗位。那時候我正在重新粉刷一道牆，已經是第三次了，我對自己犯下的錯誤感到痛恨不已：因為隔壁房間的天花板有個瑕疵，所以我不能準時回家，因此還浪費了自己的讀書時間。每件事情都很重要，如果粉刷牆壁的時候沒有出問題，問題就會變成失去的家庭時間和用功時間，到底哪個比較重要了。

如果1型人總是以遙不可及的完美標準來衡量自己的努力，他們怎麼可能對自己感到滿意呢？這個年輕的油漆師傅，把一件做得很好的工作拿來和其他沒有時間做的工作進行比較，就算他試著完成每件事，而且每件事情都做得很好，他大概還是不會滿意自己的工作成果。

1型人經常說他們的內在批評者變得十分真實，幾乎成了他們思考過程的一部分，所以他們會不斷地監視自己的思想，看看其中是不是有什麼不可見人的錯誤想法。

> 有好幾年的時間，我和一個想要成為「基督教科學會行醫者」（Christian Science practitioner）的女性交往，這個信仰體系對我來說有某種特別的吸引力。我覺得自己找到一個方式——藉著控制自己的思想——讓我們的愛變得更加靈性。我有一種想讓思想變得純潔的驅力，所以我積極地監督自己的思想，在其中尋找隱藏的動機，就像是一個老師在發「好學生獎章」一樣——「這個想法很好，那個想法很糟」。在我對自己的思想還有思想背後的動機做完檢查之前，我幾乎沒辦法做任何事情。我對於這個女孩的回應一定要正直，而且回應的時機一定要正確。只要我跟她在一起，我就必須監督自己的想法，讓自己的意念保持純潔。

對於善良的著迷，暗示著一種想要逃避邪惡的執著。這個年輕求愛者以「更好的」念頭代替本來的念頭，這種習慣對他的生活產生了很大的影響，讓他沒有辦法了解自己對這段關係有什麼期待。

當他試圖以一種正確的方法與對方交往，他便壓縮了自己頭腦裡的空間，讓真正的感受沒有機會浮出水面。

唯一的正確作法

對於那些兒時必須仰賴嚴格的自我控制，才能獲得安全感的人來說，要允許真正的需求浮現在意識當中，可能是很嚇人的一件事。完美主義基於一個假設——對於每個特定的情況來說，一定會有一個正確的作法；一旦人們發現了這個唯一正確的作法，抱持著不同意見的人，自然而然地就會看見理性的光輝，然後同意這樣的作法。當1型人發現，並不是每個人都同意生活只有一種正確方式，他們會感到很震驚，因為對完美主義型的人來說，正確的方法有很多種，這種概念看起來就像是在助長混亂的情勢。對於1型人來說，這樣的洞見相當重要：如果人們沒有受到內在批評者的審查，依然會以一種合理的道德標準來行動；打開通往情感和性需求的大門，不一定意謂著人們會就此執著於欲望，或者是透過放縱走向墮落。

有好幾年的時間，我把自己的批判性隱藏起來，害怕我所重視的人會因此離我而去。我覺得指出別人的行為錯誤一點建設性也沒有；我想要保護他們不被別人的批評所傷害。有天我終於醒悟，對於每個人來說都是一樣，沒有什麼事情是絕對正確或絕對錯誤的。當我領悟到這種「相對正確」的概念，突然間我明白，每個人或許都是根據他們自己對於情況的理解，盡一己之力把事情完成；這種想法讓我大大地鬆了一口氣，不再以一種批判性的觀點去看他們。

當我開始能夠用另一個人的觀點來描述某個情況，我就能夠盡情施展我的批評能力，因為他們知道我能夠站在他們的立場思考，我的發言相當具有批判性，同時也相當具有建設性。

拖延和煩惱

沒有覺察到的欲望和想要正確的需求之間的衝突，在1型人要做決定的時候就變成尖銳的焦點。做決定是種兩難的困境：選擇做正確的事可能會讓1型人的內心升起怒火，因為他們沒有得到自己想要的東西；但選擇了他們想要的東西，他們又會擔心這是個錯誤的決定。

當他們的目標和享樂有關，1型人的焦慮感就會直線上升。他們擔心別人認為自己違背了原則，像是失去了工作倫理或是降低自己的標準。對於1型人來說，違背原則的人雖然獲得了獎勵，但是他們並不夠格也沒有付出應有的努力。如果1型人必須按照自己的欲望行事，但是受到別人發出反對的聲音，這種矛盾的煩惱就會變得非常強烈。

當焦慮升高，1型人在聽別人閒聊的時候就會變得很敏感，無關痛癢的對話聽起來好像帶有負面的弦外之音。他們會因為錯誤的想法而受苦，覺得別人都在偷偷地批評他們。當1型人認為別人瞧不起自己，如果他們可以做個查證，看看別人究竟有什麼想法，會對他們有莫大的幫助。

親密關係：尋求完美關係

對於完美主義型的人來說，內在最深層的需要就是感覺到即使自己不完美，也會有人愛他。孩童時期，愛和良好的表現被劃上等號，這讓1型人覺得如果他們身上有瑕疵，就不值得被愛。他們也很難相信自己的伴侶可以就他們本然的樣子來愛他們，同時接受他們性格之中好的一面和壞的一面。

當親密關係加深的時候，小小的罪惡可能會不成比例地放大。萬一我生氣了怎麼辦？萬一她覺得我的藝術品味很糟怎麼辦？完美主義型的人內心的假設不斷運作，覺得自己的怪癖或是習慣一定會把對方嚇跑。因此他們在進入親密關係的時候，總是帶著一種緊張，這樣的緊張來自於嚴厲的自我審查，試著把自己的陰暗面藏起來。

內在的緊張還混合著一種信念，那就是他們必須要努力獲得、要有資格才能享受快樂。他們擔心自己的缺點一旦曝光，伴侶就會離他們而去。

當這樣的緊張變得很嚴重，1型人對於被拒絕這件事會變得相當敏感，很有可能會因為想要自我保護，所以開始責備對方。雙方陷入爭吵，1型人認定對方最後一定會被自己嚇跑這樣的信念，變得越演越烈：「所以何不現在就分手，免得以後越陷越深？」1型人通常不會覺察到自己的憤怒所造成的張力，或者他們沒有說出口的批評是怎麼藉著非口語的方式明白地傳達給別人。此外，他們在批評的時候，那種強烈的情緒就像不好聽的話一樣傷人。

1型人積極尋求完美的關係，所以很難接受好品質、壞品質必然會存在於同一個人身上。他們把注意力放在關係中伴侶的完美之處，因此，他們經常把對方當成典範，原諒他們性格上的軟弱，無法看清楚正面和負面特質總是糾纏在一起。一旦他們在某個人身上看見優點，完美主義型的人可以一輩子堅持在那裡，希望可以改正對方不太討喜的特質。完美主義型的人說當他們在戀愛的時候，內在批判的防禦圍牆會消失好一陣子。

如果1型人不知道他們想要從一段關係獲得什麼，或者開始感到威脅、嫉妒，他們就會開始對伴侶的性格缺陷，進行猛烈的抨擊。當1型人必須釋放被壓抑的挫折，他們就會開始監視對方的行動，以憤怒的態度壓制對方、迫使對方按照他們的規矩行事。

就親密關係較低層次的面向來看，當1型人覺得伴侶讓自己感到難堪，或是顯然破壞了某些行為準則，他們就會主動表現憤怒，再也無法認為自己的伴侶是個好人。過去的不滿也會一併爆發，讓他們不斷地陷入爭執。只要1型人的焦躁沒有完全發洩出去，這樣的狀況就會一直持續下去。

就親密關係較高層次的面向來看，1型人對於願意承認自己錯誤的人相當有共鳴。如果對方可以承認錯誤，1型人就會放下批判別人頭腦的習性，如果他們可以在伴侶身上感受到掙扎、努力以及善良的意圖，他們也會對伴侶表現出特別的忠誠。

> 我最煩惱的就是別人對我的看法。每次我認識新朋友，通常都會注意他們獨特的氣質。有的人相當機智、有的人見多識廣、有的人相當有風度，諸如此類。只要我喜歡他們，那麼他們的優點對我來說都不是問題。但是當我覺得我必須採取防衛姿態，或是因為我在比較之中讓他們占了上風而覺得不舒服，那麼我就會開始對他們百般挑剔，讓我們之間稍微扯平一點。

親密關係範例：1型人和1型人，完美主義型伴侶

1型人經常會共結連理，因為他們可以共同策劃完美的生活方式。他們仰慕彼此的工作態度和工作能力；他們不相信小聰明，認為誠實和努力才是重要的人性基本特質。這對伴侶可以享受務實而又獨立的生活所帶來的滿足感，健康的生活、正確的謀生之道，以及憑藉著自己的努力獲得成就，就是他們生活之中最重要的價值。他們能夠欣賞這些基本的生存品質，這種能力是他們穩固關係的基石。

如果其中一個人對於自己真正的渴望開始感到不確定，就會開始產生一種難以察覺的挫敗感。1型人不太會衡量自己的心理需求，特別是如果這些需求和他們超高的道德行為標準不一致的話。在親密關係中，這種情形可能會表現為壓抑自己的憤怒，因為憤怒是一種壞情緒；他們無法把嫉妒的感覺說出口，因為嫉妒不對；或是對於一些需要改變的事情避而不談。如果他們不處理這些感受，即便是善於自我觀察的1型人，都會覺得自己快要爆炸，想要向對方扔盤子——但是他們可能搞不清楚究竟是為了什麼事情發怒。

不善於自我觀察的1型人可能已經明顯地發怒，卻不知道自己的話語已經變得尖銳而且帶有指控性。如果伴侶其中一個人能夠看到訊號，知道憤怒已經在另一個人身上累積起來，立刻採取手段找出對方覺得挫折的原因，對兩個人的關係會有很大的幫助。如果1型人願意接受對方的幫助來找出自己被遺忘的需求，就代表他們之間的親密關係有所成長。去聽聽1型人述說他們想要什麼，而不是該做些什麼，對於那些在孩提時期因為順從個人的需求而慘遭處罰的人來說，可以獲取他們極大的信任。

如果1型人放任無名的怒火滋長，那麼對方就會開始逃避，以一種令人不安、沉默的態

度展開冷戰，或者其中一個人可能會開始怪罪對方某個長期的壞習慣，並且對此大做文章。1型人的怒火可能會很嚇人，就像火山爆發一樣，而且發怒的程度和實際狀況的嚴重性不成比例。即使在爭執過後，憤怒還是會在他們的心裡面沸騰，就像過去的某個怨恨從來沒有消失過一樣。之所以會這樣，是因為合理的憤怒同時也為其他受挫的需求提供了一個必要的發洩管道。除非他們的需求被滿足，不然他們總是會因為這個世界上的罪惡而發怒。在關係中，新仇舊恨加在一起，直到兩個人都確定對方不會因為自己沒有符合對方的期望而受到拋棄。

在關係之中，如果1型人能夠直接表達憤怒，就意謂著他們在這段關係中感到安全，因為他們視憤怒為一種壞情緒，經常會把憤怒壓抑下來。1型人說他們生氣的時候會覺得自己很失敗，這表示他們無法控制某個負面情緒。他們也說，如果伴侶可以讓他們把憤怒的情緒完整發洩出來，而且不離不棄，他們就會感受到對方的愛意。當他們接受了憤怒，其他一些在過去遭受禁止的衝動也會開始變得流動，像是創意或是性慾。對於完美主義型的人來說，如果他們可以坦然接受性慾，就表示他們也能開始進行一些創造性表達。

當情緒生活之中的某些禁區獲得解放，內在批評者就會退下，完整的潛意識力量便能為他們所用。

一旦他們接受了憤怒，1型人就會開始看見自己的怒氣正要開始發作。能夠自我覺察的1型人知道憤怒之所以存在，是因為他們忽略了自己的需求，他們現在能夠把憤怒當成一個提醒，藉此把真正的願望找出來，並且滿足它們。當這些真正的願望都被滿足了，怒氣的發作就不會那麼嚴重，漸漸符合其實際上的嚴重程度，也不會強迫性地占據他們的注意力。

權威關係：仰賴正確權威

1型人尋求終極正確的權威，如果他們可以找到某個有能力的權威人士，他們會很樂意地把決定權交付給對方。然而，他們對於正確的執著，會讓他們對於掌權者的錯誤或是不公平特別敏感。1型人希望掌權的人可以建立原則，讓他們能夠清楚地知道自己該做什麼，明確的責任分工也會讓他們比較有安全感。如果他們認為領導者很有才能、而且處事公正，1型人便會願意承擔責任。如果不是這樣的話，1型人會傾向打安全牌，把過錯推給別人，不讓自己陷入錯誤的窘境。1型人會透過一系列的批評來建立對某個組織的信任，特別是和細節及程序相關的事宜。這些小小的批判觀點通常是為了讓情況變得明確，並且建立清楚的責任分工，但是可能會成為不愉快的細節控制。一直要到所有的錯誤都消失，他們才會願意稱讚別人或投入工作中。

對於1型人而言，不要任意更改規則這件事相當重要。1型人按表操課，如果程序被改動，他們就會覺得自己被陷害找碴。他們必須尊重其他人的職權才能運作良好，如果他們覺得自己必須妥協，或者是必須在某個冒險的決定當中第一個採取行動，他們就會往後退一步。如果覺得別人全力以赴，或者是受到正確的理念感召，他們也會工作得很認真。

1型人累積起來的無名怒火，對於一起工作的人而言可能相當明顯，但是他們自己卻渾然不覺。如果主管沒有注意到他們優秀的表現，1型人很可能會把焦點放在某些合理但是不相關的錯誤上，以此發洩自己的不滿。

就較高的層次來說，1型人有良好的組織能力，而且在發展他們的工作技能時，能夠真正地享受這個過程。如果他們確定自己的觀點是對的，他們能夠堅守自己的立場來對抗所有反對的聲音。一旦認定自己是對的，1型人就會變得所向無敵，因為他們內在的批評者會退下去，他們便能停止擔心自己可能會犯錯，或是煩惱別人怎麼想。完美主義型的人堅定地認為，只有一條正確的道路，他們會不知疲倦地工作，直到工作完成為止。

就較低的層次來說，1型人會害怕公開地質疑權威，除了擔心被報復，也怕自己可能在評斷上有錯。他們通常不信任權威，不過希望主管會注意他們優秀的表現，並且提供他們應得的獎賞。他們會批評某個計畫中的許多部分，卻沒辦法提出解決之道，因為害怕錯誤會帶來的風險。對於那些必須對不同意見要求高容忍度的互動，他們會感到不自在。他們喜歡如他們所預期的工作結構和規則。

權威關係範例：1型人和5型人，完美主義型和觀察型

如果5型人是老闆，他可能會從幕後監督，做了決策之後再把接下來的程序交付給其他人。5型人有能力進行高風險的決策，因為他們不會感情用事，但是對於實踐這些決策所必須的會議和與人面對面溝通卻很困難。

對於那些讓事情在這個世界上運作的人，5型人相當看重與他們的連結，如果1型人可以執行他們的決策，5型人會為他們制訂策略。

這兩種人格類型都有內在批判的傾向，這個特色可以被好好利用來改善一個組織。他們兩者都厭惡被不公正的階級關係所掌控，並且會給予這個組織最大的自由，讓它免於不公正的控制。

如果1型人是老闆，可能會經常延遲重要的決策，特別是如果涉及了很高的風險。他們的注意力會分散到次要的任務，時間會被過度繁複的程序給占滿，當最後期限快到的時候，壓力就會直線上升。5型人員工會識破一切不必要的細節，因為要處理過多的細節而感到疲倦，並且抗拒1型人想要監督或是控制的意圖，5型人對於那些利用憤怒來推動某個情況的人相當戒慎恐懼。如果焦慮的1型人進一步施壓來控制情況，可能就會造成危機。1型人想要規則和進度報告，這麼一來5型人就會退縮、儘量少說話、並且變得很難找到人。兩者都會試著設定界線來控制情況——5型人會將聯絡和產能減到最低，1型人則是加強控制並且歸咎責任。

如果1型人可以放鬆控制並且尋求幫助，情況可以變得輕鬆很多。如果將5型人當成給予建議的角色，而不是強迫他們生產，5型人就會敞開心胸。一個局外人可以幫助1型人辨識、並且為無名的焦慮找出理由。如果1型人可以承認自己的焦慮，而又不覺得自己錯了，那麼憤怒就會消失，過度繁複的程序就會減少，那麼突然間最重要的任務就變得很清楚了。

注意力模式：批評的頭腦

完美主義是基於頭腦進行比較的習慣。在這種注意力模式當中，頭腦以「這件事能有多完美」這樣的標準，自動地對思想和行動進行批判。

1型人決策過程的內在世界，攜帶著一幅法庭的圖像。一個意見被放在頭腦的法庭裡，在那裡受到質問、受到辯護，最後被判斷是否正確。

我坐著靜心，突然間意識到腦海裡隆隆作響的批評聲。處在某個深度寧靜的小空間，我聽見：「還不夠深。」或是：「上次打坐的時候比較好。」接著是一連串的爭執：「身體坐直一點。」「你根本就沒有在努力。」「不，我在努力了。」

我的頭腦困在這樣的攻防戰裡，彷彿我在這個情況裡沒資格說話，只能聽著腦海裡的聲音，直到其中一方勝出。在靜心中每個安靜的空間都會被頭腦的意見所干擾，直到我可以快樂地從我的思想抽離開來。

1型人也會因為自己對達成度比較的這種習慣而受苦。「這樣靜心有效嗎？」「我進步了，還是退步了？」他們有一種痛苦的需求，一定要檢查進度，對於自己持續地在朝著自我改進而感到安心，這也會為他們帶來一種從來都沒有達標的感覺。

在靜心中，這種注意力模式稱為「批評的頭腦」（judging mind）。在某種程度上來講，我們都會以完美為標準來判斷自己的進度，但是1型人攜帶著內在的測量桿生活，它也會長期地把自己拿去和其他人比較。這就像是內在兒童遊樂園裡的一個蹺蹺板：一個孩子往上升，另一個孩子往下降。她往上是因為她比較會賺錢，她往下因為我的地位比較好。我在這個方面往上，但是在那個方面會往下。他的臉比較帥，但是我的身材比較好。1型人這種頭腦裡的較量，是他們對於日常生活的感知中一個自動而又沒有覺知的一個要素，也是他們會感到痛苦的主要原因。1型人會在任何情況下都注意到什麼是對的、什麼是錯的，而且因為他們執著於「唯一正確的方式」這樣的觀點，其他人的勝利會讓1型人覺得自己就像個失敗者。

當1型人開始練習自我觀察，他們會開始了解——或許是這輩子第一次，在頭腦裡做比較這種習慣，是如何地滲透了他們生活的各個層面。因為批判的頭腦是痛苦的來源，1型人可能會產生很大的動機想要學習靜心，希望批判性的思想可以退卻。

藉著注意頭腦的黑板什麼時候出現，1型人可以開始改變完美主義風格的注意力模式。每一次當注意力轉移到某個人的優點和缺點的詳細報告，並且感覺那個人處於優勢，而完美主義型的人居於劣勢，這就是學著把注意力轉移到中立地帶的一個機會。

直覺風格：體會「做對」的身體感受

對於完美主義型的人來說，他們的直覺來自於注意力模式的某些特色。他們習慣性地會在任何情況之中發現錯誤和不正確的事，這意謂著他們也有覺知到「這個情況能有多完美」這樣一種背景感知。

在任何情況當中，他們都會找到完美的可能性，因為批判性的念頭消失了，而他們的身體「覺得這樣就對了」。當他們找到終極的正確解決方法，他們會有一種明確的釋放感受，身體會覺得很輕鬆。如果要用文字來描述這種感覺，大概會是：「這不知道會有多完美！」對於那些有慣性的身體緊繃和批判頭腦的人來說，釋放的感受是很明顯的。「做對」的身體感受是那麼明確，透過比較，這個情境中的錯誤是那麼明顯。1型人說當他們感覺到某個情況可以有多完美，他們會不顧一切地想要清除所有的錯誤。他們說，當他們和處於背景的正確感受失去連結，而且變得相當焦慮，滿腦子都是前景的錯誤時，周遭的人就會覺得他們變得過度批判。

1型人

一整天下來，我有過幾個驚奇的片刻，我稱之為短暫的靈感。在這些時候，每件事都「合在一起」，頭腦裡的判斷不見了。

這些靈感可能很簡單，就像是帳單上面準確的餘額、對於某些詞彙恰恰好的解釋，或是突然間對於大自然的一瞥，這些停止了我的思考，讓我感到快樂。沒有什麼錯誤，每件事都各得其所，有一種美好的感覺湧現出來，可以持續好幾個小時。如果某個決定是正確的，我還可以在我的身體裡感覺到。我可能有好幾個禮拜都在試著就某件事情下定決心，最後我終於知道怎麼做，因為我的身體覺得這樣做是對的，雖然我的頭腦仍然感到相當困惑。

有吸引力的職場：遵守紀律的工作

1型人喜歡要求規劃和必須精打細算的工作：教學、會計、組織規劃，以及需要進行長期計畫的工作。1型人喜歡基於成規、協議、正式社交程序的工作情境。他們是研究者、文法學家以及布道者，在嚴格要求遵守紀律的宗教派系和信念系統中，常常可以見到他們的身影：各宗教的基本教義派分子、左派政治分子、道德多數團體的極端分子。那些需要制訂程序的工作，對他們來說有著特別的吸引力：倫理委員會、仲裁人員、道德聯盟（Legion of Decency）等。

沒有吸引力的職場：時時變動的工作

他們不喜歡的工作，包括那些在決策的過程中隱含了高度的錯誤風險、或是在決策之後必須負起責任來面對各種爭議的工作。他們也不喜歡必須接受各種不同觀點，或者對於不同意見必須具備高容忍度的工作狀況。他們不擅長依靠變動的或是不完整的訊息來進行決策，比較適合有著明確指導原則的工作。

知名的1型人

知名的1型人包括了艾蜜莉・波思特（Emily Post），她是禮儀專家，將所有合宜的行為編纂成書。她的讀者是那些想要培養社交吸引力的人：他們可以把內心的波濤洶湧放到一邊，把注意力放在自己的儀態上，在晚宴的時候以快樂的臉孔示人。

愛默生、瑪麗・包萍（Mary Poppins）、喬治・伯納・蕭（George Bernard Shaw）、狄更斯、傑瑞・法威爾（Jerry Falwell）、馬丁・路德等人皆是。

高等心智：完美

1型人經常覺得痛苦，因為他們習慣性地將事情本然的樣子與「事情最完美的樣子」進行比較。他們經常覺知到事情真正的樣子和事情應該要有的樣子之間的斷裂。他們帶著一種絕望的驅力過日子，想要讓日常的現實向完美靠齊。世界看起來非黑即白，如果不是完美的，就意謂著它有著致命的缺陷。1型人想要一種穩固又永恆的完美；最可愛的孩子可能突然變得頑劣無比，只因為他們跑到外面玩泥巴，這種落差讓他們相當痛苦。

真正的完美是正面元素和負面元素之間的平衡，這些元素無時無刻都在交融。對於完美主義型的人來說，完美的狀況隨時隨地都在改變，這樣的事實是一種激進的洞見，因為他們以「唯一正確的作法」這種態度過生活。任何一個完美的產品都需要經過一系列看似壞風險和壞時機的測試，因此，如果1型人可以了解看起來可怕的錯誤和最終正確的結果之間的關連，以及他們的責任僅僅在於把當下的任務做到最好，這樣的洞見對於他們會有莫大的幫助。

實驗和錯誤是通往完美的必要途徑，這樣的想法會動搖完美主義世界觀的基礎。給錯誤一點空間，如果這樣還不算糟的話，再給各種觀點一點空間，雖然這看起來就像是在邀請混亂進駐。從孩童時期開始，1型人就抱持著一種莫名的假設來努力，他們認為正確的思維和辛勤的工作會帶給他們公正的獎賞，邪惡的人則是會被發現、被處罰。

辛勤的工作會導致更多辛苦的工作這樣的事實，不只看起來不公平，而且還指出其他人努力是為了生活的享受，而不是要應付嚴厲的內在批評者的壓迫。如果1型人可以說出這樣的話：「對你而言正確的事情，對我來說可能是錯的。」那將會是他們個人成長的一個量子跳躍。

1型人經常說，美德和善行不一定會帶來獎勵和賞識，這樣的發現帶給他們很大的震撼。然而，他們也很害怕放棄「唯一正確的作法」這種生活態度，就像是在與無意識的欲望和憎恨對抗的時候，失去了最後一道防線一樣。

高等情感：寧靜

1型人形容自己的內心充滿了無路可出的能量。他們說憎恨感覺起來就像是火焰般的浪潮在他們的體內移動，最後卡在喉嚨。他們使用一些意象來描述自己，像是「一瓶被搖晃過的酒，想要衝破軟木塞」，或是「內在充滿了我無法釋放的尖叫」。內在的批評者越是批判他們真實的感受，就有越多的能量在體內累積，伺機尋求一個可以突破的管道。爆破的、瓶裝的憤怒是形容這種困境的一種方式，當1型人強行壓制喉嚨和下巴——無法說話、無法求助或是發出憤怒的尖叫，他們的身體會因為攜帶著這樣的能量而變得很僵硬。

對於1型人來說，靜心和心理治療的方向顯然就是去了解這樣的事實：當所謂的負面能量被接受，它們就不會有那麼誇張的重要性。1型人說批判性的想法是一個完美的指標，說明了當下有某些真實的衝動被摒除在覺知之外。另外一個指標就是身體各處憤怒的浪潮，但是頭腦對於究竟是什麼造成這種緊張一點頭緒也沒有。

如果1型人允許所有的情感衝動進入覺知的範疇，不去逃避那些不被接受的感覺，寧靜事實上是隨之而來的副作用。寧靜意謂著每個時刻都處於平衡之中，因為所有正面感受和負面感受的交互作用得以在體內移動，沒有被思考的自我所妨礙。

當1型人允許自己憤怒，他們會接觸到封存在體內的巨大憤怒。緊張的釋放會讓他們暫時感到活力十足，於是便能自由自在、不帶批評地體驗任何來到腦袋裡的想法。憤怒被表達出來而且被接受，接著會有一段充滿寧靜的時間，各種暢行無阻的感受可以再一次升起又離開，而不用任何感覺排除在外。

優勢：致力共創美好的信念

1型人會把自己奉獻給有價值的理念。一旦他們認為某個理念是正確的，或是相信獻身於其中的人有著良善的意圖，他們就會努力地完成工作，藉此獲得滿足感。他們工作的態度，就像是一般人為了安全感或權力而努力工作一樣。他們有一種神經質的需求，想要做好事，雖然他們可能會表現出「我比你好」這種讓人討厭又不切實際的社會改革主義（do-goodism）態度，但是這種態度也可以成為求進步的持續動力。

因為他們致力於將這個世界變成一個更美好的地方，1型人會成為很敬業的老師。他們一心一意地追求進步，而且會教導別人如何欣賞最好的東西。他們急切地想要釐清和研究各種訊息，然後把最精確的訊息傳遞給別人。他們深信人們可以透過正確的訊息改變自己的生命。

如果因為某些原因，使得他們必須在標準上做出某些讓步，他們就會拒絕合作。這種狀況在激進的左派或是極端的右派團體中特別明顯，端看他們所採用的「唯一完美作法」是哪一套標準。

要完美主義型的人解除批判，其他人必須承認自己的錯誤，或是明白表示自己實力不足。他們對於那些表現得很努力但是卻因為別人的錯誤而無法把事情做好的人，相當有耐心。對於那些努力克服困難的人，也會展現出極大的包容。如果其他人願意承認錯誤、努力自救，他們也會對這些人展現出即刻的善意。

子類型：嫉妒、適應不良及焦慮

就像1—9—8核心的9型人，1型人也會陷入「忘記自己」的沉睡。9型人有一種強迫性的顧慮，總是在思考要不要同意別人，因此忘了自己真正的渴望。1型人忘記自己的方式，則是強迫性地注意正確的事情，以此取代真正的渴望。為了要把事情做對的嚴格自我審查，創造出一種分裂：他們一方面否定了個人的欲望，一方面又把做正確的事情當成自己個人價值的展現。

從遺忘的欲望和正確行動的需求之間所產生的緊張，創造出嫉妒、不適應以及煩惱。這些字眼描述了1型人痛苦的心理慣性，由於這些感覺相當不舒服，相當容易被發現，因此可以被當成一種集中注意力的工具。當這些不舒服的感覺升起，1型人可以利用它們來認清事實——那就是他們真正的渴望可能和他們認為正確的事情有所衝突。

一對一關係：嫉妒（激情）

嫉妒表現為監視伴侶的一舉一動，對於任何介入自己和伴侶之間的人、事、物都要嚴苛地批評一番。

> 我的身體裡彷彿有某種東西快要爆炸了，那是一種瘋狂的渴望，我必須跟對方把事情講清楚。她到底想要怎麼樣？她到底想要跟誰在一起？我簡直是要瘋了。他有哪些東西是我沒有的？我就這樣一直胡思亂想——他得一分，我難過；我得一分，我開心。我氣得都想要殺人了，同時又因為自己暴怒而批判自己。我知道把氣發在他身上是不對的，我也不可能真的對他做些什麼。我覺得自己的內心正在枯萎。

社交關係：適應不良

1型人將「個人的需求」和「嚴格遵守正確社會角色的需要」混為一談，因此造成了適應不良，比如說：

> 在我的這個修會裡，我覺得自己彷彿遭到遺棄。五年過去，在面臨終身誓願的許諾時，我仍然感到有些不安。倒不是說我對於這個修會的信仰觀點有意見，只是在某些事情上我有自己的看法，像是修會內部的階級問題以及某些全球的政治觀點。其他人似乎都能接受這些矛盾，也不會質疑自己和修會的關係，但是對我來說，如果我不認同某些小小的程序問題，卻還要繼續留在這裡，感覺就好像活在一個謊言之中。

自保本能：焦慮（煩惱）

1型人擔心自己不完美，擔心自己沒有活在這個世界上的價值，特別是害怕自己會犯下某些危害自己生存的錯誤。

> 我的心裡有個嘮叨的聲音，老是在擔心事情可能會出錯、或是其他人會怎麼看待我。這個聲音管轄的範圍，從生活裡的小事，到真正需要擔心的大事都有。我有很多金錢和生存上的煩惱；我已經當承包商超過二十年的時間，有時候背後有金主，有時候只能見機行事。當我有足夠的資本可以進行自己的計畫時，這個聲音依然隆隆作響，一直提醒我和財務有關的問題。

成功之道

要1型人去尋求心理治療通常有些困難，因為他們必須在這個過程中承認有些事情出錯了。他們有時候也會逃避靜心，因為害怕自己會在覺知狀態改變的時候失去控制。1型人之所以會尋求外來的幫助，通常有幾個典型的原因：焦慮症發作、濫用酒精或藥物（逃避內在的批評者），或是因為心理緊張而產生的各種生理失調。他們表現出來的問題，通常都掩飾了某些真實的情感。1型人可以透過以下的方法幫助自己：

- 不要陷入強迫性的行為；不要把行程排得太滿，以至於沒有時間去考慮真正重要的事情。
- 必須把內在嚴格的標準放寬。必須質疑規則。

- 不要用自己的洞見來攻擊自己：「我怎麼會看不見自己的錯誤？」
- 對實際的狀況進行檢查。當你認為別人在評斷你的時候，直接找他們問個明白。當你對某件事情感到煩惱，去尋找有事實根據的訊息來降低不必要的疑慮。
- 看看「唯一正確作法」這樣的看法，是不是限制了與別人達成共識的機會，也限制了其他選擇。
- 看看別人的信念系統是不是也有它們自己的重要性和一致性。
- 學著去尋找快樂、接受快樂。
- 學著去分辨「應該做的事」，以及「真正想做的事」之間的差別。
- 當你對那些「僥倖成功」的人感到憤怒的時候，使用這個覺知做為一個線索，因為它指出了一個事實：那些人獲得的東西，就是你最想要的東西。
- 去感受無名的怒火：生氣的時候卻「裝出快樂的樣子」；客氣的用語背後有著尖銳的語調；臉上帶著微笑，身體卻十分僵硬。
- 學著想像自己的陰暗面會有的情緒。
- 使用想像來釋放憤怒。想像某個敵人身上發生了糟糕透頂的事，一直到憤怒消失為止。

注意事項

1型人對自己和對別人的憤怒，都是因為他們個人的需求沒有獲得滿足。1型人必須努力找出自己真正的需要，把真正的需要當成行動的依據，此外他們也要留意，在改變的過程中，可能會遭遇以下的問題：

- 雙重自我的感覺，其中一個很風趣，另外一個很嚴厲。
- 完全不知道自己到底有什麼欲望。
- 試著去覺知自己的憤怒時，會感到特別焦慮：「我不希望自己的怒火傷害到任何人。」
- 行程排得滿滿的，以至於沒有時間吃喝玩樂。
- 做事拖拖拉拉。將簡單的程序搞得太過複雜，於是延誤了必須完成的事。
- 無意識的願望受到壓抑，於是內在的緊張持續升高，將憤怒發洩在別人身上。
- 對於環境變得特別挑剔。
- 「焦土政策」（Scorched earth policy）：只是因為一個錯誤，整個計畫要重新來過。不肯妥協，會因為樓梯的位置不合意，就把整棟房子拆掉。
- 必須把過錯怪罪在別人身上的傾向越來越明顯，藉此平衡對自己的強烈內在批評。
- 僵化的注意力。把注意力強烈地集中在生活中需要改進的某個面向，完全不顧其他面向，任由這些部分自生自滅。這是一種隔離衝突、忘記衝突的方法。
- 無法容忍多重觀點：「對我來說，事情不是對的就是錯的。」

2型人：給予型

後天養成的人格

頭腦——主要特徵：諂媚

心——情感：驕傲

本質

頭腦——高等心智：自由

心——高等情感：謙虛

子類型的表現

性愛：誘惑／侵略

社交：野心

自保：我先（特權）

困境：討好的習性

2型人喜歡走向人群，就像是在為內心的「大家會喜歡我嗎？」這個問題尋找解答。他們對於感情和認同的需求相當明顯；希望有人愛他們、保護他們，希望自己成為別人生命裡重要的一部分。當這些人還是孩子的時候，他們必須藉著滿足別人的需求才能獲得愛和安全感。在尋求認同的情境下長大，2型人發展出相當敏銳的雷達，用來偵測別人的情緒和喜好。

給予型的人說他們會調整自己的感覺來配合其他人的顧慮。藉著調整自己，他們就能夠保障自己受歡迎的程度。他們還說，如果沒有獲得自己需要的認同，這樣「調整自己適應別人」的習慣可能會變成一種強迫行為。在這樣的衝動之下，奉承別人變成獲得愛的方式，讓他們反而忘記自己本身的需要。

因為給予型的人在長大的過程中，發現生存必須依靠別人的認同，因此「關係」變成存在中最重要的領域。2型人說他們發現自己會在無意中改變自己來迎合別人喜歡的樣子。

他們說自己知道要怎麼表現才會惹人喜歡，然而這種作法卻漸漸變成一種負擔，因為他們必須不斷給出人們想要的東西，才能降低自己被拒絕的可能性。改變自己來討好別人的習慣，通常會讓他們覺得自己好像是騙子，因為他們只把別人想看的那一面表現出來。

2型人可以感覺到很多個「自己」，他們可以改變自己來迎合生活中重要人物的需求。這些自我可能會讓2型人產生相當大的困惑——「哪個才是真的我？」以及「如果我只有對你顯示其中一個自我，你還認為你了解我嗎？」他們特別會沉溺在和知名人士或權威人士的關係之中。他們經常會描述這樣一種感覺：失去了自己的身分認同，讓自己變成最能討好對方的那個人格。當2型人把注意力轉移到和眼前的這個人最相配的自己，他們過去的整個生活和興趣可能就此煙消雲散。

當一段關係還在早期階段，通常是由2型人所主導，他們會表現出可以用來討好伴侶的自我面向。到了關係的後期，2型人會有一種被伴侶的意志所控制的感受，伴隨著一種排山倒海而來的、想要自由的欲望。當一段關係發展到成熟階段，2型人通常會爆發出歇斯底里的憤怒，那是在求愛期間某些被遺忘的自我面向開始浮上水面的信號。2型人的矛盾在於，他們一方面為了要塑造自我表現，所以難以拒絕伴侶的任何請求，另一方面卻又渴望為所欲為的自由。

因為給予型的人為了討好別人而壓抑自己的需要，他們通常會變成伴侶或是掌權者不可或缺的一部分，藉此滿足自己被遺忘的真實需求。和權力結盟確保了個人的生存，同時也維持了給予者的姿態。面對有權勢的人，2型人會贏得他們的愛，藉此實現自己的欲望。對2型人來說，要成功地掌握一段合作關係，並不是依靠暴力或是顯而易見的高壓手段；而是要讓對方少不了自己的幫助，讓自己變成對方不可或缺的一部分，以這種方式達到控制的效果。如果結果不如預期，2型人就會開始抱怨，因為付出與獲得之間的平衡被打亂了。抱怨是給予者要讓對方知道，他們對自己有很多虧欠的一種企圖。

2型人相信其他人仰賴自己特別的了解能力，而且認為親朋好友都要依賴他們的幫助。如果人們沒有注意到他們的努力，或是對於他們的認同有所保留，2型人就會覺得相當受傷，彷彿他們的價值是奠基於自己在別人眼裡的定位。別人的認同會讓他們的自我重要感膨脹：「如果沒有我，他們不可能會成功。」如果某個重要人物輕蔑地看了他們一眼，他們就會感到十分洩氣：「我得讓那個人再一次喜歡我。」

這就是「猶太母親」（Jewish mother）的類型，助人者，給建議的人。但是如果他們提供了完美的協助，卻沒有獲得特別的關注，就會變成特權的操弄者、幕後黑手或是幕後的掌權者。

以下是2型人常見的心理傾向：

- 努力獲得認同並且逃避拒絕。
- 對於自己在關係裡的重要性感到驕傲：「他們沒有我不行。」
- 對於自己可以滿足別人的需求感到很驕傲：「我不需要任何人，但是他們全都需要我。」
- 為了迎合別人的需要發展出許多自我，因而感到困惑：「每個朋友都誘導出自己不同的面向」、「究竟哪個才是真實的我」。
- 對於自己的真正需求感到很困惑：「我可以變成你想要的樣子，但是我到底喜歡你什麼？」
- 性注意力是被認同的保證：「我不想和你發生性關係，但是我想知道你想要這麼做。」
- 對於「偉大的男人」、「帶來靈感的女人」，有浪漫的執著。
- 為個人自由而奮鬥，覺得自己被其他人的需要所控制。
- 當真實的需求和為了討好別人所衍生出來的許多自我，發生摩擦，就會變得歇斯底里和憤怒。
- 注意力模式奠基於改變自己來滿足別人的需要，這會導致：

——對別人的感覺產生移情作用。

——為了確定別人會愛他們，世故地調整自己來適應別人的願望。

家庭背景：討好大人

2型人在孩提時代是非常討喜、惹人憐愛的孩子。他們很快就發現，自己內在有一些特質可以吸引生活中不同的大人，並且學著賣弄一番來滿足這些大人的需求。他們是有人愛的孩子，知道怎麼讓其他人把愛灑落在他們身上。

我的父親很冷淡、很難讓他注意你，就某個方面來說，這讓獲取他的注意力這個遊戲變得更有趣了，因為我的兄弟姊妹對這個一點都不在行。我覺得自己就像是一個氣壓計，總是可以感覺到他現在心情如何。放學回家以後，我會去他的書房找他。我會在門口躊躇一陣子，一直到我能夠感覺到他的心情為止，這樣我就會知道我在那個傍晚要怎麼表現。

這就像是在考慮今晚要成為哪些角色，只要我進入了適合的角色，我就會變成那個角色來取悅他。多年以後在心理治療的時候，我把所有角色的名字都列出來，我還記得屬於每個角色的一系列感覺。

我最喜歡的角色是公主，她非常甜美。當我扮演公主的時候，我會告訴他當他白天在工作的時候，我做了哪些事情。偶爾在學校，在沒有他的情況下，我也會假裝自己是公主，那麼我講起話來就會特別勇敢，因為我覺得自己是國王的女兒，我是他的代表。

另外還有一個常見的情境，提起這個情境的2型人，他們對於別人的需要之所以特別敏感，是因為他們在小時候必須成為自己父母情緒上的支柱。

> 我是個很能幹的孩子，我認為我的家庭根本就一無是處，需要很多外在的支援。我會照顧我的父母，讓他們變得強壯，這樣他們才能照顧我。我鼓勵我的父母禮拜天去教會，因為我認為這能夠給他們力量，同時我也知道我是主日學校裡耶穌最喜愛的孩子，因為我讓自己的父母踏上信仰之路。
>
> 長大以後，我發現自己會重複這樣的模式：把自己奉獻給一個男人，然後藉著侍奉他，讓他為我服務。我會工作，把錢交給他，讓他可以養我們，這樣他就可以「支付我的生活費」。自己照顧自己的感覺就像沒人愛我一樣，因為這樣我就沒有受到照顧的感覺。

有些2型人提到另外一種童年的典型，他們發現如果自己變得不可或缺而又受到疼愛，其中即隱含著操縱別人的可能性；他們還會使用自己誘惑的能力，從其他人身上榨取自己所需要的東西。

> 我有過一段真正的三角戀情。我的父親既慷慨又風趣，我媽則是成了我們之間的阻礙。所以我總是把她放在第一位，把自己放在第二位，藉著與母親和平相處，我才能從父親身上得到任何我想要的東西。
>
> 這件事情極度具有誘惑性，不過不是以一種身體的方式，我們之間的聯繫一直以來都相當具有張力。他想要主導權，所以我會打扮得很漂亮，迎合他的喜好，或是我就會直接不理他。我不理他並不是因為我真的要和自己不喜歡的人約會，或是真的要晚回家，而是

因為當我違逆他的時候，他就會給我一種充滿占有意味的注意力，讓我覺得自己真的很重要。

多重自我

2型人說他們的「自我感」（sense of self）是從其他人對他們的回應所衍生出來的。其他人的注目可以激勵出他們最棒的表現，但是他們也會感覺到自己是為了確保別人會愛他們，才讓自己變成別人喜歡的樣子。

2型人覺得自己彷彿把自己的內在不同部分分配給不同的朋友，但是沒有人知道他們完整的面貌。

這種改變形象的習慣，讓2型人覺得自己彷彿在愚弄朋友。這種自我保護的姿態，讓2型人免於被窺見全貌或是遭受批判的危險；但這也重現了他們兒時的信念，即認為他們必須隱藏不被接受的部分才能得到愛。藉著將轉變自我認同來討好特定友人，2型人所負擔的風險，就是和自己真正的感覺失去聯繫。他們遺忘了自己的感覺，因為他們的注意力融入了其他人的願望。

別人對我的認同不是一件用來思考的事情，比如說要買什麼禮物給誰。它比較像是一種存在方式，我會自動地走向人群，發現自己在他們身上搜索一些關於他們的工作狀況，或是個人需要的線索。除非我能夠預測自己對他們而言會有什麼用處，不然我會一直感到

> 不安。
>
> 整個高中時期，我的生活就是一早起床，然後決定自己那天要當什麼人。我的朋友中什麼樣子的人都有，我自有一套不同的方式來和他們交流，對我來說，每一種都相當誠懇而且真實。
>
> 不過，如果把他們全部都擺在同一個房間，我會覺得很不舒服，因為我不知道要呈現哪個自己才對。而且如果有個新朋友加入，我會覺得必須調整一下，希望其他人不會注意到我對這個新來的人表現有點不一樣。
>
> 上個月我過了三十歲的生日，這成了一大考驗，因為我網羅的這些形形色色的朋友，他們除了都認識我，一絲共同點也沒有。派對最後結束在廚房的一場大吼大叫的爭吵，一個護士和一個藥頭一見面就互相看不順眼，雖然他們都是我的好朋友。

他們可以明確地感覺到，每個自己都有它的完整性，雖然它們之間可能有著巨大的差異。他們對於每個朋友的個人表現或許相當不同，但是對每個人都是真心的，對某些特定的人更是用心。

不同的朋友會引導出自我不同的面向，這樣的事實不必然代表——這些自我只是為了引誘別人進入虛假的友誼而裝出來的。然而，他們一輩子都想要在其他人肯定的眼光裡找到安全感這種習慣，的確會造成一些問題。

其中一個問題就是，2型人通常對於如何討好別人有一定程度的覺知，比對自己的動機還要清楚。一個仰賴給予來獲得安全感的孩子，會因為對別人變得不可或缺而產生一種驕傲，同時也會讓他們不願意辨識自己真正的需求，因為自我需求可能會引發和其所迎合對象的需求之間的衝突。因此，他們讓自己的注意力向外聚焦，同時忽略了自己的需要，這樣才能確保自己能夠獲得別人的愛。

我的工作是牙醫助理，對我來說，病人喜不喜歡我非常重要。面對新病患的時候，我會很沒有安全感，一直要到和他們聊天之後，當我知道他們是什麼樣子的人、有什麼樣子的興趣，我才能放心。這個過程就好像釣魚一樣，最後我會找一個他們喜歡的話題引誘他們上鉤。等他們上鉤，我才會覺得有足夠的安全感，可以好好想一想我究竟喜不喜歡他們；不過要知道我對他們的感覺幾乎是不可能的，除非我可以先確定他們喜歡我。

如果來的是一個舊病患，我就會覺得自己像是個名片盒一樣。面對病患A，我就要找出名片盒裡的A卡片，用這個身分與對方談話。這個過程相當耗神，我會一直嘗試，直到出現某些跡象，讓我知道自己做得還不錯。

雨傘效應

2型人經常說，他們沒有辦法在不同的關係之中維持同樣的自我身分。當他們不斷地變換自我表現，「真正的」自我就不見了。他們說要變成別人喜歡的樣子很容易，但是要了解自己的真正需求卻很困難。

因為2型人為了討好別人而壓抑了自己的需求，他們很容易就會成為伴侶或是掌權者不可或缺的一部分，藉此來填滿那些被遺忘的需求。這樣的手段保障了他們個人的生存，也讓他們維持了給予者的姿態。

每到一個新地方，我做的第一件事就是看看誰是這裡的老大；誰在這裡擁有權力。我就只是稍微退後，直到我看見人們怎麼互動，這樣我就能清楚知道誰是被尊重的人。一旦我知道這點，去認識他們就變成我的挑戰，彷彿其他人就這樣消失了。我會變得充滿活力，開始試著與對方進行眼神的接觸，即使我的視線必須穿過擁擠的人群、而且我不一定能與他們對上眼，我依然覺得自己處於某種溝通的浪潮上，而且我能感覺得到他們喜不喜歡我。就好像我被他們吸引過去，而他們也朝著我走過來，雖然他們並沒有真的移動身體。

給予型的人滿足自己欲望的方式，就是透過那些可以實現這些欲望的人來幫助他們。2型人掌控一段關係的方式並非透過顯而易見的行動，而是象徵式地給予對方一把可以擋風遮雨的傘，然後依偎在對方的手臂裡。

2型人必須試著了解自己的意圖：他們給對方東西，是因為希望對方有朝一日可以回饋。如果他們給了一把雨傘，對方就要保護他們不被雨淋。如果2型人記得對方的生日，對方最好也要記得2型人的生日。當2型人提供幫助，很有可能期望自己被接納為成功大企業的一分子；當2型人提供幫助的時候，他們會認同那個最適合這個企業的自我形象。不過他們很可能搞不清楚自己是不是真心想提供援助，或者這樣的行為只是出於一種藉由幫助別人來獲得回饋的習慣使然。

為了獲得而給予這種習慣，通常是在深層的無意識運作。就像所有受到制約的存在方式一樣，真正的需求必須被帶到意識表層才能釋放出來。2型人透過自我觀察，發現自己有許多種為了獲得而給予的模式。

> 感覺就像是我建立了一個生命支持網，它向外延伸到我所有的朋友那裡。我把自己的精力都奉獻給他們，對他們想做的事情報以熱忱，最後我終於彈性疲乏。我會和不同的朋友進行各種不同的活動，後來我因為自己老是為了別人而活，而且表現出很有熱情的樣子，搞得我自己疲憊不堪。這種狀況會一直持續下去，直到我受不了，再也不想為他們做任何事情為止。

這位女士的自我認同在很大的程度上要仰賴她和別人的關係，因此她把自己置入朋友們的生活之中，讓自己變成他們的生命之中不可或缺的一個人物，一旦她覺得自己沒有獲得預期的回饋，就會開始抱怨自己筋疲力竭。如果給予和獲得之間沒有達到應有的平衡，他們就會抱怨連連。給予者還會產生無意識的衝動，想要強迫別人去看清楚他們對自己有多少虧欠，因為他們真的很會照顧別人。

「猶太母親」症候群是一種無意識的手段，他們給其他人東西是為了想要拿回什麼東西。另外一個手段是把自己分割成幾個部分，以此應對不同的朋友，就像是「聖母─妓女」（madonna and whore）情結，同一個女人會對不同的男人呈現出有著巨大差異的自我形象；或者，以男人的例子而言，他會對不同的女人呈現出不同的自己。

另外一個為取而給的例子，表現在某些給予型的人明目張膽的性表現。許多2型人說他們自己在無意間就陷入和別人融合的感覺裡，而且不知道自己正在亂放電，散發出別人所欲求的特質。這種表現通常相當明顯、而且顯然極具誘惑性。

如果這種誘惑是無意識的，2型人通常都會被那些討厭明白性暗示的人來一記回馬槍。遇見這種狀況，給予型的人會為自己辯護：「我沒有要誘惑誰，我沒有說任何不得體的話，我根本就沒有那個意思。」他們很可能真的這樣認為，因為他們不知道自己發射出來的電波有多強大。一個沒有自我覺察的2型人可能會穿著誘人的衣服出現，把話題帶到愛情，卻不知道自己已經明確地給了對方性暗示，希望可以得到對方愛的回應。

充滿誘惑力的自我呈現

如果說2型人很擅長用一些手段讓別人喜歡他們，那麼所有的2型人都相當具有誘惑力。他們持續地以這種信念生活：只要透過正確的手段，微妙地給予對方適當的特別注意力，任何人都會成為他們的俘虜；事實上，大部分的2型人都能夠調整自己來感受對方的心情，所以他們能夠恰如其分地與別人交流。

在誘惑的表現背後隱藏的動機是為了得到關注。如果有人需要他們，不管是在哪一方面，都會讓2型人覺得安心；如果有人欲求他們的肉體，那會給他們更大的安全感。2型人必須透過別人對他們的反應來認識自己，然而當他們為了迎合伴侶的性幻想而改變自己，因此壓抑了自己的性需求，他們就會變得特別脆弱。這些2型人說，他們在小時候藉著成為早熟的「媽咪的小男子漢」或是愛調情的「爹地的小女孩」，來獲得認同，在成年之後，他們可能會散發出一種魅惑的個人氣質，不過他們經常會說自己雖然有著吸引人的形象，但是實際上自己並沒有那麼強烈的性渴望。

我的白日夢都是和愛情還有復仇有關。我要成為某個偉大男人的祕密戀人，成為他傾訴一切的對象，成為他在需要安慰時會找尋的那個人。我的腦海會反覆播放我們親密的時刻：當某個男人想要我的時候，他的臉看起來是什麼樣子，還有當他說我是他這一輩子最棒的戀人，我的感覺是什麼。如果這段關係變差了，我會一邊想著要如何讓他回心轉意，一邊又覺得這也沒什麼大不了，或是想辦法與他扯平，藉此平衡他給我的羞辱感。

把一個男人引入親密的對談之中，或是讓一個男人停下手邊正在進行的事、轉頭注意我，這都能讓我非常愉快。這些小小的誘惑可以讓男人升起慾火，這些年來都讓我覺得自己相當性感，但是對於已婚的男人我還是有些顧忌，所以不能火力全開。

現在我才明白，我想要的不是性，而是他們的注意力，我知道他們會注意我，比如說透過一個特別的擁抱註記了這樣的承諾，或是對別人指名道姓地問起我的事。

2型人通常會說，雖然他們想表現出吸引人的形象，他們並不是放縱，只是想要獲得別人的性注意力。不過他們通常對於真正的親密關係感到恐懼，因為近距離的接觸，往往會暴露他們為了討好別人而出賣自己的這個事實。對於那些必須藉著表現出自己和別人有著深入且親密的連結，來獲得安全感的人來說，這樣的暴露可能是相當恐怖的。

就心理的層面來說，2型人對於深層的性慾通常有些恐懼，因為這些感覺可以回溯到父親或母親身上，或者是由父親或母親對還在長大的孩子所展現出來的亂倫欲望。為了情緒上的健全，這個孩子必須壓抑這些早期的性反應，但是在存在深處，親子之間的這種感覺從未消失。就這種狀況來說，2型人可能會害怕親密關係，但是仍然會使用性感的自我呈現，來研判某個新情境當中未知的性趨勢。他們想知道，誰可以不需要許多真實的性接觸就會給他們注意力，還有誰可能有性方面的「危險」。

對我來說，誘惑和挑戰似乎是同一件事。只要路上有障礙，我就會表現得很好，而我們根本就還沒有在一起。我很享受試著靠近對方所產生的曖昧、旁敲側擊，還有渾身悸動的感受——我會發給對方訊號，直到對方給我一個微笑或是恰到好處的注意力。只要這樣的化學作用還在，我就會順著這樣的感受繼續走下去，把其他人拋在腦後。

在女人堆裡我會產生一種特別的感受，我不認為它永遠都是對的，但是我覺得自己可以融入她們，成為她們想要的那種男人。我還清楚地記得自己第一次這麼做，是在高中的派對上：我靠在牆邊，為每個舞池裡的女孩變成各種不同的樣子。

「獨立—依賴」議題

在關係中，當2型人覺得自己必須表現出真實的自我，這樣才能許下真實的承諾，在這個節骨眼上，他們通常會產生極大的困惑。就某個方面來說，變身的自我和浮上檯面的真實願望所產生的衝突是個好兆頭，它表明了2型人想要界定真實自我的欲望。因為要取悅他人，這個欲望在很久以前就被遺忘了。對於比較沒有自我覺知的2型人來說，他們可能一輩子都要依賴伴侶、融入對方的願望；不然就是覺得自己很獨立，因為他們相信自己可以藉著

迎合伴侶來控制對方。

在我長達二十年的婚姻生活之中，我對於自由的需求一直都是這段關係主要的議題。我們兩個都在洛杉磯的音樂圈工作，我的太太是個演奏家，我則是為電影作曲和編曲。我第一次看她表演的時候，簡直是被迷昏了。她是一個非常出色的表演者，而且很難接近。我會一頭熱，其中一個原因就是這種看得到卻搆不著的吸引力：她很美，是女同性戀，她玩的是一種完全不同的音樂類型，而且她對於我想做的事情一點興趣也沒有。有兩年的時間我就像在進行跨欄比賽，但我最後獲得了勝利。

得到她以後，我開始有了幽閉恐懼症。我把自己奉獻給她——支持她的事業，為她作曲，也開始為她編曲——但我想要找回我自己。我覺得自己被綁住了，我想叛變，我想要再度獲得自由。有一部分的我已經完全獻給了她，有一部分還沒有。

在我試著找回自己的時候，我覺得相當困惑。我記得有一次我坐在某個藥妝店喝咖啡，感覺好極了。我看著報紙上某篇文章，抬頭時突然看到一個相當迷人的小姐正在過馬路，我覺得自己整個人彷彿站了起來、跟著她走，不過我仍然可以看見自己的手上拿著報紙。

當你融入了某個人，就像我融入我的妻子一樣，然後又試著想辦法抽離出來，你會覺得自己有一半已經和你所愛的人融合在一起，另外一半則是懸浮在空中，或是從藥妝店的椅子上游離出去。當我起身要去結帳，我搞不清楚這個收銀員的聲音是來自他自己、來自天花板，或是來自隊伍中的某個人。

對於我自己和我所愛的人，我感到有些混淆。如果我認為他們在批評我，感覺就像是身上的維生管道開始脫落，彷彿能量正在枯竭，而我開始消失，所以我得找一面鏡子或是厚玻璃窗，看看自己的影子還在不在。

在這二十年的婚姻中，這幾乎花去我大部分的時間，我才明白我沒有被我妻子的願望所掌控，我不一定得被她的音樂所感動，或是完全屈服於她的個人意見才能與她相愛。

2型人最終會明白，他們想要在關係之中獲得自由的這種掙扎，與其說是想要自由或獨立，倒不如說那是一種想要對方認同自己的一種絕望表達。伴侶仍然是一個重要的參照點，不管2型人決定留下來或是遠走高飛，都不代表他們會就這樣找到自己。許多比較積極的給予型的人看起來相當獨立，但是在內心，他們知道自己是透過給予來取得控制，並且仍然要依賴別人的認同來穩定自己的情緒。以下的陳述來自一位女性，這句話道盡了一切：

有超過一年的時間，我每個月要花四百美元的電話費，就是要告訴他我一點也不需要他。

三角關係

2型人總是會受到擁有某種特質的人所吸引，特別是那些對於他們個人成長有助益的特質，這讓他們改變自己來迎合別人的這種傾向變得更加複雜。2型人在幫助其他人的同時，也透過這種連結來幫助自己，但是他們也會因此過度認同對方的潛能，因此混淆了自己和別人的界線。2型人可能會習慣性地去檢查伴侶的情緒狀態，結果忽略了自己情感上的需求，以至於對方的欲望可能會在2型人的身體裡造成類似的反應。

> 性愛的接觸對我來說非常重要。我會受到對方強烈的吸引，就像是我的太陽神經叢和我的心，真的被拉向某個可以支配我的人。這種性吸引力不必然是基於生殖器，像是我一定得跟對方上床才行，它比較像是被某種感覺所沖刷，這股洪流會帶著你進入對方的氛圍之中。
>
> 你會覺得自己受到關注，因為他們允許你去感覺他們內在最美好的一面，你自己最好的一面也會被牽引出來。

給予型的人說他們之所以會進入三角關係，有兩個原因。第一個原因來自他們與父母的關係中的性暗示，這種傾向延續到成年生活，他們會渴望成為別人的祕密情人，並且表現出懂事的樣子。他們想要成為已婚人士特別的戀人，而不是破壞對方的婚姻。2型人通常會因為他們依附的對象另有所屬而受到吸引，但是並沒有特別想要傷害對方配偶的意圖。

2型人覺得不同的戀人可以誘導出自己不同的面向，他們也可能因為這個原因而進入三角關係，不過這會為他們帶來許多困惑，因為他們不知道究竟哪個面向才是真實的自己。他們會覺得要在諸多愛人當中選擇一個是相當困難的事。

驕傲的姿態

在2型人的世界觀裡，注意力往外聚焦，集中在如何討好別人。因此，他們傾向於認為別人都要依賴他們，而他們有權選擇去給予或是保留某些東西。此外，2型人也一直帶著這樣的假設過活：他們認為自己是給予幫助的人、別人是受他們幫助的人，如果沒有他們的話，這個世界將會變得很貧瘠。自我覺察的2型人，會看見自己這種充滿驕傲的自我膨脹感，它依附在給予的榮耀：一種自我重要感，因為這種感受仰賴別人的關注，如果別人收回注意力，這種重要感就會立刻瓦解。驕傲可能會使人受傷，因為這種自我價值仰賴於他人。一旦失去了別人的關注，他們就像是被戳破，瓦解了他們的重要姿態。

> 每到一個新的團體，我就會開始對其中的人進行評估：誰值得我去交往？誰又會浪費我的時間？
>
> 彷彿在傍晚的時候，我腦袋裡的潛望鏡就會準時升起，四處偵察，看看大家正在做什麼，看看自己有沒有錯過什麼有趣的人。

親密關係：充滿挑戰性

「挑戰」是關係裡的關鍵字。一個有技巧的誘惑者需要挑戰，這樣才能激勵自己朝著更高的能力邁進。

我總是會去追求某個有點難以得手或是不容易靠近的對象。興奮就來自於這種追求的過程，還有去感覺他們誘導出了我哪些內在的東西。當我處於一個令人興奮的對象旁邊，我會變得充滿活力，能夠這樣激動起來感覺相當美好。當這樣的連結繼續展開，我們之間就像是有一道感覺的流，這和我們說的話一點都不相干。話語是不重要的，它們只是用來填滿空間罷了。

真正的問題從他們喜歡上我開始，我覺得自己給了他們百分之五的自己，那是他們想要的，而我很痛苦地繼續保留剩下的百分之九十五。我覺得他們根本不了解我，我開始覺得，如果我對某個或許無法全然接受我的人做出承諾，我將會失去自由。

2型人在追逐充滿挑戰性的關係時會表現出最好的一面，這是一種保護性的姿態，注意力的焦點集中在如何獲得潛在伴侶的回應，而不是自我揭露。他們很擅長讓自己被注意到，讓自己出現在潛在伴侶生活的重要時刻，而且在他們有需要的時候立刻報到。一段關係中最刺激、最重要的時期，就是當路上有重重的阻礙必須穿越，追求還在展開的時候。當一個伴侶很難得到，2型人就會想要更靠近一些，沒有發現已經忘了自己真正的感覺，取而代之的是浮出水面、參與這個挑戰的某一個自我面向。

對我來說，去追一個很難到手的人，能讓這種詐騙遊戲繼續下去。他們還不知道我的心裡根本就沒人在家，我的內在有個空洞、沒有一個固定的中心。不過透過追求，這齣戲就能繼續演下去。

「讓我給你嘗嘗愛情的甜頭，讓你開心。」一開始我什麼都不要，我只要他們的愛，所以我要做的，就是成為某個人的夢幻女孩。

不過只要輕輕戳一下，這個夢幻女孩就爆炸了。在一起的時候，對方只要有一分鐘看起來很無聊，「完美的我」就會變成「可憐的我，沒人愛」，就只是因為對方看起來有點不感興趣。我可以因為白天發生的某件事情變得瘋狂興奮，只要他表現出在乎我的樣子，我就可以一直嗨下去，不過只要他看起來有點興味索然，我對於這一天的感受就會從高峰跌到谷底。

當一段關係裡的這種挑戰結束的時候，2型人的注意力就會從如何取悅伴侶轉移開來，開始思考和這個伴侶在一起有什麼感覺。2型人經常壓抑自己的需求，所以他們不太知道自己要什麼，同時覺得被伴侶的要事給限制住了。他們想要爭取個人的自由，覺得自己只有一部分奉獻給這段關係，這時候才突然想到自己的其他部分都被拒於門外，此時此刻，他們的關係也走到了尾聲。

> 我有過三段婚姻，為了婚姻，我真的變身成不同的人。我現在選擇獨自生活，這是自我十四歲以來的頭一遭，在我冒險進入另一段關係之前，我一定要先找到自己，不然我很可能會全然地融入新丈夫的生活之中。
>
> 我第一次婚姻是和一個搖滾樂手在一起：在舊金山嬉皮區有三個小孩、一個公社，以及一棟舒適的維多利亞式建築。第二次結婚的對象是一個民運人士，他討厭「戴花嬉皮」（flower child）的意象，我們在南方一個三房小木屋居住和工作，要自己汲水砍柴，這讓我完全忘了舊金山和搖滾樂。
>
> 最後一段婚姻是跟一個生意人。全新的生活，我有了全新的風格。來自南方的人不會發現我是來自聖路易斯的一個婦人，而我必須說，我對那裡最好的回憶是來自我的孩子，他們對於我們住在一起的日子有比較連貫的回憶。

2型人總是藉著別人對他們的回應，來塑造自己的個人認同，他們一直都知道自己在這一點上必須依賴別人。

在關係的早期階段之中，他們會融入伴侶的願望；一旦關係穩定下來，依賴性的融入者便會開始覺得被伴侶的需求所囚禁。不管伴侶要的是什麼，他們通常會產生坦率的反叛，因為他們開始懷疑自己為了贏得伴侶的好感而出賣了真實的自己，以致這樣的反叛越演越烈。

2型人說當他們覺得在關係中嚴重受限，開始爭取自由的時候，他們會有一種非常獨立的感覺。在這段時期，他們開始向對方提出很多要求，而且容易發怒，不願意和伴侶合作，不願意配合對方的需要。他們有一種欲望，想要重新激發真實自我的興趣，去從事那些可能會讓伴侶覺得沮喪的活動，或是偷偷地和別人談戀愛。

就較高的層面來說，2型人能夠奉獻自己，幫助別人實現他們的最佳潛能：「如果對方有好的發展，他們也會激勵我表現出最好的一面。」他們能夠付出時間和精力制訂目標和策略，幫助伴侶獲得成功。

就較低的層面來說，如果2型人有強烈的控制欲，他們就會成為伴侶的看守人：「他會透過我的愛而達成。」過度給予有點像是給對方去勢、並且宣稱自己的控制權的意味。分手對於他們來說相當困難，因為2型人必須透過伴侶，才能展現出能幹的賢內助、好幫手和愛妻及愛夫這樣的形象。

親密關係範例：2型人和7型人，給予型和享樂型

2型人會支持7型人高度的自尊心，只要他們的個人目標協調一致，這對伴侶會擁有相當精采的生活。2型人會把自己奉獻給7型人的計畫，並且融入7型人帶進工作的刺激和樂觀。2型人會想要幫忙實現7型人的天分，並且向7型人的理想靠齊，相信他們正在朝著光明的未來前進，只要時機成熟，他們一起制訂的計畫就會獲得大豐收。這對伴侶很可能常常一起出門，表現出富於品味的公眾形象，並且開開心心地一起享受各種娛樂活動和事件的美妙之處。

伴侶雙方都能夠給對方發展個人興趣的空間。7型人基本上是沉溺在自己的世界裡，腦子裡想到的只有自己的計畫。不管身邊有沒有人，他們都會做些讓自己高興的事。這讓2型人可以把所有的時間都用來和7型人做一些有趣的事情，從而追求不同自我面向的興趣。2型人可能會覺得7型人的獨立相當具有威脅性，但是如果7型人可以在公開場合給他們注意力，並且保證自己在離開的期間不會到處拈花惹草，他們都會給對方自由。雙方都不會覺得

自己受限於對方，他們都能享受原本並非自己的興趣然而對方覺得有趣的事情。

兩者都具備天生的誘惑力，2型人尤其明顯，但是他們比較不會堅持到底。7型人比較沒有那麼高調，但是會隨性地開始和結束一段戀愛關係。兩者都很享受注意力和性暗示，對於對方有潛在的追求者亦會感到驕傲。一旦這對伴侶決定對方可以與其他人適度地調情，他們會允許彼此在私底下、在關係之外各取所需。

這對伴侶可以持續進行親密接觸的時間有一定的限度。7型人會藉著找其他的事情來做，讓自己不會在某些深刻的情感中停留太久，2型人則是會開始覺得自己被控制了。如果7型人在親密行為當中退縮，2型人反而會想要更進一步，這樣的話，這段關係就會維持下去；如果2型人想離開這段關係，7型人也會選擇消失。這一對伴侶不太會因為缺少浪漫或是共同興趣而分手；真的要分手，最根本的原因可能會是彼此的態度之間的歧異——2型人想要成為伴侶生活的重心，開始變得易怒又吹毛求疵，7型人則是會以一種淡定的態度堅持下去，等待2型人恢復理智。2型人會認為7型人沒有感情，7型人則是會覺得2型人太過情緒化。

7型人很享受有人傾聽自己說話，只要2型人和7型人的目標保持一致，他們會非常享受有人給自己充滿關愛的注意力。如果2型人過度融入伴侶的觀點，並且試圖操控7型人，逼迫他們進入某些行動，7型人就會退縮，開始想要私人空間，或是以一些聲東擊西的戰術讓2型人轉移目標。如果2型人開始向對方施壓來爭取注意力，或是要求某個計畫立刻就要有結果，或是要他們花更多時間在2型人喜歡的事情上，7型人會再一次退縮、尋求隱私，並且用轉移注意力的手段來讓2型人分心。

如果7型人覺得自己受到限制，他們可能會開始閃躲，不然就是展現出不符合2型人胃口的伴侶形象，這麼一來，他們之間可能就會產生另一波嚴重的危機。當給予型的人感到失望，他們很可能會開始想要操縱對方，如果這些手段被7型人看穿了，他們之間的信任就會破裂。給予型的人說，當他們感到自己在一段關係裡沒有被好好珍惜時，就會使用下面這些常用的控制手段：雙重標準——「我一直對你很好，你應該要對我不離不棄；但是你嚴重地忽略我，我只好到別的地方去尋找愛情。」證明——「做我想做的事情來證明你在乎我。接受這個任務，完成這個追尋。」情緒控制——「你自己想一想我到底怎麼了，我不會告訴你，但是你不准走，你得好好地想一想。」爆發的憤怒——因為被忽略而發脾氣。

權威關係：追求有權勢的人

2型人會被權力吸引，想要被有權勢的人寵愛。他們非常善於辨認潛在的贏家，接著當領導者在運籌帷幄的時候，把自己安插在對方的戰術之中，成為一名協助者。他們對於這個團體之中人與人之間的親近程度，以及各人受尊敬的程度了然於心，也會試著融入該團體的流行之中。2型人不會承認自己想要從掌權者的手上獲得任何東西，但是同時又強烈地希望自己可以待在掌權者的身邊、聽取對方的建議。隨著時間過去，他們會獲得地位上的好處，但是他們所獲得最主要的優勢，便是和權力菁英維持親近的內部關係。

2型人會調整自己的身分認同，融入某個權威人士，變成任何對方需要的樣子。雖然2型人自己就有成為領袖的必要能力，一般來說他們比較喜歡成為權力背後的推手，成為首相而不是國王。從這樣一個策略性的位置，2型人會認為自己的安全感和這個權威人士能不能獲得權力息息相關。藉著保護這個權威人士，2型人保障了自己的未來，同時也獲得了對方的關愛。我們很難看到2型人任職於不受歡迎的公共職務，除非這個地位能夠讓他們和某個權力來源靠攏。

2型人不會浪費寶貴的時間和層級比較低的官僚建立關係。他們之所以會回應女交通警察或是某個重要人士的祕書，只是在一開始想要透過奉承讓對方知道自己的存在。如果這麼做沒有用，他們就會越過這些小主管，往前線推進，與重要人士進行直接的交流。面對一個苛刻或是冷淡的權威，2型人就會策劃一場背地的奪權，推舉一個感激他幫助的新領導者上台。

就較高的層次而言，2型人可以看見人們的潛能。如果人與人之間有良好的接觸品質，他們願意為了少量的物質報酬而工作。他們能夠走入人群，讓人們感到舒服，並且敞開心房。對於引進新人這件事相當敏感。他們可以適應任何場景，是很棒的交際家和社交人物。

就較低的層次而言，2型人傾向於以奉承來操弄別人。他們把身邊的人分成值得培養關係的人或是不值得花時間的人。願意為了那些「值得」的人與同僚競爭。對於那些地位比較高的人會表現出誘惑的姿態，對於地位比較低的人則是表現出優越感。

典型的跨類型權威關係：2型人和8型人，給予型和保護型

如果2型人是領導者，從表面上看來，他們好像是獨立的決策者，不過實際上他們非常仰賴該領域重要人士的意見和幫助。2型人會為了特定人士看見自己而努力工作，態度就像是為了物質的報償而工作一樣。

這會讓給予型的人和這個產業的巨頭產生聯繫，要他們必須獨自採取行動對抗某個受人

尊敬的權威人士，可能會讓他們不知道該怎麼指揮大局。

即使是在最佳的工作狀況之中，當2型人的注意力融入了任何主要決策中重要性不一的任務當中，他們可能會表現出目標的變動。2型人的老闆也會在性格特質上產生變化，有時候希望讓員工喜歡自己，有時候又覺得員工是一大負擔。2型人的脾氣不太穩定，他們可能發完脾氣很快就忘了，但是員工卻無法這樣就忘掉。2型人的領導者也很喜歡和「那些懂我的員工」，建立一種內部關係的小圈子。

8型人的員工可能會視——2型人老闆對於重要人士的執迷，是一種軟弱以及屈服於別人權力的表現。8型人想要知道自己在一個組織中的地位，必須要有不可侵犯的規則和罰則，公平而一致地執行。任何對於「老闆」或「內情人士」的特權，或是老闆最喜歡的小圈圈，都會遭受8型人火力全開的公開指責，特別是如果8型人不知道內幕消息，或是覺得被排擠在老闆的小圈圈之外。

8型人會想要進入核心集團，經常察覺自己被那些在社交上比較優雅、有手段的人占便宜。8型人經常想要藉著公然的攻擊來進入核心集團，他們會將這個圈子的人分成兩半，一邊是同意8型人的，一邊是和他們持不同意見的人。如果8型人員工遭到拒絕，他們就會發出簡短的憤怒聲明，指責不公平待遇，接著8型人會退縮，進入石頭般的沉默，也因為選擇了立場而感到比較安全，而且總算知道哪些人是朋友、哪些人是對手。

8型人不喜歡自己被排除在特別的團體之外，喜歡採取主導的位置。在面對一個善於使用奉承來讓8型人覺得自己是核心集團顧問的老闆，8型人的地位相當不穩定。如果8型人覺得自己受到接納，而且有一定的重要性，他們很容易被引誘去做自己職責之外的工作。

8型人對於細微的社交訊號相當盲目，「不知道」別人利用他打自己的戰爭，或者是在組織裡被當成不肯妥協的頑固分子，是老闆隨時都可以丟掉的。

如果2型人老闆夠明智的話，他們會在組織內部給8型人一塊封地。只要8型人可以管理好私人領地，而且自由地執行計畫，不受領導者的干預或監督，那麼2型人也可以保持名義上的控制權，並且負責整體的策略運作。8型人對於可以落實自己的運作感到相當驕傲，如果權力界線制訂得相當分明，他們對於其他人的程序也會有更高的容忍度。

如果2型人可以和8型人開誠布公，他們就可以建立互相尊重的關係。這兩個類型的人都喜歡好好吵一架，可以了解對方想要控制和權力的欲望。只要彼此之間不一致的地方可以化為公平的爭執，公開討論雙方的立場，那麼開誠布公和開放的競爭，可以帶來有生產力的解決之道。從另一方面來說，如果2型人覺得受到威脅，或是開始操作別人的意見，8型人就會覺得受到背叛，公開拒絕合作，引爆辦公室革命，或是乾脆辭職走人。在公開的爭論中，要疏離8型人最好的方式就是優雅的貶損他。當8型人專注於表達一個觀點的時候，他們會非常遲鈍，並且對於表達的細節相當盲目。如果可以讓他們覺得丟臉或是必須屈服，他們就會變得狂怒而且不肯妥協。如果知道這點，2型人可以故意挑撥這個員工，讓他難堪，強迫他離開或是遞出辭呈。

如果2型人是員工，他會了解老闆對於下屬有控制以及充分表露的需要。如果他們認為8型人老闆是個可以保護他們的權力來源，2型人就會成為他的左右手，承擔許多責任，讓組織順利運作，並且私下對老闆報告。

如果8型人發現，自己必須依靠別人的表現，就會變得特別有控制欲，他們可能會進行突襲檢查，並且藉著過度干預某些細則的實行，來宣稱自己的控制權。他們會堅決地提出規則，然後故意以老闆的身分打破規則，用來表明老闆的身分比規則還高。員工之間彼此競爭相當激烈，因為老闆很少讚美，經常公開指責。

如果2型人員工聰明的話，他會把老闆的注意力轉移到其他需要處理的事情，一來可以滿足8型人的控制需求，同時也可以讓老闆不要一直干涉員工。如果老闆獲得充分告知，並且在運作有確實危機的時候收到警告，他們的戰線就會變得相當明確，老闆會相當樂意負起領導者的責任，並且重新升起想要保護職員的欲望。

2型人可以利用他們高超的社交禮儀來獲取特別的訊息，成為老闆的好幫手。沒有想像力的老闆會覺得這是一大優點，如果老闆也很聰明，他就會為這個員工提供保護和地位。如果這個老闆還是執意地懷疑自己落入別人的掌控，並且不時藉著聲明控制權來壓制2型人，2型人可能會轉而支持組織中其他有權力的人，想辦法把老闆拉下來。

有吸引力的職場：可接觸上位的工作

2型人喜歡那些可以協助或是接觸上位者的工作。他們可以成為嚴厲的靈性導師的門徒、搖滾明星的粉絲、領導人的左右手，或是讓企業運作的總裁祕書。他們也能為弱勢族群發聲，自發性地參加社會運動，從事助人的職業。

他們很容易陷入三角戀情，成為別人關係當中的另一個男人或女人。也能從事具有性意涵的工作，像是化妝師、歌舞女郎、個人風格顧問。

沒有吸引力的職場：無法得到認同的工作

他們不喜歡無法得到認同的工作。比如說，你不太可能在討債公司看到2型人的身影，除非他成了老闆的戀人。

知名的2型人

瑪丹娜，以超級性感的女性形象出現在《宛如處女》（*Like A Virgin*）這張專輯的封面。艾維斯・普里斯萊、依麗莎白・泰勒、抹大拉的瑪利（Mary Magdalene）、傑利・路易斯（Jerry Lewis）、桃莉・芭頓等人。

注意力模式：聚焦在其他人身上

2型人習慣把注意力聚焦在對他們重要的人物的情緒起伏上面，被想要成為他們的愛人這樣的願望所驅使。就具體的信號來說，這可能意謂著看看伴侶把注意力放在哪個人身上，或是當提起特定的話題時，伴侶是以微笑回應或是皺起眉頭，然後他們再以一種討喜的方式參與伴侶的興趣。

就覺知的另一個層次來說，2型人發現自己會變成其他人想要的樣子，但是沒有察覺究竟是什麼表情或是行為的訊號，讓他們改變了自己的表現。他們說當他們的注意力附著在某個人身上，發現自己變成在他們的想像中那個人最想要的樣子，而他們填滿另一個人的希望的習慣，意謂著他們可以變成另一個人覺得想要的典型。

一開始我只是討厭被拒絕而已。為了不要被拒絕，你得學著和另外一個人一樣。你學著去看一個陌生人，感覺你們彼此之間的相似之處，接著陷入那樣的感覺裡。這可以在路上練習，我發現自己走向某個人，突然間覺得我們是那麼相像。

就親密的層次來說，這是更強烈的。感覺起來就像是不管你要什麼，我也要。不管你渴望什麼，我也感覺到同樣的渴望。不管你在性上面有什麼樣子的期待，都可以透過我來實現。當這樣的化學作用開始運作，那真是親密關係最美好的樣子了。但是如果我覺得自己站在街角，只是因為那天我不太有安全感，就移入某個人的生活，那這種融入的想法對我來說就像是一種負擔。

因為2型人的注意力是向外聚焦在其他人想要的東西，他們對於個人的需求一貫地缺乏注意力。從心理學的角度來看，這些壓抑的需求，透過其他人活出自己的生命而獲得了滿足，這樣的生活是2型人會想要分享的。在療癒的過程中，2型人可以學著辨認自己的需求，並且學著去維持一種連貫的自我感受，不要為了滿足別人的需要而改變自己。

從注意力練習的觀點來看，2型人可以學著打破自己的習慣，亦即當他們在感覺其他人給予的肯定信號時，可以把注意力從別人身上移開，把注意力帶回到自己身體內部的一個參照點。透過練習，2型人就會知道，對於自己的感受保持臨在和把注意力的焦點放在別人身上，有什麼不同。

高等心智：自由

把注意力往內移動，通常會給2型人帶來很大的焦慮。只要他們能夠把一些注意力放到自己身上，他們有很大的機會可以確認自己的需求，不過把注意力從其他人身上撤回來，會打斷2型人過去的習慣，他們依賴這樣的習慣來獲得情緒上的安全感。

2型人通常會說他們害怕自己內在可能沒人在家，可能他們的肚子裡只有一個黑洞存在，而黑洞裡一個人都沒有。當他們的注意力開始從其他人身上轉向自己，浮現出來的真實感受，對於那些藉著討好別人來獲得安全感的人來說，不必然都是好消息。

2型人可能已經太習慣注意其他人想要什麼，因此沒有覺察到自己因為給了幫助而獲得報酬。在一些他們必須獨自行動的時候，他們會發現自己對於別人的依賴。獨立行動可能為他們帶來嚴重的焦慮，特別是如果這個行動可能會冒犯某個2型人想要討好的人。如果不去默許喜歡的人的需求，2型人會覺得自己可能冒著永遠失去對方的愛的風險。

許多2型人都說當他們獨處時，比較容易知道自己想要什麼或是有什麼感覺，和某個他們依戀的人在一起，事情就變得比較不容易。他們認為自己的任務在於，學著記得自己的需求，同時也要能夠感覺別人想要什麼。

當我的第二段婚姻幻滅了，我搬家搬得遠遠的，住到山中，心想我一定要找出自己在這個生命中真正想要的是什麼。我覺得自己彷彿不存在，因為我的先生再也不會在我身邊了。要自己一個人待著讓我感到既沮喪又害怕，我得決定每天要做些什麼來讓自己不會無聊，當我試著靜心的時候，還必須面對肚子裡那個空虛的洞。我很害怕那會是個無底洞，當我繼續深入自己的時候，卻發現那裡一個人都沒有。

最後我發現了她，我發現了自己的步調，知道要怎麼給自己想要的東西。我在那裡住了超過三年，接著搬回鎮上，重回我的舊日生活。回到人群之中最令我驚訝的一個經驗，就是當我獨自一人的時候，我很清楚自己想要什麼，不過如果我完整地望進另一個人的眼睛，我會發現自己和他們的感覺合而為一，因而忘了自己。

直覺風格：能感受他人內心願望

給予型的人相信，他們了解別人內心深處的想法。在孩提時代，他們因為討人喜歡而被愛，這讓他們在長大成人以後產生了一個信念，認為他們對於別人想要的東西特別敏感。直覺風格會形成，是孩子為了在情緒上存活下去而發展出來的注意力形式，對於九種人格來說都是這樣。2型人在孩提時代發展出了對於認同的執迷，以對愛的需求為動機，開始相信他們有感受別人內心願望的特殊能力。

一個2型人是客觀地對於別人的需要敏銳，或者只是在幻想，其中的差異可以被描述為想像自己為人著想是什麼樣子，或是有些2型人真的能夠分享另一個人的內在生活。

接下來的陳述描述了這樣的差別：某些人相信自己對別人很敏感，而有些人真的能夠對其他人產生共感。

我二十幾歲的時候，「我愛人人、人人愛我」這樣的想法引導著我的生活。我很確定自己是大家最愛的孩子，我只想要把自己最迷人的地方表現出來，當成給他們的回報。長大一點以後，經歷過幾次被一些我真正愛的人破壞性的拒絕，為了活下去，我發現我可以藉著讓人們很喜歡我來操縱他們。我的作法就是想像他們想要什麼，然後以這種方式接近他們；或者我會想，站在他們的立場是什麼樣子，然後我會想像自己生活中類似的經驗。

舉例來說，如果某個朋友對我坦白他對某個男孩子的感覺，可能像是「當我和他在一起的時候，就像是坐雲霄飛車，我的情緒上上下下。」我會想像自己坐在雲霄飛車上，試著想像這種戀愛的感覺。

許多年以後，我成了一個心理學家，有了我稱之為「投射性認同」(projective identification)的經驗，我感受到我的病患正在經歷什麼，這和我自己生活裡任何類似的經驗都不一樣。我開始重視這些直覺性的融合經驗，它們是我了解病患狀況時最直接的一種方式。

關於我所體驗到的真實的移情作用，有一個很棒的例子，它發生在我的一個個案試著要處理兒時一段遺忘的時光，那時候他被送到寄養家庭待了好幾個禮拜。他坐在我的診療室裡，說他沒有辦法回想起那個時期所經歷的任何事件或是感受，與此同時我開始覺得激動起來，彷彿我快要昏倒了，雖然我知道我不是真的要昏倒。

當我對他描述我對他的反應，他才明白自己的身體也激動起來，最後他身體的感受引發了被壓抑的回憶，他想起自己在寄養家庭和另外一個寄養孩子同住的房間裡流著汗醒來。這個房間嚴重的過熱，因為它離主要的暖氣太近，午睡時間他躺著睡不著，因為沒有人告訴他，他到底得在這個家庭待多久而焦慮，他也不敢問，這可能會冒犯寄宿家庭的人，怕他們會因此對他不好。

高等情感：謙虛

所有高等情感的基礎都在於自發性的身體行動，不受思想的制約。就具體表現來說，謙虛是一種付出不求報答的反應。一個自以為是的給予者所表現出來的假謙虛可能像是這樣：「我把右手給了你，這真的沒有什麼。」謙虛和任何善良的想法或是自我犧牲一點關係都沒有，這些概念可能會掩蓋2型人想要透過別人對自己的依賴，來獲得控制權的無意識需求。

那些真正活出謙虛的人，可能一點也不知道自己擁有一種能力，可以給予別人恰到好處的幫助，他們對自己所擁有的東西心滿意足，不覺得這件事有什麼了不起，把東西給了別人以後，也沒有在心裡偷偷指望別人能夠回報。

謙虛是了解個人的需求，在獲取東西的時候，自然而然地拿取自己所需要的分量，不多不少。一個了解自己需求的人，在幫助別人的時候也會給得剛剛好，他給予的品質也會是別人所需要的正確分量。謙虛就像是光著身體站在鏡子前面，對於鏡子所映照出來的一切充滿感謝，不去想像這個身體比原來的樣子更好、驕傲地自我膨脹、或是不接受映照出來的真實面目而自我貶抑。同樣地，他們還能優雅地接受自己與其他人客觀的關係，而不是慣性地去操弄，讓自己對別人而言變得重要。

有個自我觀察的練習對於培養謙虛相當有幫助。學著辨別以下兩者的差異：當你給予別人幫助以後，身體生起的客觀感覺；在你思考「施與受」這一概念的時候，身體有什麼感覺。

2型人和9型人的相似點

和9型人一樣，給予型的人對於別人的需求很清楚，卻不知道該怎麼辨認自己的需求。不過，2型人和9型人表現得不太一樣，因為他們會改變自己的個人呈現，想要藉著討好別人來控制別人。9型人不會改變自己，也不會透過給予來取得控制權。9型人說他們融入別人的方式是「成為對方的鏡像」，吸收並且反映任何來到鏡子上面的觀點。9型人說他們取得控制權的方法，是放慢速度或是放空，而不是試圖操縱別人。2型人和9型人還有另外一個差異，2型人會積極地靠近那些他們想要成為的人，9型人則是慢慢地往前走。

這兩個類型的人都描述了自己和別人融合的感受。2型人會融入另一個人身上某個和自己很像的特質，或是融入另一個人讓他覺得受到啟發的面向。

2型人對於融入的對象相當挑剔，這個人必須要值得他這麼做才行。9型人會說他們融入的品質像是「成為另一個人，吸收任何我可以在那裡找到的東西」。2型人會藉著感覺別人想要什麼來融入，改變自己去討好對方，完全地融入對方。

2型人和3型人的相似點

就像其核心類型（3型人）一樣，2型人失去了和自己真實感受的連結。這三個點集中在九角星圖的右側，2型人、3型人、4型人，它們代表著我們在童年時期為了調和父母的願望和自己的願望之間的衝突，而犧牲了真實的感受。2型人的感受問題，來自於早年就學著調整自己適應別人的需要，並且養成習慣，總是把注意力放在別人的情緒和喜好的波動。當他們成功地調整自己適應別人，就能確保自己的安全。

如果2型人在事業上有很高的成就，2型人可能會和3型人看起來很像。3型人之所以在成功的階梯上攀爬，是因為他們需要藉著表現而不是藉著情感來獲得獎勵。2型人可能會充滿精力，並且在專業上表現出野心勃勃的樣子，但是2型人的內在動機，是期待自己被愛，而不是期待成就。一個3型人和高成就2型人之間的差異，就像是一個為了完美演出而在觀眾面前表現的表演者，和一個為了同一群觀眾演出，但是想要讓坐在前排的男朋友印象深刻的奉承者之間的差異。

優勢：誘導出別人最好的一面

2型人能讓別人看到自身的優點。他們的才能就是誘導出別人最好的一面，透過他們的熱情，這種蛻變的過程就算再困難，受他們幫助的人也願意承受。

最讓2型人感到快樂的事情，就是能夠幫助那些追求權力的人達成他們的目標。對於那些力爭上游的人來說，2型人能夠成為非常強力的朋友和同事。對於給予者來說，關係是他們生活中最重要的一個面向。他們致力於讓關係保持鮮活，不管是透過抗爭、誘惑、融入伴侶的需求，或者是製造別人的麻煩。他們會生氣，但是不會記恨。他們願意花很多時間來籌備慶祝會，讓親朋好友共聚一堂。他們會記得生日和節日，費盡心思來準備特別的禮物。

子類型：誘惑、野心及特權

以下的子類型，描繪了2型人在童年時期因為必須透過別人來滿足個人需求，所以發展出來的一些心理傾向。

一對一關係：誘惑／侵略

誘惑是基於「被需要就是獲得認同」這種心態，而且意謂著要把別人吸引過來。侵略是以正面的衝突來突破關係中的障礙，強迫別人與之交流。

我會把注意力投射到人群之中的某個陌生人身上，接著我就會知道他對我有沒有興趣。就彷彿我的身體想要變成他們喜歡的樣子，如果這整個連結建立起來，我的身體就會產生一種特別的感覺。如果這樣的連結感覺起來很安全，我就會走向他們，我知道他們一定會喜歡我。

社交關係：野心

2型人表現野心的方式，就是攏絡那些有權勢的人，把他們當成自己的保護者，藉此鞏固自己在團體裡的地位。

我最近剛到一家綜合醫院上班，成為精神病部門的職員。我發現自己在部門的會議中左顧右盼：誰坐在我旁邊？誰受到高層尊重？我得知道哪些人的聲勢正在水漲船高，然後快點和他們交朋友。

自保本能：我先（特權）

下面是「我先」（me-first）這個態度的一個例子：

「不要擋路！」是關鍵句。在銀行排隊或者在人群中排隊等餐廳開門，總是讓我覺得很生氣。如果別人把想要的東西拿走了，我就只能拿剩下的，這讓人覺得很沒有尊嚴。這種事令人生氣，所以我一定要想辦法擠到隊伍最前面。

成功之道

2型人剛開始接觸心理治療或是靜心練習的時候，通常都是因為想要找到真實的自己，這意謂著他們要學著找出自己真正想做的事，看看這些事情和為了滿足或是抗拒別人所做的事情，有什麼樣的差異。他們典型的表現包括了關係議題和一些特定的身體不適，像是偏頭痛或是氣喘，這些狀況可能是被壓抑的心理需求在身體上的表現。2型人必須辨認出，在哪些時候真實的感覺開始屈從於別人的感受。他們可以藉由以下的方式自我幫助：

- 檢查自己想要控制別人的渴望。
- 找出自己對於別人而言有什麼價值。看看自己是不是在驕傲的自我膨脹和過分的謙虛之間來回擺盪。
- 奉承別人就意謂著內心感到焦慮。看看把權力交給別人這件事，對你來說是不是一種誘惑。
- 如果有什麼情緒反應，幫助它更進一步發展。一開始的反應可能只是虛有其表，它掩蓋了某些真正的感覺。
- 在一整個小時的個案療程中，獲得治療師完全的注意力，看看這件事對你來說是不是很有吸引力。想要談論自己的事。
- 看看自己有沒有這樣的欲望：想要在治療師面前表現出無助的樣子、想要讓療程舒服一點、不願意提起任何可能會損害自尊或是形象的話題。

- 去發展一個不為了討好別人而改變的「統一形象」，看看它和「多重自我」之間有什麼衝突。
- 挖掘憤怒，把它當成真實感覺的指標，探索其下潛藏的身心症候群其中心理感受與身體徵兆之間的關係。
- 不要透過奉承來交朋友，並且看清楚自己如果想要報復別人，通常都是因為自尊受傷。

注意事項

在改變的過程中對下面這些問題保持覺察，對2型人會很有幫助：

- 喜歡扮演別人的遊戲，想像各種獲得別人喜愛的方式。
- 對於多個自我感到困惑——「究竟哪個才是真正的我？」
- 選擇和「第二喜歡」的人在一起。想要和最喜歡的那個人在一起，但是因為害怕被拒絕，所以就和「比較需要我的那個人」在一起。
- 害怕真實的自己並不存在，害怕自己是衍生物，或是成為別人的模仿者。靜心的時候，害怕自己內在的空洞。
- 如果沒有人提供保護，就會對生活沒有安全感。
- 認為自己是用某些手段來得到一段關係，或是以欺騙的方式交到朋友，因此感到擔心不已。
- 相信獲得別人的認同就是獲得他們的愛，認為自己一旦獨立，就再也得不到愛。

- 當尋求認同的習慣和真正的需求有所牴觸，就會出現戲劇性的感情爆發，認為別人試圖限制他們的自由。
- 爭取自由。如果關係會限制多重自我的表現，就會拒絕承諾。要求沒有限制的自由。
- 困難的關係對於他們來說特別有吸引力，像是三角戀情，他們會藉著追求不易到手的對象來取得關係的控制權，也因此妨礙了真正的親密。
- 不了解什麼是真正的親密，也不熟悉自己真正的性需求或是情緒需求。需要花一點時間才能辨認出那些沒有受到別人影響的真實感受，並且停留在這些感受之中。必須要了解——「假裝喜歡」、「不喜歡」和比較認真的「承諾」之間的差異。

07 3型人：表現型

後天養成的人格

頭腦——主要特徵：虛榮

心——激烈情感：欺騙

本質

頭腦——高等心智：希望

心——高等情感：誠實

子類型的表現

性愛：性感形象

社交：聲望

自保：安全感

困境：執迷於成就

3型人在兒時是因為他們出色的表現而獲得獎勵的孩子。他們記得自己從學校回家，父母總是問「你今天表現得好嗎」，而不是問「你今天過得如何」。他們會因為良好的表現和形象獲得獎勵，而不是因為與其他人的友誼或是深入地參與了他人的生活，而獲得讚賞。由於他們是因為表現而被愛，他們學會把情緒先擺在一邊，把注意力轉移到和成功有關的事情上，藉此確保有人愛他們。他們的想法就是要努力工作才會被看見，要擔任領導者的角色，要贏。避免失敗是非常重要的，因為只有勝利的人才值得被愛。

就神祕教導的脈絡來看，有趣的是，3型人看起來相當現代。他們是高成就者，認同美國主流的年輕人形象、活力和充滿競爭的生活。他們會表現出各種團體中的典型形象：穿著三件式西裝的總裁、完成所有工作的超級媽媽、電視廣告中精力充沛的孩子、頭髮快要長到腳跟的嬉皮。3型人就像是變色龍一樣，不管在什麼團體，只要他們在其中找到歸屬感，就能成為之中的傑出人士，並且不經意地表現出他們所尊重的大人物會認同的樣子。

因為3型人符合美國主流文化的特質，他們展現出了樂觀和幸福的外在形象，看起來一點都不痛苦，但是終其一生可能都不知道自己早就跟自己的內在生活失去了最重要的聯繫。3型人會為了外在的獎勵而工作，通常不會檢視自己對這份工作究竟有什麼樣子的感覺。他們會認同公司響亮的名聲，用他們年薪後面的幾個零來定義自己的價值；工作本身可能無聊得要命，但是如果他們的頭銜夠響亮就可以彌補這一點。有個3型人這樣說：「不要想太多，把工作做完就是了。」活動對他們來說是天然的抗憂鬱劑；3型人就是要保持忙碌，所以沒有時間因為生活而憂鬱。

他們喜歡工作，因為3型人的自我價值就仰賴美好的工作成果，所以他們能夠全心全意地投入一個任務。他們可以從想法直接進入行動，在思考和行動之間幾乎沒有空隙。他們過著能量高昂而且開心的生活，從事許多有趣的事，不過這種專注於個人表現的生活，必然會犧牲和親密關係以及和情感問題相關的內心生活。

大部分的3型人沒有察覺到，他們對於作為的執迷阻礙了某種創造力，這種創造力只有當他們願意花上一段時間感覺自己的存在和自己的情感之後才會出現。3型人總是把行程排得滿滿的，一整天下來各種活動持續不斷。他們會把自己的休閒時間規劃成學習之旅或是用五國觀光馬拉松來填滿，確保他們在假期的時候不會無事可做。如果沒有辦法確定下一檔行程是什麼，他們就會感到很恐慌。他們受到某種制約，相信價值是來自於個人作為，而不是來自於個人本身。

如果可以，他們也會避開自由時間，因為個人的感覺可能會跑出來，而感覺會擾亂他們的工作效率。3型人很少會讓疾病或是個人因素妨礙工作進度，他們對於沒有成就或是因為情緒問題而無法好好工作的人，相當沒有耐心。

「表現型」這樣的字眼會讓我們想到一個喜歡做表面功夫的人，事實上，3型人對於自己的作為感到相當自負。他們的自尊建立在其工作成果獲得認同的程度，而非別人對他們的仰慕。3型人說他們一旦開始行動，就會全心全意投入任務，把感覺晾在一邊，如果有人稱讚他們，他們會把它當成對工作成果而非對他們個人的稱讚。

在親密關係中，3型人會發現自己表現出一個親密愛人應該要有的樣子，說一個親密愛人應該要說的話；不過與此同時，他們也會發現自己刻意表現出一個富於同感的人應該有的形象，而不是如「親密」這個字所代表的，在情感上與別人連結在一起。在情緒化的時刻，3型人可能會把注意力轉移到別的事情上。當情感就要浮出水面時，他們會突然想起九點鐘有個約會、或是要與高層共進午餐。為了讓工作更有效率，多年來，他們一直把情感擺在一邊，直到因為情感因素而無法把工作完成的那一刻為止。

他們透過行動來表達愛情，他們的家庭生活就像是一系列完美的影像。「我們一起旅行，花很多時間一起打網球，聊我們的孩子。」他們的注意力總放在活動和行程上，就算有空，也不會想要漫無目的地四處隨便晃晃或是隨意地在一起。3型人的關係也很有效率；他們會有「行得通」的婚姻，他們對於自己的工作和薪水也相當有責任感。對他們而言，最重要的是讓工作計畫和工作願景保持鮮活；此外還要避免失敗，並且獲得最大的成功。

他們內在有一種樂觀感受，通常是因為他們選擇性地把注意力放在正面的成就上，因而受到增強。他們會重新定義自己的失敗，說它是比較不完全的成功；他們為了工作截止日期和競爭而活，寧可工作也不願意休息。

隨著時間過去，3型人發展出適應工作角色的能力，他們能夠展現適合其職業表現所需要的形象和特質。就像變色龍一樣，他們可以表現出該領域成功典範人物的行事作風，讓別人印象深刻，因此看重他們的能力。但是對於3型人自己來說，這可能是一種自我欺騙，他們用那些成功人士可能會有的感覺，取代了自己真實的情緒。如果3型人開始認同「一個有效率的領導者」或是「成為伴侶的理想愛人」的行為舉止，這種不自覺的自我欺騙就會加深，最後他們採取的形象可能掩蓋自己真實的需要。

3型人會因為表現出令人尊敬的形象這種習慣，而遭受自欺欺人的痛苦。舉例來說，

「工作狂」這個字眼會讓人想到一個充滿幹勁的成功人士，他們停不下來，無法休息；如果這種病態繼續發展下去，我們就會在其中看見3型人的樣貌。在這一章中我們所提到的3型人，都覺得自己被某種神經質的需要所驅使，當他們沉浸在手頭上的任務時，似乎就變成這份工作的理想典範，再也分不清楚這個工作形象和他們自己之間的差異。當這些3型人處於一種平靜狀態，沒有迫切的事情要做的時候，也能觀察自己並且描述自己的頭腦如何運轉。如果他們可以轉移自己的注意力，觀察頭腦的狀態並且反思內在習慣的運作方式，他們就能夠慢慢地去除他們特有的神經質表現。

3型人常見的心理慣性包括：

- 認同成就和表現。
- 實力。
- 競爭，避免失敗。
- 相信愛來自於行動的成果，和你是誰一點關係也沒有。
- 選擇性地注意任何正面的事情，對負面的事情視若無睹。
- 和個人的情感缺乏連結，工作的時候會把感覺擱在一旁。
- 表現出經過調整可以用來獲得讚賞的形象。高調的公眾形象。
- 搞不清楚真實的自我和社會角色或工作角色之間的差別。
- 被稱之為「聚斂性思考」（convergent thinking）的注意力模式，頭腦的各種思考軌道都聚焦在單一的目標上。
- 直覺性地調整自我表現，以至於相信這個形象就是真實的自我。

家庭背景：追求表現以獲取愛

3型人因為他們的創造和成就獲得獎勵，而不是因為自身的關係而受到讚揚。他們最後學會，要獲得愛和賞識就得透過成功的表現，所以變得很擅長自我推銷，並且呈現出某個充滿理想化特質的社會角色形象。

我無時無刻都在以某些別人可以看見的、具體的東西，來衡量自己的價值。我母親對於大人物的成功故事非常感興趣。我有四個兄弟姊妹，年紀都很相近。我以一種傳統中產階級的教養方式，被扶養長大。家裡對於愛講得很多，但是實際上彼此的交流很少。在家裡面，要獲得父母的認同就像是和其他孩子賽馬一樣，我很少會有特別的表現，或是和其他孩子不一樣。想要他們的讚賞，我就得在鋼琴演奏會脫穎而出，或是畫一張可以被貼在教室公布欄的壁報，或者做一些可以引人注意的事。

當我有所表現的時候，人們才會注意我，我才能從那口小小的井汲取一點愛來餵飽自己。這變成一種循環，每一次的成績都是下一次成功的比較基準。因為成功不會自己累積，所以必須做更多的事。我的自我價值指的就是那一天我的作為，我考試的成績或是我與人互動的表現。

人格類型的特質，會在一個人十幾歲後期和二十幾歲的時候，表現得特別誇張。下面的敘述來自一位十七歲的高三生，他是很典型的年輕3型人，滿腦子想的都是讓其他人看見自己在競爭當中獲得勝利、避免失敗。

除了每一科的成績都要拿到A，在即將舉辦的大型舞蹈表演擔任主要角色，我還非常努力地維持成功的社交生活。我八點到十二點之間要上學，每天下午一點到五點還要打工，回家以後則是做功課、編舞，一直到凌晨兩點才睡。基本上，我之所以這麼做，是因為如果不這樣的話，就沒人會喜歡我。我希望自己可以有很好的課業表現，不過我必須說，我對上課並沒有那麼大的熱情。我最想要有亮眼的成績單，這樣大家就會覺得我在每個方面都很棒。所以去上學是為了被別人看見，而不是為了什麼將來的目標。

我練體操練了六年，一天四小時，一個禮拜六天，從每個晚上的六點練習到十點。在最後三年，我覺得體操真是討厭。那時候我不知道自己討厭這件事，一直到我退出了才發現討厭它。我就只是去做那些事而已，回家，做功課，練體操，做更多功課，睡覺，上學，就只是一直出席而已。你沒有時間停下來思考：我真的喜歡我正在做的事嗎？我會去參加競賽，不過我真的一點也不喜歡這種事，但是誰有優勢光是坐著抱怨這、抱怨那？贏的話，我爸媽就會覺得我很棒，我則是會想要更多、更多、我還要獲得更多。

這種狀況一直持續下去，直到有一天我連在電視上看奧運轉播都覺得壓力好大。事情嚴重到要麼就是退出，不然就是精神崩潰的地步。最後讓我退出的原因是另外一個朋友退出了，退隊看起來好像沒什麼關係，也沒有人因此而討厭她。所以有一天我就放棄了，接著我就沒事情可以做了，所以我得把什麼新東西加到我的行程表裡。我出門去找了一份工作，開始跳舞，變成學生會會長，整件事就是這樣，現在我得想辦法申請到史丹佛大學。

我沒有跟任何人說我要申請史丹佛大學，如果我到時候沒申請上，至少不會有人知道。當你要去追求某件事情，但是不確定自己會不會贏，我無法形容這種感覺到底有多糟。所以如果結果不如預期，就算是我最好的朋友也不會知道我失敗了，而我會盡我所能來忘了這件事。我得走了，我還有事情要做。

3型人可以在任何他們認為重要的團體裡面，變成其中的理想人物。如果他們在一個高度重視公開表現的家庭，他們就會在這方面努力表現。

如果這個家庭重視其他的成就，那麼3型人的孩子便會努力地讓自己符合那種形象。一個在鄉下長大的女性描述了她的家庭狀況：

從我小時候開始，我的母親就告訴我，我將會做一些很特別的事。不是我很特別，而是我要去做一些特別的事。她是單親媽媽，在情緒上相當不穩定，所以為了讓她高興，基本上我就負起了照顧弟弟妹妹的責任。她沒有鼓勵我在學業上多表現，比較希望我可以多幫忙家裡的事，要我照顧大家。後來我成立了自己的時裝店，六個月以後就把它賣了，因此賺了一筆錢。從我們一開張它生意就好得不得了，我的生意總是來得很容易，因為我知道人們想要什麼，所以我就把他們想要的給他們。

關於做生意，我可以去進修幾門商業課程，讓自己成為可以開班授課的老師。只要我知道基本要素，我的心裡就會生出一種挑戰，讓我想要繼續鑽研，成為這方面的權威，讓你所仰慕的那些人來敬佩你。還是孩子的時候，我沒有因為自己的本質而被愛，只有在工作做好的時候大人才會走過來拍拍我。我必須要小心，這是我的弱點——只要有人拍拍我、給我讚美，我就會把時間都分給他們。

不斷的多相活動

因為愛和作為的成果連在一起，而不是和真實的自己連在一起，所以活動和成果最後變成一種控制的形式，用以獲取別人的愛。保持忙碌可以確保自己持續製造工作成果，也可以有效地消化自由時間，讓自己不會因為失敗的可能性而感到焦慮。3型人習慣一次做好幾件事情，並且主張盡可能同時做好幾件事，才算是有效率的時間運用。然而，對旁觀者而言，3型人之所以會需要接連不斷的多相活動，就像是一種逃避情感生活的方式。

我可以同時講電話、餵女兒、和別人約時間還有聽別人講話，而且每件事情都做得有條不紊。這是我工作習慣的一種延伸，我會同時處理兩到三個工作，所以在還沒完成手邊的工作時，就要開始做下一件事情了。

把時間填得滿滿的、沒有任何空隙，可以給我一種真正的安全感。

放鬆的目的是為了準備面對下一個回合，所以泡熱水澡這件事也列在行程表裡面，因為它可以拯救我的身體。泡澡的時候，我會把錄音機放在浴缸旁邊的架子上以備萬一，我的頭腦想的是隔天、下一場會議、下一筆交易的事情。如果沒有人跟我說我表現得如何，沒有人給我正面的回饋，我就會想要上健身房發洩一下，或是跑到某個別人會給我一點讚美的地方。

高調形象

因為別人的讚賞有賴於成功的表現，3型人會在工作的機制上施加這樣的注意力，因此忘了自己的感覺，並且開始投射適合手邊這份工作的形象。3型人能夠輕易地調整自己外在的表現，通常會發現，自己會直覺地調整好，藉以表現出一種可以讓自己的訊息傳達出去的形象，或是可以在他們的領域增加職業能見度的形象。

一直要到3型人知道自己投射出來的形象，不必然代表著他們情緒上的觀點，他們才有可能改變自己的形象，而不會因為認同某些可以吸引別人目光、有聲望的虛偽外表，所造成的危險。能夠自我覺察的3型人，知道當他們工作的時候會把情感擱在一邊，而且可以藉著成為別人想要的樣子來拋棄自己。他們還說必須要很小心自己騙人的能力，因為他們可以藉著投射出一個會讓別人相信自己講的話的形象。

如果3型人不知道自己在完成工作時，有把個人感覺擱置在一旁的習慣，他們會很容易相信他們和自己投射出去的那個形象是一樣的。對3型人來說，了解自己有些需求，和他們用來增強角色效能的高調形象不同，是很痛苦的一件事。

這會隨著我和什麼團體在一起而改變，就像是一個快速變裝的藝術家，我可以感覺到自己變成這個團體希望我成為的樣子。就表面上來說，你有三個或四個衣櫃可以變換，所以不管你去哪裡，你都可以融入那個地方。大約有十年的時間，就在一天之內我會從三件式西裝換成全套的機車皮衣、再換成傍晚的禮服；而且在同一段時間我還會依據我和什麼樣子的團體在一起而進行多次換裝。

我立刻就會知道別人對我有什麼感覺。我可以在身體中感覺到一陣激動，就像是我活生生地與別人進行連結。如果我沒有連結上其他人，如果因為某種原因沒有成功，我會知道那是一種不對的能量，彷彿那裡什麼都沒有。當人們接受我的時候我會知道，我的身體會感覺到，我在滿足別人的期望並且讓他們對我留下印象。

廣告業務體現了3型人的典型特質。廣告從業人員對於人們所重視的形象相當了解，並且可以一種吸引人的手法來包裝、推銷這些形象。然而，3型人相當擅長吸收並且成為其特定社群最重視的形象，能幹的專業人士、有理想的民運領袖、完美的工作夥伴。工作是他們的興趣，不過如果一般人接受的是比較安逸的生活形式，那麼3型人就會採取這種生活風格，他們可以花好幾年的時間活出某種形象，而不是探索自己在情感上真正的偏好。

我和我的兩個兒子住在郊區，還有兼職的治療師工作，這種理想的生活狀況是我一直以來都想要的。然而，要說清楚自己大部分的時間裡有什麼感覺相當困難。我能察覺到的大多是事情的樣貌：我的孩子乾不乾淨、看起來是否開心？我很難只是跟他們在一起度過時間，我必須把每件事變成一種活動。我知道自己正在培養一個——和兩個兒子住在郊區、完美的新時代女性另類治療師的形象。

一個表現型的人會順應任何文化規範所重視的典型樣貌。一個衝浪手會有熱帶氣候專用的衝浪板和完美的黝黑色皮膚，而一個經理則是會展現出充滿個人魅力的領導風格。

他們的注意力聚焦於外在世界，注意任何可以引發別人正面看法的線索，以至於3型人將覺知從個人情感中撤出，並且為了可以展現出令人印象深刻的個人風格而努力工作。當自我欺騙完成，真實的感覺沉入水中，取而代之的是一個虛假的自己，他會藉著採取一個能取信於人的自我表現風格而坐上領導位置。

我生命裡的重要決定，都是在考量形象的情況下做出來的。我之所以選擇進入某一段特定的關係，是因為那個女人投射出某種形象。我選擇大學、選擇工作、選擇兄弟會，也是根據這些團體的聲譽來做考量。

這些選擇都是基於我對於形象的反應，我希望自己不要被當成一個局外人，或是反文化的人，我不想要以那種形象活著。所以在舞會和最迷人的女孩子在一起，或是在某個團體裡獲得最多榮譽，這幾乎成了一種強迫症。

對3型人來說，當他們發現自己其實可以對親密的朋友許下誠實而又持久的承諾，然而自己卻用社會接受的自我形象取代自己真實的感覺，空有適當的神韻以及迷人的表現風格，卻沒有真正連結到自己所敘述的那些情緒——這樣的發現會讓他們感到相當痛苦。如果3型人有朝一日發現真實的感覺，以及他們藉著投射出一種吸引人的外表，來愚弄別人這之間的斷裂，他們可能會陷入一種個人危機。3型人會覺得自己很假，像是一個藉著騙人來開脫而且沒有被發現的人。去了解真實的感覺，不必然和其他人看重的角色相符合，這樣的領悟可能會伴隨著一股真實的怒氣。3型人會覺得生氣，因為人們那麼輕易地相信好看的門面，而且並沒有因為自己的本質而被重視。

如果某個情況讓你感到不舒服，你可以把情緒表現出來。就像如果有個人說他在乎你，於是你回了同樣的話，因為你的朋友都會這麼做，這就像是正確而有效的回應方式，不管你是不是真的這樣覺得。你可以表現出情緒上來的樣子，不過事實上你的心思可能遠在天邊，想著別的事情。

你可能在死亡邊緣，但是仍然看起來很冷靜。如果我正在挨餓，而你擺出了一碗食物，假使你正在看，我要不要伸手去拿對我來講是有點冒險的。你很清楚如果你在自己尊敬之人的眼裡看起來不怎麼樣，立刻就會受到拒絕。

3型人會認同自己投射出去的形象：和青春、聰明才智、生產力相關的美麗形象。如果3型人發現——別人可以辨別3型人的本質，和他們認為可以用來獲得別人喜愛的虛假自我之間的差異，他們會震驚的明瞭。從兒時起，他們看見只有成功的人會被好好看重，成年以後的3型人，產生了想要跑在最前面的強迫性衝動，他們想要成為值得被愛的贏家。從旁觀者的角度來看，3型人感覺起來像是有點壓抑，因為他們掙扎著、為了個人的獲得而出賣了自己。

表現型的人把注意力放在比較的狀態上，努力地想要獲得可以具體表現成功的地位象徵。他們對於自己的成就、榮譽還有贏過對手感到相當自負，他們努力想要爬上可以掌握別人生死大權的位置。他們相當自戀，對於自己的能力和優越感相當有信心，而且自顧自地把注意力都放在那些可以為他們帶來自我價值感的工作上。不過，他們的自大建立在表現和獲得的能力上，而不是建立在一種內建的天性價值的虛幻感受上。3型人為了獲得的東西而努力；他們的力量在於可以度過整場競爭，並且完成任務。和真正的自戀者不一樣，3型人相當清楚這個世界不欠他們什麼，如果他們沒有辦法獲得地位或是別人的尊敬，就會產生嚴重的焦慮。他們帶著有能力的自信來生活，但是同時也知道自己必須努力開拓自己的道路。

他們在成功上投資太多，如果客觀的失敗真的發生了，3型人會將失敗重新定義為部分的成功，或是把過錯歸咎給其他人。他們的內在有逃避不可靠的案子、不穩定感情的衝動，想要趕快往一些比較好的事情移動。

如果另一個充滿願景的機會很快就開始進行，他們也不會有失敗的感覺。3型人可以在不停下腳步的情況下換工作或是改變身分認同，只要新的東西可以給他們足夠的活動和更好的未來的希望，他們可以把負面情緒擺到一邊去。他們極度的適應力是一種祝福也是一種負擔，祝福在於他們可以在壓力之下依然快速而有效率地移動，負擔在於他們為了完成工作而擱置了真正的感覺。此外，因為他們有能力可以抓住機會，並且打造出新工作角色所需要的形象，其他人會覺得他們是換了位置就換了腦袋的人。

欺騙人和自我欺騙

只要看看政治圈，我們就會知道適當的形象如何帶來權力。比如說，整個國家都相信前美國總統隆納·雷根的個人魅力和他所帶來的安慰，願意被這個表現出誠懇、善意的人所領導。有技巧的表演者可以呈現出一個角色的特質，成為他們選擇扮演的那個人物。在電影

《健美之路》（*Pumping Iron*）中，曾獲得多次世界健美先生冠軍的阿諾．史瓦辛格，很有可能是一位3型人。他曾說自己的競爭優勢是一種「出神」的技巧：在他上台和其他的參賽者一起擺出健美的姿勢以前，他會在腦海裡先塑造一種「無敵贏家」這種自我意象，再把它投射給現場的觀眾。

3型人常說，他們知道自己刻意投射出一個可以取信他人的形象，也知道這是一種潛在的操弄手段。他們說自己太過沉溺在自己所扮演的角色中，他們也會欺騙自己，選擇性地注意那些支持他們的人，將所有的負面評價視為可憐失敗者的酸葡萄心理。

只要他們的形象獲得別人正面的回應，3型人就會奮力一戰、追求勝利。

我會想要表現出——在我感興趣的領域中，重要人物的樣子。我喜歡的東西很多，從拉丁美洲的政治到學術題目、美術的題材。高度知名人士看起來都很像。成功人士把外部一切問題都解決了。金錢、地位、權力都相當吸引人。可以朝著自己理想的形象前進，是一件很美好的事，但是也非常痛苦，如果你看穿這些形象的虛偽、看見自己那麼努力就是為了保持一個形象，而且到頭來不一定會找到可以符合這種理想的工作，或者不見得每個人都會喜歡一個贏家。你為了得到它所付出的手段，讓一個看起來很美味的餅乾變得味如嚼蠟。

有一天你突然醒悟，你把注意力都拿去創造出一種自我背叛的形象。你背叛自己，透過一些手段讓自己在團體裡面顯得特別。一旦你知道——在什麼程度上把自己變成對某人而言最完美的女人，或是成為眾人仰賴的領導者，這會帶來極大的痛苦。現在對我來說比較重要的事情，反而是和舊情人成為朋友。當我們在一起的時候，我知道他們是因為我原來的樣子而喜歡我，我也不會再用一種自以為是的夢幻形象和對方在一起，試著從他們身上得到某些東西。

親密關係：分裂的角色扮演

在兒時發展出來的真實自我和表演自我的分裂，在親密關係中特別明顯。

完成工作這件事一直以來都比感覺還要重要。與其無所事事而又情緒化，倒不如好好工作。很多人認為我對他們太刻薄，因為我只在乎他們的工作成果，而不是他們的感覺。這麼說倒也是真的，就某方面來說，因為我對他們的標準就是我對自己的標準。舉例來說，我實在是搞不太清楚某些人是因為壓力，所以把工作速度放慢，還是因為私生活不順所以分心。

當我試著停留在自己的感覺裡，我會產生一種相當混亂的感覺。這樣的感覺對嗎？我怎麼分得清楚這是我的感覺，或者是我的形象應該要有的感覺？當你一輩子都在迎合別人的期望，突然間，你被自己的感覺擊中，這讓人相當手足無措。真實的喜好和厭惡浮出水面，你試著想要找出和以往不同的標準，想知道事情感覺起來如何，而不是看起來如何。你開始把注意力放在自己身上、而不是放在其他人身上，這件事把你嚇壞了，因為你不知道你會在自己身上找到什麼東西，或者是你裡面可能什麼東西也沒有。

3型人可以表現出親密愛人的形象，但是同時知道自己正在扮演一個角色。如果伴侶要求敏感度，他們就會呈現出敏感度，但是不一定真的有那種感覺。當他們在「表現」親密關係的時候，或者試著擺出他們想像中有性能力的伴侶應該要有的樣子，或是「做」完美的性愛——他們在這種時刻會變得特別脆弱。當真正的情感湧現，他們會感到慌亂：「如果我任由情緒把自己淹沒，我會變得六神無主、失去行動能力。」那些第一次打開心房、擁抱情感的工作狂常常說：「這是對的情緒嗎？」還有「我會不會陷在情緒裡面，因此無法工作？」

對我來說，處理憤怒是最困難的一件事。我讓自己消失了好幾個月，一直到後來，我才發現那是因為我覺得非常憤怒，之後我又花了很多時間才搞清楚自己在氣什麼。情緒會讓形象破滅，把每個人都嚇跑，與其處理它，還不如換個工作，改變形象，或是創造一個新環境，讓我不必再一次經歷那種狀況。

在我為自己工作的這個節骨眼上，我很感激那些幫助我觸碰自己情緒的人。回顧過去，如果那時候我可以面對某些感覺的話，或許可以用不同的方式來處理問題。我似乎沒有辦法碰觸當下的感受，我需要多一點空間和時間把事情想清楚。如果我真的有空閒，我會花時間編一個甚至連自己聽起來都像是真的故事。最安全的作法就是，給自己一點時間想想自己的感覺，然後再找個時間與別人討論一下。

就關係較高的層次來說，3型人會全力支持家人的目標和願望。他們努力工作養家，如果他們認同的人成功了，他們也會感到與有榮焉。他們很擅長將別人從自我孤立的處境，或是從負面情緒之中引導出來，帶他們進行一些對情緒有幫助的活動。如果他們認同家庭生活，他們會為家庭付出他們的時間和精力。如果他們認同親密這樣的概念，他們也會努力成為一個親密伴侶。然而，如果他們認同工作，他們就不會有太多時間可以分給家庭或是愛情。

就較低的層次來說，他們很容易會因為工作而無暇注意自己的感受。3型人以一種為家庭奉獻的精神工作，但是對於別人來說，這可能看起來像是在追逐個人的成就。他們相當重視伴侶的外貌和外在表現，甚於他們對伴侶的感覺。

我覺得自己的第一次出擊很棒，那是很棒的約會，我們彼此愛慕。當對方把注意力放在我身上，我就會表現出自己最棒的樣子。我們的關係進展得很順利，因此我想多花點心思在工作上，結果對方卻覺得自己被冷落。其中一個大問題就是我想要晚點回家，我工作賺錢還不是為了美好的將來，但是當我回家的時候，對方卻表現出一副受傷的樣子。

如果感覺出現，而且對我來說太多的時候，我總是有辦法把它們隔離開來，這讓對方相當抓狂。當情感在我的心裡翻騰，我就藉著工作開脫，或是在嚴肅的對話進行到一半時，在我的腦海裡重新模擬一項工作，再不然我就會覺得是離開的時候了。當我說「走開」，我是說真的，我無法忍受有人逼我。我必須要有一些個人時間，私底下消化別人對我負面的意見或是失敗的感受。當我知道自己能夠克服這個問題，好好活下去，而且還能坦然面對自己的時候，我就會想要再次回到關係中。

親密關係範例：3型人和5型人，表現型和觀察型

情緒化的親密關係，對於3型人和5型人來說都是一大議題：對於3型人來說，重要的是對伴侶展現出真實的自己，而不是端出自己的成就；對於5型人來說，他們害怕在親密關係之中暴露自己或是遭受羞辱。

他們在交往之初情感上的接觸是相當有限的，3型人會說自己有許多事要做，把這當成暫緩親密的藉口，5型人則是藉著退縮緩衝自己的感覺。他們之間經常會有這樣的互動：3型人是追求者，5型人是被追求者；3型人主導關係中的事件，5型人則是被動地接受。

如果形象的需求被滿足，表現型的人就會進入親密關係；但是如果在關係中自尊受到傷害，他們就會離開。觀察型的人會有短暫的親密關係，這樣就不會涉入太深。這兩者對於突發的情緒接觸都有延遲的反應，需要先退後一步才能把事情想清楚。這兩者對於對方什麼時候會有空都要很敏感才行，3型人必須尊重對方的隱私，不要越權接管對方的事務。5型人必須能夠容忍和對方自發性地接觸，不要退縮。

3型人會不斷地找事做，想讓關係運作，就這一點而言5型人不會阻礙他們。在這種狀況之下，他們不會因為控制權的議題而爭吵，3型人通常會深受吸引，想要與對方建立一種模範生活的圖像，接著就會開始著手進行。如果他們發展出某種家庭常規，3型人和5型人通常會同意彼此過著一種互不干擾的生活。觀察型的人會把事情分得很清楚：他們會把工作和朋友分開來，把親密關係放在另一個地方，該做的事情一做完立刻退回自己的小天地裡。如果家庭生活變得緊張，5型人的退縮可能會演變為長期的緊閉房門和最少的交談。如果3型人很忙，他可能不會發現這件事。如果3型人的工作影響了家裡的例行事務和三餐，5型

人會表現出不高興的樣子，如果他們在這段關係中擁有足夠的安全感，也會像8型人（安全點）一樣大發雷霆。對於3型人來說，來自親密夥伴的憤怒是很致命的，會讓他們想要即刻撤退。

就社交生活來說，3型人想要投射出一種迷人的形象，他們喜歡到處走動，在表現自己的時候會覺得很有安全感、受到大家的喜愛。5型人比較內斂，喜歡獨處，不會陪著3型人進入無法預測的公開情境中。5型人想要事先知道音樂會的內容，還有誰會對誰說些什麼話。3型人會在社交場合做球和接球，經常會在公開場合裡照顧5型人的需求。

如果他們是工作夥伴，5型人就像是隱形的智囊，以遠端遙控的方式透過3型人運作。表現型的人會進行各種公開接觸，與人協商、進行決策，並且將工作進度透過電話回報給足不出戶的觀察型的人。

權威關係：期待成為掌權者

3型人想要成為掌權者，他們能夠明列事情的優先順序、和別人競爭，並且享受因為成功而出名的滋味。他們通常是為了贏得個人的勝利而參與競爭，比如說擬定策略取得某個團體的領導權。不過，如果他們認同團隊努力，也能夠發揮自己的力量、讓大家團結在一起，並且擔任不公開的領導角色。團隊裡有3型人可以確保計畫向前邁進。

就較高的層面而言，他們是願意付出的領導者，相當具有群眾號召力。他們可以無條件的投入任務當中，並且為將來的成功提出美好的願景。他們會直接從思考進入行動，並且願意雇用其他抱持不同意見的權威人士。

3型人會抱持著一種「下次再來處理」的態度，先繞過困難的互動，並且為夥伴提供適當的支持，讓他們可以進入較為暴露、風險較高的位置，而不會因為過度謹慎所造成的恐懼而癱瘓。

就較低的層面來說，3型人會周旋在權威人士之間以獲得權力。他們會抄近路來完成工作，因此工作會產生顯而易見的品質控管瑕疵。他們很有可能過度推銷自己，或是習慣以工作的角色而非自己的感受來和別人交往，讓工作關係成為「我的專業形象和你的專業認證交流」。

權威關係範例：3型人和6型人，表演型和忠誠懷疑型

在良好的合作關係中，6型人可以成為提供點子和排除疑難的人，3型人則是負責推銷計畫並且完成後續任務。

如果6型人可以完整地發揮自己忠誠懷疑型的本色，在設計想法和制訂計畫的時候提出問題、尋找隱藏的缺陷，那麼3型人就會適得其所，可以推銷符合規範而又正當的產品。如果6型人覺得自己的想法受到尊重，那麼3型人就會獲得大部分的鎂光燈焦點和公開表現的機會。

不過如果6型人覺得受到忽略，就會懷疑3型人想要奪權。6型人認為3型人應該知道，自己的表現什麼時候是在騙人或是太誇張，並且懷疑3型人刻意在謀求個人的利益，而不是基於共同利益而行動。這會讓6型人覺得自己受到威脅，開始背著3型人尋找別的同盟。3型人會把注意力集中在工作上，想著要採取哪些必要的手段來完成工作，因此沒有注

意到6型人的顧慮。一旦3型人專注於一個目標，他們的感覺就會被擱到一邊，因此對於工作夥伴的感覺沒有什麼敏感度。3型人是如此認同成功人士的形象以及特質，因而沒有注意到其他人變得筋疲力竭。3型人對於負面的評價視而不見，把6型人的疑問視為干擾，並且試圖取得控制：「我要過去了，別擋路。」

如果計畫陷入困難，3型人會加倍努力工作，6型人則是會想要聊一聊。如果一個計畫看起來仍然岌岌可危，3型人會想要改變方向，去做另一個比較有願景的工作。6型人會視這種舉動為背叛，自己一個人堅持下去，想辦法扭轉局勢。如果工作一切順利，3型人會想要趁機擴大規模，6型人在成功的時候則會變得比較謹慎和守舊。6型人會顧慮潛在的威脅，比如說其他人的嫉妒，他們會藉著堅守成功的價值和倫理來應付威脅。

如果3型人可以分享決策的權力，並且在行動前做出完整的告知，6型人的猜疑就會大幅度地降低。如果3型人在6型人陷入拖延和懷疑的時候，可以提供遠見，對整個狀況會很有幫助。

如果6型人學會公開表達自己的疑問，而不是讓可能基於錯誤訊息的猜疑滋長，也可以大幅度地改善他們之間的權威關係。

優勢：熱忱

3型人對於手上的工作和未來目標，有著極具傳染性的熱忱。加上他們很能吃苦耐勞，所以可以鼓舞別人達到更高的個人成就。他們想要活到老、學到老，而且擁有某種抗憂鬱的能力，永遠可以找到有趣的事情來做。3型人天生就知道怎麼有效地表現自己和自己的計畫。他們願意支持社會改革計畫，讓人們透過自身的努力獲得更好的生活。對於培育未來的領袖，他們也很有興趣。

有吸引力的職場：能往高處爬的工作

對3型人而言，理想的環境，包括靠著努力和冗長工時打造出來的小型企業、經紀公司、銷售業、媒體、廣告業和個人風格設計。還有那些將已知的概念拿來應用的工作，像是包裝、廣告、行銷、販售。

3型人是社群的模範：典型的左派激進分子，或典型的右派保守分子。他們會往自己有機會獲勝的環境移動，像是具有發展空間的高層職位，同時避開那些無法取得成就的環境。他們想要往高處爬，成為人上人。也能成為因為媒體形象和個人風格而獲得選票的政客。

沒有吸引力的職場：缺乏前景的工作

前景有限的工作，對3型人來說沒什麼吸引力，比如不能帶來名聲的工作；和3型人的社交形象有衝突的工作；需要反省，或是需要一段時間嘗試錯誤才能製造出產品的創意性工作。

3型人比較像是記者，而不是小說家，比較像是雜誌的藝術主編，而不是得花上好幾個月才能創造一件作品的認真畫家。

知名的3型人

有名的3型人包括了華納・愛哈德（Warner Erhard），他是藉著「意識」大發利市的超級銷售員，將個人成長運動納入「愛哈德訓練」（est works）這個大旗之下。其他如隆納・雷根、華特・迪士尼、法拉・佛西、約翰・甘迺迪等人。

注意力模式：多相思考

對於一個旁觀者來說，3型人相當致力於獲得成就；不過，3型人認為自己只是保持不要落後罷了。如果有人很厲害，3型人就要比他更厲害，因為3型人的自尊就是建立在贏過別人上。活動是獲得控制權的一種形式，個人的價值和安全感依靠一個人的成就。3型人習慣一次做很多事情，這種注意力模式被稱為「多相思考」（polyphasic thinking）。

我坐在車子裡，已經遲到了一會。我一邊開車，一邊和後座的人聊天，注意後照鏡裡有沒有警察出現，有時超速、有時減速，吃三明治，看看每個電台在播放些什麼。一次做這麼多事情讓我有一種快樂的感覺；彷彿我是這一切的主宰。

多相活動所對應的內在習慣，就是把注意力同時放在好幾個任務上。3型人的注意力很少放在手邊的任務，而是快速地移動到下一件事情上。在兩個念頭中間幾乎沒有留下任何空隙讓自己可以反省、重新思考任務的輕重緩急，或是關照對於這一份工作的感受。

你一定要成為最棒的，不然就沒有存在感。彷彿你是永遠的第二名，一直努力就是為了爬到第一名的位置。我總是同時進行三件到四件工作，當你的身體正在進行某件工作的時候，頭腦已經轉換到執行下一件任務的模式。當第一個任務快要完成的時候，我已經一頭栽入第二件工作之中，幾乎沒有發現第一件工作已經做完了。當下這個片刻彷彿不存在，因為我總是超前進度，衝到下一件事。

要了解這種注意力模式，你可以想像自己總是以高速運轉，朝著壓力和競爭前進，並且以這種生活方式為樂。你對於環境之中有利於當前目標的事物相當敏感，你看待其他人的方式，是看他們擁有些什麼，或是能夠做些什麼來幫助你實現計畫。

當計畫變得比較具體，你就會興致大增，工作速度也會加快。你的注意力範圍會逐漸縮小，最後只看到環境中有助於你朝著目標前進的事情。人們看起來就像是某種自動機械裝置，他們不是阻礙你前進，就是擁有某些可以幫助你的東西。如果他們妨礙了你，你會選擇忽略他們，或是繞過他們。如果他們對你的計畫有幫助，你會去找出他們能夠為你提供什麼幫助。

困難只會讓你的注意力變得更加集中，面對壓力的時候你的注意力反而會增加，因為如果沒有達成目標，或是讓別人先你一步到達，你就會因為自己成為沒人愛的失敗者而感到焦慮。第二名是沒人愛的，你只能成為第一名，不然就一點地位也沒有。

如果事情還是很困難，你就會進入自己的內在，努力回想每一種你記得的類似情況，從過去的處境搜索可能有助於目前狀況的解決方法。這種把注意力縮小到特定範圍的方式，僅僅去注意和當前目標相關的環境線索、回憶、過去的解決之道，就稱為「聚斂性思考」。這是一種特別適合3型人的頭腦狀態，在例行的解決方法都不管用的時候，可以幫助他們找到創新的解決之道。

我讓好幾個企業起死回生，它們現在獲利都相當不錯。幾次最成功的救援，都是在最後期限快到的時候，我開始加速運轉，把所有曾經在其他案子裡行得通的辦法拿出來考慮。我之所以救援成功，就是透過組合這些辦法——雖然乍看之下可能有些奇怪。

防衛機制的認同作用

當一個計畫成功到可以讓3型人把注意力維繫在上面，他便會把所有的努力都聚集在目標上，也會開始表現出適合這項任務的特質。調整自己的形象和注意力來適應工作需求，這就稱之為「認同作用」（identification）；這是一種防衛機制，在我們還年輕的時候，認同作用讓我們變得像是周圍的人或我們崇拜的人物。對大多數人來說，心理學上的認同通常表現為「我像我母親」，或者是「我是×國人」。對於3型人來說，認同可以意謂著「我是這一行的典範」。當認同開始運作，3型人便很難把自己的價值和工作的成果分開，如果這個成果受到質疑，3型人就會覺得自己受到攻擊。

3型人有個長期的習慣，他們會為了工作效率以及為了「製造」工作所需的形象，把注意力從真實的情感抽離出來。他們特別容易受「認同」所影響，因為他們希望尋求他人的認同，因此會動員許多能量，把自己變成其他人想要的樣子。他們通常沒有發現自己根本就沒有獲得足夠的休息，也沒有足夠的時間問問自己對於手頭上的工作有什麼感覺，或者自問想不想做點不一樣的事情。

一旦認同作用開始運作，3型人就會覺得自己一直以來都是個很棒的執行者。如果自我欺騙不夠完全，3型人就會覺得自己在騙人，彷彿一直躲在面具後面，演出一個角色，為的就是想要給別人留下良好的印象。

不過，這樣的認同所涵蓋的範圍可能相當廣，使得3型人必須以同一個角色生活好幾年；也許一直要到他們生病或者遇上了中年危機，使得工作必須暫停，他們內心的情感才會有機會浮現。如果3型人執著於自己的名聲、迷人的形象或是龐大的金錢，他們可能會一直工作下去，直到「為了公司」鞠躬盡瘁、死而後已。不管他們所認同的是什麼角色，都不會停下來自問這樣的生活是否讓人滿意。

認同練習

這個練習可以幫助你了解，當3型人的注意力和某個形象融合在一起的時候，他們會有什麼感覺。

坐下來，面向你的夥伴。其中一個人扮演觀察者，另一個扮演3型人。如果你扮演3型人，你就是在這個練習之中採取主動的人。眼睛閉上，這樣才不會因為觀察者的反應而分心。眼睛不要打開，選擇一個你想要認同的特質，一個你覺得和自己根本搭不上邊的特質。比如說，你可以選擇認同「美麗」這個特質，或是「英俊」、「聰明」、「富有同情心」或「喜悅」；不過記得，重點在於選擇一個你不太熟悉的特質。

想像你在自己的內在感覺到這個特質，如果你曾經在過去體驗過這個感受，回想那個經驗可以幫助你辨認這個特質給你的感覺。看看當你「製造這個特質」的時候，注意力有什麼變化。留意這個現象：這個特質會來來去去。當這個特質出現，你的感覺就是3型人的感覺，他們開始認同這樣的特質。當你努力地想要維繫這個特質，這就像是3型人抓住某個形象不放的感覺。

你的眼睛依然閉著，把注意力全然地放在這個想像的特質，並且讓它滲透你的身體。一旦你可以把注意力穩穩地固定在——這個特質為你的身體帶來的感受，鬆開注意力，將你的夥伴包括進來，想像他是你生命中的重要人物；像是可以對你產生影響的老闆或是伴侶，假裝他們對你所呈現出來的特質沒有任何抗拒能力。

現在打開你的眼睛，讓內在的注意力保持在這個特質上，一邊和觀察者進行簡單的對話。當你試著在自己的心裡認同這個令對方難以抗拒的特質時，你的注意力會有什麼樣的轉變。3型人說這種內在注意力的轉變之所以會發生，通常有兩種情況：一種是他們刻意表現出一種吸引人的形象；一種是過於沉溺在這種形象，所以變成了對方所看重的那種特質。3型人會慣性地改變自己的注意力，認同那些在文化上受到重視的形象，並且開始投射出這種形象，把這種形象當成自己，卻忘了自問他們採取的形象和內在的感覺有什麼不一樣。

當3型人成功地創造出了一種人格形象，他們對於別人的反應會變得特別敏感。如果這個形象很有效，3型人就會持續地與之認同。如果其他人不認同這樣的形象，他們就會無意識地調整自己的自我表現。

直覺風格：對特定訊息具有敏感度

小時候，3型人必須在各種重要活動當中獲得最優異的表現，才能獲得安全感。身為一個孩子，他們的幸福和自己的形象及表現連在一起，他們也會發展出對於特定訊息的敏感度，用以支持這些情緒上的需求：

當我來到一個新的環境中，我會立刻覺察到別人是怎麼看我的。不管我對這個團體有什麼感覺，我還是會努力地融入。並不是說我想這麼做，只是我可以感覺到這個團體會接受什麼，所以我開始以這種方式表現。

我在進行促銷工作的時候，這樣的能力對我來說很重要。我帶著同樣的產品拜訪一個又一個廠商，每一次過程都不太一樣。我會站起來發表談話，有時候會聽見自己在講到一半的時候調整語調，但是我沒有確切意識到我正在這麼做。或者我會感覺到身體開始自行表演，那不是我原本的計畫。

當這個推銷員進入了推銷商品的表演狀態，他真正的位置就被推銷員這個角色所取代了，如果他沒有意識到這一點，可能會對於這兩個身分感到相當困惑。如果他能夠學會辨別自己的感覺，還有了解自己為了推銷產品做了哪些調整，就會產生一些很有趣的結果；第一個結果很有可能是情緒性的，他可能會因為欺騙自己的聽眾而感到焦慮；或者他可能會想辦法利用自己的直覺，更有效地欺騙他的聽眾，讓這些人為產品買單。

另一個結果可能會引導他去找出自己想要的東西，看看這和他必須做但是並不符合他個人需求的東西有什麼差異。還有一個結果，他可能會訓練自己主動地進入這種心智狀態，在其中可以直覺地調整自己的表現來適應團體的需求，並且以這樣的心智狀態去看看事件是不是夾帶著其他訊息。

高等心智：希望

表現型的人以讓別人印象深刻的東西來衡量自己的價值，對於自己的成就感到相當自負，但是認為自己在成就之外沒有什麼價值。當3型人陷入強迫性的工作，用盡力氣想要推動某個計畫，他們的注意力就陷入一種神經質的習慣，即想要透過某個任務來尋找自己的身分。

強迫性行為也有它的積極面，3型人會在活動的過程中感到充滿活力，變得非常善於感覺不同工作所需的能量要求。

我們的個案當然記得，在某些時候因為這種急急忙忙的習慣而感到精疲力竭，像是被榨乾一樣，但是有些時候他們在工作當中感覺到——自己和特定工作所需要的步調和節奏運作得無比和諧。

3型人覺得自己就像是漂浮在某種永不枯竭的能量中間；你知道工作會進展下去，而不是由你主導的。他們說雖然你以一種極快的速度工作，但是時間卻慢了下來；憂慮不復存在，你進入一種心智狀態，自然而然知道該做什麼，不用多想，也不用懷疑。在那種心智狀態當中，計畫的成功彷彿是意料中的事。你不再對計畫感到憂慮，因為這個工作的每個階段無可避免地會導向正確的結果。

以下陳述來自舊金山的一位餐廳老闆，他覺得自己是一個根深柢固的工作狂，描述了自己所體驗到的希望：

> 我通常都是和年紀小我一半的人一起工作，對我來說，去工作，然後把工作做好，仍然是我快樂的泉源。好幾次在廚房裡，一切瘋狂又忙亂，所有的人擠在一不小心就會受傷的狹小空間裡，以一種彷彿儀式性的動作肩併著肩。你一出錯，可能會搞砸了那整個晚上的菜色。這時候我只能想：「我的老天爺，希望一切順利。」
>
> 有些時候我也會抗拒這樣的工作。但是有時候又順利得不得了，我的頭腦會很安靜地

以高速運轉，這時候要我在廚房站幾個小時都行。這種感覺真的很棒，因為我知道一切都會很順利。

高等情感：誠實

3型人在美國文化中獲得許多認可。實際上，因為他們獲得太多認可，讓他們將一種神經質的存在方式，誤認為真正健康的生活方式。如果你可以欺騙自己——社會的目標就是你真正的目標，那麼設定個人的目標有什麼必要呢？如果你可以投射出一種令人尊敬的形象，讓身邊的人接納你，那何苦冒著被拒絕的風險呢？

如果自我會受苦，那麼何苦去尋找自我呢？最明哲保身的作法，或許是認同這個文化給你的標準，把情感放到一邊，然後把自己丟掉。

3型人通常認為自己的心理很健康。情緒上的低潮是失敗者、遊手好閒的人、跟不上的人才會有的感覺。神經質的3型人可能一點都不知道，他們獲得高度成就的虛假自我和他們的真實自我，可能有著不同的情感需求。他們或許知道自己不喜歡太深沉的情緒，或是不喜歡覺得有某些情感上的需求；不過事實上，他們感覺的幅度很小，這點經常會被忽略，因為3型人總是充滿精力，必須表現出樂觀和成功的形象。

表現型的人，通常只有在被迫慢下來的時候，才會面對自己真實的感受。他們之所以停下腳步，經常是因為裁員、生病、被伴侶干擾，而不是自願地決定停止工作。強制性的無為對於一個認為工作有益身心健康的人來說，或許是相當恐怖的，而且通常會引發和自我價值有關的恐懼。當他們把注意力從活動撤回的那一刻起，他們便會無可避免地感覺到自己的情緒。

> 除非你行動，不然會有一種確確實實的不存在感。除非我知道接下來要做什麼，不然我就會開始因為沒人在家而感到焦慮。去年我因為明顯過勞而生了一場重病：我才四十歲，就做了冠狀動脈的手術，躺在醫院的病床上盯著天花板，整天都在數日子，直到我可以站起來離開那裡。
>
> 被強迫要保持安靜比心臟病還可怕。我覺得我在床上躺到都快瘋了，我真的很害怕自己的身體就這樣壞掉。當這些感覺來襲，我有點搞不清楚自己身上究竟發生了什麼事。有時候什麼感覺都沒有，有時候又因為情緒爆炸把我嚇壞了，接著我又會再度感到麻痺。

表現型的人習慣作為，而不是感覺。當某個活動正在進行，他們會慣性地把情緒晾在一邊。對於他們來說，感覺必須以一種緩慢的方式被帶入覺知，對於像是機器一樣製造產品的生活方式而言，情感被視為一大威脅。

如果3型人想要表現出真實的感受，他們必須學著辨認身體真正的感覺，看看這種感覺和為了勝利而改變自我表現這種習慣，帶來的感覺有什麼不一樣。這麼一來，他們存在的問題就變成：「我要順著自己的感覺，還是依照過去的習慣，一件事接著一件事來做？」順著感覺會產生某種危險，3型人過去相信「成就即一切」的這種信念難免會受到動搖；不順從感覺的風險則是，3型人這輩子會過得像個騙子一樣。

對3型人來說，學著區分真實的感受和因為別人的眼光而行動的感受，就能夠為他們帶來覺知的轉變，讓他們從欺騙走向誠實（真實）。在轉變的過程中，3型人可能會有一段時間感到相當痛苦，不過為了獲得心理上的自由，兒時所發展出來的保護機制必須被丟到一邊。

下面的敘述來自一個事業非常成功的女性：

在心理治療剛開始的時候，我覺得自己感覺還可以，因為有問題的是我丈夫：當我在事業上一帆風順的時候，他一點也不關心。我最早的衝動就是想逃，我不想要有任何感覺，因為只要我有很多自由時間，我唯一能夠感覺到的就是恐懼。禮拜天最慘，因為沒事做。頂多就是燙衣服、打打電話、為接著的一個禮拜做準備，但是在這中間的空檔，我都會覺得恐懼。

我必須把自己的「情感功課」寫在行程表上，提醒自己在工作的半途停下來，問問自己喜歡什麼、不喜歡什麼；我得去看看自己是不是有什麼感覺。這個練習最困難的一點，就是當我回到工作的時候，還必須帶著一個感受。以前只要我開始工作，我的感覺就完全消失了。

一段時間過去，我找到很多屬於自己的真實情感，我覺得很驕傲。開始會為了別人而感動，我自己的反應對我來說很重要。我可以知道自己是不是快樂，是不是喜歡正在做的事，我過著一種以前的自己完全不了解的生活。

子類型：性感形象、聲望及安全感

以下的子類型，是3型人在童年時期為了減少焦慮所形成的心理傾向。對於年輕的3型人來說，任何可以為他們帶來金錢、財產（安全感）、名聲，或是有助於自己女性或性形象的情境，都可以幫助他們減少焦慮感，讓他們覺得在別人眼中並非一無是處。藉著培養經驗和自我觀察，他們就會發現這些心理傾向只是一種幫助他們建立某種形象的工具，而不是他們真實的自我感受。

當3型人開始發現，他們真正的感受和社會所推崇的價值可能不太一樣，就會產生一種抉擇的危機：到底要走哪一條路？要成功，還是要忠於自己？這是3型人在退休的時候經常會碰到的困境，在這個時間點上，他們可能因為某些疾病而變得不良於行，或是突然多出了大量的自由時間而不知道該如何是好。有意識地讓自己拋棄形象、社會聲望或是安全的經濟基礎，對3型人來說就像是生命受到威脅，因為他們的自我與這些外在的價值緊緊地連在一起。

一對一關係：性感形象

3型人通常會表現出一種性感的形象，也會意識到自己正在扮演某個角色。讓別人覺得自己的外貌很有吸引力，或是性能力很強，這也是一種個人價值的展現，所以3型人會為了成為他人眼中最有魅力的人而努力。有些3型人說，他們之所以會想要展現出成功的性感形

3型人

象，事實上是在掩飾他們內心對於性別——對於自己的男性面向和女性面向——的深度困惑。這個困惑通常表現為「男性導向的自我，以及『另一個』比較女性化的自我」之間的分裂。誇大的女性形象或許也是一種面具，掩飾了自己因為「表現得和其他男人一樣有競爭力」所衍生而出的困惑。認為自己對性別問題感到困惑的3型人中，沒有一個是同性戀者，他們也不認為自己想要表現性感是為了掩飾某種性別矛盾。

我最大的自我欺騙發生在親密關係中。在我長達十年的婚姻要結束的時候，我發現自己表現出了一個完美女人應該要有的特質，但是卻不知道這些特質是不是我真正的特質。如果我的丈夫喜歡某個模特兒，我就會打扮成她的模樣、模仿她的舉動、還有找她慣常風格的衣服來穿。

社交關係：聲望

3型人執著於表現出良好的社會形象。他們個人的表現會依據各個團體所看重的價值而跟著改變，想要成為團體的領導者。

在以前，關於高中的畢業紀念冊，最重要的事情就是你照片下面的紀錄，看看你究竟參加了多少社團。後來我成了臨床醫師以後，每次有人要來我們這個地區舉辦工作坊，我就會多加留意，看看這些人受人尊敬的程度，雖然我對這些工作坊的內容一點概念也沒有。

我漸漸了解，我之所以這麼努力地想要出名是因為：如果某個我認為很有影響力的重要人物，不同意我的看法，我就會覺得自己一點存在感也沒有。

自保本能：安全感

3型人沉溺在金錢和物質享受中，藉此減輕個人的存在焦慮。他們會努力工作，賺取可以提供安全感的金錢和地位。

即使你盡可能地工作賺錢，這樣的恐懼依然不會消失。或許你在銀行有五萬美元存款，你還是會擔心錢不夠，或是想要再找一個薪水更高的工作。或是你會有許多工作備案，以免哪天出了什麼差錯。如果有人批評你的工作表現，你就會覺得自己的生存受到了威脅。

成功之道

3型人之所以會尋求治療或是開始靜心練習，通常是因為身體受創，或是由於某種個人損失，使得他們無法再維持過去的步調，或是繼續將感覺拒於千里之外。

因為被迫停止活動，當情緒開始浮現，他們可能會被嚇到。真實的感受通常會對工作能力造成打擾，對於一個從來不知道自己內在有那麼多情緒的人來說，這會造成很大的困擾。

3型人的親朋友好應該多多鼓勵他們接觸自己的身體和情緒的反應，特別是那些他們否定的反應，像是疲倦、恐懼還有不知道接下來要做什麼的困惑。表現型的人必須注意，當承諾和任務開始壓制情緒，他們最好先等一下，讓自己真實的反應可以浮出水面。

3型人可以藉著以下這些方法幫助自己：

- 學著停下來，給自己多一些時間，讓情緒和真正的想法可以現身。面對恐懼的感受，就是這樣的感受在驅使自己，讓自己不斷地投入各種活動當中。
- 看看自己的行動在什麼時候開始變得機械化，就像一個生產線的機器人，把自己的情感擱在一邊。
- 看看自己是不是用對於成功的幻想取代了實際的能力。
- 不要藉著展開新的計畫來逃避問題，或是將失敗重新定義為比較不完全的成功，或是貶低那些批評你的人。
- 看看你是怎麼延遲自己的快樂：「再賣一件產品我就會變得快樂。」
- 當私底下真實的自我逐漸浮現，看看它和那個在公眾面前表演的自我，在本質上有什麼樣的差異。感覺自己和自己的形象是分開的。
- 注意自己是不是有一種騙人的感覺，彷佛正在演出一場好戲：「沒有人會看透這個面具，他們看不到我，只看得到我做的事情。」
- 你是不是覺得總是得做那麼多事情；因為身邊都是無能而又懶惰的人。
- 注意自己想要成為最佳心理病患的欲望，對心理醫師產生佛洛伊德式的幻想，在完形治療師（Gestalt therapist）面前搥打枕頭，對上師（guru）報告你的能量體驗。把療程變成了必須精通的工作，把靜心變成一項任務：「我如如不動地坐了幾分鐘？今天持咒持了幾遍？」

- 要發現自己的情感，首先要找到並且命名隱藏在情感之下的身體感受。比如說，如果覺得辨認情感有困難，那就試著用語言來描述任何出現在身體上的具體感受：「我的臉很熱」或是「我的肚子很緊繃」。用文字表達身體的感覺可以幫助你找出自己的感受。
- 學著辨別作為和感覺的差異，把注意力從工作本身轉移到對這份工作的感受。
- 一開始進行靜心和注意力練習的時候，把它們排進你的行程表，設定好確切的時間長度，比如坐下來練習四十五分鐘，然後回去工作。你可能會抗拒靜心時「無所事事」的感受，不過這些都可以在心理治療的時候處理。靜心能夠為你帶來健康上的好處，但是不要給自己一定要在靜心中達成什麼目標的壓力。
- 看看有沒有把靜心變成一項活動，比如說數息的時候一定要完美。如果你控制靜心練習，就無法感覺到在靜心中可能被喚醒的頭腦狀態以及它的作用。讓自己被觸碰、被影響、被作用。
- 支持自己去選擇感覺，而不是選擇地位。

注意事項

當3型人的注意力從自我形象以及工作狂生活形態的心理慣性轉移開來，他們必須注意自己可能會產生下列反應：

- 感覺錯亂：「這個感覺是對的嗎？」「什麼才是真正的感覺？」
- 把對於某個情緒的想法當成真正的情緒。

- 過度活躍的幻想生活。當直接的行動受阻，或是負面的事物出現，就會開始幻想成功的情景。
- 幻想已經開悟，或是「成為一個進化3型人的典範」。藉著相信自己已經達成某些特質來逃避感覺：「我已經達成了。」
- 想要快速獲得結果。覺得和心理治療相比，用工作取代情感的時候覺得比較舒服。在真正的改變發生之前，就想要結束心理治療。
- 需要成功的證明，想要變成靜心老師，讓自己感覺起來像個修行人。
- 在治療的過程當中談到個人問題時，或是當這些問題出現在靜心的過程中，會習慣性地從情緒當中抽離開來。他們相信這些問題只要說出來或討論一下，就不再成為問題，因此不需要去感覺自己的情緒。
- 傾向於挑選全能的治療師或是靈性導師，因為他們呈現了一些可以吸引3型人的外在特質。他們認同治療師的價值，卻沒有去尋找自己的價值。
- 靜心的時候很害怕自己內心的空洞；擔心真正的自我並不存在。
- 受到批評的時候，覺得自己像個聖人：「我已經那麼棒了，不必聽那些話。」

08

4型人：浪漫多感型

後天養成的人格

頭腦——主要特徵：憂鬱

心——強烈情感：嫉妒

本質

頭腦——高等心智：原創性

心——高等情感：沉穩

子類型的表現

性愛：競爭／仇恨

社交：羞愧

自保：無畏／魯莽

困境：失落感

4型人記得在小時候遭受遺棄，因此深受剝奪與失落之苦。他們內心的狀況，可以由文學裡悲劇性的浪漫典型角色所反映出來，他們已經獲得了眾人的認可和物質上的成功，但是卻堅守著逝去的愛情、得不到的愛情、未來的愛情，以及只有愛情才能帶來的快樂景象。要了解這樣的世界觀，你必須進入一種特定的心智狀態，你做的任何決定除了基於你對現實的認知，還基於各種情緒化學變化；你會記得對話中實際被說出來的話語，也記得這些對話中情緒的調性以及其中隱藏的意涵。

抑鬱是一種慣常的情緒，它會讓生活陷入停頓，讓人在床上打發日子，腦子則是充滿悔意地執著在過去一些已經無法挽回的錯誤。

「如果可以這樣就好了，如果可以那樣就好了。」注意力被鎖住了，就像是唱機頭的針陷在深深的腦溝裡。「如果我可以換一種方式來做，如果可以再給我一次機會。」

4型人對於自己黑色情緒的了解是毫無異議的。有些4型人認命地接受這樣的情緒，任由自己進入長期的自我隔離。另外有一些4型人會透過讓自己極度活躍來對抗憂鬱，讓自己忙得不可開交。還有一些4型人會利用深度的藝術爆發來調節自己的情緒，表現出人類經驗中的陰暗面。在這本書中發聲的4型人都有確診的抑鬱症，但是他們還描述了一種叫做「憂鬱」的情緒，他們深受這樣的情緒所吸引，就像是一種來自失落與痛苦的扭曲情緒避難處。

憂鬱創造出一種甜蜜後悔的氛圍，就像抑鬱症一樣，憂鬱來自失落感，不過在這裡悲傷被轉化為一種像是位於荒涼海岸邊的模糊情緒。4型人在情緒迷霧的轉換之中感到強烈的存在感；沒有什麼事情是永恆的，到了明天，一個人的心情就會變得不一樣。

4型人的核心議題就是失落，以及隨之而來的自尊下降。「如果我變得更有價值，我還會被拋棄嗎？」4型人確信有某種最初的愛被奪走了：「我曾經被愛，現在愛去了哪裡？」他們在過去曾經被拋棄，對於早期的失落感到悲哀；然而，這種被拋棄的感覺在成年以後痛苦地再度被創造出來，因為他們會強迫性地受到那些不可獲得的人事物的吸引，並且（通常他們沒有意識到）習慣性地拒絕那些容易獲得的東西。

4型人無意識地把注意力集中在失去之物的細節上，相較起來，他們可以到手的東西看起來就不那麼有吸引力。他們特別渴望充滿熱情而又令人滿足的關係；他們就像是等待著摯愛來臨的愛人。憂鬱的其中一個最甜美陰影，就是伴隨著失落的憂傷而來的，是對於一個理想的未來伴侶的浪漫期盼。感覺就像是當下這個片刻只是對於未來的一個預演，到時候「我的真實自我將會透過愛情而重新覺醒」。

當真實生活的成果開始變得具體，雖然這些可能是多年以來的期待和努力所累積起來的成果，4型人的注意力又會轉移到生命之中所缺乏的東西。如果找到工作，你就會想要找一個伴。如果有了伴侶，你又會想自己一個人。如果你孤單一人，又會想要找個工作、找個伴侶。4型人的注意力運轉得最好的時候，就是聚焦在生活中所缺乏的事物上，透過比較，他們手邊擁有的東西便顯得既沉悶而又沒有價值。

多愁善感的人很容易就會破壞真實的收穫。當他們的注意力放在日復一日、真實生活的戀愛事件上，4型人會因為必須收拾對方的襪子、或是必須容忍對方的特質，而變得氣憤又失望。因為愛而產生的光明未來景象被現實所威脅，因為真實的關係包含了一些索然無味的片刻。對方表現出來的一些小癖好變成了嚴重的干擾：「她根本就是政治白癡。」「他對於音樂一點感受性也沒有。」「把牙刷留在玻璃杯裡真是不貼心！」除了要適應另一個人的糟糕品味，4型人還有強烈的需要，想要藉著愛在未來重新覺醒，他們會升起強烈的憤怒。

當4型人發現親密關係可能會讓他們犧牲自己的菁英標準，他們就會想要把伴侶趕跑，在珍貴而又真誠的關係被負面的影響腐化之前，強迫伴侶離開。事情變得很清楚，一切的過錯都出在伴侶身上。當他們感到苦澀的失望，4型人會說出最惡毒的話，要清楚地表達出對方是怎樣地辜負了自己。

一旦關係退回安全地帶，多愁善感的他們又會開始懷念這一切。他們關係的模式就是這樣推推拉拉的：把手上的東西推開，把難以得手的東西拉進來。別人家的草坪看起來總是比較綠——因為他們的注意力會在面對一段不存在的關係時達到最佳狀態。

4型人會和生活保持一個安全距離。他們不會離得太遠，以免慣有的渴望變成純然的絕望；但是想當然耳也不會靠得太近。雖然他們對於和別人的親密關係有著很大的渴望，真正的親密關係卻會引發他們害怕被發現有缺陷、而且可能被再次拋棄的恐懼。

如果4型人的伴侶厭倦了保持安全距離，並且威脅要離開，他們就會突然生病，或是發生嚴重的爭吵，因為這時候他們又開始想要將對方拉近一點。當他們有被拋棄的跡象，4型人就會把所有的情緒都拋出來。最初的失落會重新以一種高度誇張化的方式被創造出來，可預見的是戲劇性的場景和瘋狂的指責、自殺式的姿態以及深深的絕望。

4型人說他們情緒生活的起伏，為他們打開了極具張力的存在向度，它超越了尋常的快樂，比一般人習以為常的快樂還要更豐富。感覺起來彷佛他們是日常現實之中的局外人，他們獨特而且奇怪地與眾不同，像是一個穿越自己生命場景的演員。要放棄這種高度集中的情感生活所帶來的折磨，意思就是要犧牲戲劇通常會帶出來的特別自我感受。對於4型人來說，變得快樂這樣的願景，也會威脅到就近地接觸強烈的情感世界。最糟的是，他們可能必須冒著安頓在平凡無奇的願景以及普通生活的危險中。

以下是4型人常見的心理慣性：

- 覺得生活中少了些什麼，其他人擁有我缺乏的東西。
- 受到遠方不可得之物的吸引，將不在場的戀人理想化。
- 情緒、態度、奢侈品、良好的品味，都是用來支持自尊的外在物品。
- 執著於憂鬱的情緒。將感覺的深度視為目標，而不只是快樂而已。
- 對於「日常感受的平庸」感到不耐，必須透過個人的損失、強化的想像以及戲劇化的行動，來強化個人的感受。
- 尋找真實性。4型人覺得當下這個片刻並不真實，真正的自我會在將來藉由深深地被愛這樣的經驗而顯現。
- 會受到生命中真實而且強烈的東西所吸引，像是出生、性愛、遺棄、死亡以及各種重大變化。
- 「推—拉」的注意力慣性。注意力會在一個人擁有的負面特質——以及離一個人很遠、很難獲得的正面特質之間擺盪。這樣的注意力風格會強化以下特質：

——被拋棄和失落的感覺，但同時也會影響4型人。

——對於別人情緒和痛苦的敏感度，支持別人度過難關的能力。

家庭背景：被遺棄感

背後隱藏的主題是兒時的失落感。4型人描述了許多早年生活被某個重要的人遺棄的各種狀況，他們通常會敘述某件真實的遺棄事件，最常見的例子就是離婚，他們摯愛的雙親之一就這樣離開了。另外一個主要的場景就是他們出生於一個悲慘的家庭，因此這個孩子的價值就和家裡某個大人的悲慘事蹟連結在一起。以下陳述來自一個有才華的舞者，她在成年之後幾乎沒有談過戀愛，把自己全然地奉獻給藝術：

> 我是一個早產兒，非常脆弱，醫生跟我的父母說我不太可能活下去。我想他們因此對我感到退縮，藉此來保護自己的感情，所以雖然我沒有真的被拋棄，這樣的意象對我來說是相當真實的。接著，當我還是嬰兒的時候，我的父親開始步向死亡。我總是想像自己是這樣一個處在起居室裡有棺材、家裡擺著香花的人。我覺得那些處於危機和死亡之中的人，對我來說特別有吸引力，因為他們可以觸及深層的自我，並且願意以某種靈魂的方式來坦承自己。

4型人還描述了另外一個兒時情境，因為父親或母親經常來了又去、或者對他們忽冷忽熱，因而讓他們有被遺棄的感覺。這樣的孩子對於感情和愛的許諾變得依戀，一旦這些東西被剝奪，就會變得憤怒：

我出生的時候，父親帶著我母親去環遊世界，慶祝我成功地誕生在這個世界，然後把我留給保母。

我仰慕我的父親，用盡各種方法來討好他。他相當會打扮、受歡迎，而且難以靠近——母親也在那裡的時候除外。他會離開進行長期的旅行，在他回來之前，我會發狂似地想要他留下來，我覺得這似乎是我唯一可以留住他的機會。他會帶禮物回來，講講故事，然後再度離開，這樣還不夠糟的話，他還會帶著我媽一起去，我又再一次被丟下來，等著下一輪重新開始。

關於抑鬱症，有許多理論都認為童年時期的憤怒被轉向內朝著自己。浪漫多感型的人通常會說，幼年時期失落的感覺，就是導致成年時期反覆地感到抑鬱的原因。

以下的陳述來自一位男士，他周遊世界十年就是為了找到一個完美的伴侶。在他旅途上幾個不同時間點，將幾個不同類型的女人大幅度地理想化，認為她們除了肉體上的吸引力，還有某些屬於那個文化的特別品質。可想而知，當他與其中一個理想的女性陷入愛河，他也會開始想念其他類型女性的特質。在他做出以下陳述的時候，他已經是一個賺了幾百萬美元的進口商，而且滿腦子都想著要找到一個合適的妻子：

我問我母親是否有餵我喝母乳，她說，有啊，她餵了一陣子。我在想，當我還是嬰兒的時候有獲得滿足，然而有一天，這樣的滿足就消逝了；意思就是，偶然地，就像是我覺得受到她的照顧：她在那裡照顧我，然後突然就停了。這變得像是某種生活立場：「我曾經很快樂，現在快樂到哪兒去了？」我的整個人生都在追尋這個——快樂究竟到哪兒去了？

不過當有人問我生命裡缺少了什麼，或是我認為自己在尋找什麼，我不會說我在尋找「那個東西、那個人或是那一筆錢」。我尋找的是「它」，我覺得自己和某種很棒的東西連結在一起，這個東西總是看不見而且搆不著。

被剝奪的憤怒

4型人通常有一股被剝奪的怒氣，氣那個拋棄他們的父親或母親，因為他們帶來了憂傷，不像其他孩子可以獲得比較多的關愛。

這樣的憤怒可能表現為尖銳的嘲諷，一種想要在口頭上駁倒別人，來平衡自己所受到嚴重的傷害。通常他們不會有實際的機會，可以對著某個消失的人或是在怒火中退縮的人發脾氣。因此，浪漫多感型的人通常會把怒氣導向自己，變成激烈的自我批評，認為自己不值得被愛。

這個內化的批評讓4型人覺得無助，並且導致他們長期無所事事，在這段時間似乎做什麼都無法讓他們快樂。他們的抑鬱是基於失去了某些基本而又有價值的人際關係，因而產生的悲傷。他們就像是分開的戀人，渴望有方法重逢。

囚禁在黑井的抑鬱

4型人說抑鬱症就好像是被囚禁在黑色的井裡。他們撤退到自己的內心，移動到房子裡可以獨處的地方，然後漸漸地斷絕對外的聯繫。在這種狀況下，他們覺得生命從來沒有像現在這麼糟，而且確信這樣的情況不會有所改變。如果抑鬱症變嚴重，在面對這種困境的時候，他們會覺得別人的幫助看起來很荒謬。他們會拒絕別人伸出援手，同時又無法依靠自己的力量行動。他們會停止活動，最後失去希望，認為沒有人會了解他們內心的狀況。

浪漫多感型的人並非唯一會經驗到悲傷的人。我們都會因為自己的失敗而哀嘆，或是因為失去某種珍貴的東西而憂傷。抑鬱症和因為失去某些東西而憂傷不一樣，在憂傷之中我們會一步步接受現實，最後痛苦會減輕，注意力便能回歸到重建一個可行的生活。在嚴重的抑鬱症中，生活中每一件值得做的事情都蒙上了悲傷的色彩，而且一步一步接受現實這個動作通常都很慢。

十八年前的離婚對我來說陰影依然揮之不去，我的腦子一直想著，我犯了一個無法逆轉的錯誤，它改變了我人生的方向。感覺就像是你搞砸了讓自己幸福的唯一機會，你絕望地想要釐清狀況，讓自己重新回到過去的幸福。

所以你一次又一次地回想，試著了解你經歷過那些時期所發生的錯綜複雜的事。這讓我沉溺在過去的某些錯誤，讓我無法注意到某些相當有希望的戀愛關係。

憂鬱的情緒同樣來自失落的感覺，這種失落感造成了不幸的抑鬱感。這種感覺將被剝奪的感受，轉化成一種對於不可能的事物、不可能的狀態一種既痛苦又甜蜜的渴望。4型人說，和其他人所敘述的幸福比起來，他們更喜歡憂鬱這種情感之中豐富的層次。這種悲傷的感受可以喚醒意象和象徵以及一種和遙遠的事物連結的感覺。憂鬱是一種情緒，它將一個被遺棄的局外人的生活，提升到一種特殊的、變化無常的感性姿態。

我就像是故事裡的角色，被安排面對許多逆境。我在這個世界就像個局外人，沒人知道我是誰，這讓我覺得自己和別人不一樣，受到誤解。這也帶來了一種在我控制之下的憂鬱症。沒人了解我，我是個局外人，因此被沒有歸屬的感覺所折磨。但是我的內在也很緊張，因為我承受著痛苦。我就待在人類可以承受感覺的邊緣上，我對於自己來講仍然是個謎，我知道自己和別人都不一樣。

要發現4型人陷入抑鬱中非常容易，他們會持續地哀悼生活中缺乏的東西，這樣的哀悼變得相當自溺，讓他們無法把注意力轉向更有創造力的事情。

然而，雖然憂鬱也是基於渴望，但是它會將普通的事件帶入美感的範疇。渴望帶有尋找的品質，抑鬱就被轉化為一種對於人類的境況一種詩意的鑑賞。

憂鬱喚起了一種年輕的感覺，像是把一件隱形的戲劇斗蓬穿戴在自己身上。這讓走路不只是走路而已，你一邊走一邊可以聽見斗蓬的颯颯聲。你也不是為了好玩而走路，而是為了去感覺這件戲服以及空氣中的電流而走，也為了那個向你走來的陌生人而走，因為他可能會是那個改變你一生的人。

在家裡我就像個受害人，但是我把受虐的感覺變得高貴，我變成一個虛構的、戲劇的人物。她必須穿上她的斗蓬，施展她的魔法，對於享樂和幸福她一點也不在意，因為她所追尋的是超凡脫俗的東西。

我記得在某一些走路的時刻，飛翔小鳥的意象在我內心陪我走了近兩公里路，或是一朵沾著露水的花可以成為讓我再多活一天的充分理由。憂鬱是我選擇的居所，它能讓你的生活變成藝術的體驗，雖然它聚焦在某種尚未到來的東西，這樣的追尋讓我覺得很快樂。

痛苦和創作

將生活作為一種藝術的表達，或是執著於痛苦，並且以這種痛苦為自己創造出一種美學的自我形象，其間的界限相當曖昧。在剝奪和藝術表達之間的關連，就像是某種源遠流長的藝術家刻板形象，寧願在小房子裡挨餓，也不願意為了多賺一點錢而妥協自己的創作生活。生活即藝術，生活即痛苦，這兩件事經常糾纏不清，因為受苦才能讓人知道生活裡什麼才是最值得珍惜的，並且創造出一種氛圍，讓內在張力得以透過藝術創作來變得有意義。

下面的敘述來自於一個有抱負的年輕畫家，她發現自己是4型人，因為當她的畫廊要開幕的時候，她卻因為愛情受挫而無法前往參加：

當憂鬱來襲的時候，它讓我什麼事情也不能做。生活就這樣停下來了，沒有意義、沒

> 有目的、沒有希望。我能抓住的只有時間的軌跡，每件事都會隨著時間消逝，到時候我就解脫了，看起來我唯一能做的就是等待時間過去。如果你像我一樣被哀傷囚禁，你的整個身體就會有一種感覺，彷彿它是你憂思對象的玩物。
>
> 你真的把自己交出去，讓另一個人玩弄。在這種事情過去以後，你會覺得自己好像大病初癒，開始珍惜一些小事情，像是天氣、或是今天想穿什麼顏色的衣服。可以這樣活出生命，你覺得相當幸運。悲劇會讓你四分五裂，就某個意義來說，它也會讓你看見自己，因為你注視著死亡，但是卻活下來了。

失落讓一個人覺得格格不入，讓人暫時變得悲慘而且不同，然而也變得特別，因為他在這段時間的感受度比任何人還來得深刻。當一個人對於自我的感受變得特別敏感，也容易發展出對於這種個人的悶悶不樂緊抓不放——特別是如果他們的愛人會被強烈的情緒表達所吸引，或是真正的創造性表達會在強烈情感的敏感度當中爆發出來。

這種困境，亦即要有痛苦才能被激發的創造性，其中一個代表人物就是詩人里爾克（Rilke），他深受心理困擾的折磨，卻不願意接受心理治療。他深信如果自己內心的惡魔被驅逐出去，其中的天使也會受到震撼。

4型人是九型人格中的藝術家，這是就實際意義來說的，因為許多藝術家的確都是4型人，這也意謂著在他們的天性當中，有一種想要喚醒感覺的心理傾向。渴望和絕望的反覆發作，會為日常的情緒創造出更強的張力。這樣的張力，以及這種狀況喚起的特殊意義感受，會讓不斷變化的憂鬱比日常情緒的向度還要吸引人。

兩極情緒的擺盪

浪漫多感型的人活在極端的情緒中，他們會在極度的憂鬱和極度的過度亢奮之間擺盪。4型人說自己被這種極端情緒之中的一極所吸引，或是過著一種在兩極之間擺盪的生活。

以這種方式來看，總共有三種4型人：憂鬱的4型人、亢奮的4型人，以及在兩個極端之間擺盪的4型人。這三種4型人都覺得生命中最重要的東西被奪走了，他們試圖找回失去的東西，但是這三種4型人尋找的方式相當不同。

憂鬱的4型人在尋找意義的時候，通常會退縮到自己的內在。亢奮的4型人從表面上完全看不出有任何憂鬱，但是會在各種活動和無數的戀情當中快速變換，試圖從這些似乎可以讓其他人感到快樂的外在東西上找到意義。那些在憂鬱和亢奮兩個極端之中游移的4型人，則是對浪漫多感型的人所說的內在張力，呈現出一幅清楚的圖像。他們的情緒變化相當劇烈，愛可以一下就變成恨，熱情一轉眼就成了冷漠。他們很可能會被得不到的或是具有毀滅性的愛人所吸引，伴隨著戲劇性的情感爆炸，釋放出來的強烈情緒，變成自殺式的幻想。

典型的4型人會說，當生活變得令人難以忍受的時候，自殺會成為他們腦海中的一個「選項」。4型人傾向以一種尖銳而又挖苦人的黑色幽默來待人處事，這洩露了他們內心的憤怒。他們說自殺是「如果生活太艱難的時候，你可以依賴的一個小作為」，之所以這樣說，是因為他們把「擺脫一切」視為一個選項，這很像2型人把誘惑當成一個選項一樣，或是8型人想像把某一個人趕走，但是他們並不是真的想要這麼做。

戲劇化的感情生活

4型人說其他人覺得他們太緊繃，所以他們必須克制自己的感覺，因為這些感覺太過強烈。如果在社交上受到忽略，他們會感到非常受傷：生日被忘記會帶來強烈的失望，朋友隨口說說的話就讓他們想要逃走。

> 一通沒有兌現的電話，會以一種非常戲劇化的方式讓人覺得被遺棄，我的反應就是跳過、疏離那些其實我心裡很想要跟他們在一起的人。感覺就像這個痛苦和所有過去的痛苦連在一起，於是它變得無比巨大。一通遲到的電話可以帶來深沉的被遺棄感，當電話終於打來，我會變得討厭那個朋友，因為我覺得受到嚴重的傷害。

當4型人講到「強烈」這個字，意謂著自己過著一種情感上非常極端的生活。其中一個極端就是受苦，另外一個極端就是幻想自己的失落獲得完全的滿足，他們很少體驗介於這兩極之間的情感。

一個像是「我是否愛他？」這樣的念頭，很快就會轉化為一種想像，想像自己完全被對方愛上會有什麼感覺，完全不留一點時間來考慮他們對這個問題真正的回答。當4型人自己一個人的時候，可能會陷入幻想之中，比如說「如果他傷害我，我會有什麼感覺」，或者是「如果他愛我，那會是什麼樣子」，這樣一來，她很可能會錯過在當下這個時刻，她對「他」

究竟有什麼感覺。

在傾向於把感覺放大這件事情上，4型人並不孤單。舉例來說，當我們覺得痛苦的時候，通常都會想像最壞的情況。

在自然分娩或是疼痛控制的訓練當中，患者學著把注意力往外引導，把焦點放在他們經驗到的實際身體感受上，而不是讓自己陷入想像：想像接下來的疼痛會有多糟，或者是在最糟糕的情況下會有多痛。任何身體所感受到的真實疼痛——不幸的是，如果受到記憶或是想像的覆蓋——可能會變得令人難以忍受。

以下的陳述來自一位男士，他描述了自己經歷一場糟糕意外時的內心狀態。他對於危機的反應不全然能夠指出他是個4型人。然而，浪漫多感型的人在日常生活之中，的確對於他所描述的無意識的注意力轉換特別敏感。

從十幾歲開始，我就是個職業滑雪選手，直到有一天，我在一個熟悉的坡道發生了嚴重的意外，我不小心滑倒，結果跌斷了一條腿。

我被送到醫院的時候，我的腦袋簡直瘋了，完全不知道發生了什麼事。我覺得很痛，但是認為自己還能忍受，但是當有人試著碰我的腳，我簡直痛不欲生，必須把他們趕開。

我還真的咬了一個護士，因為她要幫我打鎮定劑。我的眼裡就只有她手上的針，我想著，如果她把這根針打進來，一定會很痛。這時候我的老闆來了，我和急診室正在對峙當中。我的腳得動手術，他們已經準備好要開刀，但是我不讓他們碰我。我的老闆幫了我一個大忙，他抓住我的頭髮，威脅說要揍我，除非我把藥吃了。

我想就是那一拳打在臉上讓我恢復神智，我的腦袋無法分辨他舉起手，但是沒打我，還有那一支要扎進我屁股的針很顯然在房間的另一邊。我沒有被打到，但是覺得臉上中了一拳，我感覺到針扎進來，但護士根本沒碰到我。事實上，這些感受強烈到我忘了自己的腿還在痛，我以為他們真的對我做了什麼。當我神智恢復過來，感覺就像是從某個世界突然走出來，任何碰觸對我來說都是全然的痛楚，我回到我自己，腦袋清醒過來，我的腳簡直讓我痛不欲生。

就像是這個年輕的滑雪選手放大了自己肉體的疼痛一樣，4型人也傾向於以這種方式來強化自己的情緒。這種無意識地把真實的感覺誇張化的習慣，非常有效地讓他們把真實的感覺生活拋掉，進而擁抱強烈的情緒。真實感覺被阻擋在外，以至於4型人會認同這些來自興奮情緒的誇張感受。

我們可以在4型人變得情緒化的時候，從他們臉上變化的表情得知，他們和真實的情緒失去了連結。如果你問4型人一個問題，像是「你好嗎？」他們的第一個反應，或許也是最真實的反應，會被繞過去，因為4型人的心裡會產生一連串看來像是內在考量的過程，思考自己真實的感受究竟是什麼。他們給出的答案覆蓋了真實的反應，成為一連串記憶中對於某些感受的記憶和想像。這個習慣把一個簡單的反應，像是「我還可以」，變成「嗯……我最近經歷了一些困難的改變」。

親密關係：保持安全距離

4型人把大量的注意力投入等待愛人來臨的準備，彷彿當下這個時刻的存在，只是為了將來有一天要在愛裡浴火重生。如果他們目前沒有真的對象，他們就會帶著偉大的情懷來幻想與愛人在將來的相會。如果他們已經有正在交往的對象，那麼他們就不得不從戀情退縮，這樣才能好好品味和愛人重逢的想像。以下的陳述來自紐約市一名學校老師：

> 我最棒的關係都來自於遠距離的戀情，像是紐約—波士頓、紐約—洛杉磯，另外還有幾段也是要從城市開車好幾個小時才能到的地方。最棒的就是見面中間的時光，你有自己的生活，對於下次見面充滿期待，覺得最後終於見面的時候一定會很特別。
>
> 在見面之前那一段期待逐漸累積的日子，就彷彿是在為婚禮做準備一樣。在接到電話之前，就像是你會因為這些浪漫的時光而破碎一樣。最後你們終於見面，聽聽對方的生活，一起準備一頓美好的晚餐，住在一起共度幾天的時光。
>
> 最奇怪的事情就是，我一直在夢想這樣的相見，但是當它真的發生了，我的人沒有全然地在那裡。當我們在一起的時候，我的心思卻飄走了，因為我想要再一次地想像他會有的模樣；所以我可能和他一起待在床上，腦袋卻跑到別的地方。
>
> 過沒多久我又會覺得有點累，和他有關的一些小事情開始對我造成困擾。如果他沒有關上某個衣櫥的抽屜，我就會覺得他隨便。在我的心裡，打開的抽屜成了他在各個地方漫

不經心的象徵。我在心裡想，我怎麼能和一個漫不經心的人一起過日子呢？

> 要重新愛上他，我必須做的就是想像他走了，去想我們就快要分別了，這樣我又能和他在一起了。

4型人的親密關係，會因為他們總是把焦點放在眼前的缺點而飽受折磨。當注意力被放在當下這個時刻，預期之外的缺點就跑出來了，戀人性格中那些比較不美妙的特質，是當戀人浪漫地遠在天邊的時候根本就不存在的。

> 我和我的老婆結婚已經好幾年，她看起來有一點難以靠近，而且總是不太能履行承諾。和她在一起，就像是看著燦爛的落日，我心裡知道，當它消失，我會有多麼想念它。我知道她是我的靈魂伴侶，透過她，有些終極的事情會發生在我身上。同時我知道，每當她靠近我的時候，一些在以前不起眼的小事開始變得明顯。她講話的一些小習慣開始讓我覺得很煩躁，她的特色也開始變得不那麼吸引人。就某個方面來說，一切都開始失去意義，變得不有趣。我有衝動想要讓一切回到正軌，不要讓這段感情被破壞；所以我們吵架了，她離開我，接著我又痛苦地了解到，我是多麼想她，想要她再度回到我身邊。

4型人真的相信如果有人愛他們，他們真正的自我就會破殼而出，他們的內心戲會減少，而一個非常單純、心滿意足的自己就會出現，這個自己會覺得很全然、很完整，不必再渴求任何東西。然而，要發展出這種完整的感覺，他們的注意力首先得穩穩地回到當下這個片刻。4型人必須知道處於當下的益處，並且接受它的限度。

上個禮拜，一位迷人的業務小姐來過幾次辦公室。我的幻想情節立刻啟動，我們之間的感覺很好，我覺得自己充滿活力，不過感謝老天爺，我做這行已經很久，我知道那是我自己創造出來的幻想，我並不是真的想與她共度未來。

十年前我可能還會相信來電這種事，我會相信這種感覺是互相看對眼，這就是我的命中注定的那個人。她的銷售話術聽起來就像是一種有著雙重意義的承諾，這讓我感到瘋狂，只有得到她才能消解。這成了一種生或死的問題，比其他任何事情都來得重要。

我現在有足夠的了解，可以準確地預測一旦我得到她，事情會變成什麼樣子。她會有很多缺點，她的穿著品味可能不是很好，她可能不夠聰明。看著自己犯了這個錯，我可能會感到非常吃驚。如果我對她做出承諾，這樣的幻想就會煙消雲散，而我會在那裡想念其他女人的優點，因為我再也沒辦法享受與她們的關係了。

在這個時候，我相當清楚地發現，當我開始看見戀人的錯誤時，其實我害怕的是兩件事：我當然害怕自己被一個不如想像中美好的女人所困住，而且她可能會成為我生命中的唯一，我討厭這樣的可能性。我也知道我不想再靠得更近，因為她可能會開始看到我的毛病，然後先把我給甩了。

所以我嚇壞了，立刻把距離拉開。我破壞了這整件事，後來我們就繼續保持距離，於是她看起來又變得那麼美，我又想要她回到我身邊。這整件事就像橡皮筋一樣，她退後，我才想要往前。

這種橡皮筋的關係模式，讓浪漫多感型的人一次又一次地經歷了再度被拋棄的感受，只不過是以一種在控制下的方式。如果親密關係變得太嚇人，那麼伴侶就會看起來有點不對頭，這會成為爭吵的正當理由，讓他們往後退到自己熟悉的分離狀態。在一段距離之外，伴侶的優點又被凸顯出來，4型人又會重新受到這段關係的吸引。獲得愛的可能性和被拋棄的可能性，如此緊緊相連，所以與其冒著再一次失落的危險，倒不如先拒絕對方比較安全。

對於4型人來說，讓親密關係保持安全距離是一種藝術，不能太遠也不能太近。要維持一定的距離，才能選擇性地注意伴侶的優點，又要離得夠近，讓他們可以有獲得更多的希望。安全的中間距離，讓他們可以保持興趣，又可以保持希望，希望隨著時間過去，這段關係會為他們帶來某些真實的東西，但是對於當下的這個片刻，又沒有必須做出承諾的壓力。

就好的一面來看，他們會希望維持關係的張力。他們非常適合去看顧那些經歷危機的人，不會因為極度的情緒化或是因為某人的哀傷而被擊垮。他們了解關係的美學；充滿了美感、暗示、設計、表達的愛情。他們知道人會隨著時間改變，也容許感情可以在各個階段裡成長。如果有必要，他們可以重頭開始，把令人不愉快的過去都埋藏起來。

就不好的一面來看，他們會比較自己和別人在關係裡的所得，因此感到嫉妒。

他們自身的悲傷讓他們相信：都是因為別人的忽略，他們才會感到悲傷。他們會等待時機，為自己所受到的傷害進行報復。

親密關係範例：4型人和3型人，浪漫多感型和表現型

這兩個類型的人對於形象都相當執著，所以這對伴侶在公開的場合裡會表現出良好的形象；4型人是充滿戲劇性的角色，3型人則是成功的角色。如果3型人相當仰賴循規蹈矩的形象，那麼4型人很有可能會損害這個形象，公開地表現出某個具有爭議或者是無恥的立場，或是在3型人需要一個圓滑的公眾形象時表現出陰沉的情緒。3型人通常都會尊重4型

人不想被公眾意見控制的傾向，3型人也會比較容忍4型人情緒化的表現——如果旁人對這樣的表現印象深刻的話。

4型人希望自己成為配偶和孩子情感生活的重心。他們想要談論經驗和感覺，希望在家庭事務上成為被尋求、諮詢的對象。3型人的伴侶通常比較任務導向，希望自己成為計畫的重心，而不是被某種情緒上的要求弄得綁手綁腳。

3型人想要在這個世界上出人頭地的傾向，可能會讓4型人在支持伴侶之餘產生了被遺棄的感受，或者因為3型人對成就的追求而製造出適當的距離，讓4型人的戀情可以繼續保溫。如果3型人可以偶爾從工作中抽離出來，和4型人花點時間獨處一下，那麼情感和作為也是可以兼容並蓄的。這樣的話，3型人就可以盡情工作，4型人則是可以期待親密相聚時刻的到來，珍惜和對方在一起的短暫片刻，因為短暫，所以不會讓4型人興起想要逃走的念頭。

如果工作狂的3型人太忙，或者是在情感上變得太遙遠，4型人可能會堅持在那裡，但是就長期而言將變得憂鬱，或者是因為有被拋棄的感受而出現戲劇性的憤怒。

如果4型人可以在3型人認為有價值的領域有生產力，那就能輕易獲得3型人的注意力，特別是如果3型人具備提供建議和保護的專長。如果3型人有「拋棄」4型人的嫌疑，使用工作當成一個藉口，那麼4型人為了重新挽回伴侶，就會變得具有競爭性。競爭的意思可能包含了戲劇化的場面、威脅對方，以及表現出自毀的姿態。如果這樣的策略失敗了，4型人可能會在接下來許多年變得憂鬱而且怨恨，3型人則是會很快地展開另一段戀情。

這對伴侶的孩子可能會將3型人的父親或母親視為一個充滿幹勁的人，他們對於孩子的成就會感到非常驕傲，但是他們沒有太多時間，也沒有太多耐心可以分給家庭生活。如果4

型人的父親或母親和孩子有良好的關係，孩子會認為這樣的父母在情感上對家庭相當投入，也願意花時間陪伴家人。如果4型人以一種神經質的方式和孩子相處，孩子對於4型人父母的要求，亦即要求孩子了解他們的情感，會感到筋疲力竭，而且很有可能會說4型人的父親或母親把他們當成競爭對手，希望可以獲得難以靠近的3型人的注意力。

權威關係：尊敬大權威

4型人通常會忽略小官僚（petty authority），然而給予「大」權威（grand authority）巨大的尊敬。小官僚——比如說警察，或是讓你排隊結帳的店主——通常會被他們視而不見並且避開；但是對於大權威，像是首領、政要或是具有高知名度的人士，4型人會帶著尊敬的眼神來看他們。4型人通常認為一般的法則和規範並不適用於他們，就某種意義而言，他們相當叛逆，他們不遵守規則，不過這麼做並不是想要讓權威垮台，而是帶著一種輕蔑的態度，忘了要認真對待這些法則和規範。如果某個權威人士表現出苛刻或是限制的態度，4型人可能會打破所有行為舉止的規範，盡可能地讓自己可以從中「開脫」。

大權威，就另一個方面來看，被4型人大大地尊敬——特別是如果當時的情境可以支持4型人所展現出來的獨樹一格的菁英分子形象。

4型人會希望自己因為某些獨特的能力被看上，並且被最棒的人指導和提供養分。他們會成為世界級心理分析師的病患以及桀傲不馴天才的心腹。他們的心裡有一種需求，希望可以被傑出人士看見，被那些他們認為知道某些有深度的東西的人所愛。

就較高的層面來說，4型人可以感覺到別人真正的天分和感覺的品質，他們能夠看透別人的表現是模仿的或是從別的地方學來的，他們知道「最棒的」和「最為人所知的」之間的差別。他們能夠把劣等的東西改裝得既美麗又獨特，也可以在普通的生意場合看見非比尋常的可能性。他們會主動出擊，加入某個團隊，因為其中有許多該領域最優秀的人才。

就較低的層面來說，4型人會和同儕競爭，希望獲得大權威的尊敬。如果沒有受到認同，就會懷恨在心。他們也不喜歡處於卑下的職位，或是在普通的工作場合工作，除非這樣的工作是為了服務──「我真正藝術家的工作」或是「我身為一個神祕家的真實召喚」。

典型的權威關係範例：4型人和2型人，浪漫多感型和給予型

如果4型人是老闆，他可能會是一個相當具有個人風格的範例，除了在外表上擁有令人耳目一新的形象，工作的地方也會有特別的外觀和氣象。這種作風會獲得2型人員工的支持，2型人員工對於老闆在形象上的需求相當能夠適應。2型人員工會試著討好老闆，想辦法搞清楚老闆想要什麼，並且努力達成這樣的需求。一方面，4型人會感謝擁有這樣的支持，另一方面，當這個企業的運作相當順利的時候，4型人可能會產生一種微妙的破壞心態。2型人會被留在店裡照顧生意，而老闆的注意力則是從成功轉移開來，開始把焦點放在生命中缺少的東西。老闆可能在情感上完全被某種和公司運作無關的東西給包圍，沒有留下私人的聯絡方式，讓2型人沒辦法好好工作。

如果2型人員工喜歡這個老闆，或是相信老闆的規劃，他就會把決策的空隙當成自己在幕後掌權的好機會。只要2型人願意在這種情況下付出，不管是因為個人感情因素，或是因為相信這份工作很重要，他會把工作做好、保護老闆。作為一個第二把手，會比在同一個職

位擔任領導者，還要更能分配任務、組織工作。

如果2型人員工聯絡不上老闆，或者是老闆開始批評員工，那麼2型人就會覺得自己的努力沒有被珍惜，這很有可能引發一場嚴重的權力大戰。舉例來說，2型人可能會想要取代老闆的職位，或是協助另外一個人成為這個企業的新領導，4型人就會覺得遭受背叛。如果其中一個人可以在情感上坦白，承認自己傷害了對方，情況就會有很大的改善。如果2型人和4型人都可以了解，在彼此防衛性的態度之下有某些情緒性的傷口，那麼他們就能夠對彼此打開心房。

如果4型人是員工，只要2型人的老闆持續給他特別的關注，工作就會相當順利。老闆不應該仰賴4型人員工的好意，因為4型人生來就覺得有某些東西被剝奪了。如果浪漫多感型的人被安排在一個比較低的職位，或是發現其他員工的福利比自己好，他們可能會試著去「抓別人的毛病」來獲得勝利、密謀在公開場合讓別人出糗，或是拉攏某個對於這個情況有潛在權力的局外人。

如果他們雙方都可以好好地認可對方，那麼這種競爭性的僵局就可望獲得抒解。2型人——4型人的權力鬥爭，可能會表現為對於商業程序的爭論，從源頭來看，原因可能是他們都覺得在感情上受到傷害。這兩者都需要感受到彼此的尊敬，都會因為成為別人生命中的重要人物而大展鴻圖，如果他們能獲得特殊的職責和特別的關注，他們就更有可能以各自的專長來支持對方。

菁英標準

因為失落的被害感造成了4型人的低自尊。他們感覺像是被遺棄的小孩子一樣，覺得自己只要成為贏家或是變得更有價值，就不會再被別人拋棄。這種感覺就像自己是人生的失敗者，由於某種致命的人格缺陷，讓4型人比那些被愛的孩子還不如。這種兒時的立場，相信自己是家裡不被愛的那個局外人，逐漸發展成了一種成為局外人、與眾不同、充滿個人風格的神祕氣息。

4型人通常會發展出戲劇化的個人形象，作為缺乏自尊的補償。他們的舉手投足之間有一種獨特的優雅；表現出他們在打扮上與眾不同而且大大地超越了當前的流行風格。

當我去一個朋友家拜訪，我在腦海裡幫這個地方重新裝潢，也幫這裡的人重新設計他們的髮型和服裝，讓他們看起來更有個人特色。在我搬到一個新地方的前兩週或前三週之內，除了幫所有的東西在新的空間裡找到合適的位置，我幾乎什麼都不做。花瓶擺在這裡好還是那裡好？為整個空間進行這樣的儀式對我來說相當重要；這感覺起來就像是為了某些將面臨的事做好準備，就像是我在為了將來而建構、納入自己的力量；這麼做可以為某個將來的重要事件提供具體的支持和適當的感情。這整件事就像魔術表演前的準備，等待某些特別的會面在這裡發生，這一些就由某些重要的擺設作為象徵，比如說燈具、沙發和座椅的位置。

高級時尚雜誌中隨處可見戲劇性、時尚的4型人。他們看起來優雅而又纖細，穿著不適用於一般民眾的特殊創意設計服飾、並且依據這些衣物擺出特別的角度。他們所呈現的外在形象，正好和內心的羞恥感相反，這些羞恥的感受來自於沒有被愛、被遺棄的過去。

他們很迫切地想要找到一種獨特的風格，可以在情感上把被拒絕的局外人，變成一個不受制於日常規則的名人。

品味的問題可能變成生存的關鍵因素。如果要被其他人看到自己穿著粉紅色的聚酯纖維褲，那還不如去自殺。如果你只有一件絲製襯衫，那麼它就會變成你的制服，直到你有錢再買另一件為止。人工纖維的觸感是不可接受的，你也不會去買特價的衣服來穿。想要特別的衝動，可能會被誤認為品味很好或是對於美相當敏感，藉著貶低那些品味不好的人，被遺棄的恐懼就可以暫時被放到一邊。和執迷於美麗形象這種心理傾向有關，一個極端的例子就是心因性厭食症（anorexia nervosa）還有一些其他的心理失調，驅使他們無情地強迫自己的身體去遵守菁英的標準。

菁英叛逆

我有避開普通事物的本領，就某個方面來說，這就是我這輩子的任務。我這輩子沒做過什麼無聊的工作，主要是因為我會想辦法來美化它們，讓它們變得不再平凡。舉例來說，如果我的工作是賣書，我會盡可能拿一些吸引我的書，這樣我就不再是一個賣書的店員了，我成了一個罪犯，這個角色有趣得多。店裡總是有很多藝術書籍，它們沒什麼用，

> 但是卻很值得我冒險。我發展出這樣一種簡單明瞭的方法，當我要離職的時候，我很高興大夥還為我準備了一個歡送會，他們送了我一本書，不過我早就從店裡拿了一本回家。

當4型人的自我形象從一個被拒絕的局外人，變成某個保持距離而且比其他人稍微高等的人，他們可能會有些不道德的行為。破壞社會規則有一定的吸引力，再加上4型人的菁英標準，可能會演變為某種高雅犯罪，像是只偷白色的安哥拉羊毛衫。

4型人對於「沒有被抓到」感到相當愉快。他們喜歡祕密惡作劇所帶來的震顫感受，喜歡游移在醜聞的邊緣。招致災難、變得古怪或是難搞，因此可以得到某些特殊待遇，這點可以讓他們非常興奮。變得難搞也滿足了一種受虐狂的需求，要證明那個有缺陷的、卑鄙的孩子，還是一樣不值得被愛。

這些沒有價值的感覺伴隨著某種憤怒，希望可以和那些似乎過得比較好的人扯平。被虐狂加上憤怒，可能會呈現為社交名媛的形象，她精心準備了預定的晚餐，就等待一個完美的時機來發表她對於某個有爭議的運動的支持，然而在場賓客都瞧不起這樣一個運動。

以下的陳述來自舊金山的一位社交名媛，她說她沉浸在一個任務中，要讓最棒的人都去參加她的派對，但是當這些人的回函卡寫著「接受」，她的熱情立刻就消失無蹤。

> 我沒有辦法忍受自己被忽視，這會帶來一種被排擠的糟糕感覺，很快就會變成怨恨。在公開場合被羞辱，會讓你想要找個方法報復，抹滅那種丟臉的感覺。我會忽略那些人的重要性，然後離開，或者是我會發現自己變得尖酸刻薄，我知道我的心裡很生氣，因為注意力從我身上被移開了。

如果一個情況變得太容易預測，或是太安靜，對我來說也是同樣危險。我想要藉著說些令人驚嚇的話來逃離這種情緒，當我覺得對話很無聊的時候，這會把我的訊息傳出去。我也想利用這個方式吸引一些特別的陌生人，他們能夠直覺地知道我在試著拯救這一場糟糕的談話。

強力的嫉妒動機

4型人認為其他人都享受著情感上的滿足，自己卻沒有，因而讓他們的嫉妒火上加油。沒有覺知的4型人，會試著透過改變場景、裝飾或是身邊充滿了可愛的東西，來消除被剝奪的感覺。4型人也會爭取受歡迎的人的關注，希望如果擁有一些看似可以讓別人快樂的東西，自己就會覺得有價值一點。

這個感覺無時無刻都在：我少了某些東西。「這就是全部了嗎？」一開始問題是這樣的：「如果我擁有那個愛人，或是如果有那個地方可以住，或是那個藝術作品……」接著你就會花很多時間追逐這些東西。但是當你得到它們，你又會開始想要別的東西。

當你年紀越來越大，你往外看著事實，令人難過的是，它有所不足。但是究竟少了什麼東西？而且為什麼其他人都可以手牽著手，有許多笑容？「他們彼此擁有什麼，是我所沒有的？」所以你就開始尋找聖杯，去找那個你沒有的東西；急切地抓住那個可以讓我朋友滿足，但是卻沒有發生在我身上的東西。我可以感覺到其他人對彼此擁有的美好感覺，他們的擁有讓我感到自己內在的不足。

我憂鬱的底線在於，我失去了想要獲得那個東西的希望。但是要丟掉對於這個東西的渴望，並且滿足於「這樣就夠了」，實在是太困難了。

嫉妒也是個強力的動機。當4型人描述他們因為缺乏了某種似乎掌握了幸福的東西，而因此感到絕望時，他們說這樣的感覺，就像是在「我不能擁有它」和「我一定要擁有它」之間掙扎。來自於嫉妒的壓力，可以把絕望轉化為一種可以克服任何障礙、獲得幸福的行動。有很多能量可以前進，直到成功到來。矛盾的是，當結果出現，4型人的注意力通常又會轉移到別的興趣上面。

我待在一個紅了好幾年的樂團中。一開始的時候，我們那時還沒發行第一張唱片，我會因為聽見其他樂團上電台宣傳打歌，但我們的樂團沒人知道而感到很生氣。我使盡了九牛二虎之力製作了第一張專輯，但是當錄音一完成，音樂似乎開始變得無關緊要。我開始失去興趣，回到一段以前的關係中。我們分開又復合，一次又一次，直到樂團開始崩潰，接著我又想辦法錄製了另一張專輯。這些行動似乎都是我不在的時候才發生，當樂團好好的，我就開始想念我的男朋友。但是當他在我身邊，我又開始覺得自己是不是犯了一個錯。

優勢：毅力非凡

浪漫多感型的人一輩子和痛苦打交道，這讓他們特別適合和那些正在面對苦難或是哀傷的人一起工作。

他們擁有不尋常的毅力，可以幫助別人度過強烈的情緒起伏，也很願意陪著朋友在心理治療的路上長期抗戰。4型人經常說，藉著把焦點放在其他人的需求，他們比較能夠把焦點從自己身上移開。

我生命的基調就是悲傷和受到遺棄的感覺，不過對我來說，這些感受算不上是什麼令人憂鬱的經驗。我對於黑暗的情緒相當感興趣，這些情緒賦予我一種天分，讓我可以了解別人心裡的陰暗之處。如果有某種戲劇性、危險或是令人困擾的事情發生，我就會發現自己會立刻回到當下。

我的丈夫有個助理，跟他一起工作了好幾年。我對她相當友善，但是從來沒有想過要進一步了解她。當她懷孕五個月的時候，婚姻突然結束，知道這件事以後，她成了我腦海中一個重要的角色。當生活中的一切都可以預測的時候，我反而會覺得很困擾，當某些令人煩惱的事情出現，我還覺得比較好一點。

為了追尋深度的意義，4型人產生了一個誤解：他們認為輕鬆愉快的戀情沒什麼價值，因此不值得考慮。那些必須和最具張力的人類經驗打交道的人，對他們來說反而有很大的吸引力，像是工作上必須面對出生、死亡或是研究幽暗潛意識的人。在生死交關的時候，4型人才會覺得自己活著，因為在這些時刻——強烈地要求他們把全部的注意力集中在當下這個片刻。以下的陳述來自於一個自殺熱線的創辦人：

快樂都是偶然的。飛蛾會因為火焰而感到快樂嗎？我自己本身是個有多年經驗的諮商師和心理分析師，我認真地想要以心理分析的方式來了解自己，但是我對於自己的見解也有些懷疑，同時我的內心有一股衝動，想要拒絕別人眼裡看到的自己。我覺得在強烈的情感之中有很多的可能性，只有在最深刻的情感體驗之中，我才是真正存在的。

身為諮商師，我深深受到危機的吸引，那些憔悴的女人、神智遊走在清醒邊緣的人，他們對我而言有種特別的吸引力。我為這個國家建立了熱線系統，在電話裡很快就和陌生人變得親近，在電話的那一頭，他們手裡可能正拿著一把左輪手槍或是一瓶藥丸。

有吸引力的職場：需要紀律完成的工作

4型人通常會有兩份工作：「用來賺錢的工作和真正的藝術家工作。」那些需要身體紀律來達成某種特別標準的工作，特別能夠吸引他們，像是舞者、女歌手或是雜誌的模特兒。他們是畫廊老闆、室內設計師、古董收藏家、還有很棒的二手商店的老闆。

他們是玄學家和深層心理學家；他們追求更高的心靈層次。他們能安慰憂傷的人，也是女權運動者和動物權的擁護者。他們對於宗教、儀式和藝術相當感興趣。

沒有吸引力的職場：世俗化的工作

世俗的工作、一般的工作場域對他們來講比較沒有吸引力：「我在辦公室上班，但這並不適合我。」那些必須和賺得比較多或是擁有比較多的人近距離的工作也不適合他們。服務性質的工作、匿名的工作或是沒有辦法發揮他們特別天賦的工作，也不太會看見4型人的職場身影。

知名的4型人

瑪莎・葛蘭姆，現代舞蹈運動最響亮的名字，就是一個4型人。她致力於以大規模的舞蹈演出來表現神話的主題和人類的潛意識。她創立了一個舞蹈流派，以身體的收縮作為一種表現方法，將人類的內心戲呈現為視覺上的意象。

濟慈、雪萊、艾倫・沃茲（Alan Watts）、瓊妮・蜜雪兒（Joni Mitchell）、奧森・威爾斯、貝蒂・戴維斯、瓊・拜雅、馬龍・白蘭度等人皆是。

注意力模式：執著於遠方的事物

4型人很少活在當下，他們的注意力總是落在別的地方：到過去、到未來、到不在場的事物、到得不到的東西。他們的內在對於看似缺乏的東西相當執著，像是晚宴上一個沒有出現的朋友、在一次親密的對談中缺少的連結。

對於不在場事物的執著，是對於那些失去的東西的好處，一種高度選擇性的記憶。「如果約翰在這，這個傍晚就很完美了。」當約翰在別的地方，他的優點就被想起來了，當這種渴望的薄弱連結建立起來，4型人的注意力就從當下的事件中溜走。如果約翰在現場，而且被提到，他不那麼好的一面就會開始浮現，4型人的注意力就會飄到其他生命中看似缺乏的東西上。

浪漫多感型的人說，他們可以感覺到和不在場朋友的親密連結，事實上，他們的感情會因為強迫的分離而變得更強烈。他們說，在任何關係中，他們一定得離開一下，這樣才能重新喚醒真實的連結感受，這是只有在保持距離和分離當中才會發生的。

當4型人被迫要把注意力集中在眼前真實的事件，他們會感到失望，只會看見這個情況的消極面，這對他們來說可能是生平頭一遭。就像是一巴掌打在臉上，因為有那麼多的失望，全部一擁而上。就像是戀人的臉突然變得黯淡，只剩下一些毫不匹配的特徵。

4型人無意地以這種方式運用自己的想像力，無可救藥地渴望失去的好處，也是透過同樣的注意力轉換，他們在想像中放大了當下的缺點，讓事情看起來沒有實際上那麼吸引人。

這樣的注意力轉換可以用虛假的自我形象作為說明：人們在照鏡子的時候，根據他們對自己的感覺，可以在鏡子裡製造出一張自己想看的臉。如果我們選擇性地注意臉部特徵的優點和缺點，並且想像優點比實際上更多或更少，同樣的一張臉看起來就會變得相當不一樣。一張普通的臉可以看起來充滿光彩，如果我們以想像來加強眼部的色彩，並且讓皮膚的質感變得柔和；而如果我們以想像把焦點集中在它比較無趣的特色，並且放大這些特色，同樣的一張臉也可以變得相當古怪。

從一些有厭食傾向的4型人的報告當中，我們可以看到負面加強的不幸案例。相當令人驚訝的是，絕大多數的4型人，都說自己有著可以被稱之為厭食的自我形象。當他們照鏡子，他們的身體看起來相當不勻稱而且肥胖，不過實際上他們相當纖瘦。有些4型人說他們和自己的身體發展出了某種距離，這樣一來，他們自己客觀的有吸引力的體型，便占據了他們的頭腦，並且變得具有強迫性。

除了能夠以想像改變自己的外貌，同樣的無意識注意力轉換，也會放大各種情緒反應。這樣的注意力轉換，會讓4型人真實的情緒反應變得誇張，就像是視覺化的想像可以覆蓋並且強化鏡子裡的影像一樣。

舉例來說，想到一個遠方的朋友可以立刻召喚美好的感受，這種情緒是再次相聚這個想法的對應物。如果注意力從因為想到一位朋友而產生的真實反應移開，進而想像人類所擁有的極大溫暖，那麼真實的反應就在想像和虛假情感的不真實覆蓋之中失落。同樣地，被同一位朋友不小心疏忽，可能會激起4型人強烈的被拒絕感和憤恨，這會很快掩蓋因為這樣的忽視而激起的微小真實反應。

為了讓真實的感覺得以浮現，4型人首先必須將注意力維持在一個中立的參照點，學著把注意力放在身體此時此刻真實的感受上。

直覺風格：擁有準確無誤的敏感度

就神經質的一面來說，4型人喜歡誇大自己的情緒變化；不過，喜歡把注意力放在遠方之人，並且渴望連結這種習慣，也會造成一些顯著的副作用。4型人說，他們對於某個人感到親近，不管這個人在場或是遠在他方都一樣。他們也相信自己可以調整情緒，來和不在場的朋友的感覺產生共鳴。

4型人說他們會承受其他人的情緒，他們轉換情緒的許多經驗，可以讓他們呼應其他人的情緒基調，和他們保持連結。4型人提到許多回憶，他們想和雙親之中的一個在一起，並且相信他們可以在一段距離之外感覺父親或母親對他們的感受。害怕被拋棄而且討厭被忽略，4型人在孩童時期學著將和所愛對象的連結感受內化，因為害怕這個人可能會離開。

這彷彿是一種感受機制，它在成長的孩子內心建立起來，透過它，這個孩子就可以呼應重要人物的情緒，以此和對方保持連結，永遠不會被對方拋棄。對於相信自己可以準確地進入他人感覺的4型人來說，直覺的任務就是學著分辨投射、因為害怕被拋棄的神經質恐懼，以及真正的連結他人情緒這種可能性，這之間的差別。

直覺運作良好的4型人，通常會覺得攝入別人的情緒是一種很大的負擔。他們說自己很容易在不知不覺中拾起了別人的痛苦和憂鬱，這可以持續一整天，直到他們發現自己身上攜帶的情緒可能不是自己的。他們說一旦這樣的感覺連結建立起來，他們就無法分辨這個情緒

4型人

是來自他人或是自己的內在。

這種注意力模式，就較高的層面來看，4型人擁有準確無誤的敏感度，可以適應客戶、家人和朋友的情感基調。

這不只是一個和朋友可能感覺到什麼的念頭或是假設；而是在實際上以自己的身體來跟隨、感受另一個人的情緒波動。具有高度直覺的4型人，可以和其他人的情緒狀態產生共感，以至於他們會知道另外一個人是不是準備好可以講理或是被愛，或者在某個時間點是不是表達負面意見和把事情講開的好時機。下面的陳述來自一個將自身直覺的天賦運用在精神病學的4型人。

在我的一生當中，我都受到其他人內心的張力所吸引。這就像是，當某個人受到感動或是遭受嚴重的打擊、在某一方面變得相當絕望，我自己的情緒就會被點燃。我稱之為「心的跳躍」，並且學著歡迎這樣的現象，雖然在剛開始的時候，它以一種非理性的方式來到我身上。比如說當我走進一個房間，感覺到某種情緒，突然發現我的感受有所變化，但是對於這個情緒從何而來，腦子裡一點想法也沒有。我也會被我自認為是屬於自己的情緒所抓住，後來才發現診所或是家庭治療工作的某個人也經歷了同樣的情緒變化。

我最後發現，我收到的訊號有時候是我自己的投射，有時候是直接命中。每次只要「心的跳躍」出現，我的直覺通常是對的。有些時候我則是錯得離譜，因為我只是用感覺去確認——某些我用理智猜測某個人可能會有的感受。

高等心智：原創性

每個類型最主要的神經質心理傾向可以被視為一個指標，指出本質當中特定的面向。從純粹的心理學觀點來說，憂鬱症的個體回歸到本質這樣一個概念，就是完成哀悼的過程，並且成熟而得以開始過著快樂的生活。從像是九型人格這樣一個心理學或靈性的系統來看，4型人回歸本質這件事，意謂著某種和情緒上的滿足相當不一樣的事情。

4型人孩童時期的失落感受，一直延伸到成年以後，成為一種背景的覺知，認為某種要達成幸福的關鍵要素不見了。原本的母奶不見了，取而代之的是一種劣質的替代品。從物質生活得到的獎賞，並不能為4型人創造出這種原始的連結，浪漫多感型的人可能擁有一切，但是仍然覺得有所匱乏。

因為客觀的生活沒辦法帶來滿足，4型人通常會感覺到兩種不同的現實：客觀世界和一個祕密的世界。客觀的現實無法保證滿足，但是對於4型人來說，有些指示說明了其他經驗的世界偶爾會和客觀世界共存。他們可以感覺到日常的現實之外有另外的存在向度，尤其是當他們與強烈的情感和諧一致時能夠感覺到；在這些時刻，悲劇讓無意識的感受爆發，或者是失去愛或是得到愛。4型人說，在這些時刻，他們可以感覺到與失去的事物的連結；他們可以感覺到與某個永恆的支持源頭的連結。

就神經質的一面來說，4型人極度堅定地要緊緊抓住情感的黑暗面。他們想要保持獨特，拒絕被重新塑造成一個普通的快樂人類。就成熟的一面來說，他們的感覺相當正確，意即他們本性不僅僅是心理學的；由於他們堅持拒絕適應普通生活，同時提醒我們，在我們和更高的覺知之間有一條可以感覺得到的連結。

一個長期感到某種匱乏的人，可能在一開始會把和本質的連結感覺成一種全然歸屬感的時刻、一種被母親擁在懷裡的安全時刻，或是為了讓愛情更長久，而把自己的存在交出去。這種4型人稱之為「真實的我」的連結，通常會在一些非語言的時刻被感覺到，像是藝術的幻想、靜心或是戀愛的時候，4型人覺得自己會習慣性地受到這些事情所吸引。

高等情感：沉穩

嫉妒說明了得不到的東西對4型人來說，有著強迫性的吸引力。4型人會付出極大的時間和精力，試著取得某個有吸引力的東西，但是當這個東西唾手可得的時候，他們就會開始挑剔。對於嚴重執迷不悟的4型人來說，想要擁有的欲望跟拒絕的需要可以同時出現。他們說自己受到得不到的人的吸引，立刻就知道這些人不適合自己，或是受到那些不願意給承諾的人所吸引。這麼一來這支舞就可以繼續跳下去：「你往後，我就往前。如果你往前，我就往後。」

因為被那些你所不能擁有的東西吸引，或是對得手的東西又感到排斥，對於這其間產生的痛苦，平衡是一種解決之道。平衡是一種認知，知道自己真正的需求已經獲得滿足。就像是所有的高等情感，平衡是一種具體的經驗，而不只是一個和完全滿足是什麼感覺有關的思想或是念頭。平衡有賴於將覺知穩穩地固定在當下，對於自己所擁有的一切心滿意足。

要體現沉穩這一項高等情感，首先必須加強自我觀察的能力，從而知道什麼時候注意力游移到過去、未來、遙遠的人事物或是得不到的東西。如果4型人可以溫和地將覺知帶回當下，注意此時此刻身體的滿足感，那麼他們就能夠獲得沉穩的體驗。

子類型：競爭、羞愧及無畏

一對一關係：競爭

4型人喜歡競爭，因為他們希望藉著競爭讓喜歡的對象看見他們的價值。在異性戀一對一的關係之中，這通常表現為兩個女人爭奪一個男人；或是兩個男人為了追求一個女人而競爭。

在一般的關係之中，競爭通常會表現為「想要獲得重要人物的關注」。

在我的事業有所起色之前，我當了六年的辯護律師。有天我在法庭裡無意聽見別人在背後批評我，這為我的事業帶來了很大的激勵作用。這個傢伙說我是一個二流的辯護律師，我憤怒到了極點，於是我的事業開始起飛。在以前，案子就是案子，現在案子變成證明我男性本色的考驗。我等了好幾個月，最後我終於在法庭上讓他知道我的厲害。

社交關係：羞愧

4型人會因為沒有達成群體的標準而感到羞愧：

當你走進一個地方，所有的眼睛都盯著你瞧，那不是愛慕的眼光，也不是因為你做了什麼不適當的事，而是它們彷彿能夠看穿你的骨子裡就是有些不對勁的地方。

自保本能：無畏（魯莽）

4型人透過魯莽的行為，想要讓自己再度陷入失落的情境，他們對於遊走在災難邊緣感到興奮。

我跟我的先生一起做房地產已經好多年了。我的做法就是把我們所擁有的一切都抵押出去，然後找機會擴大我們的事業版圖。但是他為人相當謹慎，每次他在工作的時候要我以安全為考量，我就會想要把所有的文件弄亂，然後按照我自己的意思去做，因為我覺得好機會稍縱即逝，如果真的出了什麼差錯，那也值得，等問題真的發生了再來處理就好。

成功之道

4型人通常是因為想要中斷憂鬱的狀態，或是想要穩定強烈的情緒波動，才會進入心理治療或是靜心，他們眼前的問題通常都和重要的感情關係有關。浪漫多感型的人，必須試著了解自己的注意力，看看它什麼時候從實際的感受移開，反而把得不到的東西理想化，或是挑剔容易到手的東西。

4型人可以透過以下方式來幫助自己：

- 接受早年的失落，不要否定它；哀悼它，然後放下它。
- 當強烈的情緒轉換發生的時候，看看自己是不是會沉溺在自己的內心世界中。這時候可以藉著走向別人，或是把注意力放在對別人重要的事情上，來中斷這種自我沉溺。
- 培養把任務好好完成的習慣。注意自己是不是以某些方式破壞了一些很棒的計畫，或是半途而廢。
- 看看自己是怎麼拒絕容易得手的東西，讓自己一直無法擺脫受害的感覺。
- 看看自己內在有哪些特質會讓別人羨慕。
- 對於自己想要把別人拖到戲劇性的情緒爆發這樣的習慣，保持覺察。看看那些不會被你拖下水的人，是不是對你有一種特別的吸引力。
- 接受哀傷，而不是努力製造快樂。要知道情緒本來就不斷地在變動。
- 告訴伴侶，親密關係可能會引發你的憤怒和攻擊性，也會讓你控訴對方不了解你。請對方在你發動攻擊的時候保持鎮定。對方如果沒有離開，你就會知道其他人不一定會在你發動攻擊的時候拋棄你。
- 為自己能夠對他人感同身受的能力感到驕傲，不過要練習可以隨時隨地把注意力從別人的情感中抽離開來。
- 把注意力帶到當下，留心注意力轉換的片刻，看看自己是不是選擇性地把注意力放在當前

4
型人

狀況的負面觀點中。

- 培養各種興趣和友誼，作為憂鬱時的自救手段。
- 養成運動的習慣，用運動來轉換心情。
- 注意真實的感覺在什麼時候被戲劇化的情感所掩蓋。最重要的是，看看自己什麼時候又開始覺得「事情一定又會開始變糟」。

注意事項

通往快樂的進程或許很慢。4型人認為，如果他們滿足於眼前一段真實的關係，就意謂著要放棄與過去戀人的連結。4型人藉著失落感，讓過去的戀人繼續活在自己的心裡，或是在心裡重新塑造他們的樣子。4型人必須試著對現有的生活感到滿足，並且特別留意真實的情感和戲劇化的情緒之間的差異。當注意力模式開始改變，4型人就會發現，可能會有以下反應：

- 想要從各個角度、各種方法來審視一個問題，作為一種不要採取行動的方法。
- 不想要被歸類，不想要別人覺得自己的問題很平凡。認為其他人對於自己心理狀況的獨特性和嚴重性都不了解。覺得自己有可能因為心理治療，而被以一種錯誤的方式改變。
- 想要神奇的解藥，希望可以透過藥物「被帶到其他地方」。
- 對於日常感覺的平庸感到不耐。想要透過失落、幻想和戲劇化的行動來強化情感。
- 後悔的感受：「現在要改變已經來不及了。」或是：「如果我那時候沒有那樣做就好了。」

- 自毀的念頭和表達，是一種求助的吶喊：「如果他們知道我在想什麼就好了。」或是：「當我死了，他們就會知道我有多痛苦。」仔細注意這種反應，看看其中有沒有想要實際採取行動的徵兆。
- 想過一種奢華的生活：「洗衣服不是我的事。」
- 拿自己和別人比較，感覺嫉妒：「她比較漂亮」、「他的衣服不錯」。
- 誘惑和拒絕。在別人拒絕自己之前先對他們百般挑剔。
- 強烈的自我批評。對於自己的身體有錯誤的感知，在某個程度上討厭自己的身體。有時候會產生厭食症患者的自我意象，覺得自己很胖，實際上並非如此。有厭食症或暴食症的症狀。
- 尖酸刻薄的諷刺、想要贏過別人。自己會受苦都是別人的錯。
- 先是尋求別人的建議，然後又否定它們。沒有辦法捨棄痛苦所帶來的強烈感受。

4型人

09 5型人：觀察型

後天養成的人格

頭腦——主要特徵：吝嗇

心——強烈情感：貪婪

本質

頭腦——高等心智：全知

心——高等情感：不執著

子類型的表現

性愛：分享心事（祕密）

社交：尋找圖騰

自保：尋找城堡（家）

困境：建構內心的高牆

對於觀察型的人來說，他們的自我就像是城堡一樣，那是一座高聳、難以穿透的建築物，在頂端有著一扇小小的窗戶。這座城堡的主人鮮少離開它的高牆，偷偷地注意有誰登門拜訪，躲著不讓人發現。觀察型的人非常注重隱私，他們喜歡在遠離塵囂的地方住下來，避開情感上的負累。他們在家的時候通常會把電話線拔掉，在外面的時候則是從人群的外圍看著活動進行，他們總是要猶豫一番，才能決定自己要不要加入。

童年時期的5型人覺得自己受到侵犯；城堡的牆壁出現裂痕，他們的隱私也被奪走。他們的防衛策略就是撤退、減少和別人的交流、簡化自己的需求、盡全力保護個人空間。5型人說他們發明了許多複雜的方法與人保持安全距離，因為如果有人靠得太近，他們就會失去防衛的力量。

觀察型的人覺得外面的世界充滿威脅和危險，所以他們寧願只拿取觸手可及的東西，也不願意冒著危險離開家裡安全的城牆。

他們可以成為隱士，在某個小小的房子裡過著一種離群索居而且通常是以心智活動為主的生活；他們在戶外的冒險，最遠大概只到圖書館和商店。他們也會參與社會生活，不過主要是在幕後擔任操作的角色，把前線的交際應酬交給別人處理，自己則是透過電話聽取這些人的簡報。當5型人現身在公開場合，他們通常會擺出某種姿態，把真正的自己隱藏起來；也就是說，當他們在融入某個情境的時候，也儘量地收起了自己的情感。

5型人

5型人希望可以不要涉入任何事情。他們覺得任何和財務有牽連的人際互動都非常危險，責任義務對他們而言是一種壓迫，憤怒和競爭必須受到控制，情感上的依戀則是一大負擔，別人正面的期望也會讓5型人感到莫大的壓力。「安全距離」的意思就是不要參與其中，除非5型人覺得一段親密關係或情感上的聯繫，可以讓他們保有獨立狀態，不然他們就會躲起來，或者將親密接觸隔離開來，讓它成為生活中一個可控制的片段。

5型人對於提升自己能見度的人際互動尤其敏感。自我推銷、競爭、公開示愛或表現恨意，都會讓5型人覺得被別人玩弄於股掌之中。5型人對於可能招致批評的人際互動表現得相當淡漠；這是一種自我保護的習慣，背後隱藏著一種優越感——他們覺得自己比那些追求認同和成功的人還要高明。他們相信欲望和強烈的情緒意謂著失去控制，當情緒變得痛苦，就得把它們放掉。面對那些主宰著眾人生命的需求，5型人卻能夠從中輕易地抽離開來，這也為他們帶來一種特別的成就感。

說5型人是獨立的人一點也沒錯。他們自己一個人可以很快樂，沒有太多需求，對於自己的心智生活感到怡然自得，而且不太會因為分心而把金錢和精力花在瑣碎的小事上頭。

然而，他們之所以能夠獨立，是因為他們能夠把注意力從情感和直覺抽離開來，這種能力所帶來的昂貴副作用，就是讓他們只能住在自己的腦袋裡。

如果5型人變得孤立又沒有人可以依靠，對於隱私的愛好就變成了孤獨。當5型人想要和別人有更多的連結，這才知道要走向人群有多麼困難，發現自己總是眼睜睜地看著生命流逝，卻只能站在原地不動。他們生活在一種貧窮的氣氛當中，喜歡「獨立」勝過滿足，擔心自己的欲望可能會讓他們必須依附別人。他們的內在有些空虛，卻又無法對外要求更多，因此對於自己擁有的幾樣東西變得極度執著：用一些紀念品來填充空白的空間，用一些珍貴的想法餵養飢餓的頭腦。「想要與人建立連結的感覺，就像是在一個宴會上挨餓。我渴望體驗別人擁有的那種感覺，所以我把手伸出去，卻搆不到食物，又沒辦法把手收回來；我的手就這樣懸在餐桌和膝蓋之間。」當他們從感覺抽離開來，卻又急切地渴望與人接觸，便會花上許多時間和精力，希望可以在頭腦裡找到一種與人連結的方式，讓自己回歸人性。5型人的存在以頭腦為中心，他們藉著特別的知識來尋求連結。

觀察型的人，對於可以用來解釋人際互動共通原則的理論模式和系統相當感興趣，特別是人類的行為。藉著精通某個系統，像是數學、心理分析或九型人格，他們就可以建構一套關於人際互動是怎麼發生的概念，於是他們就可以一種抽離的方式，在這個系統中找到自己的位置。他們的興趣很少和財物或是物質有關，錢只有在買得到隱私，或是可以讓他們獨立、擁有自己的自由、學習和追求其他興趣的時候，才稱得上有價值。5型人不會把有限的精力拿來累積世俗的財物，如果他們繼承了一筆遺產，他們很可能會把它存起來，因為它可以為獨立提供保證，但是他們仍然會繼續過著儉樸的生活。如果他們不是啣著金湯匙出生，也不會願意為別人工作來累積財富。

然而，他們會把大部分的精力和時間投入學習，或是進行其他智性的追求。

5型人說當附近沒人在看的時候，他們的情感比較能夠浮上檯面。他們說如果房間裡有其他人，自己就很難流露真情，孤獨是他們幻想生活的舞台。他們說自己在一天中，大部分的時間都和自己的感覺很疏離。他們需要自己一個人「把事情想清楚，看看真正的感覺是什麼」。他們說和一場真實世界的談話比起來，自己在獨處的時候反而能夠和別人有比較好的連結，比如說回想彼此之間的對話。當他們獨自一人，可以自在地回味在一整天當中還沒有好好感覺的事物，以這種方式輕易地享受人生。

一場短短的會面，對5型人來說可能意義重大，他們會在回家以後，一個人回味這一場互動。5型人喜歡和不同的朋友分享不同的興趣或是不同的理解，他們可能不會介紹這些朋友互相認識，這些朋友也不會知道，觀察型的人在其他的生活場景之中有著什麼樣的表現，但是5型人會因為彼此的信任，珍惜這些朋友的存在。5型人覺得非口語的交流方式更能讓人感到親近，只要最低限度的接觸，就足以讓一段關係持續下去。5型人會允許和友誼相關的小儀式，如果他們的朋友夠聰明，就會讓5型人成為關係中的「觀察者兼顧問」，而不是期待他們要表露自己的感情，或是希望5型人在關係中採取主動。

5型人常見的心理慣性包括：

- 注重隱私。
- 保持疏離，把注意力從情感當中抽離出來：「次等人才需要戲劇化的情感。」
- 以撤退和節儉作為第一道防線。
- 恐懼的人格類型，害怕去感覺。
- 過度強調自我控制的價值。
- 延遲的情感。如果身邊有人，他們就會收斂自己的感情。當自己在家獨自一人並且感到安全的時候，情緒才會湧現。
- 把事情分門別類。將生活裡的責任一件一件分開來看，一個任務放在一個盒子中，每件事情都有特定的時間限制。
- 希望能夠預知一切。想要在事情發生之前，就先知道會發生什麼事情。
- 對於特殊的知識和分析系統特別感興趣，尤其是那些可以用來說明人類運作方式的知識。想要擁有可以解釋情緒的地圖，像是心理分析或是九型人格。

● 將「靈性上的不執著」和「為了避開痛苦，不成熟地把情緒關機」混為一談，就像一個未開悟的佛陀。

● 注意力風格表現為以外在觀察者的角色來看待生活和自己，這可能會導致：

——對於生活中的情感和事件感到疏離。

——讓觀點保持穩定、不受情緒左右的能力。

家庭背景：受侵擾的童年

有兩種特定的家庭情境經常會讓孩子想逃。在第一種情境中，孩子覺得完全受到遺棄，但是接受了自己的命運，為了生存下去，只好試著從情緒抽離出來。第二種，也是5型人最常報告的家庭背景，就是那些在精神上具有一定侵略性的家庭，逼得孩子把情緒關機，藉此逃離不舒服的情境。

以下的陳述來自一個典型的5型人，他是某個冷僻商業領域唯一的專家，並且靠著這個專長賺了不少錢，但是他決定住在舊金山一個老舊的街區，因為那裡的房租很便宜，而且他最喜歡的中國餐廳就在半條街之外。

> 我所記得的就是沉默，還有我喜歡獨處。我們家的五個人各自待在不同的房間，在自己的軌道上運行。我們很少說話，肢體接觸就更不用說了。我們的父母出生的時候耳朵就聾了，而且就像所有的聾人一樣，沒辦法控制自己的聲音。

所以，如果你和他們一起去某個公開場合，他們偶爾會發出奇怪的大吼，接著就會引來許多路人注目的眼光，這會讓人恨不得趕快找個地洞鑽下去。

我在童年時期最強烈的一個感受，就是希望自己不要被別人看見，所以我變得很擅長假裝自己是一盆棕櫚樹植栽，或是藉著遁入牆上的圖畫來讓自己分心。和他們一起出門的時候，就盡可能假裝我不在那裡。

以下的敘述來自於一位電腦工程師，他的說法為我們提供了上述第二種童年情境的樣貌。他喜歡在晚上工作，這個時候辦公室沒有半個人，除了偶爾有清潔人員來打掃，還有超過一百台安靜的電腦陪著他。

在我成長的過程中，我和七個人共用三個房間。在這種情況下，根本沒有辦法獨處，除非出門或是上廁所。所以我在某棵樹上找了一個比較平坦的地方，在那裡打造了屬於我自己的小天地，我會到那裡去放空、閱讀、往下監視所有人的動靜。

後來這個基地被我的兄弟們發現了，我只好再去找別的樹。我極度渴望獨處，因為這是我唯一能夠做自己的時候，才不用一直想辦法逃開那些要我為他們做這個、做那個的人們。

隨著我逐漸長大，恐怖的事情變成派對、和別人約會，還有穿衣打扮。我就是不會準時到場，去和別人閒聊，講一些不用想也知道的事情。在進去某個派對之前，我第一件要做的事，就是找出口的位置，然後規劃自己行進的動線，從大門一路慢慢移向某個出口。最慘的就是陷在某個對話裡動彈不得，特別是和某個想要從我身上得到什麼的人說話。

情緒距離

那些覺得自己必須逃走的孩子，會找到一些方法把自己隔離開來。其中一個做法就是待在房間裡，關上門。另外一個方法就是築起一道高牆，拉開情緒的距離，讓自己不要去感覺。最後，當你和某個試圖想要探聽隱私的人面對面，你就可以直接承受他的目光，並且對他的侵犯不起任何反應。

有個5型人這麼說：「他們可以試著支配我外在的行為，但是永遠都不會動到真正的我。」

那時候我們在一家餐廳裡，我的母親開始對著我大聲朗讀菜單：「他們有賣雪豆牛、辣茄子……等等。」她老是這麼做，每次都讓我覺得很痛苦。我自己的點菜方法，就是唸出每一道菜的名字，然後看看內在有什麼反應，比如說味道或是感覺；但是當我媽用這些菜名轟炸我，她說話的速度和我內在的速度不一樣，讓我根本沒有時間想清楚。

我耗費了極大的專注力才創造出距離，一道牆，讓我可以看著菜單、想想自己要點什麼。同時，我覺得自己被侵犯了，一點用也沒有。後來我們去了動物園和玫瑰園，我媽又試著開始描述、解釋她看到的所有東西：「看那個，噢，真是美麗。看，那個玫瑰的品種是『約瑟夫的彩衣』，另外那一個叫做『粉色寧靜』。」又來了，在被指導的狀況下，我根本沒有空間可以好好地感覺這些玫瑰花。

5型人

我發現自己的行為，就像我以前在念語法學校的時候一樣：我會故意落在她後面或是走到她前面，就是試著把距離拉開。然而，我還是無法如願以償，因為我同時也在看著她會作何反應，等著自己的注意力再一次被她打斷。我是在胡鬧嗎？她會覺得我這麼做很無禮嗎？和她在一起實在是讓我非常焦慮，我的心思根本無法留在花園裡，我覺得我一定得自己一個人，才有辦法好好地欣賞這些玫瑰。

要在高壓的影響之下保持自主的權力，最好的方法就是切斷自己與強烈情感的連結。5型人控制情況的方法就是停止回應，而不是試著控制問題，或是控制其他相關人士。要控制個人的反應，通常意謂著要在交流發生的時候，先把感覺擱在一邊，等之後回到家一個人的時候再來整理它們。

年輕的時候，我是一個獨來獨往的人。如果我必須和人群在一起，我就會模仿別人的臉部表情和各種習性，讓自己適應他們的場子。我喜歡自己一個人，在心裡並不覺得需要任何陪伴。到目前為止，如果我一定得和別人在一起，我就會用自己發展出來的一套系統觀察他們怎麼行動，並且試著表現出那個樣子。偶爾我會看到有人在路上親熱，這讓我覺得很孤單，他們的內在究竟發生了什麼事總是讓我感到好奇。

後來，我開始討厭離開人群。我想要和人們分享一些我在獨處的時候發現的事情，但是我只有在晚一點、當我自己一個人的時候，才能夠感受和別人在一起的快樂。回憶那次見面的感覺，比真的和那個人在一起還要強烈。我試著捕捉回憶帶來的感覺，看看哪些是對的。

我花了好幾年的時間，才有辦法在當場感覺某個強烈的事件，而不是遁入牆上某個有趣、令人驚奇的污漬，然後讓自己消失。

5型人經常說，他們會藉著某種知覺的轉換來和別人拉出距離。他們覺得看著別人，就彷彿他們和別人之間有著一片廣大的虛空；或者就好像他們在和別人講話的時候，是站在一個單面鏡看不到的那一頭，從那一頭來觀看。在隱形的狀態下，他們就能夠不帶感情地看，不用插話，也不會有不適當的行為。5型人有時候會說，如果逼不得已要講話，他們會覺得聽眾彷彿離自己很遙遠，而且還變成了「漫畫人物，就像是來自另一個世界的外星人」。

當我不想被人看到的時候，我就會這麼做：如果不能離開，或是無法用咖啡桌上的藝術書籍讓自己分心，我就會試著變成背景的一部分，把自己的存在隱藏起來，這樣就沒人知道我在這裡。我非常擅長讓自己消失在牆壁裡面，連前來找我的朋友都會從我身邊筆直地走過去，卻沒有看到我在那裡。

如果你手裡拿著飲料或餅乾，消失在牆壁裡面這個技巧就能發揮最大的功效，它們可以幫助你融入整體的氣氛當中。不過最重要的是，要把注意力從你自己身上抽離開來，直到你發現自己消失了為止。

從那樣的角度來看，事情反而變得有趣得多。你會看到整個房間都是派對怪人，他們走來走去，就像是《星際大戰》（*Star Wars*）中的酒吧，或是其他外星人電影中的場景。

這樣一種避免陷入情感糾葛的防禦策略，不僅適用於負面情緒，也被應用在正面情緒。

欲求某個東西就是為自己打開失落的大門，如果你想要某個東西想得發狂，那就意謂著你必須承受後果，讓自己對別人產生依賴或執著。

「安全」對我來說，就是在感覺抓住我之前，我先把它們放掉。我一個人也過得很好，為什麼要讓事情發展到嫉妒或是背叛的地步呢？所以我說，絕對不要拿太多張卡，以免被捲入牌局中。

四年前，那時候我和女友已經交往了快要十年。我們一個禮拜見面三次，她告訴我，她的青春已經來到盡頭，如果我不跟她結婚、共組家庭，她就要另覓新對象。

一個人的時候，我就會開始想念她。我沒辦法和她結婚，也沒辦法放她走。我最後同意了，因為不管怎麼樣我都會失去某些東西。在小孩出生的前一個月我得了恐慌症，我不知道能不能接受有人一直打擾我或占用我的時間。

孩子滿月以後，我知道自己變了。當孩子哭了，我就過去把他抱起來，而不是在心裡掙扎，希望他不在這個房子裡。但是我本來的感覺並沒有消失，我試著在事情發生的時候停留在我的感覺裡面，而不是抽離開來或是壓抑它，把它留到自己一個人的時候再來審視。

反芻感覺

5型人經常說他們會在某個事件發生之前，試圖先取得完整的訊息，這樣他們就可以先做準備，先在腦海裡預習一切可能會發生的狀況。他們希望可以就任何不可預測的事情或是可能讓人丟臉的事情，先獲得警報。任何不在預期之內的事，或是其他人到時對他們發出的強烈要求，都可能會讓5型人痛苦萬分，因為這樣他們就得在一個不熟悉的地方被迫聯繫自己的感覺。

先為人際互動做預習，讓5型人可以在事件進行時保持一定程度的抽離。他們的策略是在私底下先審視一個事件，想像自己最佳的表現方式，接著在實際互動的時候將感覺抽離開來，心裡還會帶著一種「我早就知道會這樣」的感覺。

當他們返家回到安全的個人空間，5型人才會把這個事件和所有的感覺拼湊在一起，慢慢弄清楚對這件事有什麼情緒。

> 什麼都沒有準備感覺起來很嚇人。我一定得把晚宴的細節先搞清楚，像是誰會到場。接著我會把流程跑一遍，像是菜單上有哪些東西、還有受邀者的背景。我經常都準備得很好，結果在事情進行的時候，我的心思反而會飄到別的地方去。
>
> 我在我們當地的大學教授一門和古代語言相關的課程。一開始，教學讓人很興奮，同時也很嚇人，不過只要我開始熟悉教學的材料和課堂的狀況，我發現自己的頭腦就會開始從課堂上抽離開來，我甚至會飄到自己上方或是後方看著自己正在講課。
>
> 除非有某種真的出乎意料的事情發生，比如說某個學生突然大叫：「失火了！」我才會回過神來，發現教室裡的二十個學生正在看著我。當我出神的時候，我覺得真正的自己會跑到身體的外面或上面，看著舉止合宜、專業的自己表現出風趣、聰明的樣子，或是任何我訓練他要表現出來的樣子。

> 如果一切都按照腳本進行，我也會覺得相當困擾。我希望或許有人會注意到我並不在我所在的地方，或是希望某個聰明絕頂的學生可以問我某個問題、打斷我單調的自我觀察。我就像一個旁觀者看著自己的生活。

如果人際互動的界限很清楚，觀察型的人會比較能夠表現自己的情感。如果他們知道某個議程的主題，還有會議的時間長度，他們便能在限定的時間之內，自由而又熱情地發表對這個主題的想法。他們可能會事先演練，不過只要他們了解主題，就比較能夠在當下感受自己的情緒，也能在有意外狀況發生的時候把注意力抽離開來，搖身一變成為觀察者。當會議結束、大家開始閒聊的時候，他們就會想要快點回家。

許多5型人說他們在旅行的時候相當外向，可以輕易地和別人打成一片。旅行的情境相當適合他們主動與人打交道，因為他們成了異文化的觀察者，而且可以掌控自己停留的時間。

這麼一來，他們就能夠全心全意地享受各個獨特的情境，希望能夠在短短的時間之內獲得大量精華的體驗，把記憶儲存起來，留待日後再來回味。

> 我是個植物學家，在這個領域已經有好幾年的教學經驗。有天我決定辭職，之後就一直在世界各地旅行。我有個衝動，想要以最簡單的方式活著。探訪新的地方總是會讓我很興奮，我只會最簡單的對話，身上全部的錢只有二十美元。我一次又一次這麼做，強迫命運給我一些東西。我得對別人伸手求助才有辦法度過一天。
>
> 每當我建立了朋友圈，交了女朋友，有了願意支持我的基地，我就開始計畫離開。在

短短的時間裡，我和共處的人產生了極大的親密，然後我就會再度離開。只要我明確地知道自己的位置在哪裡，我就會開始感到不滿，因為我知道他們對我有哪些期望。當我撤退，這些東西就不復存在了。離開的時候我會有些懷念，懷念在那裡發生的一切。我把這些都記在腦子裡，這些回憶會跟著我一輩子。

分門別類的生活

在5型人精心策劃的保持距離方案當中，防禦的第一個動作就是轉身離開、拔掉電話線、變成一個離群索居的人。比較內化的保持距離的方法，包括了把注意力斷開，這麼一來可能相當具有張力的經驗就會被隔離開來。5型人會把生活分成各種不同的區塊，每個區塊有不同的朋友，這些朋友彼此不認識，也不會從5型人那裡聽見和其他人有關的事。在特定的時間和空間裡，5型人會培養出某些強烈的興趣，他們平常不太會提起這些興趣，一直到「做這件事的那個時刻」來臨。把生活的各個區塊分門別類，對於觀察型的人來說，只是一種注重個人隱私的表現，而不是不願意被別人完全了解。我們或許可以說，5型人在公開的溝通或是爭執之中沒有什麼抵抗能力，所以他們偏好的防禦方式，就是希望自己最好完全不要被注意到。

如果某個人進了門，我就會覺得他們可能會脫掉我的襯衫。這是一種無害的防禦：你必須離開，關上門，把一切阻隔在外，因為你沒有和別人鬥爭的資源。與其和別人爭些什麼，還不如就這樣走開。這意謂著他們可以得到一切，而我又要再一次過著什麼都沒有的生活。

關於襯衫被脫掉這件事，我只能說，我擁有的東西那麼少，那可能是我唯一一件襯衫了。即便如此，如果我得和某個人爭論這件襯衫到底屬於誰，我寧願不要這件襯衫。

另外一個製造安全距離的方法，就是把回憶一個一個分開來看，這樣一來，你上午做的事情和下午做的事情彷彿就失去了連貫性。不連貫的意思，並不是說你真的不記得早上說過的話；而是意謂著你生活裡的事件似乎是以一個片段、一個片段的方式發生，事件和事件之間沒有一個連貫的情緒可以把它們綁在一起。

我有一件斗蓬，上面都是紀念品。我之所以迷戀這些小東西，是因為這些小東西中裝滿了許多記憶，可以讓我完整地回想起生命中的某個片段。我有個盒子，裡面裝的是一些毛線，它們來自一件我在研究所時期穿了四年的毛衣。我還留著某支撞球杆的頂端的零件，它讓我在學生時期贏得許多勝利。我也留著兩個兒子出生時剪下的臍帶。還有一些旅行時留下來的各國貨幣，看到它們我就會回想起那些美好的時光。

我也蒐集事實，我稱之為「捕蠅紙般的頭腦」（flypaper mind）：關於我感興趣的事情，我找到許多驚人的、自相矛盾的事實，它們疊起來就像是這件事的瑕疵一樣。我渴望可以蒐集更多這樣的東西，但是對於這些事實究竟要怎麼拼湊在一起，我一點頭緒也沒有。

隱私的喜悅

5型人會在獨處的時候活過來。他們常常必須遠離人群來為自己補充能量，並且釋放那些與其他人相處時暫時被擱置在一旁的感覺。

5型人在私人時間腦袋不停運轉，總是在思考一些有趣的事情。他們喜歡與自己的頭腦為伴，除非隱私加深變成孤立的感覺，他們很少會因為沒事做而感到憂鬱或無聊。

雖然對比較外向的類型來說，觀察型的人看起來很寂寞而且在社交上相當孤立，5型人倒是寧願獨處。事實上，他們非常獨立。不尋求別人的認同，希望可以在經濟上自力更生，堅持來去都要隨自己的意願，而且不希望因為與其他人的依附關係而產生情緒上的負擔。因為5型人不尋求別人的認可，他們能夠在家裡過著全然自發性的生活，開開心心地和擁有的物品和頭腦裡的想法為伴。下列的陳述來自於一個年輕的電影導演，他最初從攝影起家，因為他覺得待在鏡頭後面會讓他在公開場合裡覺得比較舒服。

大家都覺得我是個外向、喜歡社交的人，但是這和我自己的認知相當不一樣。我會外向，是因為當我在拍片的時候，我熱愛我的劇本，而且我已經想得很清楚，我知道片場的工作人員應該要做些什麼，才能捕捉到我想要的影像。因為我早就計畫好每一件事，而且盡我所能嚴格地控制整個過程，所以演員在現場偶爾的即興演出，或是當膠捲在剪接的時候出現一些意料之外的視覺效果，對我而言相當珍貴。我這輩子最快樂的時光就是自己待在放映室裡，看著我的想像在螢幕上有了自己的生命。

在公眾場合隱藏自己的方法

5型人喜歡獨處，卻又覺得偶爾還是有必要在公眾場合現身，於是發展出一些巧妙的方法讓別人把注意力從自己身上移開，比如說，把焦點帶到某個雙方都感興趣的話題，或者是把焦點轉移到對方身上，讓對方講述自己的生命故事，這些都是相當明顯的作法。

5型人能夠成為可靠的朋友，他們能夠扮演顧問的角色，為那些在生命的路途上踽踽獨行的人指點迷津；但是如果他們的朋友夠明智，就不會刻意地在5型人身上尋求情感的連結。

5型人還有一個轉移注意力的方法，那就是將人類複雜的行為濃縮成一個可以理解的心智系統。5型人可以和別人進行深度的交流，透過研究諸如心理學或占星術等體系，用純粹的理性來了解情緒的動盪。藉著了解人類在情感上如何運作，他們可以輕易地談論感覺的模式，而不必涉入其中。對於旁觀者而言，5型人對於抽象的系統和原理的著迷，是一種逃避與人產生連結的做法，以一個人「應該會有什麼感覺」這樣的想法來取代真實的感覺。

5型人還相當精於另一種形式的公開躲藏：讓自己消失在一個合宜的身體姿勢中。他們會調整身體的姿態來適應周圍的情境，舉例來說，有個5型人是個出色的搖滾樂手，當他和許多知名樂團合作的時候，會把注意力從身體稍微抽離開來，然後按照既定的流程排演。他在雞尾酒會上或許會擺出特定的姿態，需要一套特定的服裝和一杯飲料，還有當他雙腿交叉的時候，膝蓋要擺在正確的地方。他希望自己盡可能從身體裡抽離開來，這樣就不用在派對的過程中一直待在身體中。

親密關係：恐懼情感

5型人的主要議題就是對於情感的恐懼。就他們的基本防禦機制來說——把注意力從強烈的情感中抽離開來——親密關係是一種負擔；意思就是，一旦觀察型的人進入一段感情，就會陷入進退兩難的困境：一方面他們已經習慣不要去感覺，一方面又強烈地受到正面情感所影響。

5型人會抗拒這樣一個事實：和對方就在面前相較，他們一個人的時候對於其他人比較有感情，而且能夠享受彼此的會面。他們說自己經常在面對面的交流中感到不知所措，必須等到一個人的時候，才能搞清楚自己究竟有什麼感覺。5型人在事後回顧的時候，當身邊沒有任何打擾，反而會有比較多的感覺浮現出來。這個情況特別明顯，就是當他們在一次深入、親密的會面之後，就會直接隱遁進入孤獨狀態。觀察型的人很容易因為強烈或持續的人際交流而感到疲累不堪，他們會撤退，想一想自己的定位在哪裡。從親密關係即刻撤退一定會對伴侶造成影響，他們的伴侶可能無法像他們一樣暫時放下依戀。因為5型人很少談論這件事，他們的朋友通常都不會知道，當5型人在獨處的時候是如何地想念他們生命中的重要人物，或是5型人究竟花了多少時間來預習和溫習與生命中重要友人的會面。對於5型人來說，他們可能在心裡與對方建立了強烈的連結，但是對方並不知道自己對於5型人來說竟然有那麼重要。

當5型人把一段關係變成腦袋裡的思想，他們就能夠以一種抽象的方式，一點一滴的享受它。觀察型的人在獨處的時候，會試著為自己的情感和思想進行配對，這樣他們就可以和自己真實的感受重逢。因為他們將注意力從強烈的情緒中抽離出來，將自己的情感化為腦袋裡的思想，對於他們的伴侶來說，5型人似乎總是在逃避，而且在情感上相當冷淡。

就較好的一面來說，5型人確實會以一種抽象的方式與對方連結，並且以這種方式珍惜對方。他們的承諾會先來自頭腦，接著才是來自情感。一旦做出了承諾，就會非常持久，雖然他們的承諾總是有著明確的界線，必須在他們的時間和精力可以承受的範圍之內。

就較低的層次來說，5型人在「想要感覺」和「想要抽身」之間的分裂，在親密關係中變得更加極端。他們會強烈地避開可能會引爆自發性感覺的狀況，特別是面對面的衝突。最終，他們的伴侶會發現自己成了這段關係的活性劑：他們必須擔任採取主動的那一方，主動地走向5型人。

親密關係範例：5型人和9型人，觀察型和中立調解型

這兩個類型的人，對非語言的交流有一定程度的共識。在無數的傍晚中，他們會一起窩在家裡，雙方都覺得很安全，兩個人互相了解，這些事情也不需要明白地說出來。自然而然會讓對方擁有自己的私密空間，讓彼此可以在其中做決定、尋找自己真實的立場。

對這對伴侶來說，性愛可能會成為另一種重要的非語言交流模式：9型人會無意識地融入5型人的性愛模式。9型人會主動地走向5型人，希望可以和伴侶的願望合而為一，這樣一來（在這種充滿樂趣的能量交融當中），會讓退縮的5型人從未說出口的願望，成了這個

行動的主要焦點。家事也是非語言交流的重點區域，兩個人都會珍惜每天在廚房共處的晚餐時光，對他們來說是一種既安全而又熟悉的交流方式。

他們不太會干涉對方的興趣。如果9型人想要把能量運用在各種不同的活動上，5型人不會感到困擾，除非這些事情對家務產生負面影響。如果5型人想要把活動分門別類，9型人也不會有意見，除非5型人變得偷偷摸摸的，或是不再對彼此開誠布公。只要他們能夠以自己的觀點告訴對方目前事情進行的狀況，這對伴侶可以給予彼此最大的空間和最少的干預。然而，這兩個類型的人都傾向於保留某些訊息來作為自我防禦的手段，而且他們可能會產生強烈的嫉妒。如果其中一方藉著拒絕性行為或是保留某些個人訊息，來和對方拉出距離，就會讓這段關係陷入危機。

如果9型人把能量都投入個人的計畫，5型人就會擔任他的顧問，並且把這個計畫當成和外在世界聯繫的一個充滿趣味的連結方式。不過，如果9型人變得太仰賴5型人的支持，或是試圖讓5型人加入他的活動，他們之間可能會產生嚴重的嫌隙：5型人會覺得受到9型人的壓迫，9型人則是會因為5型人的撤退而覺得慘遭遺棄。9型人或許會變得過於依賴對方的認同，並且希望對方主動表達愛意；5型人則是會冷冷地堅持，就算沒有把話說出口，對方應該要知道自己在這段關係中的重要性。此外，如果伴侶在情緒上對他們產生了高度的需求，5型人就會刻意減少與對方相處的時間。如果5型人開始迴避性行為，或是不願意向對方保證自己的愛意，9型人就會覺得自己受到二度拋棄。對於9型人來說，他們必須把注意力轉移到外在的興趣，藉此為這段關係重新帶來活力。只要他們不要把注意力直接放在觀察型的人身上，5型人就不會覺得有壓力，才能再一次把焦點放在彼此共同的興趣。

對於這對伴侶來說，無聊或許是另一個陷阱。這兩種類型的人都要依靠對方提供樂趣，雙方都擔心自己沒什麼好玩的事情可以分享。如果他們感到無聊，就會開始批評對方：9型人之所以批評，是因為他們融入了對方的願望，卻發現對方的願望一點也不能激勵他們；5型人之所以批評，是因為他們對家裡的環境有了足夠的安全感，因此能夠表達自己的負面情緒，於是強烈的憤怒便浮出水面。5型人的憤怒通常以一張臭臉來表現，或是冷淡的負面沉默，這會讓9型人覺得非常不安。

如果其中一個人威脅要結束關係，或是有了外遇對象，就會引發讓人意想不到的嫉妒情緒。如果5型人很依戀自己的伴侶，雖然他在理性上可能會否認，但是失去這段關係就像是失去自己的生命一樣。同樣地，9型人會覺得自己的某個部分已經和對方融合在一起，分手就意謂著要切除並且從此失去這一部分的自己。他們之間還有另一種有趣的情緒互動，不管是吵架或是嫉妒，都會讓這對伴侶不再無聊，讓他們重新領悟這段關係有多重要。

當關係持續下去，到了要做出承諾的時候，不管是對於9型人或是5型人來說，都是一件讓人痛苦的事。一旦9型人下定決心要給對方承諾，而5型人也對另一個人產生了持續的情感，如果他們可以為彼此製造一些愛意或是記得彼此的示好，就會讓他們的關係變得更加堅定。9型人需要融入對方的情緒和愛欲，5型人則是希望對方在自己感覺湧現的時候，可以給予愛的保證。

權威關係：反抗權威

5型人很討厭時間和精力被別人左右。他們天生覺得自己的能量有限，而且很容易因為人際關係而耗損。當他們搞不清楚別人究竟對他們有什麼期待的時候，或者是他們的工作職務可能會因為一個上級的命令就遭受波及，他們特別容易會覺得筋疲力竭。

因為不願意把有限的精力分給別人使用，觀察型的人會藉著退縮來反抗權威的控制。他們偏好最小化的管理，討厭突擊檢查，或是要求持續工作回報的老闆。如果他們必須和不認識的人接觸，最好可以在事前為即將討論的事情設定明確的界限，不然5型人難免會覺得受到侵犯。他們經常會把獎勵當成陷阱，像是頭銜或是薪水，認為那是有權力的人用來引誘勞工然後榨乾他們的時間和能量的計策。5型人寧願不要這些認同，這麼一來，他們就必須對自己的工作狀況做好規劃。

不過，如果一份工作允許5型人訂定自己的時間表，同時允許他們自行決定與其他人互動的方式，就算這是一個權威式的工作系統，5型人也會樂意在其中工作。

如果其他人可以事先說明對5型人的期望，5型人也會表現出外向和友善的一面。舉例來說，5型人通常都會想要事先知道某個聚會有哪些人受邀參加，或是聚會有什麼主題，這樣他們才能預做準備。

觀察型的人通常都會避開小官僚，把它們當成各種權威控制的延伸。面對這些小官僚，5型人會擔心自己的隱私可能受到侵犯。比較輕微的逃避會表現為一種神經質的抗拒，像是不接電話；比較複雜和耗時的作法，就是避免和鄰居、房東和政府單位交流，比如說國稅局。

5型人之所以必須避開這些交流，是因為他們對於面對面的衝突毫無抵抗能力。只要上級直接寄信給他們，或是更糟的要求見面開會，5型人就會覺得受到很大的壓迫，因為這樣他們就得根據上級提出來的要求進行協商。他們偏好的防禦就是直接從上級的影響力範圍撤退，放棄那些會讓他們和社會系統糾纏不清的東西，像是薪資、房貸和負債。

就權威關係較高的層面來看，5型人在面臨困難的抉擇時，通常都可以保持專注，因為他們可以從令人困擾的恐懼和欲望抽離出來。他們通常是各種事情幕後的主腦，當大家亂成一團，他們還是老神在在的。他們天生就喜歡從事冷靜、長期、需要廣泛理論視野的計畫。他們相當樂意去開創重要但冷門的計畫，擔任基本上不會獲得公眾注意力的幕後推手。如果可以讓他們免於面對面的衝突，又不用負責後續的執行或是收拾殘局，他們會工作得比想像中還有效率。

就權威關係較低的層面來說，如果他們覺得被工作壓得喘不過氣，可能就會開始逃避，讓你找不到人。他們可能會在案子正如火如荼地進行時，突然宣布自己要去度假，或是在自己和工作之間，劃出明確的工作時間和會客時間的界限。

權威關係範例：5型人和4型人，觀察型和浪漫多感型

如果5型人是老闆，最舒服的工作環境就是一個私人的空間，並且對所有人際互動設立明確的時間限制：一小時的會面就是五十分鐘、和約定好的客戶開會、進行一通已經安排好的電話會議。這個老闆會要求4型人的員工過濾一切不必要的干擾，並且在有必要的時候直接處理客戶的需求。只要這個員工能夠設好完成期限，並且擔任有效率的中間人，老闆就不會想要監督他的工作。如果4型人願意承擔責任，而且只在有必要的時候才找老闆商量，那麼這個公司就能順利運作。如果這麼做沒有發生什麼衝突，老闆會很樂意和這樣的員工一直工作下去。

如果工作出現問題，老闆也注意到了，5型人的老闆會選擇退後，而不是上前去質問。

4型人可能會將這個舉動錯誤地解釋為老闆沒有注意到，特別是如果老闆平常都用備忘錄或是中間人來和員工交流，而不是親自處理問題。如果4型人覺得受到忽略，或是5型人選擇退後，就會造成嚴重的問題：員工可能會變得憂鬱或是漫不經心，要不然就是表現出令人困擾的行為，強迫上級給他一個回應。這樣一來，老闆可能會直接開除這個員工，而不是與他協商，這可能會讓4型人堅持要為這種不公平的遣散討個公道。

如果其中一方可以對另一方表示關心，就可以避免這樣的僵局。4型人想要上級的關注，5型人則是想要擔任成功企業背後的主腦，但是希望可以不要拋頭露面。如果老闆可以表現出在意這種狀況，去調查衝突的起因，4型人就會更願意配合。如果員工可以就問題提出可行的解決方案，又能避開衝突或引發情緒上的對立，會讓5型人覺得相當感激。

員工會從原本比較情緒化的立場，轉向較為理性的立場，老闆則是會從一開始理性的狀態，轉而注意員工對於這份工作的感覺。

如果5型人是員工，在工作上不會有什麼問題，但是和同事相處則是有點困難。對於某些5型人來說，要在沒有隔間的辦公室裡和其他人一起工作相當不容易；在沒有隱私的情況下，幾乎所有的5型人都沒有辦法連結自己的情感。許多5型人說他們會把自己藏在某個姿態後面，表現出好員工的樣子，但是內在已經從情緒抽離開來。如果可以和老闆直接用電話溝通最好不過，這樣老闆的指示就不會受到別的干擾。

因為5型人可以表現出某種合適的姿態，所以他們可以成為必須和一般人打交道的櫃檯人員或是娛樂從業人員。關於5型人在工作場合擺出來的特別姿態，都有經過練習，這些姿態可以成為5型人在公共場合裡的避風港。不過只有在5型人可以準確預測其他人會對這樣的姿態有什麼反應的時候，這個姿態才算得上是安全。那些必須直接面對人群的行業——像是推銷員或是政治人物——亦即那些需要主動與人會面並且不斷改變個人姿態的工作，對於5型人來說沒什麼吸引力，因為他們喜歡待在某個固定的姿態裡，從中獲得安全感，以這種方式來面對新的情況。

如果4型人老闆信賴5型人員工的能力，他可以和5型人建立一種私底下的聯繫，讓5型人為他提供建議。如果5型人尊重某個人的專業能力，他會很享受與這個人建立一對一的關係，而且如果注意力被放在工作上，而不是聚焦在他們身上，他們也能夠很自在地貢獻自己的能力。如果浪漫多感型的老闆夠聰明，他們就會負責對外發聲並且承擔執行的責任，讓觀察型的人為他提供建議並且擬定策略。如果老闆可以讓5型人免於直接與人面對面，那麼5型人員工在案子最困難的時候就能夠好好思考，幫助這個老闆度過他個人情緒上憂鬱、亢奮以及低潮的變化時期。

注意力模式：抽離感覺

5型人的孤立不只是撤退到隱私中，或是在情感上築起高牆而已；他們在精神上的孤立可以被視為一種習慣——藉著把感覺抽離，得以冷靜地觀察發生的事情。當他們面對壓力、處於一段親密關係，或是發生了意料之外的事，讓他們不得不以自發性的反應來面對的時候，這種注意力的模式會變得特別明顯。在極端疏離的情況下，5型人可能藉著把注意力凍結在身體之外的某個點，讓自己消失。

二十幾歲的時候，我就過著像隱士一樣的生活：沒電話、沒什麼朋友，出入都要開很久的車穿越一條破舊的鄉村道路。後來當我決定要成為一名攝影師的時候，我真的不知道要怎麼跟別人說話。上課的第一年我去做了心理治療，他們建議我針對身體做些工作。我在呼吸練習的時候整個人完全當機了，我對自己的身體完全沒有感覺。

在某次療程中，我的整個身體開始抽搐，發現自己抽離開來，看著自己經歷這件事，但卻完全感受不到自己的身體。從那之後，我三不五時就會發現自己站在自己的身體外面看著。每當我必須「上台」，就會出現這種狀況，即使只是在排練，我也會覺得突然解離了，看著自己的身體做著那些我必須完成的工作。

從感覺中游離出來觀看這樣一種習慣，除了為當下的強烈情緒提供一個緩衝，也能製造出戲劇性的體驗，靜心者視之為「注意力之物」（object of attention）與「內在觀察者」的分離。

我有一些老舊的紙娃娃，有時候我會覺得自己是它們的一員，正面掛著一件漂亮的洋裝，用兩個小小的紙片固定在肩膀上。沒有人看到我，他們只看到正面的洋裝還有我紙娃娃般的臉孔。

同時，我站在自己背後，就像是雙人對話中的第三個參與者，我看著對方的臉和站在那裡的我自己，被包裹在一件洋裝裡。

我十七歲的時候有了第一次性經驗，我的腦袋突然當機，跑到身體外面看著自己。做愛是一個明白的例子，很能說明當我覺得壓力很大的時候，我會有什麼反應。基本上，我想要避開壓力，但是當我不得不面對壓力，我就會發現自己和情緒切割開來。生活越困難，從外面看著自己就變得越好玩。我總是想著，接下來我會做什麼呢？我結婚了，因為我想看看自己會做什麼。我把一匹狼放在門邊，因為我想看看自己要怎麼走出那扇門。

注意力練習

這個練習可以讓其他類型的人體驗抽離的滋味，並且練習以內在的注意力來觀察事物。5型人在小時候發展出這種注意力模式，讓自己在充滿威脅性的環境中獲得安全感。5型人把注意力從讓自己害怕的事物中抽離出來的習慣，和靜心者的覺知，亦即區分觀察自己和觀察的對象，有點不一樣。其中一個主要的差別在於，5型人在抽離開來的時候整個人便凍結在原地，受到習慣的制約看著可怕的事情發生，並且強制注意力和相關的情感分離開來。如果觀察型的人和恐怖事件所引發的情感連結在一起，他們將頭腦和情感分離這樣的防衛機制就會失效。5型人會變得非常脆弱，容易受到其他人的影響，並且被自己的欲望所困擾。

和5型人逃避感覺、凍結的觀看相反，靜心者的內在觀察者，能夠融入內在注意力之物，與之合而為一，比如說身體的覺受、唱頌的振動、意象以及純粹的情緒。

想像你站在某人前面，而這個人試圖要干預你的人生。就像是當你不在家的時候，你的母親偷偷地檢查你衣櫃的抽屜，或是你的哥哥偷看你的日記，好幾個月以後你才發現。感覺看看這種狀況，無法控制地受到侵犯，你的身體會有什麼反應，並且想像一下，每天都要和這樣的人生活在一起。

現在，找個方法把自己隔離開來，不要讓那個人做的事影響到你。這個練習的重點在於，藉著把自己和侵犯者分離開來，保護你自己不受感覺的侵擾，而不是透過強力的壓制來阻止情感。5型人說當他們藉著抽離來避免外在的影響時，會有一種獲得控制，甚至是愉快的感覺。

有些5型人說他們會深深地進入自己的內在，那裡有個沒有情緒的地方。另一些5型人則說，他們藉著隱藏在某個牆壁或是單面鏡之後，或是把注意力轉移到別的地方，藉此把自己和侵犯者分開。從這個占上風的位置，他們可以觀察究竟發生了什麼事，並且讓情緒保持在不涉入的狀態。

直覺風格：分開注意力

當5型人被靜心吸引，他們幾乎不約而同地對「分開注意力」（detachment）這一項練習，有著發自天性的喜好。內觀（Vipassana）和禪就是這樣的練習，這兩者都強調放掉頭腦裡的思想和其他干擾，藉此培養內在觀察者。不幸的是，對5型人來說，這類練習的吸引力可能是來自這樣的欲望：他們想成為超然世外的大師，希望用靜心保護自己，讓自己永遠不受日常生活的恐懼和欲望所侵襲。因為這種大腦想要逃開的不成熟欲望，5型人又被稱為「沒有開悟的佛陀」（unenlightened Buddha）。

以下是一個5型人的報告，他總是利用抽離頭腦的技巧，來更加覺察自己的感受，看看這種作法和不成熟的抽離，亦即靜心只是為了能夠對感情更加免疫，這兩者有什麼不同：

5型人

一直以來我都有固定跑步的習慣。多年來，我覺得跑步是一個象徵，代表著我想離家的渴望，看看兩隻腳想帶我到哪裡都可以。不管家裡發生什麼事，只要我出去跑個八十公里，一切都會煙消雲散。我的思緒會消失，我就從所有的事情解放出來，只剩下眼前大自然的景色，還有我移動的身體，這些看起來是那麼自然，和我的作為並無關係。距離是我的主題，出門去跑個八十公里，年年如此，這是我生命中最美好的一件事。

跑步也是我用來連結感覺的方法。我可以利用跑步來釐清一切腦袋裡的混亂，當我頭腦變得比較清楚，我就會試著覺察我的問題，讓感覺自行來去。我稱之為「帶著問題奔跑」，透過這種方式，我對自己有了更深的了解。

有好幾次，當我帶著某個問題在跑步時，腦海中閃過一些直覺幫我做出了決定。比如說有一次，我朝著某個公司裡潛在的合作夥伴全速衝下一個峽谷，離另外兩個有力的人選遠遠的，當然了，峽谷裡只有我一個人。另外一次，我覺得膝蓋有點不太舒服，但是我知道剛剛提到的那個人會帶我回家，對於後來我在進行的一個協商，這是個相當正確的描述。

當這個跑者處於某種抽離的頭腦狀態，他找到一個方法讓自己的感覺和印象浮出水面。被自己的情緒「抓住」並不會帶來什麼危險，除非他不想放掉這些情緒。對於5型人來說，這個例子不太尋常的地方是他允許自己去感覺、讓自己的反應自發性地浮現，而沒有預先進行準備。

當他跑步的時候，他的注意力和內在觀察者達成一致，而且因為他願意面對自己的問題，而不是把它們放到一邊，他可以把注意力放在問題上，而不是在跑步的過程中從中抽離開來。

物慾極低的貧瘠

在生活有困難的時候，5型人寧願過得貧苦一點，也不願意伸手跟別人要東西。他們傾向以撤退做為反應，調整自己的經濟規劃，把個人需求降到最基本的程度，並且儘量不要依賴其他人。

當他們在腦袋裡想到「我不需要那個，沒有也沒關係」的時候，他們就會有一種獨立的感覺：

> 過一種極簡的生活，這比囤積一些根本用不到的垃圾還要快樂。我有一間小屋、一隻貓、幾本重要的書，還有幾套可以替換的衣服，隨時都可以帶著走。早餐每天都一樣：一根穀麥條和一杯茶。這些小東西給我大大的快樂，我衷心感謝有足夠的空氣、足夠的食物和足夠的時間可以獨處。
>
> 靠著這麼少的東西過活我並不覺得少了什麼。我的朋友們的生活就是一場競賽，我一點都不想加入戰局。賺越多錢只是表示你要繳越多稅，一棟大房子就代表要被房貸綁得死死的。對我來說，奢侈品就像是晚餐飯後的甜點，如果每晚都吃，我就會覺得甜點控制了我，我寧願把它丟掉，然後節食。

生活富裕的5型人也喜歡簡單的物質生活。他們的內在有種貧瘠的感覺；一種空虛的內在氣氛，彷彿任何得到的東西都不夠營養，沒有也沒關係。有錢的5型人和貧窮的5型人一樣，都過著一種物欲極低的生活，深受內心貧瘠的感覺所苦，但是不像那個擁有一間小屋和幾本寶貴書籍的5型人，他們比較不介意別人利用他們的能量，或是努力地多賺一點錢。

霍華．休斯，一個擁有億萬身價的5型人，過著儉樸的生活，最後斷絕了大部分的人際關係，他表現出5型人類精神分裂的特色。他透過遠端遙控、靠著中間人和電話來操控自己的帝國。他試著避開所有的接觸和衝突，但是並不分享自己獲得的豪華生活。他習慣坐在餐桌前，但不伸手去拿食物吃。

那麼，觀察型的人究竟為什麼會和貪婪扯上關係呢？如果極簡的生活給他們愉快的感覺，甚至是一種優越感，比那些辛辛苦苦才能獲得物質財富的人還優越，那麼這些物欲極低的人為什麼會受貪婪折磨呢？事實上，5型人的抽離是一種強迫性的症狀，而不是一種選擇。

那是基於一種恐懼，害怕失去僅有的一點東西，害怕因為與那些提供物資的人交往，會讓他們失去自主性，害怕像過去一樣被別人侵犯。

5型人的獨立彷彿是建立在一種頭腦的想法——「沒有那個我也可以過活」。當5型人被某一種他無法不需要的東西所吸引，情況就變得很困難。當某件事物變得如此有價值，以至於滲透了5型人的私人空間，或者是當5型人產生了想要擁有某個人或某個東西的願望，那麼這樣的內在貧瘠就會因為欲望的入侵而越演越烈。

因為5型人相當依賴事前的知識來自我保護，他們主要的執著是對於知識，而不是對於人或者是事情。他們說，當覺得知道宇宙如何運作，或是了解人類的行為，他們內心的孤立感就會獲得抒解。彷彿他們成了這個世界機器的一分子，但是不需要在情感上有所涉入，此外，藉著獲得這個機器的鑰匙，他們就可以看著其他人冒險地去愛、去恨，而不會有被排除在外的感覺。

> 二十幾歲的時候，我一直跟著一位上師，完全投入瑜伽的練習。這樣的苦行對我產生了很大的吸引力，我在凌晨四點就起床，吃素，經常性地斷食，而且我還禁欲了整整七年。當我在那個道場的期間，我只看過一部電影。我喜歡這樣的生活作息，而且發現了自己的力量，我可以快樂地活著，過著與世隔絕的生活。
>
> 後來我的老師要我離開，重新回到俗世，接著兩年都不可以回來。我離開道場的時候身上只有五百美元，我去找了份工作，開始獨自生活。我得說，我的老師相當正確：洗衣店、帳單、為了找工作和陌生人面試，這些都會讓我激動起來，就是為了遠離這些東西，我之前才會一頭栽進瑜伽中。

高等情感：不執著

不執著就是執著的相反，執著則是來自於欲望遭受挫折。如果我們可以獲得一切需要的東西，我們就能夠放手，並且知道如果有必要，我們還可以再擁有這些東西。

5型人錯誤的抽離，是基於一種對於感受欲望的反感，而不是一種擁有的已經足夠的圓滿感受。5型人能夠相當正確地指出，大多數人都執迷於要擁有更多東西——就算我們的日子已經過得很舒服，還有我們花費了巨大的能量去追求地位和物質財富——因為我們被困在自己的渴求和欲望中無法脫身。

但是5型人不要涉入、不要連結、不要受到逼迫的強迫性需求，會讓他們認為自己比較優越，因為他們可以過著極為簡單的生活，然而他們卻不會因為得到想要的東西而感到滿足。真正的抽離，當然，意謂著在你把感受放掉之前，你必須先擁有它們，而且能夠接受各種浮現腦海的印象。佛陀在打坐之前，也經歷了各式各樣的生活，最後才了悟頭腦的空性。他擁有過許多歡樂、受過折磨、滿足了一些不可思議的欲望之後，才開始教導人們進行不執著的修持。

高等心智：全知

對於一個害怕去感覺的人來說，要怎麼才能安撫他內心的恐懼呢？要什麼才能滿足想要預先知道一切的需求，拯救自己免於這個世界潛在的侵略呢？對於一個從身體撤退到大腦的人格類型來說，最佳的防禦就是知識。

就像九型人格的教導所指出的各種高等能力，要到達全知的路徑，仰賴一種無念的心智狀態（nonthinking state of mind）。這不是了解和某個主題相關的一切事實，或是發展某種聰明的觀念體系，來為各種事實找到它們的位置。這比較像是讓內在觀察者運作，將個人的覺知融入過去、現在以及未來各種事件的印象。

優勢：情感疏離更易抗壓

觀察型的人可以做自己感興趣的事，就算沒人支持也無所謂。他們能夠將自己與情感的連結，縮減到最低程度，這種能力讓他們可以為那些面臨壓力的人提供幫助。因為這種在情感上保持疏離的能力，會讓他們成為很棒的決策制訂者，就算面對重大的壓力，頭腦依然保持冷靜。如果一段友誼給予5型人足夠的獨立和自由，讓他們可以在覺得有必要的時候離開一下，5型人可以成為一輩子的朋友。他們可以透過非語言的方式表達出極大量的情感，並且以抽象和非語言交流方式珍惜彼此的情誼。

有吸引力的職場：學術領域

5型人通常會成為學者，在晦澀難懂但是重要的學術領域中打滾；那是一個屬於內行人的圈子。他們是為心理學家提供諮詢的心理學家，教導薩滿學徒的薩滿長老。他們手上的資料筆記可能薄薄一本，其中卻有著他們畢生的心血。

他們是偏僻部落語言的活字典，適合待在學術界的小辦公室，或是圖書館的書堆裡。他們是喜歡上夜班的電腦工程師，是那些在股市背後呼風喚雨的人。

5型人

沒有吸引力的職場：第一線的衝突處理

沒有吸引力的環境，包括那些需要公開競爭或是面對面衝突的工作：業務員、公共事務討論者、面帶微笑的政治候選人。

知名的5型人

億萬富翁J．保羅．蓋蒂（J. Paul Getty）之所以世界聞名，與其說是因為他不斷擴張自己的財富，倒不如說是因為他並沒有將財富用於享樂的各種事蹟。蓋蒂家裡有支投幣式的電話；大家都知道他為了搭朋友的便車，寧願枯等一個小時，也不願意叫計程車。有人說他在午餐之後總是要把手放在口袋裡，除非有人先付帳，他才願意把手拿出來。

其他還有艾蜜莉．狄金森、傑瑞米．艾恩斯（Jeremy Irons）、佛陀、梅莉．史翠普、卡夫卡等人。

子類型：分享心事、尋找圖騰及城堡

以下的子類型，描繪了5型人因為需要保護自己的隱私免於外來影響的侵犯，所以發展出了以下的心理傾向。

一對一關係：分享心事

在一對一的關係中，5型人會透過交換心事來感受彼此親密的連結。和比較公開的交流方式比起來，他們在非語言的性愛過程中，更能感受到彼此的信賴和親密連結的強度。

> 性生活是我的生活中最自由的一個部分。你不必講話，其他人也不用知道，兩個人之間立刻就會產生一種親密感，而且臥室是唯一一個我媽不會進來的地方。

社交領域：尋找圖騰

5型人希望可以和特定圈子的訊息來源保持聯繫，他們想要為圈子裡的人提供建議，或是從中獲得建議。圖騰也可以引申為一種對知識的追尋，特別是那些包含在權威象徵裡的知識，像是科學配方或是祕傳的學問。

我在一所工程學校教數學，幾年前我就應該要離職了，但是這份工作讓我能夠做自己真正感興趣的事——編輯學術期刊。我們在全世界的讀者不超過一百個，但他們全部都是數學理論家。我們大部分的人沒有見過面，但是因為我們共同的愛好，我願意為他們貢獻一己之所能。

自保本能：尋找城堡（家）

家是5型人的避風港，可以抵禦一切外來侵略。他們習慣為自己維持一個私密的個人空間。自己的家是「一個可以看到外面風景的子宮」。

如果有朋友在旁邊，我就沒有辦法做自己。我無法不去注意他們正在做什麼，就算他們安安靜靜地看書，在我看來，就像一個正在演奏波卡舞曲（polka）的樂隊一樣。只有請他們離開我才能專心，不然就是我自己換個地方，到一個沒有熟人的咖啡店，這樣我就不會受到干擾。

成功之道

5型人會尋求心理治療或是開始靜心練習，通常是因為感到疏離和寂寞。他們隔離自己的情感，然而他們也知道別人不像他們一樣，所以觀察型的人會把自己放在某些適當的情境，希望有人可以把他們從孤獨裡拉出來。他們典型的表現是社交困難，因為失去自己依戀的人事物而感到痛苦，或是害怕失去行動的自由。5型人必須學著承受自己的感情，不要逃避。5型人可以透過以下的方式幫助自己：

- 注意當別人在期待你的回應時，你是不是反而有了保留的欲望。不要把控制性的退場和策略性的給予當成一種手段。「我想做的時候就會做，但是不會按照你期望的時間點來做。」
- 注意你在什麼時候用分析取代了情感，或是用頭腦的想法替換了真實經驗。
- 要知道去觸碰自己的感覺，並不總是意謂著受傷害。
- 注意自己想要獲得認同、但是不想付出努力的欲望。
- 看看自己有多容易放棄：「我試過一次，但是沒有用。」
- 對你的三個S下功夫：祕密（secrecy）、優越感（superiority）和分離（separateness）。
- 學著接受各種自行發生的事件。去冒險、交朋友、讓祕密的夢想成真。
- 當旁人在場，你能感受到什麼；當自己在獨處所帶來的安全感之中，你又能感覺到什麼，比較兩者的差異。
- 認識自己想要控制個人空間、控制和親朋好友會面時間的強烈需求。
- 學著完成重要的計畫，把它們公諸於世，讓別人看見你。
- 了解表達感情和自我需求可能會真的帶來改變。
- 看看自己可以為了多小的事情而滿足。
- 質疑最低限度的生活方式。
- 看看自己用什麼方式讓別人採取主動：用不行動來逼迫別人先行動。
- 學著把你對特殊知識和象徵性思考的探詢，變成你的資產。

- 對別人的情緒和需求保持寬容。
- 利用一些技巧讓自己在當下流露情感，像是完形心理學、身體工作或藝術工作。與此同時，不要在情緒尚未成熟的時候發洩出來。給延遲的情緒反應多一點時間，讓它可以連接上你的內在洞見。

注意事項

在改變的過程中，5型人要特別注意以下行為：

- 離開身體，退縮到頭腦裡面。
- 想要保留時間和能量，節省而不使用。
- 自我表達困難。審查那些可能會暴露自我的對話，保留訊息。
- 不願給予；認為別人的需求是一種壓迫。
- 自給自足的需求變得更強烈。對治療師、朋友或家人這麼說：「沒有你，我也行。」
- 覺得自己會被承諾榨乾，不願意給別人太多承諾。
- 藉著把經驗化為思想來逃避。強化獨行俠的立場。在幻想裡和親朋好友在一起，而不是在真實生活中和他們相處。
- 幻想自己是被特別選上的那個人，想像自己不用做什麼就會被別人認出來：「如果上帝需要我，祂就會來找我。」

- 把自己隱藏在特定的姿態裡。在心理治療師的診間會表現出適當的態度，以之做為一種面具來防止注意力會流入當下的感覺。
- 相信自己超越了各種感覺：「笨蛋才會生氣」、「為什麼他們就是不能控制自己？」
- 當欲望浮現，行動卻陷入癱瘓。無法走出去，也無法撤退。
- 把情感生活分裂成許多片段。有許多祕密，但是沒有人知道全部的祕密。
- 把「靈性上的不執著」和「逃避情感上的痛苦」這兩件事混為一談。

10 6型人：忠誠懷疑型

後天養成的人格

頭腦——主要特徵：懦弱

心——強烈情感：恐懼／懷疑

本質

頭腦——高等心智：信心

心——高等情感：勇氣

子類型的表現

性愛：力量／美麗

社交：負責

自保：溫暖

困境：猶豫不決寸步難行

6型人在童年時期就失去了對於權威的信任。他們記得自己害怕那些擁有權力可以控制他們的人，害怕沒有辦法依照自己的意願行動。他們一直攜帶著這樣的記憶，在成年之後，總是對別人的動機感到懷疑；6型人試著緩和這種不安全感，他們會為自己尋找一個強力的保護者，不然就是和權威對抗，成為一個魔鬼代言人。他們希望找到一個領導者，對於可以保護自己的組織提供忠誠，像是教堂、公司或是大學；與此同時，他們又無法信任和權威有關的階級關係。充滿忠誠的姿態和魔鬼代言人的立場，同樣都是來自於對權威的懷疑。

因為6型人害怕以自己的名義去行動，他們在執行上會遭遇許多困難。思考代替了行動：他們本來想要依據某個好點子來行動，但是因為擔心或許有人會反對，於是注意力轉移到反對者的立場，對同一個想法產生了強烈的質疑。這種無所不在的懷疑在童年時期發展出來，主要是為了想要阻止那些有權力的大人對自己的干涉。懷疑導致拖延，這又重現了6型人兒時的恐懼，因為不服從權威而必須遭受處罰。

6型人對自己的想法採取一種「沒錯，但是……」的態度，以致他們在成功的路上總是跌跌撞撞。他們可能經常換工作，導致身後留下許多未完成的案子。當成功快要來臨，他們的焦慮通常也來到最高點，意思就是，當忠誠懷疑型的人走向曝光和成功，自我懷疑和拖延的症狀便開始加劇。他們開始變得猶豫不決，不是因為對自己的工作有所疑惑，而是因為開始質疑自己的能力，並且認為公開的成就會吸引敵對權威的注意力，招惹這些人來妨礙他們

6型人

的努力。

反對權威的立場，讓6型人對於弱勢族群的運動特別感興趣。當情況對弱勢族群不利時，他們會衝到最前線。他們也可以為了某個運動或是某個有需要的朋友，英雄般地自我犧牲。他們對於「我們對抗他們」（us-against-them）這種立場異常忠貞，因為這樣的責任會要求他們採取明確的行動，一旦立場確定，他們就能夠把權威的意圖看清楚。

忠誠懷疑型的人，相信自己可以看透華而不實的形象和虛假的表現。他們害怕被別人占便宜，擔心被別人的奉承阿諛所欺騙，或是受到花言巧語的誘惑。如果有人充滿溫情地對待他們，他們會變得更加警覺，因為在過去他們曾經因為信任、放下自我防禦而受傷。他們的注意力模式就是每到一個地方，先掃描周圍的環境，看看環境中是否有會傷害人的東西，並且仔細地觀察人們，尋找線索，看看別人的腦子究竟在想些什麼。6型人希望預先知道狀況，做好準備，這樣的需求讓他們想要知道，表象下面或者是一個迷人的微笑背後，是不是藏著什麼東西。6型人通常會在爭論當中找到對方的弱點，從而辨識出隱藏的權力運作。

當6型人變得警覺，或是覺得受到威脅，他們向外看的習慣就會變得更強烈。壓力越大，他們就越往外尋找線索，結果就是6型人常常搞錯警報的來源。

外面的世界總是有讓人害怕的事情，那些傾向於認為自己的不安都是由於別人的惡意所造成的人，經常會在一段無害的對話當中覺得別人含沙射影，或是認為自己知道別人的真正意圖，不管那個人究竟說了什麼。下面的陳述來自於一個懷著極大恐懼的6型人，說明了她的注意力慣性是怎麼強化了偏執狂的憂慮。

我很難和我不認識的人一起工作。我從高中開始就是一個服務生，到現在還是會因為別人在背後看我的眼光而感到煩惱。最糟的情況，就是我在櫃檯倒啤酒，而客人一個一個從我面前經過的時候，我心裡會想，他們到底是怎麼看我的。

如果我抬頭去看那些臉，就會覺得彷彿被他們拉走了。每個人看起來都若有所思，或是對於自己真正想說的話有所保留。我必須告訴自己這沒有關係，這些人沒有對我生氣，他們並沒有覺得我哪裡不好。但是我被我在他們身上看到的東西牽著鼻子走，讓我忘了自己在做什麼，結果啤酒灑到外面，或是我會忘了把酒杯放在啤酒龍頭的正下方。

這個女服務生顯然把某些不太正確的動機，投射到顧客身上。她的興趣不在於這個餐廳實際的狀況，比如說，人們的對話或是啤酒。她比較關心其他人在想些什麼、心裡有什麼意圖，並且相信只要看著客人的臉，就可以知道他們內在的事實。由於她恐懼的心態，這個6型人對於別人的想法可能產生錯誤的解讀，不過，她對於某些可以支持她神經質顧慮的小訊息，很可能具有一定的敏感度。她這一輩子都在尋找別人隱藏的動機，在屬於她的那個現實裡，她可能真的發現，某些方法可以用來辨認某個人所投射出來的形象，和他們內心真實想法之間的差異。不幸的是，她可能會過於執著地想要找到這種差異，讓這件事情占據了她的感知，彷彿這是某種千真萬確的事實。

恐懼型和非恐懼型

6型人有兩種，或是我們也可以說他們有兩種偏執的世界觀。恐懼型的6型人看起來鬼鬼祟祟的，對生活充滿恐懼。就像是伍迪．艾倫在電影中的自我描繪，他們總是猶豫不決，用分析取代行動，內在充滿了矛盾和自我懷疑。這個女服務生就是恐懼型的6型人，因為她懸在恐懼的邊緣，但是沒有真正去挑戰自己的恐懼。如果她是反恐懼型的6型人，她可能會主動和顧客交手，與他們談話、試探他們、試著讓他們喜歡自己來降低焦慮。

當反恐懼型的6型人試著刺探客人真正的意圖，顧客也會感到不安。如果有人以一種帶著偏執的目光看著你，你通常會覺得或許遭到誤會。如果這些客人表現出不安的樣子，6型人就會「知道」這些人不值得信任。

當這個女服務生把注意力分成兩半，一半放在工作上，一半放在恐懼上，她就會出錯。身為恐懼型的6型人，她很可能會一直糾結於顧客對她的想法，但是沒有勇氣和客人確認。對於反恐懼的6型人來說，他們的心裡有著同樣的恐懼，不過他們會直搗虎穴；如果他們有懼高症，就會努力成為高空跳傘的冠軍。不管一個6型人是恐懼型還是非恐懼型，他們的心理傾向來自於同樣的心理學原因。

6型人常見的心理慣性包括：

- 拖延行動，用思考取代作為。
- 工作虎頭蛇尾。
- 忘記對成功和享樂的追求。
- 有權威議題：臣服於權威或是反抗權威。
- 懷疑別人的動機，特別是在上位人士的動機。
- 認同弱勢族群的訴求。
- 對於公義的訴求，以及強力的領導者有忠誠心和責任感。

- 害怕直接發怒，把自己的憤怒怪罪到別人頭上。
- 懷疑論者。
- 把注意力拿去觀察環境，尋找線索、解釋自己受到威脅的感覺。
- 他們的直覺相當仰賴強烈的想像和集中的注意力，這兩者都是恐懼心態的自然傾向。

家庭背景：缺乏信任和穩定感

6型人說將他們扶養長大的大人不值得信賴，在這種缺乏信任的家庭情境，家長經常會處罰孩子、羞辱孩子；特別是如果家長在對待孩子的時候，行為缺乏準則，而且態度飄忽不定。偶爾會有些6型人說他們的家裡有個祕密，家庭成員心照不宣地閉口不談。6型人小時候必須預測大人的行為，這些大人常常會突然發怒，但是孩子並不清楚究竟做錯了什麼。

比較機靈的6型人說，他們經常因為大人心情不好而受到處罰，而不是因為他們真的犯了什麼錯。他們說必須好好注意別人的臉色，因為在過去他們曾經受到忽冷忽熱的對待，如果他們沒辦法事先感覺到威脅，到時候是怎麼死的都不知道。6型人學會猶豫，偵測危險信號，在行動之前先搞清楚掌權者的立場。因為害怕受到傷害或是丟臉，年輕的6型人必須在採取立場之前，先知道別人想要做什麼。就是這種向外走的注意力，加上兒時那種沒有能力自保的感覺，造就了忠誠懷疑型的神經質傾向。

我的父親是那種你不知道該要取笑他還是要逃避他的人。如果你在應該逃走的時候笑了，你就再也不會有機會這麼做了。從小開始，我就學會看他臉色；一隻眼睛看著學校的功課，一隻眼睛還要留意門外的他心情如何。

如果他在門的那一邊情緒很糟，我就要趕快躲到我的祕密基地。我會從窗戶溜出去，穿過防火梯，溜到隔壁公寓的頂樓。最後我都變成在屋頂寫功課，不知道待會我回去的時候，他是不是已經睡了。

對於6型人來說，小時候覺得不受保護、沒有安全的地方可以去，是一個常見的主題。6型人長大以後，對於世界的基本理解，就是來自於這種處於弱勢、沒有強壯的人可以保護他們的感覺。

我的父母都是酒鬼，也是生活的輸家。他們經常在喝酒的時候偷偷摸摸的，把酒瓶藏起來，編一些關於這件事的謊話。所以從小我就知道，就算發生了什麼不好的事情也不要跟他們說，這徒然增加他們的負擔。而且說實話，他們也幫不上忙。

我們住在一個靠近國界的地方，我應該算是附近最新來的孩子，因為我們一直搬家。有時候我出門，半路會突然冒出其他的小孩，把我買牛奶的錢搶走，或是某個比我強壯的傢伙會把我的午餐搶走。每次我離開家裡，總是要睜大眼睛，看看有沒有人埋伏在旁邊等我。不管是在路上或是在學校裡我都沒辦法放鬆，因為我時時刻刻都要留意身邊的那些人。

這個6型人的孩子變得無法信任有權威的人，這讓6型人變得依賴權威，「照顧我，因為我感到既脆弱又害怕」；或者是開始反抗權威，權威成了「那個嚇唬我，利用我的弱點占我便宜的人」。

我有三個姊妹，我是我們家裡第一個男孩子。我的父母都是非常有競爭力、強壯的人，對自己的長子有很多期望。我也是最親近我媽的小孩，所以只要有人沒有按照她說的去做、讓她大發雷霆，最後倒楣的都是我。後來上大學我進了一家長春藤盟校，不用說，我在美國政府身上看到和我父母一模一樣的處罰性格。

我的家庭相當保守，就像（大多數）第二代猶太移民一樣，所以當我媽發現我參加了校園中的性解放聯盟，她簡直是嚇壞了。

如果有人說我這麼做是為了激怒我的父母，當然，我不會同意。但是這些年來我成熟很多，我知道這種說法的確有幾分道理。

我最近回去學校上一些經濟學的課程，我必須說我仍然抱持著某些激進的看法，但願我現在已經沒有那種不經大腦思考的叛逆了。

權威關係：偏頗的評價領導者

因為6型人在孩童時期感到無助，導致他們在成年以後無法有效地採取行動。因為害怕自己被強壯的人占便宜，對於那些採取行動而獲得成功、在生活中勇往直前的人，他們會給出過度的評價。這種過度評價會讓他們想要投靠強力的領導者，或是對於那些處於領導地位的人表現出懷疑的態度。

他們對於濫權的可能性特別敏銳。6型人會尋找領導者隱藏的意圖，並且注意他們有沒有操弄別人的計畫。所以他們的注意力會圍繞著必須「知道最壞的情況」這個需求，就此發展出一種不尋常的敏銳度。不過，他們通常會以一種偏頗的態度來運用這樣的敏銳度：去發現有權勢者的缺陷，還有去尋找弱勢族群的價值。換句話說，他們會嚴密地監視那些有權力的人，但是對於那些他們所認同的弱勢族群，6型人會認為社會害了他們，因而無法對他們進行嚴格的檢視。

6型人懷疑自己的行動力，所以會把自己的能力投射到領導者身上。對他們來說，所有的掌權者看起來都相當具有主見，而且不成比例地強壯。因為他們很害怕有人公然發怒，所以那些可以輕易發怒的人看起來比他們實際的樣子還可怕。

6型人會過度地把權力交給掌權者，他們通常會以這種方式表現：一、將一個強力的領導者理想化，並且追隨他：如我的上師、我的導師、我的元首；二、加入具有類似意識形態的組織：我們對抗他們；三、反叛：質疑領導者。

要他們跟隨一個可以提供保護的領導者有個前提：必須相信這個領導者是一個公正的領導者，而且有著正確的目標。如果這個領導者的職權開始搖搖欲墜，6型人追隨者就會重新陷入無法信任的焦慮。6型人追隨者可能會過度反應，開始採取反權威的立場，轉而攻擊這個領導者。

加入有著類似理念的團體，可以減少6型人因為猜疑所造成的壓力。一群不會在理念上互相較量的朋友，可以緩解6型人頭腦裡的猜疑，因為知道這些人有著相同的立場。如果你不是6型人，你可能也會感受到「我們對抗他們」這種群體帶來的安全感，只要想像你自己和其他人一起努力工作，為一個你熱烈信仰的理念提供支持。

反叛者的立場顯然和被壓迫的感覺有關。如果這樣的立場變成一種強迫症，意思就是他們習慣性地想要為自己出於恐懼的行動，找到一個外在的藉口，那麼他們內心的無助感只會不斷增加。不過，許多6型人相信，他們能夠藉由策略性地對抗逆境、體系、反對便宜行事的作法，來獲得某種個人力量。

對於6型人來說，如果真的被逼到走投無路，反而會獲得某種力量，因為在這種情況下他們不得不採取行動。因為這樣，6型人通常都會被危險或是具有高度競爭性的運動所吸引，因為這些情境會迫使他們立刻反應。在危機的時刻，行動只好取代思考。那些注定要失敗的社會運動或是正在改組的企業，對他們來說也有很大的吸引力，因為藉著參與其中的事務，他們反對壓迫的傾向能夠獲得自然而有建設性的抒解。

> 我很怕我的父親，為了減少他給我的恐懼，我會挑釁他，讓他失控，這樣他會看起來很糟，事情就結束了。接著有一陣子我會感到無比地安全。
>
> 我真的記不起來他什麼時候和我站在同一陣線。我對於學校的記憶，就是蹺課、簽自己的成績單、過著祕密的生活，我想怎麼樣就怎麼樣。我從來不認為社會體系是公平的，所以在我二、三十歲的時候，一點也不想和別人一起淌渾水，去爭取那些我覺得很虛偽、我一點也不屑的地位。
>
> 與其那樣，我最後決定以賽車謀生。我在年輕的時候就迷上賽車，我和賽車戀愛了，真的可以這麼說。從筆直的賽道衝出去，六輛車子全部湧入某個角落，彼此的距離只有一、二十公分，時速兩百七十公里，全世界沒什麼比得上這個。你可能會死在那裡，很棒

的是，我可以在身上感覺到那個極限，我的生命就掌握在自己的手中；這麼靠近死亡，反而讓我覺得整個人都活了起來。在比賽的時候或是有幾次我做了犯法的事，我的心裡都沒有恐懼。在以前，我是一個只要事情變得很安靜我就會害怕的人。

作為一個反權威者，6型人對於法律的兩面都很感興趣。以下6型人的陳述來自一個警探，他說自己在芝加哥長大，他住的地方被青少年黑幫控制，他經常收到來自「黑石遊俠」（Blackstone Rangers）這個黑幫的威脅，要他加入。帶著「把霸凌者繩之以法」這樣的理念，他建立了自己的事業，和許多反抗法律的6型人有著一樣的心理動機。

一直以來我都痛恨有人濫用權力。憑著我自己和那些非法之徒打交道的經驗，我知道人類在想要羞辱對方的時候，會願意做到什麼地步。每次我逮捕犯人或是出庭作證的時候，都很害怕自己會遭受報復。就算被告沒有報復我的意思，我還是必須以證人的身分出庭作證，面對一些邪惡律師的交叉質詢，他們都試著想要污衊我的公信力。

我在出庭之前都會相當害怕，彷彿要被審判的是我，但是當我宣示過後，我的腦袋就變得異常清晰，所有的顫抖都消失了，我準備好了。

在職務分明的工作體系中，6型人可以把工作做得很好；如果他們被賦予適當的責任和職務，可以有效地降低他們猜疑的心態。作為忠誠的反對者，他們能夠成為出色的領導人，但是如果他們受到多數上級的支持，反而會做出自我破壞的事情。他們對於處於困境的團體相當忠誠，可以為了理念而犧牲自己。不過，一旦危機過去，當他們失去了反對的動力，反而會造成另一種緊張，讓他們開始對身邊的人感到猜疑。

要稱讚6型人很不容易。他們用盡一切努力讓弱勢族群的聲音被聽見，但是一旦事情成功了，他們又無法接受別人的認可，對他們正面的注意力可能會點燃他們的疑心病。這是陷阱嗎？他們想要從我這裡得到什麼？他們能夠很快地揪出領導人愚昧的言行或是玩弄權力的作法，因此相信如果自己成了一個高能見度的人物，也會受到同樣嚴厲的檢視。

就權威關係較高的層面來說，阻礙6型人的行為——懷疑、拖延、尋找隱藏動機——也能成為有用的工具。對於權威的質疑可以發展成有建設性的批評；拖延可以給他們多一點時間重新思考、評估某些想法；當他們變得偏執，事情最壞的可能性可能會掩蓋真實的狀況，但是這樣的想像也可以用來激發原創性的解決方法。

就權威關係較低的層面來說，6型人可能會過度謹慎，特別是當他們處於即將勝利的局面，這時候會變得拖拖拉拉，開始尋找對手行動中的隱藏動機。此外，就算勝券在握，他們也有執行上和完成任務的困難。隨著成功和公開曝光，他們對於其他人的懷疑和威脅感反而會越演越烈。

權威關係範例：6型人和1型人，忠誠懷疑型和完美主義型

如果1型人是老闆，只要指導原則清楚、犯錯風險不高，他就能好好地監督員工，分配職責，進行各種規劃。6型人員工會尊重1型人老闆的公正性，而且對於既定的程序感到很安心；但是如果1型人太吹毛求疵，6型人會私底下反叛，開始走捷徑、破壞規則、並且鼓勵其他人也這麼做。如果1型人的老闆必須進行一個風險很大的決策，他會因為責任重大而被壓得有些喘不過氣，並且認為其他人對於他的管理能力有意見。

完美主義型的人會開始收回權力，把注意力轉移到比較不重要的任務，並且藉著和員工的爭執來發洩自己的怒氣，然而爭執的主題和手邊必須做的決定一點關係都沒有。這樣的決定通常都有個緊迫的期限，因為1型人花了太多的時間在瑣碎的細節上，因此拖延了時程。

讓他們壓力最大的狀況是，如果忠誠懷疑型員工相信完美主義型老闆的怒火，是針對他們，但是因為他們不知道老闆正在面臨什麼問題，所以誤以為自己完蛋了。6型人會開始尋找同盟，反對1型人的操控。為了迫使1型人表現出隱藏的意圖，6型人很可能會在工作上故意犯錯，激怒1型人，藉此證實6型人的懷疑。在這種互信嚴重不足的時期，如果雙方可以好好地做個「現實檢驗」，對於彼此的關係會有莫大的幫助。透過現實檢驗，如果完美主義型老闆有足夠的自我覺知，就能坦然地承認自己可能犯了某些錯誤；同樣地，忠誠懷疑型員工也必須接受事實，那就是老闆的內心並沒有潛藏著他所認為的惡意。

如果6型人是老闆，這個決策也會出現延宕的狀況，但是是出於不同的原因。當6型人面對困難抉擇的時候，他們會放慢速度，把事情擱在那邊。對於1型人員工來說，這種作法看起來相當愚昧，他們不太會幫老闆解決問題，同時也會因為沒人監督而開始怠工。1型人員工會批判6型人老闆的工作表現，或許還會覺得自己會做得比這個破綻百出的老闆還好。當6型人發現自己受到批判，注意力就會從手邊的決策移開，轉移到1型人的威脅性。如果6型人夠成熟，就會開始進行現實檢驗，引導1型人表達自己的意見，而不是讓1型人愛批判的習慣，變成自己疑心病的主要來源，亦即認為1型人暗中計畫要幹掉老闆。

不管是1型人還是6型人，他們都不太相信對方的善意：1型人害怕被批評，6型人則是害怕被別人圍攻或是傷害。如果潛在的批評可以化解開來，1型人就會開誠布公；如果6型人害怕被攻擊的恐懼可以緩解，6型人一樣也會敞開心房。

正面的互動最好從6型人先承認自己犯了某些錯誤開始，因為6型人不太有形象的包袱，他們在坦承錯誤的時候相當放得開。只要6型人承認錯誤，1型人就不會那麼具有防衛性，也比較能夠承認自己的缺點。如果1型人可以承認自己感到焦慮和煩惱，這也能讓6型人開始好好工作，並且完成後續的執行。對於6型人來說，他們願意為某個感到恐懼的人承擔工作。保護另一個人，對於6型人來說，比幫助自己成功還要容易得多。一旦任務開始進行，1型人就會提供完美的施行細則和時程表，幫助6型人完成任務。

習慣作最壞的打算

強大的想像是6型人的幸運，也是6型人的詛咒。想像是偏執狂世界觀的一部分，因為在童年時期，6型人必須靠著預測別人的行為、並且想像未來的結果來抵擋傷害。6型人對於事情最壞的結果相當敏感，沒有發現自己並未以同樣的態度來想像最好的結果。他們太過於習慣審視環境，從環境中尋找線索來解釋自己內在受到威脅的感覺，因此，有許多6型人把想像事情最美好的結果這件事，看成是基於幼稚願望的天真幻想。

和反恐懼型的6型人相較，恐懼型的6型人對於恐懼想像的反應比較容易了解。恐懼型的6型人會想像危險，或是覺得危險近在咫尺，所以明智地逃跑；反恐懼型的6型人則是會把危險找出來。反恐懼型的6型人主動尋求危險，看起來就像8型人（保護型）一樣，就某個意義而言，當這兩個類型的人覺得被逼到牆角，必須主動迎戰時，就會變得相當具有侵略性。反恐懼型的人說他們必須走向他們所害怕的東西，不然就會一次又一次地在腦海裡想像這樣的危險。

這種注意力的習慣來自於一種信念，也就是「懦夫有一千種死法」（coward dies a thousand times）這句話的含意。舉例來說，如果一頭可怕的老虎出現在路上，一個聰明的恐懼型6型人就會逃跑，爬到樹上。反恐懼型的6型人則是直接走向老虎的血盆大口，而不是坐在一棵樹上，整晚都要在可怕的想像中擔心受怕。

我記得那時候我在越南，在一整個月的戰鬥之後，我寫信回家給老婆，告訴她我最害怕的事情，就是上級派我晚上出去執行任務。我就是怕黑，如果有人突然衝出來開槍射擊，那我還會覺得好一點。我的想像簡直讓我快要發瘋，我看到怪物，看到根本就不存在的人；我越是看到他們，我就會不斷地尋找他們，直到我彎下身子、就開火位置，但是我根本就不知道是不是真的有人在看我。

這是一個開槍射影子的士兵，恐懼型的6型人。他知道自己是6型人，但是很難得的是，他看到自己的頭腦在壓力之下是怎麼運作的。他朝著黑暗開火，因為這些影子嚇到他了。他必須知道最壞的狀況才知道怎麼做，這樣一種習慣，讓他想像某些東西在黑暗裡等待著他，他在腦海看見的東西是那麼具有說服力，以至於它們覆蓋了大石頭和樹木，與它們合為一體。

這場戰爭讓我的偏執狂浮上檯面。在參戰之前，我不是很確定自己心裡害怕。我沒有因為戰火而退縮，因為我想其他人多多少少跟我有類似的感覺。但是退役以後我開始有了焦慮症，除非我帶著我的軍刀一起進淋浴間，否則我沒有辦法洗澡。因為水聲，我沒辦法聽見房子裡的動靜。我會站在那裡，臉上塗滿肥皂，仔細聆聽外頭的動靜。偶爾我會覺得浴室有人，於是趕緊打開淋浴間的門，往外察看。我甚至在全身濕答答的時候離開浴室，跑到前面看看是不是有狀況。

我並不害怕什麼特定的東西，我也沒有敵人，而且門鎖著，不過有時候我還是會帶著一把匕首進浴室，用來保護自己。

這個退伍的越戰軍人想像最糟情況的習慣，已經成了他對這個世界的感知的一部分。當他想要好好洗個澡，發現自己的注意力轉移到了熱水和肥皂，接著又發現他掃描環境以求自保的習慣被打斷了，所以他很快又回到老習慣，想像自己在不注意的時候可能會有什麼壞事發生在他身上。

他可能沒有注意到自己這種想像力的習慣，也不知道自己從來沒有去想像過最美好的狀況。如果我們指出這種偏頗的注意力，他可能會認為幻想美好的事物是一種不切實際的作法。6型人相當煩躁不安，就像是那些害怕的孩子無法把視線從比他們強壯的人身上移開，他們擔心自己稍不留神，那些強壯的孩子可能就會撲上來。

6型人過度執著於最壞的情況，於是注意力陷在頭腦製造出來的意象之中，這些意象非常強大，有如真實一般。他們沉迷於想像可能的結果，因為對他們而言，這些訊息有一定的合理性。如果他們停止想像各種可能性和後果，6型人就會擔心自己一不小心就落入別人的圈套之中。想像是6型人的一種注意力防禦，放棄想像就是放棄防禦，等同於毫無準備地面對生命。

6型人

就較高的層面來說，這種在普通的狀況中尋找隱藏可能性的習慣，可以讓6型人成為完美的疑難排解者以及有效率的魔鬼代言人。

投射作用

6型人的注意力模式有個盲點，那就是某個觀點必須先出現在他的腦袋裡，他才能獲得警告並且開始尋找證據和線索。對於6型人來說，藉著掃描環境讓自己感覺安全的慣性，和藉著掃描環境來尋找某些可以確認自己觀點的線索，這兩者很難區別。

舉例來說，如果某個6型人相信約翰喜歡自己，那麼她就會在約翰的一舉一動裡尋找可以證明這件事的徵兆。約翰可能會覺得那是6型人的投射，因為6型人會認為約翰有某些想法，但是約翰並沒有這麼覺得。她可能會告訴約翰：謝謝你的仰慕，不過實際上，約翰並沒有特別的意思。或者她可能會說約翰正在生氣，不過事實上約翰覺得很快樂。

我已經結婚超過十年，每隔一段時間我就會認為我的先生有外遇，覺得他想要找個理由離開。我就這麼相信，並且開始責怪他，但是後來發現這件事並沒有根據。我覺得自己那麼言之有理，但是同時又錯得離譜，這讓我覺得相當錯亂。

後來有一段時間我展開了自己的外遇，我被別的男人所吸引。我之所以知道自己被某個人吸引，是因為我又產生了那種威脅感，覺得我的丈夫要離開我，所以我開始在腦海裡編故事，想著或許他離開對我們兩個都好。到今天我們結婚已經十五年，現在我心裡明白，每次當我覺得自己要被拋棄的時候，就是我被別人吸引的時候。

以下是和投射作用有關的另一個陳述，這段陳述來自於一位商業主管，他發現自己把隱藏的、不被接受的憤怒，發洩在其他人身上。

我的母親會虐待小孩，有四年的時間，她幾乎每天都打我，這些恐怖的回憶到現在還忘不掉。所以當我離家念大學的時候，我對於所有的女性都有一種嚴重的憤怒，我並沒有意識到這一點，但是它就在我的潛意識沸騰。我進了柏克萊大學，那時候是七〇年代早期，也是女性解放運動的時期。這一整段時間我都非常憤怒，那些女人談論著自己如何受到壓迫，但是我覺得自己才是受到女人壓迫的人。

我無法避開七〇年代這些集體的生活情境，而且該來的總是要來，我老是陷入和女人有關的麻煩。一開始只有一個，不過後來我認識的所有女人都開始討厭我，叫我沙文主義者。我覺得很受傷，不過這也給了我一個正當的理由可以對她們發怒。一直以來我都陷在這種模式當中，不過那時候我沒有發現。我很害怕去感覺自己的憤怒，所以把它投射到別人身上，這說明了一切——我會做一些小事故意惹女人生氣，像是同時交好幾個女朋友，我得說，這真的很有效果。後來我回家，去看我母親，我想她以前打我、要我服從的時候，根本就沒有意識到她自己究竟在做什麼。

注意力模式：無意識的注意力

如果你不是6型人，這個練習可以幫助你了解——定義6型人世界觀的無意識注意力轉換模式。要完成這個練習，首先要先準備一本書來閱讀。找到以後，坐下來，把書本闔起來放在你的膝蓋上。

現在，想想某個你小時候害怕的人，想像這個人就坐在你對面，想像他的臉、身體的姿態、服裝，特別是去回想，當你覺得害怕時，他是用什麼樣的眼光看著你。想像你天天和這個人一起生活，就住在一個小小的房子裡。這個讓你害怕的人掌控了這個房子裡所有的東西，而且他可能會隨時出現在你旁邊。

現在，打開書，開始閱讀，同時記得對房子裡的另一個人保持警覺。把你的注意力分成兩個部分：一部分讀書，一部分注意潛在的入侵者的動靜。或許你可以同時注意這兩件事情，或者你的注意力會一下子放在書本上，一下子又跑去注意另一個人的動靜，在這兩者之間來回擺盪。不管是哪一個，你已經進入一個擔心受怕的人會有的頭腦狀態。

在下一個練習中，你要和一位朋友面對面，他必須是個友善的人，可以讓你一邊盯著他的臉看，一邊練習轉換自己的注意力。

現在，在腦海裡製造一個念頭，這個朋友對你的看法，是他以前從來沒有表現出來的。可以是正面的看法，或是負面的看法，但是你要相信對方很有可能真的這麼想，你的任務就是要從對方的臉上尋找徵兆來確定這一點。

現在，和你的朋友開始進行正常對話，同時注意他的表情，尋找和這個隱藏意見有關的蛛絲馬跡。這樣所有偏執型人格的要素全都到齊了：某種內在的猜測，以及分成兩半的注意力，一半放在你們之間的對話上，一半放在需要證明對方隱藏意見的需求上。對於真正的偏執狂來說，內在的猜測就是一種確信。他們知道這種痛苦的意見是真的，並且要在一般的對話中，從對方的行為和表情尋找相對應的證據。

拖延行動

6型人遲遲無法採取行動，因為和成功的願景比起來，涉入行動帶來的危險反而顯得更加真實。「或許事情會出錯」看起來是個有憑有據的事實，而「勝利的時候我們會有多麼驕傲」則會帶來恐懼，因為勝利就意謂著為別人的嫉妒和惡意大開方便之門。在恐懼型的人身上，這種小心翼翼的習慣特別明顯，任何行動總是伴隨著內在的質疑聲浪：「我懷疑那會有用！」「沒錯，但是……」「聽起來有點冒險，我們最好等手上有證據再說。」即使是看起來比較進取的反恐懼型6型人，也會緊抓住和最壞情況有關的想像，他們會持續地拖延行動，直到自己的妄想逼得他們不得不採取行動來面對恐懼，而不是任由腦海裡的恐懼小劇場繼續肆虐。

為他們的拖延背書的，就是他們幾乎沒有意識到的強烈內在懷疑。他們的注意力一方面投入好點子和想要行動的衝動，一方面又放在強烈的反對念頭上，懷疑行動的正確性。對行動的思考巧妙地避開了可能會帶來的後果，也就是讓6型人陷入公開、暴露的處境，給那些有權力的人機會對他們發起攻擊。

他們通常會留下許多未完成的事情：沒有完成的學位或是半途而廢的重要計畫。他們就是無法直接從思考進入行動，對6型人來說，與其說這是一種拖延，倒不如說是一種合理的策略，因為他們想要好好準備。

我花了十年才寫完碩士論文。我退學又復學，中間改過好幾次題目，每個題目都和我還沒找到答案的問題有關，我可以從各個不同的角度來討論這個題目。

在某個晚上我陷入了絕境。我坐在打字機前，開始為我的論文破題。我至少寫下半打不同的觀點，但是每寫一個我就得整個重來一次，因為我開始用我們這個領域某些權威的立場來反駁自己的論證。

對於6型人來說，這些削弱自己力量的注意力轉換，看起來就像是在蒐集資料的過程中相當合理的一部分。他們必須仔細考慮，每個權威人士的觀點還有可能的反對意見，接著論文才能繼續寫下去。這意謂著6型人到了最後，對自己論文的質疑可能比辯護還要多，這無疑會拖累他們的寫作進度。在這種蔓延的懷疑背後，動機還是他們兒時那種對於安全感的需求，他們必須先消除一些潛在的障礙，藉此避免傷害。

矛盾的是，如果這篇論文有機會大獲成功，因此消解了各種於法有據的反對聲音，這個作者可能會感覺到更尖銳的表現焦慮，比論文還沒完成的時候還要嚴重。成功和曝光帶來恐懼，因為他們害怕成為沒來由的攻擊的受害者；當他們帶著懷疑、緩慢地行動，反而可以緩和這些恐懼。

6型人的拖延，在別人眼裡看來可能像是懶惰或是無能，特別是案子正在進行或是必須做決定的時候，因為他們看似把大部分的時間都拿來逃避，可能會引發旁人的不耐或是憤怒。

當責任的界限分明，或者是當6型人被放在忠誠懷疑者的位置，有勢均力敵的對手可以讓他們表達反對的立場，那麼6型人會有很好的表現。當一個真正的對手出現，他們凡事往壞處想的心理慣性就中斷了。矛盾的是，恐懼的人在居於弱勢或是處於不可思議的困境時，頭腦反而會變得清明，而且充滿勇氣，因為在他們對抗的過程中，注意力反而能夠清楚地聚焦在任務上。

對於6型人來說，為了活命而奮鬥和為了勝利而競爭，感覺起來相當不同。面對壓力的時候他們通常都會表現得比較亮眼，然而在工作狀況不錯的時候，他們的工作效率反而變得比較差。

害怕成功

我的父母希望我成為一名科學家，就像我父親一樣，所以我夢想著成為一名化學家，然而事情出現了一些轉折。我決定加入一個環保聯盟，因為在那裡我可以為了有價值的理念而工作，同時我也變得相當反骨，對於那些大企業和大政府的所作所為大加撻伐。

我首次嘗到成功的滋味，是因為我寫了一本暢銷書，並且成了大家注目的焦點。這個故事很快就結束了，我已經完成了我的抱負。以我自己的觀點來看，我已經成功了，而且我也沒有遭遇任何反對的聲浪讓我可以還擊。

我的反骨和我的工作一直綁在一起，當我一路晉升，我覺得很高興，同時也覺得我失去了自己，我已經失去動力了。人們爭相邀請我去演講，但是我一點興趣也沒有。我把成功拋在腦後，搬到另一個國家。我覺得自己就像是個英雄，我要讓朋友知道：嘿，這就是你對待名聲的方法——把它丟了！他們沒有人可以做到這一點。

結果我後悔了。我不後悔離開，因為我又找到一個讓我覺得充滿活力的理念。我後悔的是，我永遠不知道如果當初我留在那裡，會為我帶來什麼樣子的際遇。

「逆流而上」說明了一種認同模式。如果你不適應美國主流理想之中表現自我和成為社交贏家這種理念，那麼你就有了一種認同：你的任務就是為對抗多數人而反對，藉此讓自己被看到。如果你處於弱勢，這種方法會讓你更有勝算。你逆流而上，對抗一個強力的對手，讓你的能量釋放，進入奮鬥、爭取勝利。

如果成功越來越近，那麼大規模的反抗就沒有必要了，這時候他們反而開始變得偏執：「現在我成為領導者，我要相信誰？」「哪邊會有潛在的麻煩呢？」反權威的6型人無法想到其他的可能性，他們認為一旦登上舞台，其他的人就會覺得他們成為壓迫者，並且開始質疑他們良善的意圖。

當令人愉快的目標就在眼前，他們就會開始質疑他人的善意；當欲望產生，又會開始陷入拖延工作和自我懷疑的舊習慣。

我這一輩子教過許多科目：舞蹈、英文、心理學，還有最近在一所國外的大學教英

> 文。我習慣在某個系統爬到一定的位置，然後就會開始質疑工作單位的政治結構，或是我留在那裡的意願。這時候我也會開始發展新的興趣，一些我真的感到有熱情的東西，接著我就會離職，朝著新的方向前進。
>
> 令人痛苦的是，我在教學上的成就無法從一所學校帶到另一所學校。所以你會忘了自己的成功，忘了所締造的紀錄，甚至可能會忘了教學的材料，就像你第一天去教書一樣。我很容易忘記前一天才教過的某個東西，學生的一個呵欠就讓我開始感覺緊張：他們是不是覺得我上課很無聊？結果就忘了本來要說些什麼。

6型人相當擅長找方法來迴避成功。他們經常說失去興趣，把成功讓給另一個看起來更需要的人，突然間發現程序上有重大瑕疵，生病，或是突然間對之前做一半的東西又開始感興趣。他們會想出各種非常有創意的方法，來逃避面對成功可能會帶來的困擾，像是繼續以反對者的立場提供深具創意的貢獻，或是在成功的同時仍然表現得像個失敗者一樣。

對於6型人來說，最困難的心理任務就是讓自己先達到一定程度、可見的成功，然後學著對自己的成就生出安全感。

> 我是個刑事律師，當公設辯護人已經好幾年。我很享受這份工作的壓力，我喜歡幫助我的客戶對抗整個體系，對此我一直感到很興奮。但是後來因為經濟壓力，我只好開始接洽可以賺錢的法律案件。
>
> 服裝、社交、環境，我還必須拒絕比較沒有錢的客戶，這些實在是非常討厭。我想別人一定覺得我很討厭，這教我無法忍受，我覺得自己看起來就像是個叛徒，並且認為有些

人會想要對我不利。最後，我因為焦慮而崩潰，得了胃潰瘍。為了救自己，我開始做心理治療，治療師建議我，向我重視的朋友做個檢測，於是我發現了真理。事實是，他們根本就不知道我的感覺，或者對於我這樣的改變抱持著相當肯定的態度。

6型人不想承認自己成功的方法還有最後一招，就是把超人的責任強加在自己身上。因為對自己要求太高，要獲得合理的報酬就變得很困難，而且藉著要求自己做出可以改變歷史潮流的貢獻，他們便無法合理地評估自己的能力。6型人的自大狂，是來自於想要做出重大貢獻的欲望，想要掌握宇宙法則的力量，想要破解讓世界運轉的密碼；他們藉著這種對於權力和力量的執迷，掩蓋自己內心的脆弱。因為想要達成無比重要而又令人震驚的貢獻，讓他們很難真誠地去珍惜目前的成功。

親密關係：建立長久的信賴關係

6型人通常有著相當長久的婚姻關係，因為他們願意承擔「婚姻裡的問題」，並且覺得自己有責任要「堅持到底」。他們的忠誠表現為在困境時對另一半不離不棄：「我會繼續下去，直到我的先生／太太完成學業」，或是「我會留在婚姻裡直到小孩長大成人」。

一段有承諾的婚姻，也會讓信任隨著時間而增加，讓6型人不會害怕自己因為表現得太容易親近，或是表現出性需求的時候會被占便宜。因為6型人很難抵抗懷疑，所以要獲得他們的信任需要很長的時間。一個小小的問題，就能讓他們對整段關係產生懷疑，他們會質疑對方的承諾，以至於每次爭執過後，雙方都必須重新建立承諾。

6型人會一次又一次地質疑最基本的承諾，因為他們不認為有什麼事情是永遠的。「我真的信任對方嗎？」這樣的問題一直在他們的腦海裡揮之不去。

如果伴侶被視為一起抵禦外在威脅的夥伴，那麼忠誠懷疑型的人，會比較能夠接受快樂和性愉悅。如果這對伴侶團結起來，一起以「我們對抗他們」這種立場來對抗外在壓力，6型人會是很忠誠的伴侶。對於6型人來說，為幸福的未來作打算感覺相當美好，但是當他們有幸福的機會，他們卻無法輕易接受休閒和娛樂。快樂生活的定義，就是對於家庭的責任義務已了，房貸都付清的時候。

信任是6型人關係裡的重要關鍵，他們在給予的時候更能感到自己被愛。因為恐懼，6型人通常會在關係中找到一個位置，協助對方朝向自己的目標前進，或是以性來影響對方。6型人會覺得伴侶看起來值得信任，是因為他們知道該給伴侶什麼幫助，而且知道怎麼讓對方快樂。在6型人的給予之中，沒有想要操縱對方的成分；6型人的給予不是為了得到什麼，他們藉著對對方施加影響，自己才能感到安全，而且6型人可以忍受對方極度的神經質行為，在這種狀況下也不會想要改變對方。但是如果6型人發現對方會影響自己，那麼他們就會產生不同的反應。6型人會因為自己可能受傷而生氣，他們伴侶的行為可能會嚴重影響他們，當他們的性慾被挑起，伴侶便有權力可以決定要不要讓他們的欲望獲得滿足。他們會有衝動想要壓抑性慾，屈服在被拋棄的恐懼裡，離開這段關係，或是自我分裂，將理智、情感和本能分開來看。

6型人得花上很長一段時間才能信任別人。他們通常都很清楚伴侶有什麼缺點，這會讓他們無法許下沒有條件的承諾，而且他們經常會懷疑對方的示好，懷疑這是不是一個可能會讓他們受到拒絕的陷阱，或是害怕伴侶對自己有太多的期望。自我懷疑很可能會投射到別人身上，因此6型人會認為伴侶在懷疑他們。舉例來說：

讚美很難。你永遠無法真的信任他們，因為你對於沒有說出口的缺點總是保持警覺。看著一張極為聰明的臉變得有些愚蠢，這真的是一種奇怪的經驗，因為他們給了你一個讚美，然而你卻不相信。真的讓我相信自己做的還不錯的，是我稱之為「最小的理性反對」（minimal intelligent opposition）的東西。意思就是，讚美中必須有些建議，讓我可以改進，這樣我才能真心相信那個人說的東西是完整的。

要6型人朝著快樂的目標前進，需要很大的勇氣，因為當6型人開始相信別人，他們內心的恐懼和害怕就會開始增加。當他們覺得被愛，反而會很容易就質疑伴侶的承諾，懷疑伴侶是在頭腦不清楚的狀況下做出承諾，因此搞不清楚為什麼要做出承諾。6型人可能會自己建構一套複雜的假設，解釋伴侶的無意識究竟發生了什麼事情，並且發展出各種複雜的信念，卻沒有針對這些信念的事實進行檢驗。只要這樣的假設開始出現，對於6型人來說，就是正在作用的事實；那麼爭執就會產生，6型人會開始指責伴侶，有些是基於事實，但很大的一部分是從6型人沒有意識到的——那是由於他們對於親密的恐懼所製造出來的莫須有的罪名。

如果6型人的伴侶可以反覆地提出簡單的忠誠和愛意的聲明，並且不斷告訴對方自己堅定的立場，會對這段感情有很大的幫助。如果可能，這個伴侶可以試著指出6型人在哪裡偏離了事實，讓內在的假設取代實際的狀況。這麼做可能有點危險，除非伴侶能夠以一種迂迴而又象徵性的辦法來思考。6型人的想法很抽象，很容易忽略對方誠實的說法，因為對方「不知道自己真正的動機是什麼」。當親密關係建立起來，6型人習慣以一套複雜的假設來推論對方的真實意圖，此外6型人也會因為性慾被挑動而產生被威脅的感受。

6型人對於成功和享樂有些健忘，並且因為慣性地對承諾或是計畫感到質疑而深覺負擔。他們做了承諾，但是又開始對它感到懷疑。老是懷疑其他人的意圖：「我相信他嗎？」「她是哪裡有問題？」「他有愛人的能力嗎？」這些問題沒有答案，承諾一直以一種附帶條件的方式表現出來：「等孩子們都離家，我們再來看看會怎麼樣。」

和6型人在一起，自我揭露總是非常具有療癒性。6型人對於人類的困境和弱勢族群的訴求相當有同感，因此能夠理解犯錯。6型人通常相信自己可以看出別人隱藏的意圖，如果他們看到尚未被發現的盲點，6型人就會覺得很安全，可以好好地把問題講開，不然伴侶的每個行為都會被看成是某種性格缺陷。

伴侶的優秀表現，特別是和「作為」有關，像是專業和具有創造力的提案，都會獲得他們的尊敬。重要的是伴侶的承諾要符合他實際的做為。

就關係較高的一面來說，6型人的情感有許多面向，他們很容易被深深地感動。他們的心理相當複雜，可以深度地回應別人的需求。他們沒有操縱伴侶的意圖，或是想要從伴侶身上得到什麼，當伴侶遇到困難的時候，他們會是非常忠實的另一半。他們可以把別人的福利放在前面，而且把別人的成功當作是自己的成功。

就親密關係較低的一面來看，6型人傾向於把自己的感覺投射到對方身上。如果6型人愛上對方，他們會相信對方也愛他。如果6型人生氣，而且受到另一個人的吸引，那麼他們很有可能控訴對方下意識地生氣，或是出軌。

親密關係範例：6型人和8型人，忠誠懷疑型和保護型

6型人和8型人都有反權威傾向，他們很容易可以找到一個共同的信念來拉近彼此的距離。在關係一開始，6型人很容易成為較弱勢的角色，而8型人則是保護者。

6型人仰賴8型人的領導能力，不過真正的狀況是：因為我害怕，所以由你來行動。如果8型人不同意6型人對事情的看法，6型人就會反抗他。如果6型人對自己的不滿開誠布公，也禁得起嚴重的面對面衝突，8型人就會尊重6型人的立場，而且很可能會向6型人尋求建議。如果6型人對8型人有意見，但是藏著不說，8型人會覺得受到背叛，因此生起求去之意。

這兩種類型的人都有信任問題。6型人害怕伴侶會反對自己，8型人則是擔心遭受背叛。如果6型人因為彼此之間的衝突而變得太過焦躁，很有可能會開始「操縱」情況，讓8型人沒有發怒的理由。只有坦白的爭執才真實，任何逃避憤怒的嘗試都被視為一種軟弱、鬼鬼祟祟、意圖破壞信任的作法。對於這對伴侶來說有件事情很重要：6型人得試著在爭吵當中穩住立場，誠實地說明自己的感受，即使這麼做會讓8型人暫時暴跳如雷。如果6型人可以鼓起勇氣吐露全然的真話，並且努力保持立場，8型人會變得信任而敞開。如果保護型的人可以聽聽忠誠懷疑型的人怎麼說，不要還沒聽完就貶低它，6型人也會打開心房去信任對方。

對於6型人來說，這件事相當重要：他們必須了解8型人伴侶相對來說是性格簡單的人。6型人想要深入探究對方的無意識，保護自己免於可能的傷害；然而，8型人相較之下非常簡單，他們就是喜歡簡單的享樂。當雙方變得親密，6型人便想要就對方的意圖進行複

雜的假設。6型人可能會壓抑身體的欲望，直到他們搞清楚這段關係的大致狀況。不過，8型人想要火速前進到性行為，一點也不想討論複雜的心理學問題。8型人對於自己的真實意圖不太會說謊或是偽裝。這對於6型人來說相當難以置信，因為這實在是太簡單了。

6型人和8型人對於精心打造的公眾形象比較沒有那麼感興趣，意思就是，他們對彼此的表現，在公開場合和在私底下大致相同。8型人對於性愛相當自在，這可能會威脅到6型人和性有關的權力議題。對於8型人來說，要從一而終可能有點困難，但是6型人對於延遲享樂非常在行，也比較能夠和同一個對象長相廝守。如果6型人覺得在性愛方面受到威脅，不太會公開地與別人競爭，把伴侶贏回來。6型人很有可能會離開，或是也去找一個可以讓他在性方面感到優越的外遇對象。

如果他們之間的交往變得可以預測，8型人就比較不會想要控制這段關係。不過，容忍的界限相當微妙，端看這樣的模式是舒服的或是無聊的。當8型人建立了行為守則，而6型人試著去配合，但8型人接著又打破所有的規則，他們的關係便會面臨嚴峻的考驗。如果8型人在關係裡覺得無聊，或者有多餘的精力需要發洩，他可能就會開始惹麻煩。他們惹的麻煩通常表現為破壞規則、主動挑起爭端、想要控制細節或是去管別人的閒事。6型人害怕不友善的朋友，所以會反對8型人去疏遠或是侮辱那些6型人想試著建立友好關係的人。如果6型人對於8型人的無聊舉動感到警戒，並且把8型人隨便來拿吵架的一些問題看得太認真，6型人就會覺得受到委屈，開始擔心8型人會對他採取某些懲罰性的行為，所以決定離開。分手通常都是6型人先主動，他們會有意無意地製造一些意外，讓8型人大發雷霆。因為6型人無法對8型人找人吵架的動機進行事實檢驗，因為無聊的8型人什麼都可以吵，這會讓情況變得更是雪上加霜。

這對伴侶可以藉著找一些有趣的事情來做，或是推動個人的計畫，彼此提供建議和支持，這能夠轉移因為8型人的無聊舉動所造成的憤怒。雖然8型人超有自信，但是對於他們來說，朝著目標前進的第一步相當困難。8型人會奮力保持興趣不要冷卻，不過如果外界可以滿足他們的興趣，那麼他們會很樂意進入控制模式來實現這些目標。

6型人和8型人的合作關係之中最好的一面在於，6型人策劃有創意的選擇，而8型人負責提供適當的壓力讓這些選項可以順利執行。

優勢：堅持不懈的奉獻

忠誠懷疑型的人，相當認同和弱勢族群有關的活動，而且願意為某個信念或是有創意的理想忠誠、無私地奉獻自己。他們也能為了職責或是為了對其他人的責任，慷慨地自我犧牲。相對來說，他們比較不執著於立即的成功，所以可以從事那些不太需要獲得公眾認同的工作。他們可以為了有價值的冒險去挑戰逆境、突破現狀，特別是如果有志同道合的夥伴一起行動。

6型人讓我們對深層的心理過程有了更多了解。他們願意受苦受難、自我犧牲，並且為了自己的信念堅持不懈。

有吸引力的職場：明確位階的工作

6型人喜歡階級關係清楚的工作環境，在其中權力歸屬和問題領域都有著明確的界定，像是警察單位或是大學的研究所。當6型人在面對某個權威人士的時候，他可能會嚴格地按照規則行事，不然就是抱持著反權威的立場，想辦法動員其他人一起反對這些規則。他們喜歡當自己的老闆，這樣就不用面對其他權威人士或是老闆。

對於恐懼型的6型人來說，他們適合沒有什麼競爭性的工作，或是可以跟隨某個強力領袖的工作。對於反恐懼的6型人來說，他們很適合從事有生命危險或是能夠為弱勢族群發聲的工作，像是造橋鋪路的人或是聰明的商業戰略家，他們能夠扭轉企業的危機，然後瀟灑地離開。

沒有吸引力的職場：高壓工作

6型人不適合高壓的工作環境，或是那些要他們當場做決定、無法事先做準備的工作。他們也不適合高調、競爭性，附帶許多潛規則和暗中操縱的工作。

知名的6型人

伍迪．艾倫在演戲的時候，表現得像是一個典型的恐懼型6型人，是忠誠懷疑型的典型個案。另外一個例子是戈登．李迪（Gordon Liddy），他是反恐懼型的6型人，在尼克森政府的水門事件當中擔任防止洩密專員，據說他為了克服自己對老鼠的恐懼而鼓起勇氣吃了一隻老鼠。入獄期間，他還因為教唆其他防止洩密人員不要在其他犯人面前示弱，因此必須服滿整個刑期，他認為如果不這麼做，就會成為其他犯人霸凌的對象。

克里希那穆提、珍．芳達、吉米．瓊斯神父（Rev. Jim Jones）、福爾摩斯、希特勒（反恐懼型）、哈姆雷特（恐懼型）等人皆是。

直覺風格：辨識潛在意圖

擔心受怕的孩子會發展出一套策略，讓自己可以在害怕的情緒下生存下去，而這樣的生存系統有賴於辨識出潛在的傷害來源。6型人描述了一種注意力模式，讓自己對於其他人沒有表達出來的意圖，保持著一定的敏感度。他們相信自己遭受其他人沒有公開承認的感覺威脅，而且相信自己的見解是很準確的。

能夠自我覺察的6型人也知道，他們很有可能把自己的敵意投射到他人身上。要知道這樣的直覺是否準確，他們必須能夠分辨那究竟是一種投射，或者是某種並不仰賴對方身體信號而獲得的客觀、準確的印象。

以下的陳述來自一位男士，他成年以後一直是一個工會幹部，他學著在進行決策的時候，相信自己的直覺風格。

我有很棒的天線，可以偵測別人的惡意。我之前的一些老闆，因為受到個人需求的驅使，做事不甚光明磊落，而且對下屬相當刻薄，我可以在他們身上感覺到這些特質。

當我在工會上班，必須和他們打交道的時候，我內心的恐懼和憤怒經常會跳出來，或許是相當不成比例的，或許是我對於他們的實際作為所產生的某種錯誤看法。雖然我不在事發現場，但是以某種方式我清楚地知道他們的行為不懷好意。

另外一些其他人，也是權威人士，就不會讓我有這種感覺。所以我開始問自己：當我有這種反應的時候，是因為我自己的緣故嗎？當某些感覺被啟動，是不是因為我的內在有些舊傷口被碰觸到了？或者這是另一個人的問題？

這個個案發展出了良好的自我觀察能力。如果他沒有覺察到自己必須分辨投射以及更為直覺式的印象，他們很有可能在和心理治療師諮詢的時候，抱怨自己受到老闆和其他有權力的人迫害。這些偏執的觀點通常也有一部分的真實性，6型人的確可能會感受到某些較為客觀、準確的洞見，但這些洞見經常被錯誤的詮釋給沖刷掉。雖然6型人可能真的感覺到老闆有些負面的意圖，但是他們會接著把這種負面性誇張地放大。接著6型人會開始對老闆的惡意進行防備，當老闆被惹怒了，他們就會認為自己證實了老闆一直以來都對他們懷有惡意。

6型人還提出了另一種直覺風格：當他們還小的時候，必須注意觀察大人，進而預測大人會有什麼樣的行動。這是恐懼的孩子會採用的一種相當有效的生存策略，這種策略延續到成年時期，成了6型人注意力模式之中一個沒有被察覺出來的要素。以下的陳述來自一位臨床心理學家，她描述她兒時的警覺性。

我的專長就是去了解其他人心裡在想什麼。如果我要研究班上的某個同學，我會在有人和他講話的時候，仔細地看著他的臉。當有人走過去、說了某些話，他的眼睛會出現某些閃光，或者我會相信自己看見他臉上有某些情緒，雖然我也知道他的臉沒有什麼動作。

我覺得我只要看著某個人的臉一段時間，就可以知道他對班上每一個人有什麼想法。如果我想知道他們在想什麼，我就會看著他們的臉，讓自己想像，在特定的情況下，他們的臉會變成什麼樣子呢？如果我對他們說我喜歡他們，他們的臉會變得僵硬還是柔和呢？如果我出來競選班長，他們會開心或是變得鬱悶呢？

我相信自己完全正確，因為我研究得很努力，而且我會依照自己在他們臉上看到的訊息來行動，雖然在那個時候我沒有就這些訊息進行查證。不過我偶爾會和一些特別的朋友比對我們的看法，從他們那裡獲得一些二手的資訊。

現在，因為心理治療工作的關係，我會和許多家庭一起工作，我在其中看見一個家庭的成員在相處的時候有許多不同的層次。我看見我稱之為「內在的臉」的現象，它會對我展現自己的情緒。有時候我會想像，在這些家庭成員之間、在空氣中有各種色彩正在流動，我會試著感受這些不同的顏色和能量的連結，讓它告訴我這些人平常有著什麼樣子的相處模式。

這個臨床心理師對於自己的能力掌握得相當好，她能夠將注意力從對於病人的思考轉移到對他們內心狀況的想像。她也有著一定程度的覺知，知道她可能會錯誤地把某些特質歸到病患身上，然而實際上，那只是她的投射。不過她處於合適的地位，可以和病患直接確認某些事實究竟正不正確。

如果這位臨床醫師的見解純粹基於投射，也就是基於她對於病患無意識的感受，這麼一來，直覺便沒有作用。她在直覺上的任務，就是區分哪些是心裡浮現的意象，哪些是來自頭腦的投射。

學著辨認其中的差異，可能會為她帶來兩個重要的影響。首先，她會從投射造成的錯誤訊息迴圈當中解放出來。再來，她可以發展出一種特別的能力，用來分辨不同的影像：一種是她自己引導出來的影像；一種是自發性地從明晰的頭腦狀態浮現的正確視覺印象。她的工作是發展內在觀察者，讓她可以知道，當她藉著空氣中象徵性的顏色和圖案，正確地看見這個家庭成員的相互關係時，自己實際上就是在進行某種內在注意力的轉換。

高等情感：勇氣

和所有的人一樣，6型人通常都不知道掌控自己生命的主要問題是什麼。6型人不認為自己比其他人更害怕，並且忘記個人思考和情感的慣性，會導致一個人長期感到恐懼。就像一個人一直待在戰區，當和平突然到來，忠誠恐懼型的人通常都是在恐懼解除以後，才開始意識到自己之前有多害怕。

如果6型人開始心理治療或是靜心，同時結合特定的身體工作，他們的高等能力通常都會發展得很快。恐懼的人以頭部為中心，他們會掃描環境，試著想一條出路，然而事實上他們應該採取行動。最重要的是，一個恐懼的人想要在理性上找到一個正確的位置，藉此抵禦一切反對的聲浪；彷彿聰明的分析可以取代行動一樣。許多6型人會進入專為發展身體直覺式移動能力的靈性修持，像是譚崔瑜伽（Tantra Yoga）或是武術練習。

勇氣仰賴身體在一種無念的狀況下適時行動的能力，那是一種思考之前的行動，在後天的人格還來不及介入、身體就採取行動的時候。

大概在一年前，我決定開始每天跑步，我很享受它，跑步的時候我可以把自己的頭腦放空。和別人一起跑也很棒，我們可以邊跑邊聊。或是自己一個人跑，我也會一邊跑一邊想事情。我跑步的地方有一座小山丘，上頭有個跑道，我都會到那邊去。我發現只要我不是跑得很喘、還有力氣在經過別人時打量一下他們，我就會跑得很好。

靠近山丘頂端的路有些陡，如果我還有力氣，我就會瞧瞧經過的人，看看有哪些人在那裡；不然就專心跑步。

我發現如果沒有同伴的話，我就得停下來重新調整呼吸，這樣我才有力氣可以在接著跑步的時候一邊注意附近有哪些人。

對於一個仍然習慣思考先於行動的6型人來說，即使是跑步的時候沒有能力打量身邊的人，都會為他們帶來壓力。這個6型人跑者不會因為有著某些勇敢的想法，或是蒙著眼睛跑，而變得勇敢。對她來說，把注意力的焦點從頭部轉移到身體可能會很有幫助，然後進一步去辨認這樣的差別：什麼時候頭腦在主導跑步，什麼時候可以把思考放掉，因為她相信自己的身體可以保護她。以下是來自一位紐約地鐵乘客的敘述，看看她的經驗和剛剛那位藉著觀看環境來自我保護的跑者有什麼不同。

> 我在曼哈頓的市立大學（City University）念書，而且都坐地鐵通勤。白天搭車的時候我從來不會覺得緊張，因為車上人很多，我可以一邊念書，一路就從地蘭西街（Delancey Street）坐到學校去。當我上比較晚的課，必須在空無一人的月台獨自候車時，我就會有點焦慮。我會和男朋友約好在地蘭西街的地鐵站見面，接著再走回家。
>
> 有天一個瘋子上了車，他一直做怪表情，雙手緊緊握著，在車廂的另一邊就可以聽見他在罵髒話。那時候車上只有幾個人，沒人敢直視他的臉。
>
> 他鎖定了一個坐我後面的人，指著他、咒罵他，接著就朝著他的方向走過來——我就擋在他們之間。我的身體站起來，我聽見自己對他講話，但我根本就不知道自己應該要說什麼。我不記得自己說了什麼，但是我記得，當我看到他手上拿著一把槍的時候，我並不害怕。
>
> 整個過程感覺起來就像我在經歷一樁我早就經歷過的事：我看見有兩隻手從他身後架住了他，讓他的頭動彈不得；當他把槍舉起來指著我的臉，我把槍從他的手裡打掉，絲毫沒有感到一絲驚訝。我在地蘭西街和男友會面，告訴他事發的經過，因為我太淡定，他幾乎不相信我說的是真的。

高等心智：信心

懷疑是決策過程的一半。我們想到一個主意，然後接著會用「沒錯，但是……」這樣的限定性條件，來更適當地塑造這個想法，藉此擺脫任何錯誤的假設。決策的第一步就是提出一個想法，接著用另一個勢均力敵的想法來反對它。在理性的範疇當中，健康的懷疑為我們帶來了美好的科學、可驗證的程序，以及可以清楚界定的基本原理。然而，那些過於執著於懷疑論的人，當真正的內在經驗發生的時候，可能會將注意力轉回到思考，質疑這些經驗根本就不存在，因此忘了這樣的經驗。

基督的門徒——懷疑的多馬（Thomas the doubter）就是6型人這種心智狀態的一個範例。當耶穌基督與多馬在一起，還有許多同道中人互相支持的時候，多馬就相信耶穌基督。但是當耶穌基督死了，多馬就失去信心，甚至懷疑他之前與耶穌同在的時候所發生的一些體驗，或許不是真的。

在耶穌受難之後，他死而復生並且出現在好幾個門徒面前。他來到懷疑的多馬面前，發現多馬正在因為失去信心而悲傷，基督只好讓多馬觸碰他受十字架刑的手，讓多馬對他的死而復返有更多信心。在十二個門徒當中，對於耶穌基督的神祕，多馬看到了最多的具體證據，然而他的頭腦無法相信他自己的感官所感受到的證據。

對6型人來說，小小的懷疑就能夠動搖一整個信念體系。在計畫中的一個挫折、關係中的一次爭吵，都會抹滅之前花了好幾個月慢慢建立起來的信任。就像是因為在屋頂發現了一處漏水的地方，就要懷疑一棟堅固大樓的地基，要把它拆除重建。他們必須一再獲得承諾和保證：「我愛他嗎？」「是的，我想是這樣。」他們必須在頭腦裡找一些理由才能讓事情繼續下去：「等我拿到學位」、「等孩子都長大」。他們覺得沒有一件事情是永遠的，所以小小的猜測和懷疑就會開始萌芽。

在佛教的修持中，這個習慣叫做「懷疑心」（doubting mind）。就某個程度而言，所有初級的靜心者，都會因為開始思考自己是否真的有任何進展，因此抵銷了自己的經驗。不過，如果腦海裡的「沒錯，但是……」變得太過強烈，那麼當靜心者的注意力轉換、經驗到「無念」的意識狀態時，心裡又會升起更具說服力的懷疑念頭，讓靜心者又回到思考狀態。

慣性懷疑的6型人需要強大的信心才能在靜心的道路上，或是親密關係，或是一個讓他們感到希望的計畫上面走下去，因為他們很容易用強力的信念來抹殺正面的經驗，讓自己看不見成功的信號。不過，從注意力練習的觀點來看，信心和相信某些錯誤的假設無關，也無法用意志力來維繫。信心可以被視為一種簡單的能力，亦即把注意力固定在真實可信的正面經驗上，而不是陷入一種偏頗的注意力習慣，讓對於正面經驗的懷疑取代了正面經驗本身。

子類型：力量、溫暖及負責

在童年時期，6型人的生活受到不可信賴的權威所支配，為了保障自己的安全，他們發展出以下的心理傾向：

一對一關係：力量／美麗

6型人之所以對力量感到執著，是因為他們對生活感到恐懼，所以必須發展出個人力量做為補償。在反恐懼的6型人男性身上，這種需求可能表現為一種虛假的男子漢形象，對於反恐懼的6型人女性而言，她們則是會沉迷於自己性感的力量，用它來魅惑男性。

美麗是一種美學上的追求，特別是對於物質環境和個人外貌。當6型人把注意力集中在外表的美麗，可以緩和他們掃描環境、尋找危險訊號的習慣。6型人不分男女，對於外表的美麗都相當著迷。

> 我真的不太相信別人。所以只要和對方走得太近、形影不離，就開始害怕伴侶可能會對你做些什麼。一方面，你害怕被拋棄。另一方面，當你和戀人太靠近，你就會開始變得挑剔，所以你會藉著變得「強壯」和表現出有些冷淡的樣子來保護自己。

自保本能：溫暖

和別人維持溫暖的情誼，是解除潛在敵意的方法。如果人們喜歡你，你就不必害怕他們了。

> 當我從事心理治療的時候，我總是有個強烈的衝動，想要和病患聯合起來，一起對付他們的問題。我們的關係就是「我們對抗它們」，這會一直持續下去，直到發現病患在思考上的盲點，因此我必須換個方式才能對他們指出這個盲點。在這個階段我必須小心翼

翼，不能變得太有距離感，或是對於病患想要逃避的小徵兆——這些徵兆通常比實際的狀況還要誇張一點——表現出過度敏感的樣子。

社交領域：負責

6型人藉著在社交行為上遵守規定、克盡職責，來保證自己的忠誠度。

念大學的時候，我積極地參與了猶太復國青年團體（Zionist youth group）的各種事務。我們努力學習，利用我們的各種技術，在以色列的吉布茨（kibbutz）集體農場生活。後來當我的興趣轉向移民這件事，帶著幾分震驚，我突然獲得了一個領悟：在過去三年間，我和許多人一起工作，但是因為我把注意力都放在我們共同的理念上，我發現自己其實不太了解他們。

成功之道

6型人會開始心理治療或是靜心，通常都是因為他們留下太多爛攤子沒有完成。他們的延遲心理表現為各種不同的形式，但是大部分都和工作的進度有關。他們典型的症狀是不斷換工作、沒辦法信任上級或同事，或者是在案子快要大功告成的時候找理由開溜。

6型人通常是因為某些恐懼或是性愛方面的困擾，而開始尋求幫助，他們認為這和自己一直以來對於權力的恐懼有關。

6型人必須好好看待他們主觀上的恐懼，就算某些恐懼只是假警報。因為6型人不確定哪些恐懼是基於想像、哪些又是基於事實，所以如果他們可以仔細地檢查這些恐懼，對自己會相當有幫助。當他們仔細、中立地檢查這些和恐懼相關的議題，許多腦海裡的疑慮就會煙消雲散。忠誠懷疑型的人需要幫助，好讓他們把注意力持續地放在積極的目標上，而不是放在懷疑上。要6型人繼續往前走，就像要3型人停下來一樣困難。

忠誠懷疑型的人需要一步一步地朝著實際的目標前進，而不是用虛假的英雄氣概來掩飾恐懼。他們也要注意，不要用過去失敗的經驗來誤導自己。6型人可以藉著以下的方式來幫助自己：

- 學著用實際的狀況來檢驗恐懼，檢查所有的事實，看看自己是不是把困難想像成比實際的狀況還嚴重。對一個你信任的朋友大聲說出自己的恐懼，讓他給你回饋，從對方中立的立場來檢查你的結論。
- 注意自己想要在別人的行為當中找到潛在意圖的習慣。當你覺得別人有敵意，先檢查看看自己是不是想要攻擊對方。
- 看看自己是怎麼用懷疑將別人的幫助拒於門外。認清自己在關係中搖擺不定的信任感：「我真的能夠信任別人嗎？」看看自己是不是在心裡質疑別人的能力或是弱點。
- 要求共事的人一起把職務界定清楚，問問其他人自己的位置在哪裡，並且就指導原則達成共識。
- 中斷自己老是盯著其他人、想要看看對方是否言行一致的這種習慣。
- 注意看看自己在什麼時候用思考取代了感覺和衝動。
- 看看和那些沒有能力、不值得信賴的人一起共事，會如何阻礙工作的進展。

- 學著和自己的情感保持聯繫。不要從恐懼中退縮，然後把恐懼投射到別人身上，認為別人拋棄了自己。
- 不要為了想要保持緊張和警覺，就讓身體變得緊縮、或是刻意減少行動。注意看看自己的身體，是不是就像是要被攻擊一樣緊繃。
- 注意自己對於別人的示好或是稱讚總是感到有些懷疑，特別是當自己沒有防備的時候。「只要我稍微不注意，就會遭遇不測。」
- 注意自己的直覺反應。看看自己在行動之前，是不是都必須先獲得權威人士的認可。
- 看看自己是不是比較喜歡質疑領導者，而不是去尋找彼此之間的共識。
- 看看自己是不是比較容易想起糟糕的事情，而不是美好的經歷。提醒自己多回顧美麗的回憶。6型人總是走在負面回憶的軌道上。
- 利用自己豐富的想像力，想像並且表達事情正面的結果，把恐懼和正面的結果分離開來。如果注意力還是集中在事情最糟糕的結果，那麼就用想像力儘量把負面結果誇張地放大，看看結果如何。

注意事項

當注意力從過去的心理慣性釋放出來，6型人要注意自己可能會產生下列反應：

- 對於潛在的幫助來源感到懷疑，寧願獨自進行。
- 對成功感到恐懼，害怕自己比父母還要有成就。

- 當恐懼出現，在行為上就變得被動。覺得自己失去優勢。想要學習靜心，希望永遠都不要和別人競爭。
- 習慣在事情進展順利的時候，把注意力放到事情負面的細節。
- 想要勝過那些幫助自己的人。一下認為治療師很聰明，一下又認為他們不勝任。
- 喋喋不休，讓頭腦取代情感的工作。用講話和分析來取代出於直覺和情感的行動。
- 開始自我懷疑，很容易把懷疑投射到別人身上，認為其他人都在懷疑他們的能力。
- 妄想自大症（megalomania）。把改變這件事越搞越複雜。幻想自己可以達成令人刮目相看的成果，以至於無法按部就班地完成實際的目標。

7型人：享樂主義型

後天養成的人格

頭腦——主要特徵：算計

心——強烈情感：暴食

本質

頭腦——高等心智：工作

心——高等情感：清醒

子類型的表現

性愛：易受暗示

社交：犧牲

自保：家庭守護者

困境：自戀性格

5型人、6型人、7型人這三種人格類型聚集在九型人格圖的左側，代表著三種類型的人在兒時面對恐懼時不同的處理策略。6型人位於恐懼人格的核心，他們為恐懼過度準備，警戒地掃描環境。5型人則是從任何會讓他們害怕的事情當中撤退。至於7型人，他們看起來一點也不害怕，主動地走向人群，想要以自己的風趣來魅惑人群、讓人們解除武裝。面對令人恐懼的兒時生活，7型人的孩子遁入想像力無限的可能性之中，藉此分散他們的恐懼。

7型人不會對外傳播他們的恐懼，看起來也不害怕。他們看起來總是無憂無慮的，個性開朗，經常沉迷於做計畫和玩樂。只要他們可以想像自己有一天會成功，偏執的核心（6型人）就不會表現出來。

這是彼得潘，即永恆少年（和少女）的人格類型。這也是納西瑟斯（Narcissus），那個愛上池塘裡自己倒影的年輕人的類型。一位名為愛可（Echo）的精靈愛著納西瑟斯，但是因為他太沉迷於鏡中的自我光輝，所以沒有聽見精靈的呼喚。因為太過沉溺於自己，他失去了回應的能力，讓愛可的聲音成了一個回聲（echo）。

每個人都需要一點點健康的自戀，我們都必須認識自己的長處和價值。但是當我們太沉浸在我們的特質當中，以至於沒有辦法聽取別人對我們的客觀建議，這樣我們就有麻煩了。享樂主義型的人相信自己的完美，並且尋找可以支持他們價值的環境和朋友。他們有著敏銳的品味，想要品嘗生命中一切美好的事物。7型人希望自己常保活力，他們想要冒險，對任何事情都有很高的期待。他們的身上有著「高峰經驗」（peak experience）的化學作用，彷彿在他們血管中流淌的不是血液，而是香檳。

7型人的世界觀在一九六〇年代反文化革命（countercultural revolution）的社會中特別顯著。在「花孩」（flower child）的世代，7型人的理想以一種純粹的型態不斷擴張。花孩們面臨著戰爭和沒有任何願景的工作，他們輟學、過著簡單的生活、回歸自我，創造出一種新社會的理想。

當革命繼續，7型人世界觀的陰暗面開始浮現。他們堅持一種理想化的現實，然而無法實現它，於是他們的態度從劇烈的主觀——尊重每個人獨特的個體性——變成極度的自戀。情況惡化成一種浴缸哲學家的洞見（hot-tub insight）：「哦，哇！」或是：「我真高興可以做自己。」嗑藥帶來的內心世界讓他們失去改變外在世界的渴望。內心的喃喃自語和誘人的逃避方式，取代了腳踏實地的努力和工作。

7型人因為相信生活充滿無限的可能性，總是朝氣蓬勃，總是有那麼多好玩的事情可以做，如果生命沒有充滿冒險，人為什麼而活呢？為什麼要在可以前進的時候躊躇不前？因為他們喜歡同時保有好幾個開放選項、習慣承諾的時候帶著備案，這讓他們這種相信生活充滿機會的樂觀性格，不斷地獲得強化。

他們的承諾總是因為附帶許多備案而打了折扣，因為他們必須看看「到時候感覺對不對」。如果計畫A因故取消，他們就會開始備案的計畫B。如果計畫B感覺起來有點棘手，還有計畫C。如果計畫A無法繼續、計畫C又太無聊，總是還有計畫B可以先墊著，計畫B說不定還會生出計畫D。一九六〇年代的口號「順著流走」（go with the flow）變成一種調節注意力的方式，鼓勵人們遺忘負面的選項。

做為一種防衛性的策略，為將來作計畫，附帶許多應變選項，就是要藉著消除無聊和痛苦來增加生活的樂趣。舉例來說，7型人可能在一家鞋店工作，並且在腦袋裡計畫，或許有一天可以在對街競爭的鞋店做同樣的工作。這樣的計畫對7型人來說相當自然，他們想到的是這兩份工作有著類似的工作目標和性質，而不是這兩家鞋店有什麼競爭問題。

就好的一面來看，這種注意力模式可以引發某種具有創造力的問題解決方式，他們可以在看似對立的看法當中找到正確的關連。在所有的類型之中，7型人是對這個世界最樂觀的，因為對他們來說，偉大的計畫總有一天會實現，到時候一切美好的可能性都會體現在最終極的、令人滿意的生活之中。

7型人常見的的心理慣性包括：

- 必須維持高度興奮的需求，參與各種活動，有太多好玩的事可以做。想要在情緒上保持亢奮。
- 同時對好幾個選項保持開放，藉此降低對某個特定活動的投入程度。
- 用愉快的理性選項，像是聊天、計畫、把事情合理化，來取代深層的接觸。
- 魅力是防禦的第一個手段。主動走向人群的恐懼類型，藉著不被注意到來避免直接的衝突，運用口才讓自己脫離麻煩。
- 將訊息互相串連、系統化的注意力模式，因此承諾必然包含了漏洞以及其他備案。這樣的注意力模式會導致：

——在理智上逃避困難或是限制性的任務。

——有能力在看似彼此對立或是毫無關連的觀點之中，發現不尋常的關連或是相似性。

3型人和7型人的相似點

7型人有很強的能量，如果興趣維持不墜，他們也會努力工作。他們和3型人在表面上很像，樂意去競爭、喜歡當贏家，當然也很在乎要讓別人看見自己的長處。對於旁觀者來說，這兩個類型可能看起來很像，但是就他們內心的世界觀來說，他們的運作相當不一樣。

3型人想要可以駕馭別人的權力，因為他們以別人的尊敬和關注來衡量自己。他們會選擇一條自己可以在競爭的階梯上爬到頂端的職業道路，而能夠用來證明自己成功的，就是形象、安全感、頭銜和特權。

7型人，坐在同樣的競爭席位上，他們在意的是「有趣的事；我做的許多好玩事其中一個」。他們也希望獲得別人的好評，不過並不是想要以這樣的權力來駕馭別人。他們不希望自己因為職業而被貼標籤：「叫我醫生太狹隘，我不只是那個職稱而已。」他們希望自己可以在各種有價值的活動當中保持卓越：「我跑步，我烹飪，我寫詩，我什麼都能做。」

7型人比較沒有那麼想要爬到頂端，也沒有興趣和那些不認同他們的人對質，特別是因為時間那麼少，有趣的事情那麼多。他們想要知道自己有參加最棒的比賽的競賽資格，但是他們可能不願意為了要往上爬到最頂端而限制其他興趣：「我想知道自己的能力，但是我不用對別人證明自己。」他們很可能會一連工作好幾天來賺取用來旅遊的經費，而不是買一輛名車。證明自己的成就，就是要在這一生當中做許多美好的事，可以爬到最頂端，但是不能被一輩子的承諾給限制得動彈不得。

工作狂的3型人和真正自戀的7型人之間的心理狀態，最大的差異在於，3型人的價值仰賴於工作的成就。真正的自我可能不存在，但是一個人的資歷卻是相當實在的。3型人會把注意力的焦點放在把事情做好，因為3型人的價值在其他人的眼中就仰賴於出色地完成任務。他們通常都比自己希望的還要努力，因為他們的獎賞不在於自己覺得很好，而在於擁有支配別人尊敬的權力。

7型人也會希望獲得其他人的好評，不過他們把其他人的關注看成個人內在價值的一面準確的鏡子。他們不需要太努力，因為「生活很棒，我很高興我就是我」。如果其他人不認同他們這種內在價值，7型人會轉向自己尋找慰藉，為這樣的拒絕尋找合理化的藉口，認為這不是自己的錯。他們的自我有很多面向，有許多玩樂的可能性。心情不好可以藉著在鄉村健行、一本好書、燦爛的陽光或是一杯熱茶而緩解。就某個方面來說，和3型人比起來，自戀的人在面對別人的不尊重時比較沒有那麼痛苦，因為他們很享受自己的陪伴，而且相信未來一片光明。

家庭背景：選擇性的美好記憶

7型人對於童年時光有著美好的記憶。他們的故事就像是一本充滿快樂回憶的相簿：邋鞦韆上的男孩、穿著圍裙的女孩。

這些故事中沒有苦澀的成分：「我爸把我們從我媽那裡帶走，那時候我八歲。九歲的時候，我已經忘了她。」即便有這種在客觀上說不上快樂的事件，他們的言談之中很少帶著恨意或責備。在這樣包含著客觀負面回憶的情節當中，他們透露出一種感覺：「我決定不要以那種方式回應。」以及「我有自己的事情可以做，所以那件事沒有讓我覺得很沮喪。」

> 我一直在想自己是7型人這件事，還有為什麼這個類型和我呼應。當我第一次參與7型人的討論會，聽見他們說自己的故事，對於他們所說的一切我都相當有共鳴，除了內心的恐懼這件事——我並不覺得有這個問題。
>
> 但是後來我想起來，有一次我從一個新的學校要回家，結果迷了路。我知道我媽一定會因為我晚回家而大發雷霆，我不知道回去以後她會怎麼懲罰我，我真的很害怕。我在路上碰到一些踢足球的孩子，我就跟他們一起玩，一直玩到天黑。
>
> 晚餐時間我還沒回家，我媽就報警了，後來他們來接我回去。我記得自己坐警車回家，因為太害怕所以大便在褲子上。我看著後車窗上有燈光閃爍，我想起了剛剛的足球賽，我的腦子就回到那裡。
>
> 我知道不管她對我做什麼，我都可以停留在自己的腦袋中，在腦袋裡繼續踢剛剛那場足球賽，直到事情結束，我會沒事的。

7型人的注意力是朝著美好的記憶傾斜。說自己學空手道來拯救自己的男孩，把談話的焦點放在他拿綬帶最好的成績，十五歲就逃家的女孩不太說自己逃家的原因，而是描述逃家的路上多麼令人興奮。我們可以看到，7型人的注意力偏斜和6型人的注意力偏斜剛好相反：忠誠懷疑型的人通常會記得最糟糕的事情，但是享樂主義型的人則是會記住最棒的事情，讓自己朝向快樂並遠離痛苦。

對7型人來說，童年還是有很多美好而且就客觀而言是真實的回憶。他們通常愛母親比愛父親多，不過他們對於男性權威的偏執性反叛，通常也帶著一點浪漫的反權威調性。

我愛我的父母，我們過著一種典型的鄉村生活。沒有人傷害我，我有許多來自他們的愛和支持，唯一可以抱怨的，就是我得騎腳踏車騎上五公里路才能找朋友一起玩。當我自己獨自一人的時候，我經常講故事給自己聽，而且我不喜歡別人告訴我我應該要怎麼做。

六年級的時候，我就知道自己在思考上已經勝過我父親。我愛他，但是我知道我的思路比他更敏捷。我有辦法讓他同意任何我想要的事情，我會先把一些他可能會反對的選項刪掉，接著逼著他同意某個他同意但是充滿了許多破綻的版本。

行程表和計畫

每一天都充滿了各種可能性。他們腦海裡有張清單，列滿了可以做的好玩事情。7型人是抗憂鬱的人，對他們來說工作是一種想像和心智的遊戲。工作中有許多點綴，比如說你可以因為某個女孩子頭髮在陽光之下舞動而感到心怡，或是因為牆壁上的陰影而目眩神迷。重點在於保持心情昂揚，一直工作，直到你開始覺得有點累，這時候再接著去做某些其他事情，直到無聊降臨。7型人可以不眠不休地工作，他們習慣一次處理三件或四件案子。但是這些案子很少會被一心一意地推進，7型人會看哪件事情現在看起來比較有趣，在不同的任務之間不斷轉換。

> 我真的很期待禮拜天報紙的粉紅色專欄，其中列滿了接下來一整個禮拜可以做的事。整個禮拜的活動都列出來了：四星評價的電影、十星評價的餐點。這就像我的餅乾盒一樣重要，你就是想要知道哪裡有好玩的事情可以做。我的餅乾盒就藏在辦公桌最下面的抽屜，報紙的粉紅色專欄也放在同一個地方。

一九六〇年代的「順著流走」（go with the flow）口號，描繪了7型人行程表和計畫背後的意圖，他們從來沒有憂鬱或是緊張的理由；唯一要做的，就是搭上那股讓人充滿活力的能量流，做些值得做的事情。

> 重點就在於讓各個選項保持開放。你可以去打排球，可以好好打扮去看場電影，你可以騎車到鄉下在那裡待上一天。最棒的就是，這些事情都在同一個時段，你就能夠選擇對你最有吸引力的那個，在那裡待著，直到下一件事情開始呼喚你。我曾經去電影院，買了票，連爆米花都買好了，然後決定離開去做別的事情，因為我突然感受到某種無聊的刺痛，待在那裡的感覺不太好。

他們有一種充滿活力的信念，認為只要有很多選擇，生命是沒有極限的。他們不想錯過任何事情，所以任何選項在頭腦裡都有一定的價值，雖然這些選項根本沒辦法塞進一天的行程表中。隨口說說的承諾很容易，但是永久的承諾很困難，因為永久這樣的概念抹滅了無限未來的感受。7型人對於各種經驗異常著迷，每一件最棒的事情都想要試試看，而不是全然地投入到某個個別的活動或觀點。

我有個不可思議的內在行程表，其中包含了各種時間規劃：給工作的時間，給家人的時間，給興趣的時間——音樂、慢跑、開船沿岸邊航行。不管我是不是正在做這些事，它們都在我的腦袋裡，我全部都想做。如果突然有個和朋友一起練團玩樂器的機會，我就會重新調整腦袋裡的走向和規劃，調整待會要吃的東西，這樣如果我待會還想跑步，肚子就不會太飽。這些都以一種飛快的速度重新規劃，這樣每個部分都會被照顧到。

如果要做的事情因故取消，我就會開始跑第二套行程，看看要不要去試試看哪個新餐廳、問問哪個家人有空可以一起去，或是要怎麼在和朋友玩樂團和吃飯的中間，擠出一個時段來工作。

選擇性思考

各種選項放在一起，意謂著7型人永遠無法真的定下來。他們的腦袋裡總是同時有好幾條軌道在跑，因為對他們來說這些都是相關的，雖然乍看之下有點奇怪，但是這些非常不同的活動可以表現得很類似。

就實際的層面來看，我總是有許多選擇，雖然這些選擇看起來有點任性。你必須尊重協議，準時到場，雖然你可能會改變心意，突然不想過去。情緒的狀態有些棘手，我已經和一個男人結婚好幾年，他看起來總是相當創新，讓我隨時都得保持警戒。

即便如此，在剛開始的時候，當我試著做出承諾時，我得把自己的問題拆開，分配給三個或四個不同的心理醫師。這些問題看起來都和我有關，因為它們是我的問題，但是我想要獲得各種不一樣的建議。接著我發現自己認真地在考慮和另外一個男人在一起，用來解決某個我在和我未婚夫交往時出現的模式。不知為何，我不覺得這偏離了我們一對一的共識，畢竟，我這麼做是為了解決我們問題裡的關係，而且我是嚴肅以對。

從旁觀者的觀點來看，這個7型人似乎是把自己分散給太多心理醫師還有太多選擇的方向。但是從7型人的觀點來看，每個洞見和每個方法都有它們的內在關連。最後，她終於可以全然地和某一位心理醫師獲得共識，與此同時，依照另外一位心理醫師的建議來行動。不用說，這種注意力習慣就像是同時朝著好幾個方向開一輛車。

你可以告訴我你正在學什麼新東西，比如說，禪宗。所以，當你開始進入這套哲學的一些細節，你說的某些東西就提醒了我另外一些你不知道的系統中類似的概念。我對於禪宗的興趣就會是，這麼說吧，它如何和馬拉松、九型人格或是高爾夫球可以連結起來。

你說的和禪宗有關的事情，點亮了我另外其他六個或七個興趣，所以，當然我同意你說的，但是我沒有辦法把注意力單單放在它上面。我感興趣的是，你對於禪宗的敘述當中，和其他我感興趣的事情吻合的點，而且我會把你說的禪宗納入我自己的綜合系統中。這樣我就能夠同意你，同時讓我的其他選項保持開放。

魅力和吹牛

雖然和5型人與6型人一樣擁有偏執核心，7型人看起來一點都不害怕。他們相當合群而且很愛說話，他們喜歡參與、喜歡玩樂，喜歡談話和推理，以言語代替行動；事實上，7型人承認，與其被單調沉悶的苦差事綁住，寧願做一些腦力激盪的事。5型人和6型人都有輸出產能和完成工作的問題，這兩種類型的人都害怕自己的工作被批評，7型人在行動上也有同樣的困擾，但是他們用一種談話風趣、令人愉快的風格，把害怕被看見的恐懼給藏了起來。

他們害怕在單一件事情上涉入太深，於是用對各種事物廣泛的興趣來掩蓋這個事實。享樂對他們的吸引力可以被視為一種正面的流動，事實上，這是一種對於痛苦的逃避。7型人沒有辦法把自己局限在單一的計畫或是追求，因為當他們的注意力窄化，客觀的能力問題就浮現了。在仔細的檢視下，任何關於天賦的膨脹想法都會消失無蹤。因此自戀的7型人會藉著強調自己的潛能，說得跟真的一樣，來逃避自我發現。即便只是數學愛好者也可以變成數學家，他們藉著充分優雅的自我表現以及唬爛，連學位都不需要，就可以成為有特殊洞見的數學大師。

7型人也被視為愛情騙子，因為他們非常迷人，而且希望被人崇拜。他們會讓別人對他們充滿渴望，這些人可能沒有能力抵抗鮮花、魅力還有「共度最美好的時光」。7型人希望被有趣的人仰慕，但是很容易會因為事情重複而覺得無聊，特別是當他們頭腦冷靜下來的時候。當昨夜的插曲被遺忘，這位才認識的新朋友打電話來，7型人早已經想不起來對方的名字，這都可以顯示出他們的自我中心。

很難找到不讓我覺得無聊的人。我會用一些小伎倆來吸引像我一樣的人，我愛我的生活，我愛我做的事，我只想要找個人一起出來玩。於是我找到她，但是讓我苦惱的是，我想她也是7型人。她很會打網球、床上功夫一流、她的心思放在各種事情上，就是沒有放在我身上。

我沒有辦法忍受她是那麼成功，在各個方面都是，於是我向她求婚，因為我們兩個都想要一個家庭。現在我們有了孩子，生活也過得很好，她就像是一面活動的心理學之鏡，讓我知道我可以多麼地以自我為中心。

優越及自卑

追求高度刺激可以幫助7型人逃避現實，不過也可以激發他們理智上的好奇心，讓他們進行創意性的研究。一個病態的自戀狂認為自己在理智上高人一等，因此覺得理應擁有別人的認可或是支持。當7型人開始產生這種神經質的信念，認為自己擁有某些特殊資格的時候，我們會看見他們急著奔赴享樂，不過事實上他們是在逃離痛苦。

自戀狂的痛苦在於他們可能會被揭露，發現自己並沒有自己相信的那麼好。他們心裡總是帶著這個問題：我的定位究竟在哪？我比朋友好，還是比朋友差？在這點上誰比較優秀？

是我還是我朋友？就病理學而言，答案總是我比較優秀。對於那些進行自我工作的7型人來說，比較而來的價值這個問題仍然在他們的內心作用，但是可以用來做為一種提醒，讓自己去注意自己客觀的能力。

> 我會發現自己開始自戀，是因為發現這樣一條線索：我開始在心裡瞧不起某個朋友。我的自戀表現的形式相當狡猾：我會原諒他們的愚笨，或是暗自責備他們的錯誤。當這樣的想法一成形，我就會覺得自己正在和一個笨蛋相處，我會有衝動想要離開那裡。他們要說的話實在是太無聊了，我完全可以知道他們接下來要做什麼，這讓我想要大叫。接著我就會想，我的心眼真小，真是沒有氣量。或是我會從一個對立的觀點，用兩個或三個論點來幫他們的缺點找台階下。
>
> 當他們顯得特別愚蠢或是看起來沒救了的時候，我就會知道自己得再重新觀察一下。一個好朋友怎麼可能突然看起來那麼爛？我怎麼可以如此輕視一個昨天看起來還那麼聰明的人？我想到的是，如果我的看法不完全正確，那麼我就是錯了；接著我離開的時候，我會覺得他們真的很棒，而我在自己的眼中則是一文不值。

自我價值可能會因為慣性地沉溺在「最棒的事情」而膨脹，這是7型人陷入麻煩的一個診斷指標，說明他們的腦袋開始在賽跑。當7型人用活動把行程塞得滿滿的，讓「快樂生活的成分」之間一點空隙都沒有。當注意力強迫性地掠過各種有趣的選擇，7型人只好忙個不停。

我無法了解為什麼有人會投入某個職業。他們怎麼會知道自己想要成為什麼樣子的人呢？我頂多只能想到典型的文藝復興藝術家，他們在每個方面來說都是完美的，我嘗試的每件事都對我指出了其他更大的可能性、一個還沒有被嘗試過的方法、一個更聰明的點子。

我讓自己從宗教學一路走到中東研究，做為我的主修科目，最後畢業的時候，我完成的學分比學程要求我的還要多出五十幾個。我的博士論文橫跨三個領域，如果我的指導老師沒有要求我把題目縮小一點的話，它還會無限地延伸下去。

到了必須交初稿的時候，我幾乎要退學了。打下來的草稿和我認為應該要有的樣子比起來，實在是差太多了。我一點也不在乎自己拿到榮譽成績：大家都知道我得拜託口試委員才能過關，我的論文無法撼動學術世界，我是一個黑箱博士，而不是我自己認為的天才。

權威關係：追求平起平坐

7型人想要與權威平起平坐，他們喜歡沒有人在他們之上、也沒有人在他們之下的安排。因為從一開始，權威也是人，7型人的內心覺得自己比權威還要優越，而且通常權威也會受到他們口才的吸引。然而，就實際而言，享樂主義型的人是恐懼類型的人，他們會藉著愉快的交流來解除權威人士對他們的控制。

如果他們的自由受到限制，就會變成激烈的反權威人士。不過對於那些小官僚，7型人會自動忽視他們的權力，他們相信自己可以憑著三寸不爛之舌讓阻礙他們的人讓開。

就權威關係互動較高的層面來說，7型人相當擅長提升團隊的士氣。他們擁有令人愉快的天性，對於每件事情都略有所知，所以可以假裝他們知道的事情很多，而且講得頭頭是道。他們可以停留在正面的選擇之中，不會有所懷疑，特別是當一個案子還在發想的階段，或是要開始進行的時期。他們可以讓一個案子的目標和其他的理論定位協調一致，與其他人進行團隊合作，並且推銷他們的想法。他們在計畫的創始階段最有效率，而且在案子遭遇困難的時候依然能夠保持信心。

就權威關係較低的層面來看，7型人會在創意發想、計畫的階段過後，就失去熱忱。當他們失去興趣，在計畫的中間或是結尾的時候，當各種選項不再開放，就會讓7型人陷入困難。一旦某個想法固定下來成了模式，7型人在面對例行公事和受限的可能性時，會變得相當不開心。如果重新分配任務，要他們去研究新的點子、幫整個案子找到大一點的願景、進行群組交流，或是重新將他們聘為兼職的計畫顧問，他們就會變得比較有生產力。

7型人可能會對於一些有趣但實行上有困難的想法相當堅持，他們會用想法和理論代替實際上的苦差事，而且傾向於看不起那些「比較沒有遠見的人」。

典型的權威關係範例：7型人和3型人，享樂主義型和表現型

這兩種人格類型都會以高度的能量來工作，3型人會將公司的成功當成是自己的成功，7型人則是受到興趣和可以探索新領域的機會所驅動。如果3型人願意擔任拋頭露面的領導者，而7型人可以擔任顧問和合夥人，不用承擔令人矚目的責任、處理別人對這個案子的期

待，或是困在重複性的工作之中，這兩者的結合會形成一個卓越的工作團隊。不管工作有不有趣，3型人都會全力以赴，7型人也會努力工作，不過前提是這份工作要可以為他帶來樂趣才行。

這兩個類型的人都相當有社交技巧，都能夠在公開場合展現自己的案子；他們都確定自己的立場是對的，想要把其他人拉進他們的觀點。如果3型人是老闆，他可能會假設員工也會認同這份工作的成功，並且期待他們能夠有極大量的工作輸出。7型人員工會迴避老闆對於自己時間和精力的要求，比如說，讓自己變成寫報告的專家，把一份報告交給兩個部門，學著把時間分成兩半，一心二用。由於3型人老闆傾向於犧牲品質來求效率，他不會去質疑員工顯而易見的抱怨態度，只要事情沒有出差錯。只要案子持續有進展，對於3型人或7型人來說，品質控管都不是問題，除非有人抱怨，使得這個問題浮上檯面。

如果7型人員工享受這個案子，他會很樂意為一個願意承擔公關工作以及全然投入的老闆工作。7型人最有用的時候就是工作的開展階段，他們可以將自己的能力用在創意性的計畫、創新，並且聯合其他工作夥伴一起為這個案子付出。只要7型人遵守工作原則，而且他們的創新不是太放肆，3型人老闆會很樂意把這個員工留在團隊裡。

當這個計畫穩穩地開展，3型人和7型人對於工作目標的歧異就會變得很明顯。3型人想要別人的認同，以及銀行裡的錢，不過7型人員工覺得這些目標會限制自己，於是開始破壞老闆的規則，藉此維持自己對工作的興趣。當3型人想要機器般的生產力，7型人就會想要辭職不幹。

如果7型人是老闆，他不會想要監督員工，特別是下達直接的命令、並且強迫員工執行這些命令。於是，指導原則可能變得太一般、太理性，因為7型人想讓每個員工覺得平起平坐，藉此消除可能的衝突。如果3型人員工夠明智，他就會將老闆給的一般性指導原則鞏固起來，變成一套可行的程序，並且會在壞消息傳到老闆的耳朵之前先行處理一下。如果3型人可以讓7型人的想法付諸實現，特別是如果這個老闆可以給員工額外的薪水和賞識，那麼這個工作團隊就會欣欣向榮。3型人願意承擔額外的責任，只要他們的努力獲得尊重，而且這麼做可以明確地保證自己會獲得晉升的機會。

如果7型人老闆提出了非常吸引人但是又矛盾的選擇，因此領導的方向變得模糊，3型人員工可能會一馬當先去向老闆表達不滿，並且會利用各種工作機制讓老闆與他們達成共識。如果失敗了，3型人員工就會想要換個職權比較清楚又比較有前景的工作。

理想主義和未來主義

7型人就像任何真正的偏執狂患者一樣反對權威，但是他們不是捲入直接的衝突，而是甜美地試著化解權威對他們的掌控。「你做你的事，我做我的事。」真的意謂著7型人是自由工作者，只為自己負責。這同時也意謂著：「不要在我背後指指點點；不要跟我說要怎麼做。」

關於主體性的理想，7型人有一種奇怪的矛盾：他們一方面認為每個個體都是獨一無二的，都必須受到尊重，但是實際上覺得自己比其他人優越。7型人或許會認為，雖然每個人都有獨特的才能，但是大多數人都被限制在單一的才能之中，然而7型人相信自己擁有各種才能。他們看見數學和音樂之間的關聯性，所以他們不需要在任何一個下苦工就能同時達成這兩者。

理想化的自我形象讓他們認為，只要一點工作，加上他們的天賦異稟，他們可以在幾個月之內就成為音樂和數學的大師。7型人慣性的正面想像，以幻想和概念填補了真實訊息的空缺。這些美化的想法形成了理想化的自我，從而取代了對於真正的內涵與深度的要求。

7型人的樂趣，很大一部分來自於對於事情的計畫以及期望。他們在腦海裡細細品嘗未來事件，把它們當成甜美的意象，最後這些意象變得具體而可信，就像桌椅一樣。舉例來說，一頓大餐最棒的部分就是在食物送上來之前，因為他們可以在腦海裡品嘗各種美味的組合。同樣地，如果享樂主義型的人正在享用美味的一餐，用餐的經驗也會被無限地擴大，藉著在想像中加入其他享樂最棒的部分。一次魔幻的日出可能會被簡短地重新創造出來，像是和特別的朋友一起看日出的感覺。過去和未來的選擇，最棒的面向可以和一頓飯真實的滋味一起品嘗。7型人可能為自己的想像而陶醉，因為在想像之中，每個選項中最棒的一面，都能夠以一種可信的方式被拼湊在一起。

計畫不一定是一種逃避。7型人說他們從理智和創意的追求獲得極大的快樂，他們天生敏捷的注意力，讓他們可以為一般的問題想出高明的解決之道，也能讓他們旅行到——對於擁有一般注意力的人而言，看起來相當令人驚奇的想像領域。

以下的陳述來自一個7型人，他是職業的未來主義者。他將自己的腦袋形容成自己最好的朋友，腦袋裡的想法就是每天的朋友。他的工作包括分析歷史潮流，然後預測這些潮流中最好的部分可以如何被重新帶入生活。

我最棒的戀人就是我的想法。認識它們為我帶來極大的喜悅，就像是把生命灌注到沒有呼吸的軀殼裡面。就像是和女人談戀愛一樣。每個想法都很可愛，我以自己的方法來珍視它。

我也愛飛機和其他競賽的機器，他們把我帶到一個地方，在那裡現實消逝了，我獨自一人，有無數的方向以及我可能會需要的一切。

親密關係：美好的分享

7型人進入關係的方式，是分享彼此身上美好的地方，同時帶著對於承諾的特別覺知。當所有的選項保持開放，是他們最快樂的時候。「談戀愛會有什麼問題？和彼此分享最棒的東西會有什麼問題？」他們有很明確的喜好，對於最棒的冒險都要嘗試一點，而不是完全投入其中某一個。投入一段冒險，不管多麼吸引人，都會帶來無聊和厭膩的感覺，而且會限制下一段可能的浪漫愛情。

他們的關係是透過雙方一起從事某些行為，談論什麼有趣、什麼最棒。這種交往風格富於冒險性，而且可以讓他們避談生命中比較不愉快的事情。如果出現問題，這個問題會夾在其他迫近的活動之中，讓他們沒時間可以好好討論問題。「重要的事」會被安排得很近，讓7型人只有「十分鐘可以討論一下分手的事，接著我就要去趕飛機」。面對面的衝突和互相指責對於自戀狂來說非常難受，因為這暗示了他們的失敗。他們希望可以把嚴肅的討論都排進行程表中，這樣就可以臨時取消換成別的計畫。

就某個方面來說，7型人並沒有活在真實生活的關係裡，因為他們的頭腦太容易充滿了關係中所帶出的聯想和想像的念頭。從另一方面來說，他們擁有美好的才能，可以提振一段下滑的關係，讓它朝著更光明的方向前進。7型人總是能夠輕易地以快樂的選項來取代負面情緒，這麼做的副作用，就是讓他們在面對情緒上比較依賴或是需求比較高的伴侶時，會陷入困難。他們的伴侶可能無法將注意力從痛苦的模式轉移開來、或是放下情緒上的委屈，對樂觀的7型人來說是種嚴重的限制。他們經常說，自己會藉著一些必須離家做的待辦事項來躲開伴侶的低潮。

雖然對他們來說，做最後的承諾很困難，如果他們和對方分手，還是會懷念彼此美好的關係。他們對愛情最美的想像，就是伴侶可以加入7型人本來就喜歡的活動中。伴侶像是一面鏡子，可以反映出生活的美好，沒有被人強加的界限或是限制。如果對方無法完全反映出這種狀況，次好的選擇就是建立一段讓7型人可以保持興趣的友誼，但是不要太多，多到讓7型人感到無聊或是覺得必須留下來。

就親密關係較高的層次來看，7型人致力於透過活動、心智的追求、性愛和玩樂，讓感覺保持鮮活。他們可以為關係帶進新的興趣，埋葬過去的委屈，並且重新開始。

就親密關係較低的層面來看，如果伴侶在情緒上變得要求太高或是憂鬱，他們就會想要離開。他們離開的方式很有可能是藉著理性地討論原本的承諾，因為情況有變，所以原本的計畫也必須要有所改變。

親密關係範例：7型人和6型人，享樂主義型和忠誠懷疑型

這兩種類型的人都有潛伏的偏執狂。6型人的恐懼是公開的，7型人則是藉著採取各種

備胎的行動來逃避恐懼。7型人可以對6型人帶來很大的幫助，如果他可以正視伴侶的恐懼，並且帶他們出門參加活動。一旦開始行動，6型人的恐懼就會消散，7型人可以推6型人一把，讓他們整裝待發。6型人可以為這段關係提供一種無意識的服務，藉著表現出許多7型人潛伏的偏執，讓7型人有機會提供幫助，同時也藉著把這些恐懼歸給伴侶，讓他們和恐懼的感覺保持距離。

6型人覺得被責任和辛苦的工作困在生活裡，而7型人的立場卻是生活充滿了無限的機會。如果他們各自都能夠讓自己融入對方的生活觀，6型人就可以學著繞過令人癱瘓的恐懼、進入行動，7型人則是可以學著一次把焦點放在一件事情，而不用因此變得害怕。

這兩個類型的人都傾向於活在未來，6型人這麼做是為了要避開對於關係潛在的威脅，7型人則是為了要進行一些特別的計畫，可以和伴侶一起體驗。在這裡也是一樣，這對伴侶可以透過採用對方的生活觀來互相支持。7型人可以朝著有樂趣的地方前進，6型人則是可以透過對於障礙做出現實的評估來讓計畫變得穩定可行。這兩種類型的人都願意為了將來的目標而努力工作。7型人的熱忱可以跨越6型人懷疑的傾向，讓未來願景保持鮮活；而6型人可以在堅定的日常勞動當中感覺到深刻的美麗，這種能力可以讓這對伴侶長長久久地走下去，讓計畫實現。

如果他們的交往出現問題，通常都是來自對於一對一關係和承諾的不同需求所致。6型人想要在做出承諾之前，先確定對方的承諾；7型人則是需要自己的空間。6型人比較無法抗拒嫉妒的感受，而且在面對7型人經常表現得模稜兩可的承諾，很可能會把自己對結果最壞的設想投射於其上。6型人可能會認為，7型人對於生活的多重選項是一種自我沉溺或是不忠實的行為，而且面對7型人輕率的言行和耗時的外在興趣，會覺得受到威脅。如果6型人對這段關係的未來感到憂鬱或是十分沉重，很有可能會發展出一種使自身長久存在的循環，6型人對於將來可能會被拋棄的心理慣性，製造出一種抑鬱的氛圍，讓7型人想要離開。6型人可能變得生氣，因為「當你出去玩的時候，所有的事情都是我做的」，然而7型人的反應則是「沒有人叫你去做任何事」。

如果7型人願意協調，並且同意對關係做出明確的承諾，讓6型人知道自己的位置，那麼就可以避免這種嚴重的對立。

在清楚的承諾之下，6型人許許多多不必要的恐懼就會消失無蹤，這也能讓他們不需要去想7型人在閒暇的時候究竟跟誰在一起。如果7型人認可把速度放慢的價值，還有把注意力放在只有透過持續以及反省才能獲得的關係品質，他們就能從6型人對承諾的忠誠學習到很多東西。如果6型人可以試著記得這段關係的美好之處，而7型人則是要花足夠的時間注意同一段關係的負面議題，試著解決他們，對於這段關係會有很大的幫助。

注意力模式：開枝散葉

從旁觀者的觀點來看，7型人看起來就像是擁有許多不同興趣的業餘人士：同時間有好多個計畫在進行，在地上擺了三本或是四本看了一半的書。他們的注意力流向經驗，以及更多的經驗，急忙忙地想要前進到下一個迷人的計畫。

從7型人的觀點來看，他們所有的興趣都互有關連。所有的興趣都帶著他們往某個方向前進，在將來的某個時刻就會被拼湊在一起。可以發現完美的匹配是多麼美好的事！就逃避者的感受而言，他們的注意力會在甜蜜的回憶、迷人的想法以及有趣的未來計畫之間游移。下面的陳述來自於一個年輕的7型人，他沒有辦法把自己跨領域的工作坊資料歸類在加州的成長中心現有的分類項目之下。

> 我領導意識成長工作坊以及人類發展團體。我知道至少有十個系統是我可以利用的；我採用了一種兼容並蓄的方法。我喜歡不預設立場，不做準備，直接和前來的人一起工作。我們的課程大綱可以涵蓋人們帶來的任何需求，我的簡介寫道：「我們會靜心、練武術、學習神經語言學（Neurolinguistics）以及靈氣呼吸法（Reichian breathing）。」我總是要來參加的人帶著一個夢來工作。

這個工作坊的領導人沒有發展出認真對待單一問題領域的能力，他想做的是藉著轉換系統或是改變計畫的範疇，來解釋問題而不是解決問題。

如果他能讓自己投入真正的問題，而不是不成熟地丟進某個新的技巧，那麼他的注意力模式之中較有建設性的一面就能發揮作用。如果他可以面對真正的困難，陪伴他的病人度過真正的痛苦，可以承擔這麼做的後果，那麼他這輩子的習慣，將新的資訊納入各種系統，可能會為他帶來一些洞見，並且幫助他的學生成長。

下一個陳述來自一個7型人，他把自己的注意力模式組織起來，變成一種有用的解決問題的方法。他的方法和那位年輕的工作坊帶領者不同，因為他可以將他所有的方法集中成一個單一個問題，而不是藉著不斷轉換方法來讓一個問題變得分散。

我的工作是組織發展顧問，我們的客戶是一些處於危機或是快要倒閉的企業。我們提供建議的企業通常都是層級很多的公司，在各個部門之間有著嚴重的分歧。每個部門想做的事，可能都要讓其他部分付出代價。我會拿到一些完全互相矛盾的報告，我處理這些東西，就像是手上的一副牌。

我會在腦袋裡把這些部門一字排開，直到我發現一些癥結點。如果我持續地、透澈地翻看這些不同的系統，我就會發現一些他們都同意的點。我視我的工作為一種腦力激盪，把這些共識納入掌控之下，所以這些不同的部門就可以為了生存而一起合作。

這種洗牌通常會造成麻煩，因為你可能必須更動某些程序和職權階級。在這些會議上，我必須告訴人們和這些改變有關的事，為我帶來了許多悲傷。不過，就是因為我這種玩牌的技術，才能完成這樣的工作。

直覺風格：如說故事的技巧

7型人的習慣，把新的訊息納入各種相互依賴的背景，和說故事有很大的相似性，都是一種發現直覺的方法。

在說故事的技巧當中，首先你會把一個棘手的問題保留在注意力中，接著開始講故事，內容和你試著著手的問題毫不相關。到了故事線的一半，你開始從注意力當中把這個問題拉出來，編入故事的行動中。根據需要，你介紹有用的角色，透過不同的場景和不同的角色，你推動這個問題，並且對於要怎麼處理這個情況有了自己的洞見。

7型人

我在一個矩陣管理的工作（matrix career）做了好幾年，它有一部分涉入科學、一部分涉入哲學、還有一些部分涉入數據和歷史。把我在某個地方讀到的資料拿去和別的工作領域對照一下，是這個工作的常態。我沒有辦法依靠邏輯來處理資料，像是把一些我所知道的某個領域的機制、應用在另一個領域上。這比較像是，如果我遇上瓶頸，我就想要咖啡和熱可頌。我必須把心思轉移到別的地方去，像是慢跑或是和朋友聊天。

大多數的時候，休息就只是放鬆而已，之後回到工作我就會比較有工作效率。不過有時候，和我的問題完全不相關的次要活動，反而會為我帶來問題的解答。

其中一個非常了不起的靈感，是我聽到我的太太向我們的小兒子解釋縫紉機的原理時出現的。她語調裡有些東西抓住了我，而當她在解釋縫衣針怎麼勾起縫衣線的時候，我突然領悟，我正在寫的那篇文章中，我忽略了其中潛伏的某種歷史張力，就像是看不見的捲線筒造成了縫衣線的張力一樣。

高等心智：工作

和計畫有關的逃避有雙重面向。其一，如果做計畫的過程充滿想像力而且有趣，那麼它就成了一個比實際進入辛苦的工作還要偏好的活動。為何不住在夢想之中，讓其他人接著去做呢？

第二種逃避比較微妙，7型人忽略了一個事實，當你做了一個承諾，就意謂著其他相關人士認為你同意這個承諾的基本前提，而不是只同意其中一些比較令人愉快的點。

舉例來說，如果你同意一夫一妻制——假設一夫一妻制的前提是兩個相愛的人在一起——同時你和另一個人陷入愛河，而且想要同居，但是並不能因為你兩個都愛，就說你自己仍然遵循著一對一的關係。

當然，大部分的7型人都了解這種爭辯，但是他們還是會想要縮小破壞的承諾這樣的事實，並且強調：「但是愛有什麼錯？愛是平等的；難道不是所有的愛都一樣嗎？」這種說法的效果，就是將那些比較負責任的人當成是比較頭腦簡單的人，因為他們無法順著流走。

工作意謂著完全承諾投入某個單一的行動，而不是因為不想錯過任何有趣的事情，而周旋在許多行動之中。工作的確包含了一定程度的自願受限。你必須限制自己其他的選項，讓自己投入單一的計畫。當這個計畫受到挫折，你也不能去改變它，或是如果你受到批評，或者如果其他人對於你的好想法沒有那麼熱情，你也不能就這樣辭職不幹。

從注意力練習的觀點來看，工作意謂著承諾把自己的注意力穩定在當前的這個片刻，並且接受一切發生的事，不管那是令人欣喜或難過，不管那讓你覺得很好或是很糟。當你工作時，你一次只把焦點放在一件事，直到這個工作完成為止。

對於有著自戀特質的靜心者來說，把注意力專一地維繫在一個內在冥想之物是相當無聊的事情。他們的注意力受到迷人的念頭和夢想所吸引，而且他們的頭腦很難慢下來集中在某個點上。

讓靜心更困難的是，浮現的東西透露了——我們的進化程度不如我們的自我讓我們相信的那樣。對於有著自戀傾向的靜心者來說，他們可能真的相信自己已經超越了任何個人的缺陷，因此他們會需要很大的堅忍和勇氣，才能注意到自己有些地方真的不是很好。

我之前是個住院實習醫師，後來我在醫學上遇到了瓶頸，發現無法繼續走下去。在過去，我無意識地被醫學可以戰勝死亡這樣的信念所推動，不知為何，我總是可以做些什麼事情。後來輪到我去腫瘤科，每天都得知會重病病人的家屬，告訴他們我無能為力。

一開始，我的理智根本無法接受這個事實。我總是可以想想辦法來幫助我的病人，像是一些不同的治療策略、某種多元治療方案。最後我必須接受和死亡有關的事實，並且領悟到我太輕忽事實了。我不相信自己會死，所以我以一種非常認真的方法進入癌症研究，我真的仔細地去探索，它也變得對我來說充滿吸引力。

我獲得了一次我會稱之為靈性經驗的體驗，和顯微鏡有關。我一邊透過顯微鏡往下看，一邊試圖讓腦袋保持專注。我把注意力放在癌細胞的玻片，讓呼吸變得低沉，我的腦子想到的是一本我喜歡的書，還有晚一點和女伴有個約會。感覺就像是在生與死的邊緣，在載玻片上頭的細胞有著死亡，而生活也在召喚著我。

這時候事情發生了，這些細胞開始打開。它們被染色放在玻片上，卻開始脈動，就像是小小的太陽。我能做的就是看著它們脈動、打開，知道它們活生生的。當我回過神來，我相信自己進入了某種轉化狀態；藉著讓我自己的頭腦保持穩定，我瞥見了某些介於生命和死亡之間的實相。

這個經驗沒有改變癌症是可怕殺手的這個事實，但是它讓我對於自己的必死和局限更加地敞開。

暴食習性

7型人的暴食是由一種身體對於刺激和經驗的飢渴來定義。7型人說他們對自己的腎上腺素成癮，他們喜歡身體能量的湧現、冒險的刺激、心智的刺激。他們通常也會受到可以讓他們興奮的迷幻藥和其他成癮物質的吸引。

暴食是身體對於刺激和經驗的飢渴，而不是對於滿桌食物的食慾。事實上，他們會在自己感到飽足之前，就離開某個經驗，這是為了讓自己的興趣保持鮮活。7型人對於經驗有著美食家的味覺，最棒的食物每一道都淺嘗輒止，而不是過度地享用單一的一道菜、一種經驗。

在靈性的修持中，頭腦的暴食被比喻為「猴子腦」（monkey mind），這個教導使用了猴子敏捷地在森林裡的樹木跳來跳去的意象。

猴子腦的問題在於，注意力的焦點一直在聯想、幻想和頭腦的計畫之間劇烈變換，這樣的敏捷，讓靜心者沒有辦法深入內省的狀態。靜心者的任務是，當注意力慣性地去歡迎幻想和計畫的誘惑時，讓注意力好好地安住於冥想之中的某一點。

猴子腦顯現在身體上，就是7型人什麼經驗都想要的欲望。他們說，當自己游移在各種幻想的活動之中的時候，是最能感到自己活著的時候，而且只要他們對事情的興趣還在，身體就會充滿了無限的活力。他們的祕密在於，當自己感到有點累、或是開始覺得無聊的時候，就離開一個活動。他們也說，寧願不睡覺，也不能不去做一件有趣的事情。

高等情感：清醒

清醒僅僅意謂著可以持續某個行動，而不需要分散注意力或是刺激的次要計畫。7型人說他們害怕慢下來，並且投入某個單一的行動之中，因為承諾通常附帶的就是無聊和痛苦。

就頭腦的層次來說，7型人的注意力會朝著積極的想像傾斜，這和6型人想像最壞的情況預作準備的習慣正好相反。

享樂主義型的人沉醉於自己想像的力量，當他們可以完全沉浸在自己的欲望之中，盡情地擁抱興奮，他們也會在身體上感覺到近似於狂喜的興奮。

7型人會因為對於未來的偉大計畫而感到生氣勃勃，通常包含了一種整合的生活方式的願景，在其中他們主要的興趣和特別的慰藉，都被整合在一起；沒有問題，每件事情都運作順利，有許多的刺激，不需要回應任何困難的問題。

就實際的層面來看，清醒意謂著每個時刻都要被接受，不管它實際上帶來什麼樣子的經驗。好的、壞的都要被平等地對待，而不是選擇性地只看正面的經驗。一個清醒的7型人可以一次只注意一件事情，欣賞它的益處和價值，而不是藉著想像幫它錦上添花，讓它多過本來的樣子。

優勢：樂於嘗試、冒險

7型人對於各種創意性的工作很有熱忱，他們喜歡和別人一起工作，並且提出各種新的想法。他們是優秀的社群工作者以及智囊團人選，特別是在一項工作剛開始或是發軔的時期。他們很願意去實驗，願意把新觀念帶入自己的原則當中，願意在各種對立的事物之間尋找共同點；他們能夠看到一切事物當中最美好的一面。他們能夠在一個案子或是一段關係最低潮的時刻，想辦法讓大家振作起來。他們對於冒險性的計畫充滿興趣和能量。他們願意為了美好的時光、有趣的提案、有價值的信念努力工作，認真的態度就是像一般人為了薪水或是個人的利益工作一樣。

有吸引力的職場：創新與活力的工作

7型人通常是編輯、作家或是說故事的人。他們是創造新範型的理論家，是計畫者、集大成者和概念的蒐集者。他們尋找天然的方式讓自己的精神常保高昂。

他們永遠年輕，為了保持健康與活力，經常出現在健身房和健康食品商店。他們會出現在新時代刊物的內頁中。他們是理想主義者、未來主義者、世界級的旅行家：「我待會就要去趕飛機，所以今天不會一直待在這裡。」他們是美食家和品酒家，總是在尋找最好的食物和酒——他們想要品嘗最極致的一口酒、最精華的觀點。如果任教於大學，他們就是那些推動跨學科研究的研究者。

沒有吸引力的職場：封閉型的工作

7型人通常不會從事沒有冒險精神的例行工作，像是實驗室的技術人員、會計師、流程固定的封閉式工作。他們也不願意為一個愛挑剔的老闆工作。

知名的7型人

漫畫《度恩斯伯里》（*Doonesbury*）的角色「宗克」（Zonker）就是一個7型人。他利用自己的好運與魅力，在耶魯大學的醫學院以及英國的貴族圈子進進出出，認為做自己比辛苦工作還要重要。

拉姆．達斯、梭羅、彼得潘、寇特．馮內果、格魯喬．馬克斯（Groucho Marx）、奧修、湯姆．羅賓斯（Tom Robbins）等人皆是。

子類型：易受暗示、犧牲及家庭守護者

以下的子類型，表現出享樂主義型的人為了維持理想的自我形象所發展出來的心理傾向。以下三個字指出了和自戀有關的三個重要議題——「鏡像投射」（mirroring）、「未來主義」（futurism）和「理想化」（idealization）。

一對一關係：易受暗示（迷戀）

對於7型人來說，新的經驗和想法會因為正面的想像力而增強，以至於它們彷彿成為某種既成事實。

> 我覺得自己在愛情中就像是個女情聖。對方會被我的魅力馬上抓住、並且深深感到著迷；我想要和對方分享我所發現的一切美好事物，而且希望他可以陪在我身邊，繼續探索生命的驚奇。

社交領域：犧牲（殉難者）

出於對別人的責任，7型人可以接受自己的選擇遭受限制，這是因為他們相信限制都是暫時的，所以能夠繼續朝著光明的未來前進。

犧牲是如此理所當然，所以我從來沒有想過我在犧牲。我們是一個移民家庭，定居在一個不入流、貧窮的義大利移民區。因為我從本地一個教會學校轉到另一個學區就學，所以我相當清楚我家和其他同學的家庭有什麼差別。

就某個程度上來說，我知道我的家人永遠無法跨越語言的隔閡，但是從另一方面來說，我知道我們正在朝向某種完全蛻變的生活前進。

自保本能：家庭守護者（同類保衛者）

7型人喜歡加入和自己有著類似理念的群體，這能為他們帶來安全感，這些人就像鏡子，可以讓7型人看見自己的信念。

我以前覺得自己就像是個巡迴牧師，有一種強迫性的衝動，三不五時就要去看看朋友們過得好不好，我不想錯過任何他們做的好玩事情。我一直有種想像，如果可以把大家的天分都集合起來，我們就可以找到一種完美的生活方式。我就這樣巡迴了好幾年，最後才發現，我們根本就沒有辦法在狹窄的居住空間裡好好相處。我仍然認為我們在頭腦上有所聯繫，雖然住在一起的夢想已經不復存在了。

成功之道

7型人會走入心理治療或是靜心，通常都是因為他們想要「從生活中得到更多東西」。

另外一個常見的原因是中年危機，在這段特別的時期，對於成就的想像和期待，與實際達成的目標產生了顯著的落差。以下是他們典型的症狀：相信有問題的是家裡的其他人、無法就一段關係做出承諾、沒辦法忍受無聊的工作，或是進展得不順利的計畫。他們或許會開始逃避，啟動享樂這個心理防衛機制，因此影響了工作、開始對藥物成癮，或是在經濟上陷入困境。

享樂主義型的人必須多加注意，看看自己的注意力什麼時候從真實的痛苦抽離出來，轉移到美好的幻想，或是用來取代負面感受的享樂活動。7型人可以藉著以下方式來幫助自己：

- 認清自己對青春和能量的依戀，同時了解成熟和年老的價值。
- 學會面對痛苦，從中發現自己的問題：「如果我需要別人幫忙，一定是哪裡出了問題。」
- 看看在什麼樣的狀況下會產生逃避的心態：行程排得太滿、同時進行好幾個案子、面對許多新的選項、計畫未來。當7型人的想法和活動高速運轉，實際上是在逃避某些東西。
- 認清這樣的習慣：喜歡想像痛苦的感覺，而不是真正去感受痛苦帶來的緊張。
- 要知道表面的快樂和缺乏深度的承諾，會導致強迫性的欲望，讓人想要追求更多的愉悅和樂趣。
- 如果一直停留在事情的表面，就無法體會到各種經驗和快樂的深度。
- 要知道膚淺或是尚未成熟的情緒宣洩，會讓你無法連結自己深層的情緒，害怕許下真正的承諾。
- 看清楚自己的想法：認為必須獲得某些特殊待遇。
- 看清楚真正的責任範圍，這通常比7型人願意承擔的還多。

- 當潛伏的妄想症升起，讓自己保持扎根。這可能會令人喘不過氣，害怕生活會完全崩盤。
- 試著釐清別人的批評和實際的自我評價之間的差異。當自我價值受到挑戰的時候，注意自己恐懼的感覺；還有為了重新感到優越是不是有想要自我推銷的欲望。
- 當膨脹的自我價值受到質疑的時候，即使感到憤怒，也要繼續工作。覺得受傷的時候，注意會對戀人產生兩極化的感受，比如說戀人總是對的或者都是戀人的錯。當事情的進展不如預期樂觀，記得仍然要保持扎根。
- 看看自己是不是做了許多努力，就為了想要美化各種情況。想要讓事情看起來比較有趣，讓事情看起來很棒，因為自己必須覺得一切都沒有問題才能安心。
- 看看自己是不是會藉著杜撰故事來逃避痛苦。這些故事或許好玩，但是和實際的情況可能沒有多大關連。使用類比的方式，將痛苦的情緒理性化。把注意力轉移到頭腦的意象，藉此隔離痛苦的感受。
- 看看自己是不是用幻想來逃避現實、心情上下起伏、感官超載。要培養停留在當下的能力，而不是逃到別的地方去。
- 放下那些食之無味、棄之可惜的選項。看看自己在放掉一個選項的時候，心裡是不是會覺得受到局限、並且感到恐懼。

注意事項

改變發生的時候，享樂主義型的人要注意可能會開始面臨下列的問題：

- 對於心理治療感到無聊，這種無聊可能表現在送小禮物給治療師、對治療師施展個人魅力，或把注意力轉向有趣的哲學問題。
- 自我感覺良好。瞧不起那些看來有些可笑的治療師，瞧不起一般人。
- 面對困難的時候，會想起其他困難的情況，讓真實的事件相形失色。
- 在面對承諾的時候，會讓自己變得更加忙碌。失去某些選擇的時候，則是會感到焦慮。
- 認為承諾會綁手綁腳，而且讓人感到無聊：「我希望再一次擁有各種選擇。」
- 對於隱性的階級感到擔憂：「我的立足點在哪裡？我有什麼地位？其他人對我有什麼想法？」
- 權威問題。不想當老闆，也不想屈居於老闆之下。試著和權威人士保持對等的關係，以免因為別人的指揮而感到痛苦。
- 因為個人魅力而獲致成功的時候，會認為自己只是僥倖而感到愧疚。
- 只要現有的問題獲得改善，就想要停止心理治療，覺得自己很健康。
- 想要進入轉化的狀態，為自己的問題找到更高的意義，想像自己沐浴在光明之中。
- 對於過去的負面經驗有著不可靠的記憶。
- 藉著調侃問題來表達憤怒，覺得自己遇到的問題很荒謬，認為別人的煩惱微不足道而且可笑。

8型人：保護型

後天養成的人格

頭腦——主要特徵：復仇

心——強烈情感：色欲

本質

頭腦——高等心智：真理

心——高等情感：天真

子類型的表現

性愛：占有／臣服

社交：尋求友誼

自保：令人滿意的生存

困境：控制欲

8型人描述了一個充滿鬥志的童年，強壯的人會得到尊敬，弱者不會。因為有預期自己可能會居於弱勢，8型人學會保護自己，對於別人的負面意圖變得十分敏感。8型人視自己為保護者，當持續地對抗某些不公平的逆境時，8型人會用自己的身體為朋友或是無辜的人提供庇護。

8型人不怕衝突，相反地，他們覺得自己是正義的使者，對於自己願意保護弱小感到很驕傲。他們的愛通常是透過保護來表達，而不是透過展現自己溫柔的情感。他們的承諾就意謂著將戀人置於自己的保護傘下，他們會負責讓道路順行無阻。

他們的重點議題是控制。誰擁有權力，而擁有權力的那個人會公平嗎？他們喜歡處於領導的地位，用自己的力量控制場面，控制其他強大的競爭者。他們有一種想要測試權威人士的公平性和能力的需求：「我會不會被那些思想不正確的人所掌控？他們是一群蠢蛋嗎？當壓力來了他們會怎麼反應？讓我們來試探一下。」

如果8型人是屬下，對於上位者有實際的權力可以掌控他們的行為這個事實，他們會刻意地輕視，而且會去試探規則的底線、自行詮釋規則，直到上級將違規的罰則訂定清楚。如果他們處於領導地位，8型人會想要保衛個人帝國的疆域。他們的策略是完整的控制權，而不是尋求必須依靠微妙協商和外交的同盟。

他們最常使用的權力測試，就是去戳別人的敏感處，然後看這些人會如何反應。他們會報復嗎？他們會讓步、示弱，或是無論付出什麼代價都要堅持自己的原則？他們會不會說謊、會不會開始用心機、會不會說真話呢？

當保護型的人和朋友吵架，他們會試著在過程中找出他們的動機。這是一種對於更深入的親密的需求，因為8型人相信只有鬥爭才能讓真理顯現出來。不過，對於那些害怕公然憤怒的人，或是那些不認為親密和憤怒有密切關連的人來說，以鬥爭做為一種達成親密的手段是相當嚇人的。

8型人粗野的外表保護了小時候自己依賴的內心，他們還沒成熟就被暴露在充滿敵意的環境之中。許多8型人終其一生都不會審視自己的內心，去重新發現——那些自從失去童年的純真之後就隱藏起來的柔軟感情。這種不幸的後果，讓他們一輩子總是習慣向外尋找可以責怪的人，因為如果注意力最終向內移轉，他們就會明白我們都要為自己的失敗負責，這可能會對8型人造成毀滅性的衝擊。8型人說不管他們如何責怪對方，從來都不會有直接朝著自己的、自責的懲罰性力量。責備和懲罰錯誤行為的欲望，是他們主要的心理慣性，因為藉著界定責任的歸屬，他們就可以合法地掌握控制權，成為弱小的保護者和正義的執行者。憤怒和行動會因為要抵抗外在的威脅而驅動，憤怒讓8型人覺得充滿了力量，立刻取代害怕被其他人支配或是被某個信任的人背叛的恐懼。

出自於強者生存、弱者淘汰的世界觀，8型人對於曖昧的表現、含混的訊息或是不清楚的指揮系統，都會有深深的懷疑。安全感意謂著知道你在和誰對抗，還有誰會在背後挺你。面對壓力的時候，他們的注意力會窄化，以對手的強弱來衡量自己的力量。對手是無辜抑或是有罪、是朋友還是敵人、是戰士還是懦夫？保護型的人很少質疑自己的意見，對於一個意見的好處猶豫不決、或是去衡量自己心理的動機，只會損害強烈的個人立場。

8型人希望生命中的一切都可以預測、可以掌握，但是如果沒有一個可以防衛的立場做為挑戰，他們沒多久就會變得煩躁而無聊。一旦有人發布行為守則，8型人就會著手進行破壞這些原則，即便那是他們可能也會堅持的原則。如果8型人覺得無聊，或是有太多精力必須發洩，他們就會開始惹麻煩。這通常會表現為挑起爭端、管朋友閒事，或是將大量的能量發洩到一些小事上——諸如「誰偷了我的馬鈴薯削皮刀？是誰？」

放縱是另一個打發過多能量的方式，而且是典型的8型人面對無聊的排解方法。不管是什麼，很多就讓人覺得很棒，像是性愛或是毒品、一整夜的狂歡、重度的娛樂，賣命工作直至不支倒地，因為太喜歡晚餐的味道，一下子掃光了三大盤。一旦注意力鎖定在享樂上，就很難使它轉向。一件美好的事物會帶來一件又一件美好的事物，直到派對只剩下8型人自己一個。

就像九型人格之中的其他類型一樣，成熟和自我觀察，會讓保護型的人認清自己狹窄觀點的局限。九型人格能夠引導每個類型，藉著自己的心理傾向，重新收復自己本質之中一些珍貴的面向，對於8型人來說，他們的重點就是重拾最初的純真——在兒童時期，他們為了要在險惡的環境之中求生存，而犧牲了自己的純真。

8型人常見的心理慣性包括：

- 控制個人財產和空間，控制對8型人的生活具有影響力的人。
- 侵略性，公開表達憤怒。
- 關注正義，成為眾人的保護者。
- 藉著吵架和性愛與人交流，信任那些在吵架的時候可以堅持自己立場的人。
- 把放縱當成無聊的解藥，如重度娛樂、狂歡，夜生活太過度、太吵、太頻繁。

●沒有辦法看到自己依賴的一面。會藉著撤退、表示無聊或是在內心責怪自己過去錯誤的行為，來否定別人對自己的影響。

●「全部都要或全部都不要」（all-or-nothing）的注意力模式，以極端的方法來看待事物。其他人不是強壯就是脆弱、不是公平就是不公平，沒有中間地帶。這樣的注意力模式可能導致：

——沒有看到自己的弱點，或是因為自己偏好唯一的「合理」觀點而自動否定其他觀點，藉此讓自己有安全感。

——練習以合適的力道來服務他人。

家庭背景：以強硬的立場對抗逆境

8型人藉著採取強硬的個人立場來度過童年。他們的世界，感覺被比他們大、比他們強壯而想要控制他們生命的人所支配。8型人的孩子對抗感覺起來一點都不公平的逆境，而且透過擊退敵人的衝突活了下來。8型人的報告，從說他們小時候因為被打而還擊，到住在城市裡的孩子，他們因為不哭、不顯示軟弱或是在打架中獲勝而贏得同儕的尊敬。在那些沒有家庭暴力的8型人家庭裡，他們說自己會因為堅強而獲得敬重、因為顯得軟弱而受到拒絕。

在我年輕的時候，打架是一種生活方式。學校不好過、我們住的社區也不好過。你必須爬到上面，穩穩堅持住。如果你大喊，大家就會聽你的。如果你把他們往後推，他們就會讓你自己一個人。我最近回家過節的時候又重溫了這種感覺，對話中有一種你必須選邊站的語調。政治、意見、每件事感覺起來都蒙上了對立的陰影。

每次我都會試著離開對我直接的挑戰，我的母親看起來相當反感。她最後離開對話，說我是個弱者，一點自己的意見都沒有。我了解到，她喜歡我成為一個鬥士，但是當我開始顯得軟弱，她就會拋下我。成年以後，當我試著卸下武裝，或是試著對其他人敞開，我會有一種「不要打擊我」的感覺，因為一直以來我都因為看起來軟弱而被羞辱。

8型人通常都會說，自己在年輕的時候曾經試著成為好人。他們說自己一開始想要討好別人，但是別人卻因為他們天真而占他們便宜，此外他們也在展現自己脆弱的一面時受了傷。他們認為自己就自那個時候開始以自我防禦阻擋別人，而且很快發現，破壞規則比試著去維繫它們還要好玩。

我的雙親都是浸禮會的基本教義派信徒（fundamentalist Baptist）；我們以這樣的信念被扶養長大——每件以孩童的救贖為名義的作為都是公正的。我的父親對我們暴力相向，大約有四年的時間，每隔二到三個禮拜，他就會用一條皮帶打我。有一次，在我大約十五歲的時候，我知道我已經長得夠大，我把皮帶搶走，告訴他如果下次他要打我，他得用自己的拳頭。

母親對我靈魂狀態的關懷，不知怎麼地看起來比父親的手段更加殘暴。大約十一歲的時候，她帶著我到教堂去贖罪，連著好幾個月我都要假意地唸誦那些誓言。這根本就沒救了，犯了一個小小的罪過就得被烈焰焚燒；你不是上天堂就是下地獄，在中間根本沒有救贖的可能性。我的父母為我呈現出來的現實，我根本就無法接受。如果這就是生命，那麼何不早早把它結束？所以我起身反抗，而且總是被警告：「如果你做的事情越線了，你就得不到救贖，你就沒辦法回頭了。」所以我就一直越線，一直試探究竟底線在哪裡？

高中的時候，我到我們的教會去偷東西。我的父親是這個教會的執事，所以我們必須帶著羞恥離開教會。在那之前我老是被強迫要到教會去——禮拜天早上、禮拜天晚上、禮拜三晚上、祈禱會——對我來說實在是痛苦至極。回顧過去，我想這件事讓他們突然醒過來，看看我到底怎麼了，不過在那個時候，我只是覺得自己缺錢而已。

否認局限

年輕的8型人會在公開競爭的氣氛中而鴻圖大展，他們會利用自己天生的才能做為獲勝的手段。個頭小、聰明的孩子會操弄別人，或是給他們侮辱性的意見；個頭比較大的孩子，可能會以身體攻擊對方、或是用大嗓門壓倒對方。戰鬥中的小鬥士，沒有本錢思考他們的脆弱；他們必須靠自己，學著往前推倒敵人的防禦。

這些孩子為了表現出強壯的樣子，必須學著否認他們個人的局限。一旦8型人的注意力被固定在一個好爭辯的立場，他們的感知能力就會縮小到一個固定的焦點，也就是對手防禦上的弱點。8型人不太會了解對手用來反駁的論點，因為他們內在的注意力已經固定，無法重新考慮這個問題。一旦8型人的注意力進入戰鬥狀態，大部分矛盾的證據都會被他們否定，因為8型人無法把注意力轉移、停留，去仔細地思考這些證據。

在求學時期，我就是那個為了朋友去挑戰老師的人。我認為我在尋找真理，這種追尋就表現為質疑權威。他們真的知道自己宣稱知道的事嗎？他們的訊息是從哪裡來的？我從來不覺得有人會喜歡「好」孩子，我覺得他們比較喜歡我。

我並不是因為想要孤立任何人才去挑戰權威，而是想要透過挑戰、透過鬥爭來獲得其他學生的注意力，而且我以為這麼做會讓老師尊重我的精神還有我心智的力量，我從來沒有想過我的意見可能是錯的。

就某個方面來說，這也不是那麼重要，因為讓我興奮、覺得充滿活力的是主動的衝突。

成年以後，我接下了一些案子，沒有想過我沒有類似的背景，而且也無法執行。最近我接下了一篇全國性雜誌的文章，主題是新的基因科技，在之前我連基本的生物課都沒上過。我只是覺得我可以做到，工作使我著迷，我可以整天工作、毫無玩樂，接著我會盡情玩樂，什麼工作都不做。不管是什麼，要的話就要全部，不然就什麼都不要。

他們喜歡的存在方式是高度充滿能量、充滿幹勁向前的行動。保護型的人學會去遵循自己的衝動，朝著那些會帶給他們快樂的事情前進，而不會過度去煩惱自己的動機。因此，他們相對而言比較不受約束，有很大的能量可供他們支配，不然這些能量通常都被局限在內省和對於自己的懷疑當中。一旦他們被欲望抓住，就會在挫折還沒出現之前趕快行動。衝動和行動之間的時差很短；一旦他們腦子裡出現某個欲望的目標，保護型的人就會進入一種帶有戰鬥立場的堅定注意力。

> 我總是會創造出關於自己戰無不勝的神話。我記得有天深夜我想要吃一點派，再過幾分鐘那家點心店就要關門了。那家店在小鎮的另一端，所以我騎上摩托車，以全速穿越電報大道（Telegraph Avenue）。我的摩托車撞到路上一個坑洞，那是個建築工地，警示燈沒有打開。我爬起來，褲子上血跡斑斑，我腦子裡想到的只有重新發動車子。
>
> 我記得自己擋掉一些想要幫忙的人，只想快點去買派，不然店就要關了。這和英雄氣概或是派都沒有關係，這和巨大的內在衝動有關，我就是得堅持到底。
>
> 對我來說，當這種力量不再，去感覺自己的脆弱是相當痛苦的事。所以我讓我的神話保持活生生的，高速就是一個象徵，我在快車道上豁了出去，因為如果不這樣，就好像什麼事情都沒發生一樣。

否認個人的局限，通常也會導致另一個類似的習慣，就是否認自己生理和心理上的痛苦。8型人通常會說一些故事，關於他們如何完成了一場重要的高中足球比賽，受傷的膝蓋包著繃帶，一回到家就因為痛苦而昏倒過去。他們也會講一些發人深省的故事，關於他們否認情緒的痛苦，像是年輕的8型人如何失去了純真，因為發現他們被戀人或是摯友當成傻子玩弄，於是立刻找到方法隔離自己的感覺。

對於一個優秀的鬥士來說，為了否定痛苦的經驗，必要的覺知改變是他們重要的本錢，但是當這個鬥士開始被其他人的想法影響或是陷入愛河，這種覺知的改變也會變成可怕痛苦的來源。在愛情剛開始的時候，8型人發現自己被撕裂成兩半，一邊要重新打開心房之中某些柔軟的感覺，一邊是否定柔軟情緒的習慣。

在《我們內心的衝突》（*Our Inner Conflicts*）這本書中，凱倫・霍妮（Karen Horney）為

九型人格8—2這條連線提供了動人的敘述。書中描繪了一種個人困境，他們主要的防禦習慣是與別人作對，但是在心裡面依然執著於他們的認同和愛。作者用其中一章專門來討論，某種主要的防衛機制就是與其他人作對的人（8型人），還有一章專門講為了保護自己而走向他人的人（2型人），另一章是遠離他人的人（5型人）。根據九型人格對於人類性格三重性的看法，這三種看似互異的行為類別，就顯示了8型人的主要人格、安全人格和壓力人格。

控制性

保護型的人，試圖要對於任何可以影響他們生命的人進行領土控制。他們發展出劇烈的敏銳度，來判斷其他人的行動是否公義，並且習慣性地認為，其他人想要掌控權力或是主張他們的控制權。內在的傾向可以被描述為：「誰是這裡的老大？」以及「那個人會公平嗎？」

> 就某個意義來說，我的生命就是在追尋正義，不管規則究竟是什麼。不只是某個人腦袋裡如何霸凌我的想法，而是真正的行為規則。我對於世界的感受，就是那裡有真正的邪惡，那些想要壓制我的人，就是犧牲我讓他們自己可以出人頭地。我和他們擁有一樣的需要，為了獲得權力，我必須侵犯那些想要削弱我的人，同時試著以我自己的方法帶著榮譽來行動。

如果8型人在控制某個情況時可以說了就算，讓其他人遵命，他們就會獲得安全感。當他們違反其他人都要遵守的行為規則時，也會覺得自己充滿力量。他們對於任何控制他們行為的企圖相當敏感，他們會變得暴躁而且叛逆，直到干擾解除。因為他們想要可以同時制訂規則又打破規則的權力，他們的行為通常會顯得有些搖擺，一方面為自己和其他人強加清教徒式正當行為的要求，另一方面又會恣意行事，不顧他們為自己設下的禁令。

8型人控制事情的例子就是，他們可能會設下一個非常困難的要求清單，然後接著一個禮拜跑去釣魚。在這個禮拜，他們一點也不會感到內疚，反而還能享受為別人製造麻煩的樂趣。另一個例子，就是這個老闆可能會親自騷擾員工，要他們為了效率早點上班，然後要這些員工開一個例行會議，結果他卻一個小時以後才來。

8型人在意的是可以限制，或是至少也要可以預測，其他人對於他們生活的影響程度。信任建立在完全的自我揭露，以及儘量消除未知的因素，這可能表現為強迫別人接受某個職位，或是採取某個有爭議的立場，就是為了看看其他人作何反應。品味很差的種族歧視笑話、同性戀的諷刺言語，還有前世回溯的故事，都是這一類有爭議性的手法，可以在任何的社會情境下把人們分成兩邊，朋友或是敵人，並且逼迫人們表現出某種下意識的回應，這會滿足8型人喜歡控制的心理傾向。

> 一旦我開始對一段友誼感興趣，我就會想要快點知道我們要怎麼和對方相處。我希望我們都可以照規則來行事，結果這就變成監視我的朋友，尋找徵兆，看看他們有沒有破壞規則。一旦我卸下防備，如果我被某個相信的人攻其不備，我就會覺得被完全背叛。
>
> 如果他們是在不知情的狀況下傷害我，或是因為愚蠢，我會確保這種事情不會再發生。但如果他們是故意的，我就得和他們扯平。我要他們承認，我要他們受到懲罰。讓我

自己被占便宜，會大大地削弱我覺得自己從根本上是正確的想法，讓我覺得自己一定完全錯了，而必須向他們屈服。

對於保護型的人來說，他們的感知建立在一種特定的世界觀，在其中，小小的疏忽或是沒有處理好的細節，都有逐步升級以至於失控的潛在危險。小小的錯誤會讓8型人感到沮喪，讓他們反應很大，因為他們曾經被毫無預期地攻擊。大規模的錯誤對他們來說反而有種矛盾的吸引力，特別是如果他們有足夠的災難性傾向，會要求全然的面對面衝突。

在任何預期之外的情況下，8型人把焦點放在事情最弱的環節的習慣就會上場。8型人會想要在某些問題變得更嚴重之前先解決掉它們。如果某種令人吃驚或是失序的狀況真的發生，他們的注意力就會窄化到某個小錯誤上，因此對其他人的反應視而不見，也看不見解決這個錯誤的簡單方式。這可能會帶來令人不好意思的社交後果，因為保護型的人會因為想要重新建立控制而變得武斷又固執己見。

我對於掌控一切付出了很多，所以我確定一切都會順利進行。我習慣對細節進行掌控，關於每件事應該如何進行。上禮拜我們和另一對夫妻到外面吃晚飯，從廚房裡送出來的湯是涼的。對我來說，看起來像是我試著要處理服務生和冷湯的情況，不過一直到後來我才了解，其他人都因為我這樣覺得很不好意思。

我要的只是桌上有熱湯，要他們把熱湯送上桌的想法在我的腦袋裡一直放大，因為如果就這樣算了，那主菜可能會很糟糕。你必須立刻進行干預來拯救自己，不然就會開始焦慮，擔心每件事情都要失去控制。

復仇想法

當一個孩子覺得無助時，復仇的想法可以阻止焦慮生起。計畫如何還擊可以隔絕被羞辱的感覺、或是輸給對手所造成的危險感受。懷著怨恨可以讓遊戲繼續下去，我們還沒輸，我們只是在等，直到下一回合勝負才能見分曉。8型人把問題都歸咎給別人，認為不同的意見都很愚蠢、但是不會仔細去想清楚的習慣，是他們的另一道防線，這樣他們才不會覺得自己被外在的影響所控制。

坐在這裡承受傷害真是教人生氣。自己上當受騙的這個事實就在腦袋裡，必須等待適合的時機才能採取行動。復仇不是一種戰鬥，你比較希望它是一個教育工具，完全正確、完全合乎這個罪過的程度。我想像著要如何才能以適當的方式執行，這樣當那個時刻來臨，我的敵人就可以明白他們之前是什麼樣子的混蛋。

8型人通常都會混淆——他們想要以眼還眼的欲望和正義這個概念。他們受了傷，以一種令他們覺得不公平的方式，所以後續的報復，感覺起來就像是在平衡正義的天平，而不只是報復而已。

上禮拜我和某個朋友共進早餐。點餐的時候，餐廳的老闆很沒有禮貌，在接下來用餐的過程中我無法忘記這件事。等一下要走的時候我要把小費留在桌上嗎？我要和這個傢伙理論一下嗎？我要怎麼做，才不會覺得今天被過分地羞辱，才能讓自己覺得好一點？我沒辦法停止思考要對他做些什麼才好。

所以我什麼都沒做就離開了，但是這件事給了我一些刺激。當我開車經過這家餐廳，我想著：「我能不能就砸爛一扇窗戶呢？」除非你做些什麼，不然這個想法不會從你的腦袋離開。

正義的執著

8型人對於正義相當執著，維持控制的需求，在其中扮演了重要的角色。「我可以相信其他人嗎？他們的行為公平嗎？」這樣的心理傾向是因為他們小時候沒有獲得滿足的欲望，他們希望找到值得信任的權威，他們的控制不會讓人害怕自己被欺騙或是被支配。對於正義的敏感，讓保護型的人特別注意別人是否有任何不公正的意圖。

我習慣去找尋無意識或是惡意行為的徵兆；試著了解一個人可以有多惡劣，或是如果他們受到壓迫，會怎麼表現出自己的劣根性。他們是不是會開始操弄一切？他們喜歡這樣嗎？他們享受這麼做嗎？

我就是想知道一個人可以有多麼卑劣，所以我就不會因為人們做的齷齪事而吃驚。不要對某個人帶著太夢幻的觀點，就不會因為他們某些比較惡劣的動機而嚇一跳。尋找底線。這個人想要什麼，有什麼是我能相信他們可以做到的？

看人們互動可以看出許多玄機。他們的盲點在哪裡？他們的弱點在哪裡？尋找他們被戳中要害的反應。我了解到，只要有人達到我「不可信任」的標準，就很難再改變我對他的看法。一旦我下定決心，我就希望一切都可以預測，可以這麼說。如果我想要測試某個人在平順的外表之下藏著什麼，我就會對他們施壓，激怒他們，看看他們被逼迫的時候會有什麼反應。

保護型的人以施壓做為工具，來察看人們真實的動機，特別是他們的公正性。8型人的自我觀念就是弱者的保衛者，他們會自然地介入，並且主導一個不公平的情況。但是身為保衛者，不幸的自作自受的副作用就是，8型人通常會在護衛某個有價值的理念時，表現得太咄咄逼人，因此被當成麻煩製造者，而不是有用的同盟。

8型人很容易受到操弄去幫別人打仗。在護衛正義時，或是在與壓迫者對抗時，他們是堅定領導者的絕佳例證，因此也是非常受歡迎的重量級盟友。8型人經常提到某種典型的情節，8型人的孩子遇到了一些不公平的事，會自己挺身而出為其他孩子的利益發聲。其中一個例子發生在課堂上，學生們覺得老師給了太多家庭作業。這種情況下站出來發言的人通常是某個8型人的孩子，他們的安全感來自採取直接行動對抗不公正的事情，而且他們很容易被操縱，為別的孩子承擔過錯。

在問題家庭中，通常也是8型人的孩子會感覺到大人莫名的憤怒，並且加以對抗。在這種狀況中，其他的家人可能會指責8型人在製造麻煩，而不了解他們自己內在的侵略性是怎樣清楚地表現在這個孩子身上。

高等心智：真理

因為執著於公平競爭，8型人的注意力集中在人們隱藏的意圖。保護型的人想要測試人們說的事情究竟有幾分真實性，並且主動地與人就一些敏感的議題對質，看看他們受到壓力的時候，他們所說的真實會不會有所改變。對於8型人來說，尋找真理一點也沒有好戰的意味；這比較像是當你發現某個不完整的意見，或是當某個訊息被保留起來，去感覺它，並且隨著他們的衝動，去震撼每個有關的人，直到他們的真心話脫口而出。吵架是友誼的基礎，因為人們就是會在壓力之下表達出隱藏的意圖。

8型人尊重公平的鬥爭。他們理想中強而有力的自我往外投射，讓他們仰慕那些可以為某個強力的意見背書的人。他們認同那些在困境之中仍然堅持自己立場的人，輕蔑那些試圖避免衝突的人。

從旁觀者的角度來看，保護型的人所謂的「公平鬥爭」，看起來就像是兩個互不妥協的對手在拳擊場中擺好架式。如果像我們之中一些人對於自己的侵略性毫無感覺，通常會試著不要擋到8型人的路、把某些壞消息藏起來、或是稍微修改一下訊息，避免激怒那個很有可能會爆炸的人。從8型人的角度來說，鬥爭是興奮的來源，而且對抗一個勢均力敵的對手比輕鬆獲勝還要有趣得多。

如果對手值得，當8型人動起來要去滿足某個快要失控的強烈力量時，就會出現持續的情緒衝動。為了應付當時的情況，所升起的憤怒被體驗為一種奔馳、集中的力量，他感覺起來相當令人激動，而不是一種負面情緒。憤怒的8型人可以感覺到情緒就像是一種能量，可以帶領他們直搗事情的真相，是一種可以讓他們完成工作的工具，是一種興奮，無聊和自我遺忘的解藥。事實上，公平的鬥爭，對於8型人來說是一種雙贏的局面。贏過對手可以為8型人帶來獲得控制的滿足感，然而敗給一個值得的對手——他們在這場爭鬥之中被測試、證明為公平——也會減輕那些可以控制別人生命的人的不信任感。

當8型人以自我做為行動的出發點，他們的腦袋會聚焦在某個可以為他們帶來最大好處的真理的版本，並且堅持他們的版本就客觀而言可以帶來最真實的行動。一旦相信自己真實的版本是正確的，他們就無法看清事實，也就是他們的版本就客觀而言是為自己服務，或是呈現的只有事實的部分觀點。他們的心裡想要擊敗任何反對意見，他們的注意力進入戰鬥狀態，瞄準了對手的缺點，以及自己的優點。和他們不一樣的看法就會被貼上愚蠢的標籤，而且沒有多想就會被自動拋到腦後，因為8型人的注意力縮小到——達成那個可以支持其安全感的目標。

一旦進入戰鬥狀態，8型人的注意力就失去彈性，這樣一來，他們就無法仔細地考慮自己的行動，或是考慮某個可能會動搖自己堅定個人立場的新訊息。8型人可以提醒自己，要讓戰鬥狀態的注意力產生效果，可以藉著培養對這種時候的覺知，亦即當另一個人的意見聽起來相當愚蠢或是根本不用考慮的時候，他們的頭腦就會自動排除掉這個意見。

一位8型人個案，將這種戰鬥狀態的心智，描述為：「擔任四分衛，把球夾在手臂下狂奔。你不會回頭質疑你自己的守備狀態，你全心全意就只想要找到對方防線的漏洞。」就像一個語言的四分衛，一個高度執著的8型人從一種特定的頭腦狀態來行動，固定在一種「真實的」行動，因此無法將注意力轉移到別的觀點之上。

藉著成熟，以及與一些公正的權威和安全友誼的生活經驗，8型人的感知防禦就會軟化，而且當他們沒有受到要被取代的威脅，他們就能開始覺察到一些比較折衷的解決辦法。

就成熟的8型人來說，他們想要藉著製造衝突找出隱藏真相這種神經質的需求，是屬於過去的習慣；從這種神經質的痛苦所衍生出來的是一種稀有的能力，讓他們可以看清楚屬於每個不同個體的真理。不再害怕被其他人不公平的控制，8型人會自然而然地朝向一種對於每個人真正欲望的認知。只想要知道事情的真相，8型人可以學著辨認注意力的微小波動，它們傳達了圍繞著某些陳述出來的意見中的誠懇度。

注意力模式：放大自身力量

8型人有好幾個方式，讓自己不要感知具有威脅性的訊息。他們的心理防衛機制圍繞著自己比任何對手都還要強這樣的念頭，因此他們的感知傾向於放大自己的力量，並且縮小對手的實際優點。

一個8型人個案描述自己：「不是真的很勇敢，因為我很少看到令人害怕的東西。當我覺得害怕的時候，我會相信自己很勇敢，不管恐懼繼續前進。就像這樣，當我與人爭論，在我看來，人們看起來就像是能夠輕易被打敗的對手。」不要覺察恐懼的一種典型作法，就是藉著把注意力轉移到其他的事情來埋葬它。對8型人來說，放縱的行為，像是狂歡或是過度消費，都可以阻擋正在浮現的痛苦洞見、或是可能會威脅個人權力感的覺知。一個自我覺知的保護型人物，事實上可以利用這種立刻就要獲得滿足的迫切欲望當成一個提醒，提醒自己往內看，看看自己有什麼真實的需要被放縱給抹滅了。

8型人阻擋不想要的來自覺察的洞見的第二種方式，就是強烈地否認一個痛苦的問題，對他們來說這麼做問題就不存在了。這種作法並不是藉著把你的注意力轉移到快樂的放縱，來埋葬你不想要思考的東西，而是讓你可以直視某個東西，但是卻不會覺察到它在那裡。這種支持否定的注意力模式有個極端的例子，由一個正在復元的酗酒者所報告，她說那時候她正在喝酒，在地下室從堆積如山的威士忌空瓶後面和她的丈夫衝突。她認為自己成功地讓丈夫相信她沒有喝酒，因為在她的腦袋裡，那些酒瓶並不存在。

關於我們否定那些無法接受的事情的能力，另一個例子可以由內科醫生常見的請求來說明，當嚴重的診斷必須出示時。這個要求就是病人必須由一位親人或是朋友陪同，因為人們可能會否認具有威脅性的消息，或是把它合理化。8型人特別容易進入這種注意力轉換，只看好消息，對於其他的消息視若無睹。他們會有這種注意力傾向，是因為他們在小時候必須和更高的力量作對。一個有技巧的對手必然會忽視大量的訊息——看起來像是為打敗他而言的偶然訊息。

在戰鬥中，覺知有一種非黑即白的色調，只有少許含糊的灰色地帶。在這種改變的心智狀態可能會產生憤怒，於是覺知變得窄化用以衡量對手：「我要怎麼擊敗他？」「她的人格缺陷在哪裡？」「要怎樣才能讓他屈服？」內在的假設，假設一個人的立場在根本上是正確的，是必要的；它能保證立即、堅定的行動。豁出去的衝突有個不幸的副作用，那就是他們會失去接納新訊息的能力。

我還是不想知道其他人的觀點。我對於那些「無法控制」而且持續把事情搞砸的成年人非常生氣，我只想確切知道會發生什麼事，並且確定這些事情一定會再發生。對於不同的人來說有很多都能說是正確的立場，這個想法我可以接受，不過這樣的想法變成實際的狀況，大大地削弱了我確信自己在根本上完全正確的想法，讓我覺得我一定錯得很離譜。對我來說，你不是完全正確，就是完全錯誤。

旁觀者可能會認為8型人在面對理性的另類爭執的時候相當固執。8型人的感知傾向於採取「不是這個，就是那個」（either/or）的參照觀點：「你是朋友或是敵人？是領導者或是追隨者？強壯或是軟弱？反對我或支持我？」妥協的中間地帶確實存在這種洞見，通常伴隨著一種極度的脆弱感，妥協會讓8型人在心理上敞開，使得任何人都可以攻擊，因為這種不再是非黑即白的狀況，讓8型人再也無法預測接下來會發生什麼事。

下面的陳述來自一個十八歲的保護型個案，他敘述自己因為開始覺察到之前否認的威脅性訊息，因此陷入了某種尷尬的處境。他也說出了我們都會面臨的注意力困境，當我們的偏見出現、當我們的種族偏見被測試、當我們的政治立場受到質疑的時候。在任何一種人們被分裂成「我對抗你」的情境，我們的注意力很快就會集中在對手的弱點，進而否認了敵人的優點、或是自己的缺點。對方開始變得不像人，他們的優點不復存在，因為我們沒有本錢把這些事情記在腦子裡。

我在高中二年級的時候身體已經完全發育，所以當足球季來臨的時候，我的身高已經有一九〇公分，體重則是一一〇公斤，因此成了球隊的主力。在球季剛開始沒多久的一場比賽當中，另一隊有個人對我挑釁，所以我就把他打倒了。我氣瘋了，失去理智，拚了命打他，我打斷了他的肋骨和三節脊椎。他在醫院裡躺了很久，才慢慢恢復行動能力。我聽說這件事情的時候，沒有覺得事情有這麼嚴重，而且也不覺得我有把他打成那樣。這樣的想法來到我的腦袋，這件事並不是真的，所以我就忘了。我獲得一個新綽號叫「殺手」，這沒什麼，因為這個綽號可以讓球場上的人不敢靠近我，而且我也不是真的殺手。

到了球賽季中的時候，事情又發生了。同樣的場景、重重的打擊、受傷，這個傢伙就這樣昏過去了。這很嚇人，當我躺在地上的時候，我突然想起了之前那件事的整個經過。這就像是被打了一記，他的痛苦、幾個禮拜臥病在床，而且我想我感覺到那些叫我「殺手」的人對我的恨意。這些感受一擁而上，而且在接下來幾天不斷浮現。最後，被我打的第二個傢伙就只有骨折，沒有很嚴重；我退出比賽。隊上的人說了我很多壞話，他們喜歡隊上有個綠巨人浩克，但是我不知道下次如果我又氣瘋了會發生什麼事情。

從靜心修持的角度來看，否定可以用「不要讓自己思考」這樣一個概念來說明。這是一種錯誤的練習方式，一個初階的靜心者很容易犯的錯誤，當他們一開始試著清除腦袋裡的思想時。在這種錯誤的練習方式中，靜心者並非真的把注意力從來來去去的念頭裡撤出來，而是強迫地把注意力放在內在的空白當中，藉此隔絕思想。這種在內在空白的、刻板的注意力有個副作用，它也會阻隔對思想的正常覺知和其他心智印象。一旦靜心者固定在心理空白空間的注意力放鬆，思想就會再次湧現，事情這樣看起來就很清楚了，他們的覺知從來沒有真的從思想轉移開來。

保護型的人會發現「不要讓自己思考」的頭腦狀態，是一種刻意凝視牆壁的狀態，他們會發現自己在需要埋藏什麼痛苦的時候就會這麼做。8型人會盯著牆壁或是空白的桌子，天知道有多久，然後突然醒過來，發現自己思考有困難。8型人的感知突然一片空白，如果這種頭腦的空白會說話，它就會說：「任何痛苦的事情都無法通過這張桌子的封鎖。」

有個8型人說，當否定解除，「就像是拉開舞台的簾幕，你所對抗的每一件事，就帶著全然真實的力量盯著你。你完全錯了，你是個傻子，你犯了不可原諒的錯誤，而且你想要因為自己做的事情處罰自己。」和被否定的東西相關的特別問題就是，它會突然出現在覺知當中，帶著極為強大的力量，考慮到保護型的人有著執著於正義的心理傾向，就引發了自我怨恨和自我責備的猛烈攻擊。就這個年輕運動員的例子來說，他不是英雄、就是殺手，在這兩個極端之間很顯然沒有中間地帶。

8型人也說解除對於某個事件的否定，可能會變成一條導火線，讓其他類似的事件發生，就像是一種記憶的連鎖反應。8型人說只要他們發現自己的缺點，他們也會開始想起自己以前做過的許多壞事。

8型人說這種洞見，可能會給他們彷彿「驚奇盒」（jack-in-the-box）那種驚嚇一擊。他們打開一個意見的盒子，相信自己完全正確，但是他們一直以來都錯了，這樣的事實實在是太嚇人了，於是他們的注意力進入戰鬥狀態，沒有辦法想到任何折衷的方案，來緩和這一洞見帶來的衝擊。全然正確的東西變得全然錯誤；想要懲罰錯誤行為的需求，立刻就轉向自己。

直覺風格：關注能量品質

對於每個人格類型最為常見的直覺風格，來自於兒時的關切所造成的對於訊息的注意力方式。8型人關注的議題是權力和控制，所以他們在兒童時期學會去記錄和力量等級有關的印象，那是別人在他們身體裡製造出來的。8型人說他們會被能量所吸引；他們可以感覺人們身上以及各種情況的能量品質，因為8型人的自我感遍及室內的空間。他們會說：「當我生氣的時候，我會覺得自己變大。」以及「人們覺得我有一八〇公分高，不過實際上我的個子很小。」以下的陳述來自於一個加州大學的學生，可以說明當8型人把觀察自己變成一個習慣的時候，他們典型的注意力位置。

> 我的伴侶說他可以在我一進門就感受到我的臨在。他說他覺得必須考慮我，即使他是單獨待在關上門的書房。我的感覺是，我自己以及其他我認識的8型人，占據了相當大的空間，我把自己擴大，進入我所在的空間，並且用我自己填滿了整個房子。

這個學生對於她注意力位置的了解，是她存在於放大的自我感，這個自我感擴散到具體的空間之中。這是8型人典型的說法。他們不約而同地敘述了一種基於身體的空間印象，而不是說他們被其他人的感覺淹沒，或是他們習慣把注意力轉移到頭腦的想像之中。以下的陳述來自於同一個大學的物理學者，看看他的直覺印象和剛剛的那個學生所敘述的是否有相似之處。他認為自己是一個8型人。

我從非常精細、非常容易壞掉的機器中，取出我的測量數據。這個實驗裡的每一件事都仰賴一系列探針的微調，只要一個不小心就會出差錯。整個操作最讓我頭痛的就是，萬一機器故障，可能要花上三天才能找到儀器壞掉的地方。

去年我要交給補助單位一篇報告，結果機器壞掉了。我快瘋了，但是在整夜沒睡之後，我知道我報告是交不出來了。絕望中，我記得自己開始咒罵這整個計畫，而且必須阻止自己想要把機器砸爛的衝動。我實在是太痛恨這台機器了，某部分的自己衝出去撞到桌子，上面是一些我要用來進行電路檢測的零件，當我出去的時候，我就感覺到這台機器壞掉的地方在哪裡。

公然憤怒

公開、不受控制的表達憤怒，對於8型人的心靈來說相當重要，也是讓他們感到既驕傲又十分痛苦的點。他們感到驕傲，如果有些事情必須被說出來，那麼8型人就會把它說出來，但是他們也會產生強烈的自責，因為同樣的這些話，以憤怒的語調說出來，就會讓他們失去友誼。8型人在兒時因為成為強壯的人而被獎勵，但是當他們發現，贏得爭論可能會帶來拒絕而不是尊敬，他們就會感到相當震驚。

8型人說當他們與人爭辯，他們變得如此專注地想贏，因此沒有注意到對方因為他們這

8型人

種權力的展現而開始疏遠他們。對於一個有價值的理念盡全力爭辯所造成的身體亢奮感，對於8型人來說並不全然是壞事；事實上，他們覺得公然的憤怒對於建立信任關係相當必要。

看見朋友發怒，是我感到最放心的時候。對我來說，憤怒是通往深層感覺的道路，像是深深的悲傷或是壓抑的欲望。一個人能夠保持憤怒並且繼續下去，對我來說是很刺激的事。如果他們開始哭，那就糟了。我會覺得很糟，並且認為他們想要用受害者的角色控制我，讓我變成侵略者，這樣他們就不用告訴我實話，說出他們對我的意見。

有很長一段時間，憤怒都是一種我可以選擇的感覺。你學著快速移動，當有需要的時候，任何恐懼都會在憤怒湧現之前變小。最近我到夏威夷度假，我讓自己陷入了某種恐懼的情境，那是我記得自己會害怕的其中一種情境。

我走到一條廢棄的小徑，可以通往一處由陡峭斷崖環繞的天然水池，我想我可以爬上峭壁來跳水。我想辦法讓自己變成了驚人的顛峰戰士，岩壁就在我身後往上延伸，我受困在一處岩壁凹陷處，離可以躍入水面的地方還有一段距離。我的身體產生了一連串我幾乎無法辨識的感覺：腹部緊縮、膝蓋無力。感覺起來相當神奇：「原來這就是恐懼。」當我慢慢往下爬出去，我知道我並不是真的很勇敢。我太小看危險的可能性，讓我幾乎沒有辦法反應。

從另一方面來說，憤怒倒是很即時，而且反應在身體上。它可以用來阻擋最可怕的恐懼，那就是落入惡劣之人的手中。憤怒是一種釋放；讓你覺得自己很強壯，擁有對付恐懼的能量，那樣做令人快樂。對我來說，如果其他人公開表達憤怒是再好不過的事。如果他們不發作出來，那就很可怕，而且似乎大部分的人都是這麼做。表面上說著：「嗨，你好。」內在卻在沸騰。這會讓我感覺很糟，你會想要把它帶出來，看看它到底是什麼，不過這挺嚇人的。公然憤怒好多了，只要憤怒可以在公開、文明的場合表達，而且讓我知道沒有人會跳到我身上，那我就知道要怎麼面對這種狀況。

面對一屋子的人，我覺得像是個空手道冠軍。如果我的爭論是對的，我就不會屈服。我想大部分的時間，大家都認為我是一個愛爭論的人，這沒有錯，一旦我開始說我必須說的事，我就不會給他們一點協商的空間。這是因為我經常聽見人們對我講話有失公允。在問題背後有些東西沒有被承認——一些不爽，他們對我有一些沒有承認的敵意——所以我不會聽他們說話。我不會讓他們有說話的機會，這樣的對話就被污染了。這不只是對話而已，這也不是真理。要我把這些隱藏的額外東西找出來、處理它們並不容易，比較誠懇的作法似乎是停止一整段受污染的對話，就到此為止。

事實上，我對那些不屈服於我的人有很高的敬意。如果他們屈服了，這很可能表示他們隱瞞了某些事情。如果他們不同意我說的話，並且公開表示，那沒有問題。不過如果他們對我表示同意，但是眼神無法跟我對視，或是無法承受我的強烈表達，那我就知道自己在應付一個膽小鬼。

高等情感：天真

天真出現在新的情境之中，對於要發生的事沒有預設的想法和期待。他們對於任何這個情境帶來的東西敞開，讓他們自然地採取了正確的行動。當8型人選擇性地為了控制或是把某個觀點強加在別人身上而集中注意力，他們的天真就蒙上陰影。看看沒有覺察的8型人和比較自我覺察的8型人之間的差別：前者自動地想要控制一個情況，後者則是有信心可以順著情勢的發展而採取行動。

就像所有的高等衝動，天真被感覺為一種身體的能量，它會適當地推動一個個體，不由思考來指揮。

這種特定的身體覺知，對於一個完全發展的人類來說是很自然的，它仰賴我們在各種情況中，去正確感覺能量的程度和特質的能力。沒有覺知的8型人，因為習慣的緣故，會期待對立，而且無意識地為了取得控制而使出必要的能量。這種行為可以說是一種意見的僵固、對於片面真理的執著、以及沒有辦法把注意力轉移到其他的觀點。用來取得控制的能量是身體的力量以及憤怒。

一個超越了自動反應的8型人，將能調節自己能量的程度和品質，讓他們可以準確地感受任何情況中能量高低起伏的波動。

色慾

8型人習慣追隨自己的衝動。在童年時期，他們從衝動快速進入行動的能力，是他們生存系統的一部分，這個系統就在於行動先於思考。8型人傾向於相信，只要是讓你覺得很好而且充滿力量的行動，一定就是正確的行動。而且因為他們相對來說不受罪惡感和自我質疑的束縛，大多數人都把身體的興奮與這兩者聯想在一起，對他們來說跟著性吸引力走是再自然不過的事。

他們不會因為表達自己的憤怒、或是依據性衝動行事而感到不好意思。

我想要親密關係中的那種強烈感受，某個人把我內在的生命力拉出來，那裡就會有興奮。我已經在一段關係中七年半，有些時候真的非常無聊。我得學習不要因為想要找到興奮的感覺去跟對方吵架，這種張力對我來說就是吸引力之所在。讓我們想一件事，一起去做。

性愛對我來說是最重要的吸引力。這就是我所追尋的東西。在我關於愛情的一切思考當中，我要知道自己是不是被對方愛著，就是要看對方是不是會為我感到興奮。我真的不太相信其他徵兆。關於愛有很多心理學術語，人們只是想要滿足自己的期待並且壯大自己的自我；在我看來，如果你太注意那種東西，你這輩子就會活在困惑之中。

8型人的挫折忍耐度很低，他們很難忍住憤怒，很難克制自己不要因為性衝動而行事，或是在週日的早午餐很難不去吃第三大盤。沒有獲得滿足的願望，會一再地出現在他們的腦海。同樣地，沒有解決的爭執也會抓住他們的注意力，讓他們暴躁易怒，直到他們能夠採取行動、解決問題為止。「我得和對方面對面把這件事情解決，不然我就得連著幾個禮拜在腦袋裡寫信給他。」

保護型的人說，對別人生氣對他們來說，通常都是一種正面的交流。一場良好的吵架會讓他們信任對方的真正意圖，讓他們對於這段關係比較有信心。他們也說吵架能夠為雙方帶來某種親密，像是憤怒會變成性慾，也就是床頭吵床尾合。

我和一個8型人結婚，在一起快二十個年頭，一直以來都必須學著對於浮現在腦袋的東西直言不諱，不然他就會想要看我隱瞞了什麼事情。剛結婚的時候，我認為憤怒是他最後的手段。

我把憤怒視為一種動物性的情緒，文明人應該要凌駕於其上。如果他開始大吼大叫，你就得把包包準備好，並且先知會律師一聲。

過了三年以後，我被逼到牆角。我不知道他這種討厭的行為是為了尋找親密。我所知道的，就是他在公開場合侮辱我。我變得太生氣，只好還擊，對我來說這段關係已經走不下去了。

如果我沒有完全確定他不會打我，我真的不知道自己還會不會那樣做。我記得我往樓梯上頭多走兩步，所以我可以看著他的眼睛，當著他的面跟他說鬧夠了。我把他的立場一點一點重複給他聽，然後告訴他我不認同這些想法。我可以從他臉上看到，他的腦袋無法運作。如果我可以對他說明他的立場，那我應該要同意才對。

當我對他大喊我的想法，情況很神奇，他突然興奮起來。他笑顏逐開、變得充滿溫情、對我的憤怒也消失了。我從來沒有看過有人改變得如此之快；我往樓梯上走兩步加上對他大吼大叫，竟然讓他對我產生了愛意。

優遊於放縱

感覺起來很棒的東西都要更多，是8型人解決對於真正的目標優柔寡斷這個重要問題

（9型人為核心）的解決方法。過度刺激有讓其他感覺的覺知遲鈍的效果，並且會取代檢驗真正情感目標的需要。雖然8型人可以利用能量來滿足自己的需求，而且看似不被他們想要滿足的欲望所束縛，事實上，他們也會像自我遺忘的9型人一樣遠離了自己真正的願望。

8型人的行動能力，來自於強烈地將注意力放在享樂以及衝突的興奮上，做為一種喚醒精力的方法，而不是從深層的心理優先目標或是柔軟感情的覺知所動員的能量。藉著追尋刺激，8型人消滅了無聊，也藉此否認他們個人的弱點。

不斷試探享樂放縱的極限，給他們一種生命的魔力。一旦他們的注意力被吸引，就不會有太多的猶豫或是自我質疑。

目標變成欲求的對象，是不是真正的心理需求也就不是那麼重要了。派對開始，派對繼續，8型人就優遊在其間享受任何發生的事。

自從我開始看著自己，我就覺得很糟。覺知到我自己的行為，讓我感到有些不好意思，我總是笑得最多的那個人、吵架吵得最大聲、死也要做某件事。靠著直覺而且無意識的過活很棒，它帶著某種想要遠離貧瘠生活的意味，藉著以一種擴張的方式來生活。

因為必須稍微克制自己，總是有種微妙的不滿足感。就像是我必須證明自己合格，因為其他人都不想跟上。比如說我想要高峰經驗，很多的高峰經驗，一個接一個，讓中間沒有失望。一旦你嘗到某個東西的滋味，它就像野火一樣蔓延開來。就像是一頓好吃的飯，你還想要另一頓；如果你買了一件洋裝，意謂著你下次很有可能把整個貨架的洋裝都掃回家。

只要你參與了某一件事，它就變得像是吸盤一樣，你必須要很努力才能從中抽離開

8型人

來，轉頭去做別的事。他們沒有適度的天分，你不是極度感興趣，就是無聊到一個極致。你想要待在床上，整天做愛，不然就是根本沒興趣。你坐在愛人的大腿上，或是看著窗外，對介於中間的東西一點也不想看。

因為8型人覺得自己住在一個全部都要或是全部都不要（all-or-nothing）的世界，所以想要更強的張力，藉此來覺得自己活著。全部都不要是一個死胡同，一種深深的欲望，想要長久地凝視牆壁。全部都要則是想要超越極限，讓生命的汁液流淌。

如果我正在開車，遵守速限和交通規則，我的注意力就不見了，我神遊到別的地方，我變得無聊，真的會犯錯。但是如果我開得很快，而且必須注意每件事，注意警察，那麼我就會保持清醒，這樣我幾乎就不會出錯。事實上，我會收到罰單都是因為我想睡覺，在高速公路上以一〇四公里的時速開車。如果我開到一三六公里，就不會有人跟上我。當強度在那裡，我就會保持警醒。

親密關係：獨行俠風格

就某種意義上來說，8型人傾向於獨來獨往，而不是當親密愛人。一個獨來獨往的人只要照顧自己、保衛自己的領地。當8型人開始對關係感到興趣，他們是帶著某種條件來接近性愛和愛情。「我們睡在一起，但是大部分的時間都是分開的。」「我們的床事非常愉快，不過我們不是最好的朋友。」親密關係和友誼以一種結盟的關係而展開：「我清楚知道自己可以怎樣信任他。」「我清楚知道她的立場。」他們交換觀點、表明立場，而關係就以冒險、美好的性愛還有兩個人都享受的活動為基礎。

當友誼進展成親密關係，8型人就步入非慣常的位置，開始必須與人協調。因為伴侶的意見必須被看重，所以8型人發現自己開始被別人的情緒影響。保護型的人視自己為力量的源頭，然而依賴別人對於這樣一個朝向自我滿足的權力系統來說，有點格格不入。

8型人會以一種非常緩慢的速度變得脆弱，而且帶著極大的不安。他們可能會製造安全地盤，在那裡他們可以藉著掌握關係的技術，開始解除武裝。他們會想要知道和對方的生活有關的一切，對於伴侶有哪些朋友，還有何時、何地、怎麼打發時間都有強烈的意見。當8型人發現自己開始依賴對方的愛，就會大受激勵地改變自己的態度，成為伴侶的強力盟友和保護者。他們想要掌握這段關係，這很容易演變成控制伴侶生活的運作，讓自己不會覺得那麼脆弱。

如果伴侶屈服了，就會產生某種有趣的衝突。8型人會想要主導，但是如果對方抗拒的話，他們會更加受到吸引。這種明顯矛盾的關鍵，就是8型人對於權力的執著。保護型的人可以預測，因此就能信任那些願意投誠並且放棄對於他們生活的控制。

然而，他們很容易就厭倦那些太快屈服的人，很快就會對那些沒辦法成為可敬對手的人失去興趣。因此，通往親密的道路必須透過權力的測試，因為8型人也會相信那些在權力使用上經過測試、被證明為公平的人。那些試圖反抗的人會吃到苦頭，不過如果他們繼續堅持立場，那麼8型人就會像他們對待自己一樣，以同等的尊重來對待他們。

8型人描述自己最美好的愛情，就像是愛對方愛到骨子裡。藉著慢慢地信任對方，就像他們信任自己一樣，他們在關係中放下控制。保護型的人對於其他人來說，或許仍然是個獨行俠，不過他會覺得伴侶已經成了單一有機體的一個可信賴的部分。

我覺得人們受到我的力量、我的自信、我的憤怒以及我帶給他們的刺激所吸引。他們不想要的是我的悲傷和我的痛苦。我覺得當人們看到我的悲傷或痛苦，他們就會逃跑。我用我的力量領導他們，如果我不夠強壯，他們就會對我不敬、離開我。如果「對抗」是我的第一選項，那麼獨處的需求則是第二個重要的選擇。

我一直以來都獨來獨往；即使在親密關係中，我也覺得獨自一人。一旦我依戀某個人到了會想念他們的程度，我就會有些害怕，因為即使是獨自一人的時候，他們也在我的骨子裡。他們變得熟悉、安全，我沒有辦法想像沒有他們在身邊的情況。我想要撤退和疏離，同時也想要擁有他們的靈魂。我直覺地想要保護他們，就像是我一直以來保護自己那樣，因為我們成為一個人，而且我對他們的強硬和要求，就像是我對自己的態度一樣。

即使在餐廳中，我也會想要坐在靠牆的位置，這樣我就可以看見有誰進來、有誰出去；當我和我愛的人在一起，那我就會為了我們兩個人來監看，這可能相當累人。我只能為另一個人擴張自己到一個程度，之後就會產生想要退後、想要離開的反動。

即使我知道我自己想要什麼，而且計畫要求某個人的東西，但是我知道我不會開口。背後的假設是你只能靠自己，所以重點就是不要問，直接拿走你需要的東西。

我可以要求性愛，可以控制我生活的運作。真正難以追求的是那些對我而言重要的東西，特別是如果我必須對另一個人承諾，或是把事情公開。看起來我好像是律師、心智強硬的人，因為對我來說，要為某個理念或是原則挺身而出並不困難。但是追求我真心想要的東西非常困難，而且看起來根本不要去冒這個險，會讓事情簡單得多，只要繼續做那些你擅長的事，或是去愛某個迫切想要追求某種東西的人，去幫助他們獲得那個東西。

親密關係範例：8型人和4型人，保護型和浪漫多感型

這兩種類型的人都受到刺激的生命經驗所吸引。他們倆者都對道德無感，認為在某個程度上，自己不受這些規範所限制。4型人在規範之上，8型人則是比規範強壯。這對伴侶可以欣賞對方冒險的欲望，以及試探各種底線的需求，並且支持對方忽視社會約束的傾向。他們兩者都很容易因為重複而感到無聊，如果外在環境的氣氛不夠具有冒險性，他們就會以自己的方式強化情緒上的氣氛：8型人會挑起爭執，4型人則是透過戲劇化的行為和痛苦。

8型人伴侶會欣賞4型人的個人風格，想要參與對方和品味以及自我表現相關的活動。4型人會被8型人直白的情緒表達所吸引，因為那觸及了「真正的」感覺。4型人也會珍視8型人在被攻擊的時候還能堅持立場，朝著敵方前進，而不是逃走這樣的特質。8型人不太會因為伴侶的憂鬱而受到影響，而且他們可以在4型人情緒波動的時候，保持穩定的情緒基調，不會因為4型人想要把伴侶逼走或是試圖讓伴侶重回關係而有所不同。

8型人和4型人在習慣上有許多自然的互補之處。舉例來說，如果4型人情緒高昂，8型人會想要有4型人陪伴，但是如果4型人情緒低落，8型人就會撤退。8型人甚至可能會到別的地方玩樂，來抵銷4型人的憂鬱，當4型人沒有獲得注意力，可能會變得非常生氣，這樣就會打斷他們的憂鬱，或是會讓4型人害怕再也找不到8型人，這一樣會打斷他們的憂

鬱。和天然習慣的互補之處，另一個例子就是8型人對於個人情緒的宣揚非常不耐煩，並且試著打斷4型人戲劇性的情緒表現，想要找到背後真實的感覺。8型人不把4型人的情緒和感覺當一回事，會嚴重地激怒4型人，這樣一來，當4型人變得夠生氣，就會把真實的感覺帶出來。

嚴重的互動可能會發生，如果4型人在情緒上變得太過依賴、太過於受虐式地享受變成8型人愛懲罰那一面的受害者、或是太習慣戲劇性推拉關係模式。8型人可以預測的回應是殘暴地報復，藉此斷開關係，或是不說一句話就分手走人。反過來說，如果8型人開始沉溺在對於4型人的控制權——想要貶低或控制對方——4型人就會陷入越來越深的憂鬱，或是變得刻薄和怨恨。

如果4型人可以把焦點從想要8型人的注意力，轉移到某個8型人可以提供支援的個人計畫上，那麼這種嚴重的情況可望獲得好轉。「浪漫多感型—保護型」這種組合，最棒的一點就是具有創造力的4型人可以發展一個計畫，讓充滿力量的8型人提供適當的壓力，幫助實現這個計畫。另外一種絕佳的狀況，就是當8型人開始看見4型人內心生活複雜、充滿戲劇性的價值。如果8型人可以克服靜心一開始伴隨著深層的情緒和深度經驗的焦慮，他們就會發現自己在把覺知轉移到內在狀態的時候，自己擁有非比尋常的穩定性。

權威關係：拿回主導權

主要的議題是控制。8型人認為他們知道正確的方法，相信自己有主導權，不管實際上是不是如此。

他們喜歡把領導權拿在自己手上，對於工作運作的各個層面保持嚴格的監督。他們還有一種欲望，想要保護公司裡無辜的人，讓他們不要被錯誤對待，並且動員那些從屬於不公平的階級控制的人。最重要的是，他們想要測試其他權威人士的公正性和能力。

8型人的注意力很可能被導向和其他領導者競爭，被想要鞏固自己個人王國的界限這個目標所驅動。8型人對於權力的興趣大於對獎勵的興趣，他們因此相當看重安全感的問題，特別是對於同盟和下屬的信任問題。他們特別需要可以信賴的資訊，因為當他們開始行動，就很難顧及新的資訊。一旦進入行動，他們的注意力就會聚焦在正前方的唯一方向，對準敵人防線的弱點。因此，他們對於外交機會或是合適時機的接受力很差，比較喜歡直接整個取代，勝過在協商中進行所需要的微妙位置調整。

要和保護型的人一起工作，重點就在於充分地把訊息告知他們。人們通常會對8型人隱藏壞消息，擔心他們知道了會生氣或是變得具有攻擊性。雖然8型人的確可能會這麼做，但是如果他們被蒙在鼓裡，可能會變得更生氣。如果這個隱瞞壞消息的人還不知道自己已經惹毛了8型人，8型人的憤怒就會變得具有針對性，而且可能相當暴力。從8型人的觀點來說，被蒙在鼓裡是少數對個人真實有威脅的事情之一；完整的訊息是安全感的保證，會讓正確的報導者成為值得信賴的同盟。

就較高的層面來看，保護型的人有極大的能力，可以持續地對一個計畫施加和完成後續計畫。如果他們對於領導的人有安全感，就會完全投入行動。他們會保護「自己人」，為同盟開路，並且願意承擔具有侵略性的競爭。

就較低的層面來說，他們在無聊的時候就會變得愛管閒事。當進度慢下來或是有事出錯，他們就會找人來責備或懲罰，也不會願意給別人機會挽回面子或是進行重組。他們有很明顯的傾向，對於那些表現出負面特質的人變得具有攻擊性，這些特質是8型人無意識地否認的特質。

權威關係範例：8型人和9型人，保護型和中立調解型

如果8型人是員工，通常會發展出一套複雜而且包羅萬象的規則，希望可以含括各種可能的情況。這些規則會被不穩定地執行，依據保護型的人的頭腦框架而定。如果保護型的人覺得心胸開闊，所有的規則都免了。如果保護型的人覺得這些規則沒有經過明確的許可就被違反，那可能就會突然強制執行，像是環境檢查或是不可能的工作截止日期。8型人很享受制訂其他人必須遵守的規矩，也很享受可以打破這些規矩，而不用承受任何後果。

9型人老闆和8型人員工可以發展出良好的關係，只要保護型的人的注意力不要放在員工身上，而被轉移到工作上。9型人會以防禦或進取的姿態建立穩固的領導權，也會為了團體的利益而全力配合。如果團體被外在力量威脅，保護型的人就會採取完美的防禦措施，整合員工，並且在防禦的狀況成為領袖的表率。沒有經過讓步或是爭執，別人休想從他們那裡得到任何領土。和團體的精神合而為一，9型人會不知疲倦地為了共同的理念工作。

他們之間可能會產生互動的困難，如果保護型的人想要逼迫9型人員工提高產能，或是承擔一些9型人不願意承擔的責任。保護型的人會希望對方服從，但是9型人就會開始逃避。保護型的人會視緩慢的進度或是「消極性攻擊」的活動為一種污辱，於是公開報復。

想要找一個人怪罪，8型人可能會嚴重地侮辱員工，但是他們並不一定真的有那個意思，而且他們會公開地把焦點放在9型人的錯誤，而不會提到9型人過去的努力和成功。

如果被逼迫，9型人員工會在表面上配合，但是實際上開始逃避，並且掩飾一切錯誤。9型人不太會直接進入戰鬥狀態，而是生悶氣，不願意說話。大部分的8型人對於情緒的動態都相當不以為意，如果沒有人直接告訴他們，他們不會知道9型人究竟怎麼了，接著就會繼續懲罰這種被動攻擊性的行為。情況可能會變得相當具有爆炸性，結果可能是8型人開除了9型人，或是9型人因為「壓死駱駝的最後一根稻草」而辭職走人。

如果8型人老闆可以展現出自己想知道9型人有什麼要抱怨的，可以對9型人表現得好的部分提供大方的獎賞和讚美，這種嚴重的情況就可望獲得抒解。9型人如果受到獎勵、認同，覺得被需要，就會敞開心房。如果8型人老闆有自覺，他也可以指出9型人離題到比較不重要的工作或是分心，對保護型的人來說有點嚇人，因為這樣的員工顯然不受控制。8型人想要取得控制權的粗糙手段，通常都是受到害怕失控的心理所刺激。

如果9型人可以直接面對8型人無法避免的憤怒，他們就會願意面對公開的爭論，而且不會隱藏訊息，或是試著把過錯歸到別處，保護型的人也會因此尊重這個員工堅定的立場。8型人會因為9型人固執地不肯溝通而發怒，但是如果9型人願意直接對質，他們就會覺得安心，而且如果他們了解相關人士的動機，他們也能夠開誠布公。

如果8型人是員工，就會有週期性的權威測試。領導者越確定、越不含混，8型人就越不用做這些測試。9型人老闆只要提出任何模稜兩可或是模糊的要求，8型人就會質疑他們，或是藉著不聽命行事來測試老闆。

員工可能會覺得自己被分成兩邊，因為8型人會逼他們選邊站，即使爭執的只是不重要的規則，但讓他們可以知道誰是朋友、誰是對手。

如果受到誠懇的領導人或是有好點子的人激勵，8型人也會合作。利用8型人員工最好的方式，就是讓他們負責執行某個很棒的點子。如果可以讓8型人擁有一小塊勢力範圍和完全的掌控權，他們對於企業會相當有用。

優勢：堅定的領導者

保護型的人執著於權力和控制。他們會受到自己的需求所驅使，試著成為能夠控制一切、萬眾矚目的領導者，或是學著用他們特別的注意力傾向，來幫助自己、幫助別人。執著於權力的8型人，會藉著讓別人同意自己的觀點來獲得安全感；這種對於權力的投入也可以發展成一種天分，那就是藉著適當的施壓來推動大型的工作。8型人是非常堅定的領導者，他們能夠直接面對困難，並且採取直接的行動。

儘管8型人主觀又放肆，卻不太會表達自己內心深處的願望，或是為自己真正的目標踏出第一步。為了讓自己對事情保持興趣，8型人會製造麻煩和爭論，但是如果外界能夠滿足他們的興趣，那麼8型人就會很樂意進入控制模式，實現目標。

8型人會明確地讓別人知道自己的立場。如果他們想要操控別人，手段通常都很粗糙，一下子就被旁人識破，因此也不會產生作用。在關係之中，他們想要知道對方的底細。他們沒有社交形象的包袱，一旦遇見自己真正想追求的對象，就會勇往直前。他們能夠很慷慨地和朋友分享自己的時間和能量，參加派對的時候總是有用不完的精力。

有吸引力的職場：操盤型的工作

保護型的人通常是權力代理人或是政治的幕後操盤手。操控美國金融體系的「強盜資本家」（robber baron）。他們有著黑幫的心態：「我的地盤，我們的人。」他們是地獄天使、工會領袖、荒野求生者。「不要惹我。」他們心地柔軟，但意志堅強，是一手掌權、一手實現正義的企業領袖。他們是房地產開發商，一邊靠著出租獨立公寓賺進大把鈔票、一邊帶頭為流浪漢提供庇護所。

沒有吸引力的職場：循規蹈矩無實權的工作

在那些需要循規蹈矩並且遵守規定的工作，我們通常不會見到8型人。他們不喜歡那種會因為不可預期的權力操弄或是權力變革而受到影響的環境。他們不相信那些必須要依靠領導者的善意才能完成的工作，因為在其中他們沒有改善自己待遇的權力。

知名的8型人

知名的8型人包括亨利八世，他不顧各種反對的聲音創造了自己的宗教，就某個程度來說是為了將自己的色慾合法化。

弗立茲．波爾斯（Fritz Perls）、葛吉夫、海倫娜．布拉瓦茨基（Madame Blavatsky）、帕布羅．畢卡索、西恩．潘、尼采、艾爾德里奇．柯利弗（Eldridge Cleaver）、等人皆是。

子類型：占有、尋求友誼及令人滿意的生存

下列心理學的子類型，代表了8型人在童年時期為了減少脆弱的感受所發展出來的心理傾向。他們努力地控制自己的情感、控制對自己的生活有影響力的人，讓自己不會因為受到不公平的待遇而感到焦慮。

一對一關係：占有／臣服

8型人想要完全占有戀人的心靈和頭腦，他們想要進入伴侶的靈魂。如果當他們遇見一位完全值得信賴的伴侶，就會放棄自己強迫性的控制需求，臣服於對方。

在我找到現在這個心理醫生之前，我已經看過無數的心理醫生。他會直接挑戰我的觀點，但是也會讓我清楚知道他的立場。即使我一開始根本不同意他說的話，但是到最後，我知道他指出來的問題都是對的。

社交關係：尋求友誼

對8型人來說，友誼就是一種信任，信任那些你會保護他們、他們也會保護你的人。

友誼要成長，得花上好幾年的時間。每次當我們關係緊張，彼此互不相讓，我就會感到非常痛苦，不知道我們的友誼能不能撐過去。一旦我了解他們會堅持自己的立場，但是不會就這樣離開，我就會更信任他們，因為我知道人們在吵架的時候會說出真心話，那麼我們之間就不會因為沒有說出口的話而產生隔閡。

自保本能：令人滿意的生存

8型人把大部分的注意力放在控制和個人存活與個人空間有關的事情上。想要控制生活所需這種心理傾向，會讓他們無法追尋自己真正的需要。

一想到有人可以控制你的生活，我就覺得恐慌。你家有哪些人進出？有沒有其他人會使用你的梳子？如果你的室友喝了太多牛奶，讓你隔天喝咖啡的時候沒有牛奶可以加，你就會覺得受到侵犯。如果生活中的這些小事失控了，就像是敞開大門迎接更大的混亂一樣。

成功之道

8型人通常都會抗拒心理治療或是靜心，因為允許柔軟情感浮現或是適應別人的期望，都會讓他們害怕可能就此落入別人的控制。

8型人會進入心理治療，通常都是因為家人的要求，或是在法院的命令之下就診。他們的問題通常是和同事處不來、憂鬱以及藥物濫用。

8型人必須學著了解自己注意力的變化，看看注意力在什麼時候遠離了自己真正的願望，轉而用一種強硬的表現來否定這些願望。他們可以藉著以下的方式幫助自己：

- 要求彼此對關係做出清楚的定義，把爭吵看成是培養信任的方式。
- 要求在關係或是在療程之中建立一套清楚的規則。看看自己是不是在規則確立之後，反而想要破壞規則。
- 試著了解自己是怎麼製造出敵對關係的情境。感覺一下，看看自己在什麼樣的情況下，會想要藉著控制或是製造麻煩來確定誰是朋友、誰是敵人，然後等待對方回應。
- 無聊的感覺是一種面具，掩飾了其他的情緒。
- 試著了解別人行為當中的邏輯基礎。他們的觀點可能和你不同，但是也有自己一套連貫的邏輯。
- 當你覺得憂鬱，就意謂著真實的感覺開始浮現。換個方式來想，把憂鬱當成是心理治療或是靜心有進步的徵兆。

● 看看自己什麼時候會過度社交、濫用成癮物質，還有試圖操控別人，以這些作法來逃避自己真正的願望。
● 要看清楚這個事實：執著於正義和想要保護他人的心理傾向，會把周圍的人都分成朋友和敵人。
● 試著把注意力從「我的道路對抗你的道路」這種看法轉移開來，了解這兩者之間還有著許多其他不同的意見。
● 把自己的洞見記錄下來，對抗自己的健忘。記得在腦海裡複習這些洞見，以這種方式克服自己對於情感的否定。
● 學習延遲情感的表達，在發怒之前，先從一數到十。
● 看看自己是不是覺得惹麻煩的都是別人，不承認自己也參與其中。
● 看看自己是不是覺得認錯很難。

注意事項

進行任何心理治療的干預之前，都要考慮8型人的特別需求——在過去，他們必須遺忘、否定自己的脆弱和依賴性的情感才能存活。過程當中，如果柔軟的感情浮現，或是他們開始能夠認同別人的觀點，8型人必須堅持下去。改變發生的時候，8型人可能會表現出下列的反應：

● 對別人的同情進行錯誤的解讀，認為他們想要自己欠他們人情。

- 喜歡控制細節，但是常常在時機尚未成熟的時候，就已經對某些人際互動表現出過度的控制：「除非我能找到我最喜歡的那個小燉鍋，不然整個派對就不要辦了。」
- 把可能的助力拒於門外。為了別人好而說出極度傷人的話。天性魯莽。對別人的痛處施壓，得罪別人還不知道。
- 忘記自己的目標。放縱在享樂、食物、性愛、毒品中。什麼東西都是越多越好。嘴裡的還沒吞下去就想著下一口。
- 對於那些顯露缺點的人發動攻擊。保護型的人身上往往也有類似的缺點，但是受到他們無意識的否認，於是轉而攻擊表現出這些缺點的人。
- 沒有辦法妥協。不是想控制，就是想撤退，看不到中間地帶。
- 自覺地不要表現出對別人的依賴。把別人小小的疏忽當成是對信任的背叛。
- 封閉自己的情感。有時候會停止一切活動，表現出對一切毫不在乎的樣子。
- 對抗脆弱的方法，就是責怪別人和找碴。
- 制訂規則，想要展現對別人的控制權。
- 想要破壞自己的規則的強烈欲望，用這種方式展現自己的權力和自由。
- 突然想起過去所做的一切錯事，因此感到絕望，無法自拔。

13

9型人：中立調解型

後天養成的人格

頭腦——主要特徵：懶惰

心——強烈情感：怠惰

本質

頭腦——高等心智：愛

心——高等情感：行動

子類型的表現

性愛：結合

社交：參與

自保：嗜好

困境：麻木自己

9型人是那些在小時候覺得被大人忽略的孩子。他們記得自己的看法很少被大人聽進去，別人的需要看起來都比自己的需要還重要。最後9型人就陷入沉睡，他們的注意力從自己真正的願望轉移開來，開始執迷於一些小小的舒適和愛的替代品。他們知道自己最重視的東西可能會被打折扣，所以學會讓自己變得麻木，把他們的能量從重要的事情撤離開來，忘記自己。

當某件對於個人而言重要的事情開始發展，9型人會很容易為其他事情分心。一些雜務可能變得和重大的截止日期一樣迫切；似乎在繳清一張過期帳單之前，他們一定得先把桌子清乾淨。當9型人有越多的時間和能量來進行重要工作，他們的注意力就越是會轉移到一些次要的追求。時間越多，完成的事情反而越少，因為9型人無法分辨重要事務和次要事務之間的差別。有個正在研究九型人格的學生，當她正在趕一篇學期報告的時候，突然「醒過來」，發現自己把一整個早上的寶貴時間都花在廚房裡，就為了幫儲物罐找一個可以相配的蓋子，她這才明白自己是個9型人。

9型人說，他們會藉著融入別人的願望，把能量投入次要的事情、看電視放空、做一些計畫好的例行公事、吃很多東西或是喝很多酒，來忘記自己真正想要的是什麼。

9型人習慣按照別人的章程來行事，他們認為自己的地位不是很穩固，但是仍然想要和別人保持關連，所以學會了把別人的熱情當成自己的熱情。在一段關係或是一個新計畫開始的階段，9型人常常覺得被其他人的興奮感受牽著走，而不是因為自己有明確的興趣才決定加入。9型人會在承諾進行到一半的時候突然清醒過來，覺得自己被其他人的願望左右，在心裡納悶為什麼會走到這一步，但是也沒有對別人說不的勇氣。

對於那些習慣承擔別人情緒的人而言，「說不」這件事特別困難。對別人說不，就像是自己的事情被別人否定了一樣，會讓9型人覺得難過。看起來「說是」比較不那麼有威脅性；他們不會對別人說不，藉此表現出同意的樣子；他們會順著情勢走，而不是冒著危險引發別人公開的憤怒，因為這可能會導致人與人之間的分裂。

9型人的孩子和別人保持連結的方法，就是維持和諧，感覺別人的願望，並且順著這些願望走。然而，中立調解型的人所表現出來的同意，不應該被誤解為真正的承諾。9型人可以在某個情況中待上一段很長的時間，然而遲遲無法決定要不要真的投入。對他們來說，認同別人的觀點很容易，因為他們能夠在一個問題的各種看法中找到其中正確的地方。如果每種看法都有自己的優點，為什麼要採取特定的立場呢？既然與會各方都有自己獨到的見解，設定個人的優先事項有什麼必要呢？9型人說，去了解別人內在的狀況，比找到自己的觀點還要容易得多。

在面臨決擇的時候，9型人看起來相當隨和而且或許也會順勢而行，但是他們外在的溫和掩飾了內心的波濤洶湧：「對於朋友說的話，我究竟是同意還是反對？我到底是要留在這個團體中，還是離開？我要不要買下這間房子，還是再看看其他的？」這種無法擺脫的念頭一個接著一個，他們的注意力就在問題的兩邊來回擺盪。與其做了選擇、但是要冒著自己的努力不被看重的風險，或是藉著和別人對抗來保衛自己的觀點，沉溺在和決定有關的思考當中似乎是比較無害的。不知道自己要些什麼，沒有要保衛的立場，停留在一個沒有承諾的中

9型人

間地帶，讓所有的決定都懸在半空中——9型人就棲息在這些作法所帶來的安全感中。

矛盾的是，在九型人格之中，9型人是最固執己見的一個人格類型。雖然9型人可能會執著於某個決定，但這並不代表他們會趕快把事情搞定。那些想要協助9型人做決定，或是逼迫他們選擇立場的人，會發現9型人不願意改變想法，也不願意行動。9型人不一定會直接說「不要」，他們比較像是因為心意未定、拒絕被逼迫，而做出尚未成熟的承諾。因為自己的聲音沒有被聽見，9型人的心裡有著深深的憤怒，這種憤怒就表現為不做決定的習慣。他們氣自己必須順從其他人，也氣如果不順從就會遭到忽略。所以9型人下定決心不做任何決定，他們繼續生氣，但是生的是悶氣。他們看起來相當隨和，但是內在有著許多分裂。

如果9型人確立了自己的立場，他們可能就像之前堅持不選擇一樣，現在又頑固地堅持這個立場。對於他們來說，最自然的頭腦狀態就是保持中立，承諾了但是又不完全肯定，一旦他們採取了某個立場，9型人又會因為自己放棄了折衷方案而感到不安全，唯恐自己又回到圍欄上。9型人被稱為「調解者」（Mediator）以及「秩序守護者」（keepers of the peace），就是因為他們天生的矛盾心理，他們可以一邊表示同意但是又無法完全投入某個觀點。

9型人做決定的過程很慢，因為他們的頭腦已經塞滿了過去懸而未決的問題。當他們回想幾年前發生的事情，這些事情所帶來的衝擊，就像這件事上禮拜才發生一樣，因此他們必須再把這些事情想一遍。做決定就意謂著要了結、放手、改變、往下一站前進，這些都會重新激起他們對於分離的恐懼。9型人習慣承擔很多，但是不太喜歡放手，他們想要繼續從事熟悉的行動，而不是突然轉移到別的事情上。

因為其他人的願望看起來比自己的更為迫切，9型人於是面臨這樣的抉擇：是要融入其他人的計畫，還是要對他們視而不見來免除他人的影響。如果受到逼迫，他們就會試著控制情況，像是採取消極的手段、放慢行動腳步、在衝突之中隔岸觀火，等待結果自行出現，或是不回應，希望問題可以就此消失。

9型人之所以會在做決定、憤怒、尋找個人立場產生困難，是因為他們已經忘了自己，讓別人成了自己生命的代理人。他們不知道究竟要同意還是反對別人的看法，這種神經質的執念，對於他們來說是一大負擔，同時也是一種祝福。說是負擔，是因為他們不知道自己要的是什麼；說是祝福，則是因為他們沒有個人的立場，因此通常都能夠直覺地吸收別人的內在經驗。如果你對於九型人格的每個類型都心有戚戚焉，你很可能就是一個9型人。

以下是9型人常見的心理慣性：

- 用不必要的替代物取代真實的需求，把最重要的事情留到一天快要結束的時候才做。
- 很難做決定：「我是同意還是不同意？」「我想留在這裡還是想離開？」
- 儀式主義（ritualism）——透過習慣來行動，重複熟悉的解決方法。
- 無法對別人說「不」。
- 壓抑身體的能量和憤怒。
- 以固執和被動式的攻擊來實行控制。
- 反映別人立場的注意力模式，可能導致：
——很難維持個人立場，但也因此發展出顯著的能力，可以感應別人的內在經驗，這點和2型人「給予者」相當類似。

家庭背景：備受忽略

9型人覺得在童年時期受到忽略，因此形成了漠視自己重要需求的習慣。在他們描述的家庭情境當中，他們被大人疏忽，或是活在手足的陰影之下，或是當他們站出來為自己的意見發聲的時候，受到旁人的無視或是打擊。

這些典型的童年情境有個共同點：就算他們發表意見，也沒有人願意傾聽。他們因此產生一種領悟，認為就算自己生氣，大人也不會聽取他們的想法。

> 我的父母非常愛我們，但是我必須盯著我哥，他是這個家裡的逆子，因為自己的行為吃了不少苦頭。對我來說有件事相當清楚：如果我照著他們的意思，我就會得到愛，但是這樣的話我就必須妥協，才能給出他們想要的東西。我記得有一次，大概是我三、四歲的時候，我的母親把我摟得緊緊的，我差點沒被她的外套給悶死。
>
> 我想，或許我可以掙扎、讓她放開我，或是直接昏倒在她的手臂上。但是我摒住了呼吸，讓自己屈服，最後變成了我父母想要的樣子。如果我對他們說「不」，我可以在自己的內心感覺到他們的失望。

對於中立調解型的人來說，維護秩序的願望，通常是在兩派勢力之間掙扎的結果。如果你可以在別人的想法中看見價值，那麼何必要選邊站呢？為什麼要無謂地加上你自己的意見，反正也沒人會聽？

你做也不是，不做也不是。我是家裡四個男孩子之中最小的，如果我照著父母說的做，那麼我的哥哥們就會找我麻煩，如果我和哥哥們同一陣線，我的父母又會覺得我沒用。

最簡單的做法就是不要被看到，不要選邊站，就站在那裡放空，等其他人自己走掉。我記得有一次被我媽處罰，她要我坐在牆角的一張椅子上面壁思過。當她突然想起這件事，我已經在那裡坐了好幾個小時。那時候我沉浸在自己的內心世界中，要我在那裡坐上一整天也沒問題。

9型人的孩子屈服於現實，認定自己無法改變家庭的狀況。他們學著把腦袋放空，用一些小確幸的身體舒適來緩衝自己的感覺，順便消磨時間，等待其他人先採取行動。

我的父親精力充沛又聰明，當有人仰慕他的時候，他很好相處。我媽則是有很多自己的問題，對小孩沒什麼耐心。我們以一種戰戰兢兢的方式來維持安全感，試著不要激起漣漪或是和別人碰撞，讓每個人都保持舒服，這樣我就不會被排擠。我一直以來都覺得自己和別人相處得還不錯，不是因為我真的想這麼做，而是因為他們的看法似乎比我自己的還要有力。

我是同意還是反對？

中立調解型位於九角星圖內部三角形的頂點，用這個位置來解釋9型人的觀點再好不過。它的其中一邊固定在形象和服從（3型人），另一邊則是扎根在反獨裁主義（6型人），所以9型人就陷在矛盾之中，一邊想要別人的認同，一邊又想要反叛。其側翼的1型人是九型人格中的好女孩／好男孩，另外一個側翼8型人代表的則是壞女孩／壞男孩，這更加說明了他們想要正確、同時也想要違反規則的心態。我們說9型人陷入一種忘記自己的沉睡，因為他們老是把注意力放在「要不要同意別人的觀點」這個問題，而不是去關切自己的立場。如果9型人選擇了某個立場，就會變得十分憂慮，他們會擔心自己會因為疏遠別人而遭到遺棄，或者是因為屈服於別人而受他們控制。

9型人在童年時期試圖藉著不選擇，來解決究竟是要順從還是要反叛的困境。9型人傾向於在面臨選擇的時候留在原地，而不是奮鬥、退縮，或是採取直接的手段來影響決定。他們貌似同意，因為他們沒有直接說「不」，但是在心裡面，他們依然猶豫不決。直接說「不」意謂選擇某個特定的立場，但是9型人致力於了解一個問題的各個面向，藉此逃避選擇。他們可能表面上同意，實際上只是在等著看其他人怎麼解決這個狀況：「我在想，他們到底會採取什麼樣子的立場？」這時候，9型人就在那兒等著瞧，有的是時間，總是可以等明天再看看。因為他們沒有強烈的動機，所以也沒有按照某個立場作決定的動力。因為沒有堅定的立場，他們總是覺得還可以再看看，讓問題自行找到出路。9型人到了討論要結束的時候依然氣定神閒，不過事實上他們只是在放空，心思根本不在那裡。藉著這種方式，中立調解型的人會對每個人的看法表示同意，不會冒險地選邊站。9型人的選擇焦慮可以藉著設定常規來抒解：一旦有了行程表，9型人在早上起床以後，就知道接著要做什麼，因此不用面對選擇的問題。他們可以一個任務接著一個任務，分出足夠的注意力把工作完成，而不用想太多。當9型人依照自己的習慣來行動，他們說自己會變得「自動化」，就像是夢遊症患者一樣，他們可以就這樣過一輩子，但是不用做什麼選擇。這時候就沒有選擇的問題了，因為下一件要做的事情已經排進行程，而且必須仰賴他們。但是當他們在遵從這個任務的規定時，9型人的心裡可能執著於其他想法，讓他們對於周遭的環境渾然不覺。他們的注意力有些渙散，當他們在工作的時候，他們不是放空，就是極度地執著於某個尚未解決的個人問題，因此他們投入了許多注意力到別的事情上，而不是眼前的日常工作。

定型的習慣

七大罪的「懶惰」（sloth）被歸到9型人身上，因為他們的習慣被設計來——把能量和注意力從生命中最重要的事情中耗盡。要讓9型人忘記自己，最簡單的辦法就是把注意力投入某個上癮的習慣，範圍可大可小，從吸毒到酗酒，到以電視、八卦和生活中的小舒適來麻痺自己。如果9型人的存在由某種習慣來定義，當這個習慣變得十分強大，他們就無法想到它之外的東西，因此會忘了對他們的生命而言最寶貴的東西是什麼。

大部分的9型人都有許多巧妙的方式，用來忘記自己的真正的優先事項，如果要他們放棄這些東西，他們還會展現出強烈的防衛性。要9型人放棄某個非必要的替代物，像是飲食習慣或是電視成癮，意思就是要放棄一種可以預測而又舒服的方式，以之轉移自己的注意力，讓自己忘記真正想從生活中得到的是什麼。

許多9型人發展出了高級替代物，用來取代最重要的事情。舉例來說，一位9型人兒科醫師，多年來都夢想著要為病童照護創辦一個現場掛號看診的診所。他說他年復一年，藉著在現存的醫院體系進行兒科的病房照護，讓自己從這個夢想轉移注意力。他的分心有時候會拯救人命，但是那些年來，一日將盡的時候，他就會記起自己的夢想，發現自己不知道有多少次，從桌上那一疊和這個夢想有關的資料移開注意力。

具有創造力的歧路要花許多年才會表現出來，而且本身可能具有某種獎賞的價值。9型人在可以讓他們感覺安全的結構裡相當具有能量和生產力，但是如果某項活動對他而言並非必要，亦即對於某種深刻的需求而言是比較不那麼重要，那麼它就不可避免地會讓9型人覺得失去了生命中最重要的東西。

9型人說他們會開始「自動化」，學習某一項例行公事，並且把多餘的能量轉移到瑣碎的消遣上面。第二興趣通常會和情感上或職業上最重要的事情獲得同等的注意力，最重要的事情不是被略過，就是擠在忙碌的一天要結束的時候才做。

一旦某個習慣成形，9型人會看起來充滿活力，而且頭腦會聚焦在當下，不過實際上，也有可能只是分割出可以完成工作的足夠注意力。對於9型人來說，似乎把工作完成是習慣，而且只有當某件驚人的事打擾了他們，或是當他們發現自己做錯某些事，他們才有必要清醒過來——也就是付出全然的注意力。

好幾年來我都在印刷廠工作，我可以操作極快速的印刷作業，但是實際上只要用到一小部分腦袋。當巨大的工作在運轉的時候，我還要檢查彩色印刷作業那邊文件的細節。我有個內在獨白，它相當真實，就像是和某個在我腦袋裡講話的人面對面談天一樣。我在內在對話所喚醒的回憶裡進進出出，同時注意經過店裡的人的動靜，並且想起那一天我必須要做的另外十五件事。

最後，好像是這些文件自己印好了，而不是我有自覺地做了什麼。我的心裡會變得很擁擠；一種快要滿出來、有太多事要做的感覺，這些事情看起來一樣重要。你攜帶著他們全部的重量，因為你覺得自己要負責完成這些事情，你卡住了，不知道要從哪件事開始。我可能在買東西，同時腦袋裡想起某件重要的事，我忘了拿我需要的番茄罐頭，而它就在眼前的架子上。接著是結帳排隊，當我在把東西裝袋、付錢、離開的時候，我會放空，腦袋裡還有很多念頭嗡嗡作響。接著我會發現自己已經開車在路上，要開很長一段路回家，因為我以前經常從這家店開車到我的舊公寓。這樣我必須多開十五分鐘，但是我會繞路到舊的高速公路入口，然後讓腦袋自行運轉。

對於9型人來說，他們陷在必須做重要決定的矛盾中，計畫可能是他們的救星。如果有個完整考量而產生的計畫，9型人就可以繼續進行，因為選擇是從外面來的。一個良好的研究所課程或是朋友的需求，會把9型人從強迫性的思考中拉出來，幫助9型人重新找到注意力的焦點，因為解除了他們必須持續選擇的壓力。

認清必要及非必要的差異

如果9型人有足夠的時間和能量，事情真正的優先順序就會浮現。因此，當9型人想要忘記自己，他們就會承擔更多的承諾，但是原本的承諾很少會被完成，從外在來看顯得懶惰。從9型人的觀點來看，因為要做的事情太多，所以優先順序會被搞亂，因為還有其他要做的事情半路會插進來。事情的優先順序通常都會被丟到一邊，因為9型人分不清楚必要任務和非必要任務之間的差異。一般稱之為「懶惰9型人」，就是因為9型人總是一直過度負擔任務，卻又因此無法完成對自己而言最重要的事情。

中午的時候，我正在切蘿蔔，準備午餐，人們走過來，我早就想好要做哪些菜。我不太確定自己是不是想要有人陪，不過我開始切蘿蔔。沒多久我的腦子就飄到別的地方，在那一刻，好幾個思緒出現，每個都同樣真實也同樣相關。明天以前我要把髒衣服洗好，還要打一通電話預約下禮拜的。我的頭腦進入一段和某個打電話的人未了結的對話。我也看見窗簾隨著房間的氣流在飄，這讓我的腦海浮現另一段回憶。我還在切菜，但是頭腦已經飄去把要洗的衣服分類。這就像是個夢，真實的房間有著砧板、一堆衣服、要打的電話才打了一半、還有我的幻想，這些都和客人快要到了這個事實一樣重要。

她沒有忘記重要的中午期限，但是它的確被各種其他要做的事推到一邊。個人的決定，在這個例子裡，一開始是要不要邀請客人共進午餐，後來就被淹沒了，她的注意力轉移到其他比較不重要的事。最後她終於做了決定，因為想了太久，已經來不及把午餐的邀請取消了。

耽溺於累積

9型人不斷地在取得，但是從來不把任何東西放掉。多出來的空間堆滿了雜物，多出來的時間填滿了各種差事。頭腦裡都是還沒有解決的事情，因此9型人不斷迴轉的思想有效地隔絕了最重要和正確的事。只要問題還在，就沒有最終的決定。只要櫃子沒有完全裝滿，就不用把任何東西丟掉。

中立調解型的人固執地緊抓住回憶不放，這給他們一種強烈的存在感。藉著把過去抓緊，9型人對自己當前的片刻就無法那麼投入。記憶不會輕易逝去，你可以轉向記憶，重新活過記憶，帶著一種活力，就好像他們上個禮拜才發生一樣。

9型人的累積可以是字面上的，像是一個沉溺於某種嗜好的人，他們多出來的空間堆滿了各種東西，收好、儲存好，以備不時之需。累積也包括了蒐集任何東西，像是茶杯或是古董、漫畫。特殊物品的蒐集為累積提供了一個有趣的框架，讓9型人可以用一種有用的方式填滿休閒時間。就累積這件事比較有建設性的一面來看，中立調解型的人有一種能力，可以從各個可以想到的面向，來吸收關於某個喜愛物品的訊息，並且調和它們之間的不同。下面的陳述來自一個積習已深的收藏家，他專門收藏初版的書籍和蝴蝶標本。

我就是對蒐集有興趣，就像在很晚的時候會很想吃零食一樣，我會想要開車在城裡繞一圈，就是要買到你所渴望的東西。

你被一種感覺所占據，一定得買到那種特定的餅乾，或是特定品牌的花生醬，而且你願意開上三十公里路就為了買到它。每當我對生命感到嚴重困惑的時候，我就會確切知道自己想吃什麼，還有我想要把哪本書加到我的收藏中。我也有一種購物的興趣，就是在那個當下每一件你看到的東西似乎都相當有用。

我最近把櫃子清空，把東西裝了好幾袋拿去跳蚤市場賣，就為了賺點錢讓我的女兒可以參加童軍團。結果回家的時候，我發現自己拿了比帶去賣還多了一袋的其他東西回來。

封鎖能量

憤怒的作用是釐清個人的立場。我們知道得很清楚，我們不喜歡自己生氣時的某些東西，這反而讓我們對於自己想要什麼有更多的覺知。同樣地，如果我們的身體有很多能量，就很難阻擋我們想要以這股精力做些什麼的覺知。如果中立調解型的人因為有太多能量而變得憤怒，那麼他們勢必得表現出某種立場，至少會把一些不要的選項刪掉。並不是說9型人最後一定要把一切去掉，重要的是第一個選擇。事實上，9型人如果獲得許多選擇，他們反而比較容易做決定。沒有被刪去的那個就是最偏好的選項。9型人通常會試著在自己到達憤怒或是必須做選擇的臨界點之前，把自己的能量抽出來。

我這輩子一直都有體重過重的問題，體重的變化會在二十公斤上下波動。我最後開始了嚴格的運動計畫，這樣我才有辦法寫論文，後來論文相當成功。我開始睡比較少，然後在白天儘量多動。對我來說困難的是，我變得越清醒，就有越多的計畫開始實現。

我最後以幫房子裝潢告終，因為有人開出了我沒辦法拒絕的價錢要我轉售，我開始兩段新的感情，也是棒到無法錯過。我對於我的身體能量有種具體的感覺，我覺得它彷彿被論文吸走，並且分散到我做的其他事情中。

9型人是三種憤怒型人格的核心類型，8—9—1，位於九型人格圖的頂端，也是被動型攻擊的位置，他們的憤怒睡著了。藉著把可用的能量抽取到不必要的任務上，就造成了某一種「阻撓作用」，讓9型人自己的系統永遠沒有足夠的能量，可以面對圍繞著個人欲望所產生的衝突。

9型人經常說，這些對於感覺的反應會讓身體能量過剩：他們就會把過剩的能量分散到次要的興趣。他們會藉著大吃大喝或是過度沉溺於某些事情，來消化多餘的能量。他們產生一種矛盾的感覺，覺得筋疲力竭、想睡，但是身體並不累。或者他們也可以把這樣的能量用於了解自己究竟想要些什麼。

在我第一年學習武術的時候，我會真的昏睡在墊子上。我會期待上課，在暖身的時候一切都很好，到了我們要練習跌倒和摔人的時候，我簡直是精力滿點。有幾次，我記得自己在和教室寬度一樣的練習鏡子中看著自己的後滾翻。我的表情很興奮，我覺得很棒，我記得的下一件事，就是坐著看老師示範，坐我隔壁的那個傢伙必須一直推我，讓我清醒，因為我一坐下立刻就開始放空，接著就昏睡過去。

在真實世界用全部的精力來行動是很嚇人的，一開始相當令人振奮，後來我就怕了，所以我重拾過往的興趣，這讓我大大地鬆了一口氣。

惰性和憂鬱

封鎖能量保證了一種平衡狀態，讓9型人總是有足夠的能量可以進行非必要的活動，然後把必要的活動留在一天快結束的時候再來解決。這樣的話，他們就沒時間憂鬱（憂鬱可能會在沒事做的時候悄悄潛入），當然也沒時間可以期待什麼、或是為自己找到真正重要的事。藉著繼續從事那些熟悉、已知的活動，9型人試圖保持現狀，避免自己陷入困境，或是被逼迫為新的局勢調整自己的行動順序。

我覺得如果停下來，我就不會再做一次了。我一度把兩年最好的時間花在沙發、冰箱和電視之間。我不用對任何人負責，在兩次小睡中間我還會一個人散個長長的步，覺得自己完全自由。當我最後發現原來自己得了憂鬱症，我覺得自己可能會死掉，而且永遠不會知道到底該拿生命怎麼辦。我願意做任何事來避免那種沒有能量又沒有希望的處境。

惰性是一種物理法則。它說一個處於休息狀態的物體會傾向於留在休息狀態，而處於運動狀態的物體就會傾向於停留在運動狀態。這個法則的「休息狀態」可以用來說明9型人

「不切實際的」憂鬱特質，沒有什麼東西被以文字表達出來，但是生活陷入了停頓，表現為客廳裡一張無精打采、不快樂但是舒服的椅子上。當9型人陷入死胡同，經常需要外力的幫助，像是新的關係、新的機會或是清楚制訂的行程表，都可以幫助9型人振作起來。如果9型人可以讓自己依附在另一個人的興趣，或是回應另一個人的需求，他們就能輕易地振作起來。

我會發現自己從事某件事已經有十年，但是並不覺得是我選擇了它。這從來就不像是一個選擇或是某種志向。我上了法學院，並且加入了一個法律事務所，感覺起來就像是我只是靠在那裡，事情就發生了。如果要我說這是我自己的決定，那麼我可能不會成為一個律師，這讓我好奇，到底是誰在當律師呢？因為我並沒有對這個職業產生認同。我似乎是在冥冥之中被引導到某個位置，或是因為某些私人關係，或是因為一連串並不是由我開始的事件。當然，我可以描述我這輩子從事的行動，但是我無法說是我自己決定要到這裡的。

一旦能量被運用在某個活動上，9型人就不再憂鬱，但是可能仍然對於真正的需求一無所知。慣性法則的第二個階段說，移動的物體會持續移動，意思就是一個活躍的9型人會面臨一個選擇：用舊的習慣，分出一部分的注意力來機械性地進行某個活動，或是仔細地注意自己，直到真正重要的事情可以浮現。

沉睡的憤怒

9型人以間接的方式表達憤怒，他們希望可以透過間接的行動來釋出憤怒，藉此避免似乎會被遺棄，或是必須以自己的立場對抗別人的公開衝突。

一定要做決定，對於9型人來說相當痛苦，因此他們做決定的方式，就是讓情況惡化到這件事情崩盤為止。因為9型人知道自己不想要什麼，而不是他們想要什麼，他們也會傾向於把抱怨藏在心裡，直到超過臨界點，火山終於爆發。因為當前的情況已經走投無路，他們才會做決定。

> 我在一家音樂學校當老師已經有很長一段時間，老師的待遇實在是很糟，但是我就是無法鼓起勇氣，走到辦公室對他們說：「這一切應該都要重新規劃，狀況實在是太糟了。」我就是放手不管，直到我在學生面前失控，我氣沖沖地離開，寫了一封信，用我認識他們這麼久以來所知道的負面事情打擊他們，接著把信收起來，因為我還想站在他們的立場想一想。
>
> 這是一封崩潰的信，裡面有許多讓人不愉快的回擊，我本來不會寫出來的，如果他們沒有成為我無法容忍的壞人，讓我必須和他們對抗的話。

9型人通常都會把憤怒放在心裡面，直到憤怒達到臨界點，逼得9型人只好採取行動。

把憎惡的感覺保留在心裡是一種在內在不要順從別人的方法，外表看似同意，但是這樣的憎惡，為他們被動式的攻擊策略提供了許多燃料。

9型人說他們會以各種間接的方式表達憤怒。第一種方式就是固執，意思就是在討論到一半的時候把自己關機，拒絕移動一步。另外一個方法就是不理其他人，自己去做別的事情；或是藉著這種舉動，逼迫其他人先把憤怒表現出來。

中立調解型的人總是知道別人想要什麼，所以他們可以簡單藉著不要去做別人期待他們做的事，讓別人生氣。

舉例來說，他們可以在一件重要的工作上對於細節表現得馬馬虎虎，或是當其他人正在努力衝刺，他們卻慢了下來，或是因為知道其他人對於某個行動已經付出了很多，他們卻表現出什麼都不知道的樣子。不管是哪種方式，9型人會讓對方得不到他們想要的東西。

對於9型人來說，如果可以把憤怒直接表達出來會是一種莫大的抒解。爭執是一個頂點，代表有很多壓抑以及把各方面的立場內化，如果可以好好爭論一場，就能讓9型人獲得抒發。

他們的憤怒要花很多時間才會浮出水面，因為一開始，其他人的觀點對於9型人來說都是正確的。接著會有一段時期的延遲，這件事情會從各個方面受到檢驗，最後他們才會確信生氣是對的。末了當所有的怒氣都被表現出來，通常像是火山爆發一樣，就會嚇壞那些習慣9型人隨和模樣的人。在爆炸之前，9型人會有一段長時間表現出沉悶而緩慢的樣子，但是當沉睡的9型人甦醒過來，發現自己真的很生氣，他們就像是冬眠的熊一樣：他們狂怒，因為等了那麼久才能滿足最重要的需求。

我搞不清楚自己的立場，但是對於別人做的事，我常常感到很生氣，不過我不會表現出來。每年我都會有幾次大爆發，感覺起來真的很糟，也讓人精神為之一振，彷彿我的整個身體都活了過來，心臟噗通噗通地跳。身體上的興奮感受就像是一個獎勵，因為我找到了自己的立場，而且把它表達出來。

現在的難題在於，我要怎麼繼續走下去，而不會跟別人產生過節，要怎麼做才能不用藉著跟別人對抗來找到自己？對我來說這也是一種啟發，這個世界不會因為我表達了自己的立場就照著我的意思走。我花了很大的力氣才有辦法說出我要什麼，更糟的是，說完之後我還得走出去、用盡一切努力才能讓我想要的事情發生。

親密關係：融入他人的關係

中立調解型的人會把伴侶的興趣和優先事項當成像是自己的。伴侶成了他們做決定的參照點，9型人可能會因為對方的願望而變得活力十足，或是泰然地抵抗對方的意志。

9型人將這種以對方為注意力中心的情形稱為融入他人。他們說這種融合在一段充滿愛的關係中是毫無保留的，因為這樣的融合，人與人之間分離的感受便不復存在。9型人通常比較能夠描述別人的感覺，但是卻不太會辨認自己的情緒。他們也說如果做了決定以後產生了不好的後果，他們就會有一種不舒服的占有感，以及想要責怪的需求，確切地來說，這是因為他們讓別人主動地幫自己決定了個人的觀點。

當9型人愛上一個人，他們通常會希望可以完全地和伴侶結合在一起，把伴侶的生活當成自己的生活，而沒有想要控制、從中得到什麼或是主導這段關係的欲望。

中立調解型的人，通常有很大的能力可以為伴侶的需求產生極大的能量，甚於為自己的需求而產生精力，所以關係是9型人動起來的關鍵方法。他們是那麼強烈地認同別人的欲望，從積極的方面來看，他們擁有真實的能力可以深度地認識另一個人，就消極的一面來看，他們很可能會失去個人的觀點。

我可以很清楚地覺察到我的丈夫想要些什麼，但是當他問我，我想要什麼的時候，我卻陷入了掙扎。我會完全地在我們的連結之中失去自己，所以問題變成：哪些臉是誰的？哪些想法是誰的？感覺就像是混合在一起，我們兩個之間有個混合的人，這可能會突然發生，所以當我站在房間的另一邊，我會覺得我離開自己，變成了他。如果他刺激我要說出一些個自己的立場，特別是當我覺得自己處於融合狀態的時候，感覺就像是他要我說出一些可以把我從他裡面分離開來的東西，但是我不想要打破這種連結。

因為9型人可以把伴侶感覺成他們的一部分，他們有一種想要和理想伴侶結合的欲望，讓伴侶成為自己生命裡的動力。他們很難對一段關係放手，因為感覺起來就像是把自己存在的一個部分切割開來。

因此，他們的關係通常在精力耗盡之後，還會持續一段很長的時間，伴侶雙方都是因為習慣而不是出自真正的選擇，而和對方在一起。如果沒有伴侶，9型人就會體驗到自己內在的麻木，以及一種「生命有什麼用」的感受。這樣的麻木可以藉著受到許多人無分別的吸引來掩飾，或是把能量分散到不必要的活動當中，巧妙地遮掩被自己忽視的真正需求。

9型人想要有人找他們商量，讓自己的意見被誘導出來，讓別人幫助自己找到自己的立場。他們想要與人融合，然而，他們也有同樣強大的願望想要自主，對抗想要融入他人的欲望，並且對抗伴侶對他們可能有的要求。外表的順從通常和內在的反抗成比例，表現為遲遲不肯做最後的決定、不肯完全做出承諾，或是僅抓住內心的問題不放：「這樣的決定是否正確？」

我可以和某個女人如此地融合在一起，讓我覺得受到控制。如果我產生了什麼期望，接著對方卻抽身了，我真的會懷恨十年，當我想起這件事，感覺就像是當初的嫉妒感一樣。

如果想離開的是我，我就會卡在中間，不想離開，但是也不想留下來。這對我來說是相當熟悉的感覺，我覺得自己卡在某種矛盾中，真的會持續好幾年的矛盾。同時，我很少會向對方表明這件事。

我可能會找到某種間接的方式來和她應對，像是去支持別人，或是冷淡地告訴她關於我的感覺。如果我過度地陷在要走還是要留這件事中，我就會開始建立很多的新關係，沒有辦法決定我喜歡的究竟是哪一個。

就關係較高的層面來說，9型人可以對別人付出無條件的關注。他們很少有形象或是立場的包袱，9型人可以不帶批判地傾聽其他人的心聲。9型人能夠認同其他人的情感需求，經常能夠對別人的困境感同身受。就算是在情緒不好的時候，他們也能夠維持堅定而且有生產力的行程表。

就較低的一面來說，9型人可能對於自己真正的動機渾然不覺，他們會因為習慣而去愛一個人，而不是為愛而愛。他們寧願停留在安全的中間地帶，也就是可以預測的關係，而非情感生活的高低起伏。

親密關係範例：9型人和2型人，中立調解型和給予型

9型人通常搞不清楚自己的目標是什麼，這會吸引2型人，讓他們產生想要幫助的欲望。如果這是一種成熟的努力，9型人會很樂意被選擇成為接收注意力的對象。9型人會因為別人的支持和溫情而大放異彩，而且如果他們喜歡對方，還能因此發展自己的潛力。事實上，如果9型人真的有在某個領域脫穎而出的潛力，而且2型人會對此感到驕傲，2型人對於9型人來說就會特別有幫助。

雙方都會在情感上與對方融合。9型人想要透過伴侶找到生命的動力，2型人則是想要搞清楚到底那麼多的自我當中，那個才是真實的自我。因此，他們兩個在非思考的層面上都會受到對方深刻的影響。2型人傾向於順著「我的伴侶會喜歡什麼」這樣的線索來改變自己，9型人經常可以發現對方的這個策略，因為9型人也會融入對方。9型人處於一個位置，可以幫助2型人辨別真實的自我和調整過的自我之間的差異，2型人則是處於一種可以改變自己的形象、挑動9型人情欲的位置。

這兩者都會把注意力的焦點放在對方身上，雙方都希望可以滿足對方的需要。9型人可以利用性愛讓自己清醒過來，面對人與人之間真實的接觸，2型人則是喜歡別人對他們有性方面的注意力。雖然2型人可能喜歡注意力勝於性愛，雙方對於非語言的接觸都有一種自然而然的了解，這會成為這段關係的基礎。性接觸可以做為一種象徵，它是9型人—2型人關

係之中，他們所能給予對方最好的支持。2型人會問：「你想要什麼？」而9型人會回答：「我想要你做真實的自己。」真實的自己就是2型人一直在找尋的。

2型人有意識到外在形象和社交魅力，他們能夠增加9型人在個人風格以及個人表達上面的信心。2型人會在他們兩個人所建構出來的安全地帶，把9型人的潛力引導出來。如果9型人不太清楚自己生命的方向，他就會融入2型人的生活目標，變成伴侶想要的樣子。如果是這樣，那麼9型人就會將自己塑造成可以讓伴侶感到驕傲的模樣。9型人很可能在關係走到一半突然醒過來，才發現他們關於工作、朋友、個人風格，以及時間的運用，種種選擇都受到伴侶意志的影響。

當2型人變得不可或缺，而9型人覺得自己被控制，這段關係就會出現危機。9型人會開始懷疑自己是在為了滿足2型人還沒發現的需求而工作，並且開始以頑固的拒絕合作來回應。9型人會抑制自己的潛能，藉此和對方扯平，並且把注意力放到其他地方。如果9型人沒辦法發揮潛能，2型人就會感到無聊，如果9型人不再注意他們，2型人也會感到憤怒。

無聊的反應讓2型人開始要求自由。對於自由的要求會讓9型人清醒過來，但也讓9型人變得有占有欲，這更刺激了2型人想要自由的決心。如果9型人選擇撤回自己的注意力，那麼2型人就會非常生氣，變得具有競爭意識，想要贏回9型人的注意力。9型人則是會在這段關係中，使盡全力不要讓2型人獲得他們想要的注意力。如果2型人可以支持9型人真正的抱負，而不是利用9型人來滿足個人的需求，此外9型人也要負責找到生命中最重要的事情究竟是什麼，這樣的話，這種僵局就可望獲得抒解。

權威關係：對於掌權者的態度矛盾

如果有清楚的行動規劃，9型人是很好的領導者，不過如果在領導的過程當中需要做許多決定，他們就會覺得不自在。做決定很難，因為贊成和反對的意見看來都一樣具有優點，加上9型人傾向於反對新的或是有風險的決策，可能會導致他們在領導上遲遲無法行動。

9型人偏好已知的程序和可以預測的結果，而不是陡然升起的希望的不確定性，這可能會導致失望。

做為員工，9型人會透過組織性的結構來和權威交流。如果要讓關係達到最佳狀態，那麼就要有清楚的晉升和獎勵程序。9型人或許會也或許不會主動地為了獎勵而競爭，但是他們會想要知道有這樣的機會。9型人融入別人生命的習慣，表現為採取同僚的行事作風和意見。9型人會融入某個情境之中，而不是融入權威。他們對於那些掌權的人可能會表現出矛盾的態度，一方面想要接受指導，一方面又因為被別人告訴事情要怎麼做而感到不高興。對於上位者的憤怒可能會以間接的方式表現出來，像是懶散的工作表現或是被動式的攻擊行為。

就權威關係較高的層面來說，9型人是絕佳的調解人，因為他們能夠認同涉入的所有觀點。如果他們可以在事情走到敵意浮上檯面之前就介入，會特別有效。他們想要友善和合作的感覺，對於聽別人講述自己的觀點也很感興趣。如果可以給他們公開的榮譽和正面的關注，他們就會工作得很好，但是他們不會主動尋求別人的認可。如果可以給他們的努力公平而且經常性的回饋，他們就會獲得最大的發揮。

就較低的層面來說，9型人可能將一個團體的張力內化，但是卻無法表達出有建設性的改變。他們個人立場很弱，通常也不會表達自己的反對，即使獲得認可仍認為：「他們反正也不會聽進去。」9型人會把問題拋到一邊，而不是採取行動，總希望問題會自己消失。

9型人會間接地控制情況，靠著轉移責任或是趁值勤的時候放空。沒有表達出來的憤怒，可能會表現為固執地不希望自己被監督。他們在工作上有個懶惰模式：很難踏出第一步，快到截止日期才動起來，急急忙忙地完成工作。一旦開始行動他們就停不下來，剩餘的能量可能會被分散到次要的活動中。

權威關係範例：9型人和7型人，中立調解型和享樂主義型

9型人的領導風格就是設定行事曆，指派有熱忱的助手，依照方法行事。這些習慣和7型人想要實驗和合作的欲望正好相反。如果9型人默不作聲，沒有澄清或是為自己的立場辯護，而7型人為了自己方便，重新規劃程序和同時進行好幾個工作，以之做為反叛，就會讓這段關係變得不開心。7型人會覺得9型人很笨拙而且不肯讓步，9型人則是覺得7型人輕浮、不負責任。

9型人老闆在監督7型人時會有困難，如果過程中需要面對面衝突的話。9型人傾向讓事情自行進入緊急狀態，希望在他不知道的狀況之下，員工會自己回到正常軌道。一旦他們找到可以責備的對象，9型人老闆可能不會寬容、也不願意妥協，更不會放棄領導權。最後可能會產生面對面的衝突，9型人進入不肯妥協的立場，而7型人員工還搞不清楚事情的嚴重性。

如果雙方都成熟，重新分配責任有助於解決這個難題。舉例來說，7型人在開會和接待

客戶上相當有天分，也不會過度地想要成為領導。7型人可以努力晉升，但是不會讓9型人覺得受到員工的野心顛覆威脅。9型人必須願意指導7型人，並且清楚說明專案該如何呈現，因為9型人想要保守一點的形象，7型人就會傾向於朝著更加創新的表現前進。反過來說，7型人也要接受9型人對於責任報告的需求，並且把所有的後續影像都記錄下來。

如果7型人是老闆，程序可能會變得混亂，甚至是自相矛盾。7型人的思考過程改變的速度，就像是聽起來像是確切的承諾變成了許多選項之一。這種領導風格在9型人的眼中看來相當善變，會讓他們不確定自己的位置究竟在哪。如果9型人覺得沒有受到重視，就會展開消極的破壞。9型人會失去興趣，開始減慢速度到案子所需的最低要求，留下一些未了結的問題，用來吸引老闆的注意力。他們會頑固地抗拒任何監督，堅持照著自己的步調和時程來工作，疏遠的沉默透露出沒有表達出來的憤怒。

這種尷尬的處境可望被避免，如果9型人員工的意見被聽到，而且讓他們有個可以抒發抱怨的地方，9型人覺得自己被聽見，那就可以避免他們被動式的攻擊態度。如果9型人的意見沒有被看到，他們就會淡然地接受現實情況，但心裡懷著怨恨，然後在掌控大局的時候睡著。如果7型人老闆夠聰明，9型人的員工就會被安排在進行日程規劃、指導原則以及和細節有關的工作，這些都是7型人不喜歡做的事。如果計畫有了問題，9型人可以長時間對員工提供堅定的支持。如果計畫可以被挽救，9型人會動員巨大的能量庫來進行重要關頭的的緊急救援。

優勢：傾聽的能力

9型人可以為別人提供堅定的支持。他們的支持有著相當特別的品質，因為9型人並不在乎這件事情可以為自己帶來什麼個人利益，他們只是想要居中調解，維持秩序。

9型人很容易受到身邊的人影響。他們能夠傾聽與接納對方，不會想要以權力控制關係，或是干涉別人的問題。他們有傾聽和了解的能力，更重要的是，他們有一種特別的感覺能力，知道對於別人的生命而言，最重要的東西是什麼。準確地說，他們因為想要反映別人的願望，所以讓自己逐漸消失。他們的天分就是發現什麼東西可以為別人帶來幸福。

有吸引力的職場：依循慣例的工作

9型人喜歡的環境，是那些可以按照慣例、規章以及公認程序來辦事的工作，像是官僚體系，也就是必須掌握細節的工作。

沒有吸引力的職場：不斷更新的工作

在高度要求自我形象、必須持續自我推銷的工作中，我們通常都不會看到9型人的身影。他們也不喜歡工作程序隨時會更新的工作，或是為了理論而犧牲結構和細節的工作。

知名的9型人

美國郵局就是典型的9型人性格，它在組織和細節方面相當完善。當它必須加快速度的時候，工作人員就會慢條斯理地工作，當你匆匆忙忙帶著包裹要上樓的時候，他們就會在剛好兩點五十九分，有禮貌地掛上「營業時間結束」的告示牌。

茱莉亞．柴爾德（Julia Child）、帕華洛帝、巴克敏斯特．富勒（Buckminster Fuller）、奧伯洛莫夫（Oblamov）、艾森豪、希區考克、林哥．史達（Ringo Starr）等人皆是。

注意力模式：切換為自動化處理

當9型人變得「自動化」，他們不用注意自己的雙手和身體在做些什麼，也能完成複雜的工作。我們都有學習技巧的能力，並且以一種機械化的方式來運用這些技巧。舉例來說，我們都會有一種在回家的時候「突然醒過來」的感覺，不記得自己開車的經過。另外一個例子是快速作業的打字員，他們說自己可以一邊做白日夢或是想著某個問題，一邊可以產生每分鐘九十個字的打字量。

打字員的竅門就是只要打，不要讀。他們分出足夠的注意力來執行這個工作需要的技術，同時還可以思考別的事情。這種注意力模式可以稱之為「共同處理」（coprocessing），讓頭腦同時間進行一個以上的工作。

9型人說他們會在對話裡出出入入。他們注意力的一部分機械性地放在說出去的話，但是他們可以同時處理另一部思想列車，或是覺得自己融入了別人會有的感覺。大部分的9型人說，共同處理就像是從一個注意力的項目滑到另一個。舉例來說，對話中的某個文字，可能引發了某個記憶——一段對於這個記憶的獨白以及眼前的這個對話和過去的記憶，有何關連。

這些內在的分心進行的時候，9型人仍然在留意對話的發展。就像是摩托車騎士，不記得怎麼騎車回家，9型人會突然醒過來，聽見自己在給對方還過得去的回答，但是其實早就忘了對話的主題是什麼。9型人說他們頭腦裡的收音機調頻到兩個或三個電台，在古典樂、鄉村音樂和搖滾樂之間游移不定。

共同處理這個能力比較深刻的一種版本，被中立調解型的人描述為快速轉動的腦袋。在這種說法中，注意力一次同時放在好幾件事情上，或許是地毯的紋路、袖子的鈕釦、某種深刻的感覺，或是好幾個不同的念頭。看起來像是在放空或是沒有在注意的9型人，他們的內心可能因為有太多的事情要做而忙個不停。

因為9型人對於自己的立場保持昏睡，他們並不習慣尋找一些會支持某個策略性行動的訊息。世界各地都會產生的情勢，我們會看見各種狀況以及對它們的描述，但是沒有一件事情特別重要或是值得一提。這種感知方式和3型人完全相反，3型人會注意新情況中可以支持特定任務的元素。這也和6型人的感知方式不同，6型人傾向找出人與人之間隱藏的互動。

9型人能夠覺察所有表面的元素以及各種表面下的互動，但是他們很難從非必要的細節當中，找出何者重要或是特別值得注意。9型人察覺到每一件事，但是對他們來說，要辨認出正確的起始點或是要分辨重要議題和背景雜訊之間的差異，是相當困難的一件事。他們的注意力自由地在某個情況之中——最重要的事和對於重點任務無關的事情之間流轉。就是這種注意力的習慣，讓個人立場的匱乏持續下去。如果每件事情看起來都一樣重要，一個人該怎麼決定哪個立場比較有意義呢？他們並沒有在其中感受到衝突，因為沒有一件事情是比另一件事情更重要的。

直覺風格：與人產生聯結的方式

在童年的時候，9型人覺得自己被大人忽略，最後他們學會藉著在自己的身體裡感覺別人的特質，和他們產生連結。當他們總體的注意力模式聚焦於別人，9型人可能會發現自己「成為」那個對他們有著強烈影響的人。9型人有時候會覺得自己被別人接管，舉例來說，他們可能會在一段對話中完全失去自己的立場，於是開始拾起吸引他們目光的人的習性、能量特質甚至是意見。9型人似乎以一個整體來感知對方，攝入任何他們感覺到在某個朋友內心發生的事情。

當我親近某個人，我會覺得彷彿房間中只有坐著一個人，而不是兩個人。我們之間沒有分別：我忘了我自己，但是我的身體感受到各種印象，我會感受到這些，或許是因為我這段時間以來變成了我朋友。一旦感覺到這種連結，我就不會想與他分開或是退卻。

我所知道最深的親密，就是深深地融入朋友正在經歷的事，去感受他正在感受的事。

9型人了解「結合」（merger）這個字。他們說自己可以描述別人的觀點，甚於描述自己的觀點。他們說結合就是變成另一個人，他們對如何融合的自我敘述，聽起來和武術基本原則之中的感覺練習，有著明顯的相似性。武術練習的融入，確切來說就是用來達成不分離的感受，那是9型人的孩子覺得受到驅力要去完成的。

那時候我正在開車穿越金門大橋，我的注意力被隔壁車道一輛車中的人所吸引。突然之間，我開始感覺到這個人如何坐在駕駛座、他又是怎麼開車。接著我開車的樣子就像是他在開車一樣，而且我開始攝入他身體的樣子，並且開始像他一樣開車，雖然在那個時候他離我有十五公尺之遙。

想想看這個9型人融合的駕駛經驗，和下面這一段來自合氣道三級黑帶練習者的陳述，他是個6型人。

融合從肚子開始發生。你學著去擴展你的感知，擴大到可以將你身體周圍的空間包括進來，並且感覺任何進入這個場域的東西，彷彿這個場域在你身體裡面一樣。你可以感覺到人們在移動時的力量和特質，你也能學著去加入，把它變成你自己的。

中立調解型的人，說他們有時候可以感覺到別人身體中的東西，當他們「成為」另一個人，他們可能會在身體感受到對方的疾病或健康狀態，也能覺知到感覺和思想之間，或是不同欲望之間的不一致。9型人似乎可以以整體的方式將別人攝入，而當他們在某個對他們有強烈影響的人面前，通常對於區分自己的訊息來源會有所困難。這是你的反應，還是我的？是我對這個案子有熱情，或是我感染了你的興奮？

我真的想去看電影嗎，或是我融入了你想做的事？我對於自己做的事情感覺很好嗎，或是我只是感覺到你想要去做？當另外一個人離開，9型人的注意力就會回到自己，這時候他就會記起自己的立場。9型人在一天中可以和許多人融合，但是令他們特別想要融合的時候，是當他們陷入愛河，或是想要與某個人的需求結合在一起的時候。

直覺傾向的9型人，也可以和有許多不同成分的決定融合，下面的陳述來自於舊金山的一位商業人士。

我擔任經理已經超過二十年，我做決定的方式，除了透過完整地分析問題，還透過實際的身體解讀，看看組織內部的各種因素在我的身體裡感覺起來如何。我會把組織的某個單位的感覺放到身體裡，接著開始感覺其他會反對這個單位的因素，經由感覺這些不同的元素如何在我體內互動。有時候會有合適之感，而通常也會獲得非常有關聯性的解讀。

高等情感：行動

對於9型人來說，懶惰不一定是身體發懶，像是沒有辦法保住工作或是早上起不來。9型人通常除了正職還有兼職，而且會很驕傲自己有很多能量。他們會做很多事，但是沒有辦法覺察到正確的行動是什麼，然後停留在正確的行動上，不要因為非必要的事情而分心。

在我和我真正想做的事情中間，總是卡著許多東西。我的腦袋就像是個堆滿雜物的房間，裡面都是裝滿了備忘錄的盒子。我在這堆積如山的東西之間急急忙忙地奔跑，試著要在它們淹沒我之前把每件事都稍微做好一點。從外在來看，好像沒什麼事情被完成，不過那是因為我在裡面奔波於這成堆的許多東西上面。

我一直都知道自己有很大的能量庫，因為在不久的未來某天，在知道我必須做什麼和直接去做之間將沒有阻礙。

我有過一個很驚人的體驗，直接和某個事件融合，那是在高速公路上一樁奇怪的意外，有個大石頭掉下來砸到路上，我們前一秒鐘才開過那裡。我知道後面會有一輛車在一個轉彎後撞上那塊大石，我的腦袋裡沒有任何什麼猶豫，我下了車，全速地跑回高速公路，把石頭推開。

我根本沒辦法移動那麼重的東西，然而我做到了。這個事件是我生命中的一個基準點，因為在我的絕望之中，我和這塊大石頭合而為一，我所必須做的就是移動我自己。

高等心智：愛

9型人傾向於融入團體的認同，環境的認同，或是和他們有關的特別人物的認同。就心理學的層面來說，和他人的願望認同的需求，是一種被含括的方式，也是一種忘了注意自己損失的補償。如果沒有團體或別人讓9型人可以關連，9型人就會感覺到自己內心的麻木，然後感覺到「這有什麼用？如果只是為了我自己，孤單一人，那麼生活一點意義也沒有。」

如果9型人因為想要和某個理想伴侶融合的欲望，而建立一段關係，希望伴侶可以變成自己存在的理由，那麼愛這種高等心智的特質就不存在於這段關係裡。9型人可以融入對方，把對方的生活當成自己的生活，但是他們真正想要的是「拜託不要和我分離，那麼我就不會壓迫你」。因為9型人可以如此完全地融入愛裡，他們對於可怕的感覺，像是嫉妒和絕望，非常沒有抵抗能力，就彷彿他們的存在受到威脅，要失去某個被視為自己一部分的人。

就較高的層面來看，與其說愛是一種情緒反應，倒不如說愛是一種特別的注意力位置，需要在自己的內在找一個參照點，把所愛之人包含在這裡面。

這個任務在於學著去分辨其中的差異：失去個人的參照點被對方欲望和感情牽著鼻子走，或是有能力去感受對方的狀況，同時依然能夠對自己保持覺察。9型人有能力付出無條件的愛，因為他們一輩子都習慣以自己的身體去覺察其他人。他們的習慣是在自己之內感覺別人，而沒有想要控制或是改變他們的欲望。

子類型：結合、參與及嗜好

以下這些心理學的子類型，表現出中立調解型的人在童年時期所發展出來的心理傾向：他們的真實願望受到阻礙，轉而尋求補償性的替代品。因為大人在別的地方有自己重要的事情得做，所以忽略了孩子的個人願望，替代品可以緩衝這種受到忽略的焦慮感。

一對一關係：結合

對於9型人來說，結合是一種想要完全和伴侶融合的欲望。這種心理傾向可以延伸為一種想要消融的願望，也就是和神性合而為一。

當我遇見一個人，我會感覺到來自對方的各種訊息同時進入了我。他們談話的各種風貌、他們全身上下表現出來的反應，這一切都讓我深深地感到著迷，於是他們實際上究竟說了什麼反而顯得無關緊要了。

在親密關係中，我和丈夫的連結是如此強烈，我必須透過他，才能享受自己的成就。如果只有我自己一個人，我不會對自己做的事情感到那麼喜悅，不過我還是可以在我的心裡察覺他的反應，如果他覺得我很棒，我就可以透過他來感覺我自己的快樂。

社交關係：參與

面對團體活動，9型人不是完全避開，就是積極參與某些社會團體，像是特殊活動的社團或是和朋友一起出去玩。

他們喜歡大家一起做某件事所產生的能量，這讓他們可以以一種快樂的方式忘記自己的需要，同時也提供了一個穩定的能量情境，讓9型人可以在其中進進出出。以下的陳述來自於一個樂在參與的9型人。

我年輕的時候是個保齡球冠軍。幾乎每個晚上我都會為朋友組隊，安排聯盟競賽，一直以來，我都相當積極地參與其中。有趣的是，雖然每個禮拜我會練習好幾個小時，讓自己的風格變得更圓熟，不過我對贏球反而沒那麼大的興趣，我對於浸淫在同伴、隊伍的熱情之中，反而比較有興趣。

自保本能：嗜好

9型人習慣以非必要的替代品來取代真正重要的願望，像是太多食物、太多電視、太多小說或是特別的興趣。為了不重要的事情蒐集大量的訊息，也是這種愛好的一種衍生行為。

那時候我正在寫一篇準備要發表的文章，這件事對我來說很重要。打字機後面就是我家的院子，因為這樣，開始了一連串失控的事件。當我坐下來準備開始工作，我突然覺得自己需要某個景色，好讓我在工作的時候視覺上有個焦點。所以我買了園藝的書，還畫了一張詳細的花期地圖，這樣的話，我一年四季都能看到色彩的變換。我在我們這個街區組織了一個園藝群組，這樣我就可以找人合購植栽和矮樹。我在整個後院開挖、種植，結果三個月過去，我的文章一點進度也沒有。

成功之道

中立調解型的人必須搞清楚自己何時開始陷入沉睡。這裡的「沉睡」，意思是他們把注意力從真正重要的個人需求撤出，將之轉移到強迫性的思考或是不重要的活動中。9型人會開始心理治療或是靜心，通常都是因為某個重要的承諾出現問題，或是陷入了週期性的酒精或是藥物濫用。他們典型的表現是憂鬱、非必要的活動停滯不前，或是憤怒湧現。9型人必須覺知，當自己開始沉睡就會透過習慣來行動。沉睡的9型人會分出剛好足夠的注意力，讓自己可以在某個對話或是療程中，看起來完美地臨在，但是同時卻在抵抗自己所聽到的話。

做為受習慣驅使的生物，9型人傾向於用環境的特色來定義自己。如果希望改變的過程變得容易一點，可以先從改變環境開始，並且利用有步驟、有方法的努力來養成新的習慣。因為他們急切地想要認同感，9型人對於有規劃的支持反應最好，像是一個根據成功案例制訂出來的行程表，或是朋友們的熱忱。對他們的支持必須是無條件的，以免他們會覺得自己必須順從別人或是反抗別人。9型人可以藉著以下的方式來自我幫助：

- 試著從別人的正面評價找到自己的立場，並且做一些規劃來達成這個立場。
- 看看是不是讓別人變成做決定的參照點：「我同意他、還是反對他？」

- 看看什麼時候陷入舉棋不定的思考當中，以之取代了真正的感覺和實際的欲望。
- 策略性的運用截止日期，或是對工作進行規劃，幫助自己把注意力放在目標上。
- 看看什麼時候有所壓抑、沒有把自己的意見表達出來。
- 大聲說出自己的想法。
- 學著完成計畫，不要因為其他事情而分心。
- 在注意力轉移到不必要的替代物之前，比如說食物或電視，留意自己的感覺。觀察自己的感覺，而不是尋找代替品。
- 給自己多一點選項。9型人比較知道自己不想要什麼，藉著消除不想要的東西來找到自己的喜好。
- 進行以下練習：先表達其他人的立場，接著再表達自己的立場，就好像自己是別人一樣。
- 當注意力跑到不重要的事情，學著限制自己花費在上面的時間和投入的程度。
- 學著把注意力放在眼前的下一步，而不是放在最終的目標上。最終的目標或許對目前而言，顯得太龐大而難以掌握。
- 看看是不是在受到逼迫的時候會開始變得固執。
- 用想像力表達憤怒：想像說出或是做出糟糕透頂的事情，直到憤怒的力量開始減弱。

注意事項

當注意力從不必要的事情解放出來時，9型人說他們會產生下列清單中的一些反應。這些反應不全然是一種神經質的反應，它們是9型人在改變的過程中獲得進步的徵兆。當9型人開始發現自己的重要需求，那些在過去以被動式攻擊（比如說變得固執或是刻意降低工作進度）來表達的憤怒就會浮出水面。憤怒是改變的能量，它可以被刻意培養，為9型人釐清個人的立場。

- 變得依賴某些幫助或是提供幫助的人，不想與之分離。
- 責怪別人。因為他們過度融入別人的願望，一旦事情出錯，就認為「都是他們的錯」。
- 變得固執，覺得受到其他人壓迫。不願意把累積在心裡面的問題講開來。不屈服，強迫別人先採取行動。
- 渴望新的承諾，可以用來打發時間和能量。
- 恍惚。在對話裡經常分心，同時想著好幾件其他的事。
- 必須學著找出真正想要做的事，把這些事和強迫性地占據注意力的瑣事做比較，看看它們之間有什麼不一樣。
- 在從事真正重要的事情時，和「設定例行公事，並且機械性地行事」這樣的習慣做比較，看看自己有什麼不一樣。
- 麻木。等待其他人做完事情，然後走開。面對讓自己感到不自在的對話，寧願忍耐，等它結束，也不願意開口表達自己的立場，把負面意見繼續藏在心裡。
- 不想把所有的線索都拼起來，這樣可能會迫使他們表現出某個明確的立場。需要更多訊息，等待別人做解釋，希望可以不要行動，希望事情都可以自己解決。
- 只要在心裡列出了事情的優先順序，就覺得把工作完成了。批評自己的時候，認為還有進步空間；批評別人的時候，則是依照他們實際的工作結果來論斷。

- 在工作上留下沒有收拾好的殘局。覺得暴躁、不想認真工作。用最少的力氣去工作。
- 簡單的任務都會讓他們覺得喘不過氣，因為踏出第一步對他們來說很困難。有太多的事情要做，不知道自己的能量要從哪裡來。如果一項工作需要他們付出很多努力，他們就會：

——對於努力被忽視、被人批評或是受到輕視這些事情，感到極度敏感。

——害怕風險、害怕改變。相信改變會為自己帶來痛苦。

——在對話中，藉著岔題、談論自己一連串的豐功偉業、重複一些老掉牙的話題，希望注意力能夠從自己的感受轉移到別的地方。

附錄——

九型人格的實證研究

九型人格的實證研究最近才剛開始，它奠基於九型人格理論現有的一些論述[1-3]。這一項研究的用處，在於整合九型人格理論和西方對於人格的概念。當前的主要研究問題在於，探索九型人格類型是否會隨著時間而改變，還有九型人格和其他人格理論之間的關連。同時，研究者也正在發展九型人格的評量工具，希望能夠信賴可靠地預測受試者的九型人格類型。

九型人格的初步研究

最早的研究計畫由瓦格納（Wagner）和沃克（Walker）執行，他們以三百九十位對九型人格系統略有所知的成年人為研究對象，其中大部分是美國中西部羅馬天主教會的信眾[4-5]。

為了了解九型人格類型是不是會隨著時間而改變，研究者聯絡了受試者，要求他們報告自己第一次進行九型人格測驗和現在進行九型人格測驗所得到的結果。從第一次得知自己九型人格結果到接受調查的時間點，其間的時間差距從三個月到九年都有。平均有百分之八十五的受訪者表示，他們的類型在過去和在受訪的片刻是一樣的。

這些受試者也在認識九型人格之前、之中、之後完成許多測試，像是「邁爾斯—布里格斯類型指標」（Myers-Briggs Type Indicator，簡稱ＭＢＴＩ）、「米隆—伊利諾斯自我量表」（Millon-Illinois Self-Report Scale）和九型人格的實驗題庫。邁爾斯類型指標以榮格的人格類型為基礎，是被設計來評量各個人格面向的態度、假設和行為模式，這些人格面向包括了「內向型—外向型」（introversion-extraversion），「思考型—情感型」（thought-feeling），「實感型—直覺型」（sensing-intuition）、「判斷型—理解型」（judgment-perception）[6]。米隆自我量表[7]則是制訂了八種人格，用以了解我們的人格模式。瓦格納指出，米隆所建構的人格模式發展，和九型人格的「自我發展概念頗有類似之處」。[8]

瓦格納對照了九型人格、邁爾斯類型指標和米隆自我量表，發現了一些主要的差異，他在下方表格（表一）對這些人格模式做了簡要的說明：

表一、九型人格、米隆自我量表、邁爾斯類型指標的正相關性（瓦格納和沃克，一九八三）

九型人格	米隆自我量表	邁爾斯類型指標
1型人	紀律型	批判型
2型人	合作型、交際型	外向型、情感型
3型人	自信型、紀律型、交際型、主觀型	外向型、實感型、批判型
4型人	合作型、敏感型	直覺型、情感行、理解型
5型人	冷淡型、敏感型	內向型、思考型
6型人	合作型、敏感型、冷淡型	內向型

7型人	交際型、自信型、主觀型	外向型、直覺型
8型人	自信型、交際型、主觀型	外向型、直覺型、思考型、理解型
9型人	冷淡型、敏感型、合作型	直覺型、理解型

同樣以受試者為基礎的，還有瓦格納設計的九型人格題庫，包括了一百三十五道題目（每個人格類型十五題），受試者必須回答同意或是不同意某個題目的敘述。經過兩次測試，包括調查前和調查後，瓦格納發現，九型人格類型和測驗的分數有重大的關聯性。瓦格納的發現指出，這一項客觀的測驗可以用來預測受試者的九型人格類型，具有一定程度的準確性，此外學習九型人格理論也可以增加這個測驗在預測上的有效性。

瓦格納的研究對於九型人格理論的貢獻，在於它藉著許多案例以及其他兩個人格類型研究，來對九型人格進行評估，刻畫出它的輪廓。此外，他努力地發展九型人格的客觀評量，這對於其他和類型相關的研究也有助益，讓我們能夠以一種更簡單、更有效的方式，來斷定類型的準確性，並且制訂類型的普遍原則，描述和區別不同的類型，以及預測類型。

我們當前的研究計畫

我們也對一百七十二名自願的受試者進行了研究，他們都是「直覺研究和訓練中心」（Center for the Investigation and Training of Institution）[9]的成年學生。在進行評量的時候，所有的受試者，已經在一個月前或是在數年前就知道自己的九型人格類型，其中百分之四十七的受試者是在最近一年才知道自己的類型。九型人格實驗小組的大小從十個人（3型人）到三十五個人（9型人）不等。交叉比對以後可以得知，我們的受試者在他們對於九型人格的知識、性別、職業程度和人格類型上，都沒有顯著的關連。

為了評估九型人格的類別差異，我們選擇了邁爾斯類型指標（就像瓦格納一樣），以及「明尼蘇達多相人格測驗」（Minnesota Multiphasic Personality Inventory，簡稱ＭＭＰＩ）。明尼蘇達多相人格測驗，是目前最多人研究的人格指標，但是還沒有人研究它和九型人格之間的關係。明尼蘇達多相人格測驗的十個臨床量表的作用在於，評估一些重大的行為失常，包括臆想症（hypochondriasis）、憂鬱症、歇斯底里症、反社會傾向（psychopathic deviation）、性別認同、妄想症、強迫症、精神分裂症、輕躁症（hypomania）以及社交型內向（social introversion）。此外，明尼蘇達多相人格測驗，還提供了受試者態度的評量，包括了回答的一致性、社會期望以及偽裝疾病（faking pathology）等項目。

為了這個研究計畫，我們也發展出一套九型人格題庫，也就是「柯漢—帕瑪九型人格測驗」（Cohen-Palmer Enneagram Inventory，簡稱ＣＰＥＩ）。柯漢—帕瑪九型人格測驗，匯集了各個九型人格小組的陳述，總共有一〇八道題，嵌入的九個量表各有十二題，要求受試者對於描述性的語句做出二分性的應答，比如說「像我」或是「不像我」。我們假設得分最高的量表，就能指出受試者的九型人格類型（受試者在做這個測驗之前，就已經知道自己的九型人格類型）。

實驗結果：明尼蘇達多相人格測驗

使用單因子變異數分析（one-way analysis of variance）以及事後比較（post hoc comparison）

兩個研究方法，我們發現九型人格小組在以下四個明尼蘇達多相人格測驗的臨床量表上，表現出顯著的差異：憂鬱症、反社會傾向、精神衰弱（強迫症）以及社交型內向。

各個小組的平均分數請參見圖一。

在憂鬱症量表中，我們發現4型人小組的平均分數最高，和7型人小組和3型人小組相較，明顯地高上許多（$p<.002$）。3型人的平均分數最低，4型人、5型人、6型人、9型人、2型人、1型人、8型人這幾個小組的分數，比3型人小組還要高很多。這樣的發現相當合理，因為3型人有否定情緒反應的傾向，4型人則是傾向於表現出如其名號，也就是「浪漫多感」的行為舉止。

圖一　各個九型人格小組在明尼蘇達多相人格測驗所獲得的平均T分數

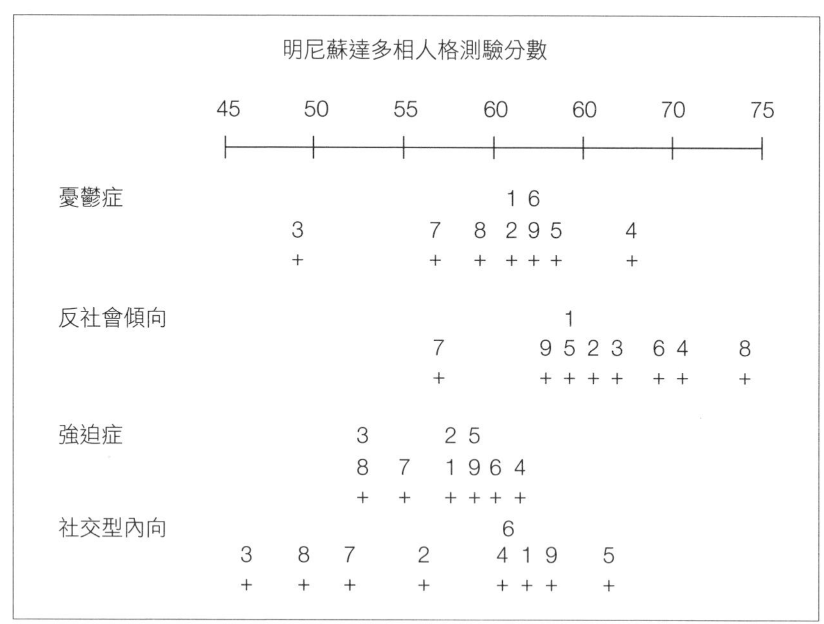

在反社會傾向量表中（p<.006），和其他組別差異最大的是8型人小組，有著最高的平均分數，其次是7型人、9型人和1型人小組。7型人小組的平均分數最低，大大地低於2型人、6型人和4型人小組。這個量表的基本評估標準是這樣的陳述：「充滿活力、富於進取、喜歡冒險、愛交際」為正面的對應行為，以「不友善、耍心機、衝動和反社會」為負面的對應行為[10]。這個發現看起來相當合理，因為8型人有著高度主觀的心理傾向，而7型人則是傾向於維持社會接受度。

在臆想症（強迫症）的量表當中，各個組別也表現出明顯的差異（p<0.3）。這個量表應該反映出受試者是否患有焦慮症，特別是長期的焦慮症[11]，而且必須要可以評量出「一個人是不是無力抗拒特定的行為或思想，不管他們是不是天生適應不良……有著反常的恐懼、自我批判、無法專注以及罪惡感。」[12] 4型人在這個量表獲得最高的平均分數，而且和3型人與8型人小組有著極大的差異。3型人小組的平均分數最低，而且和4型人、5型人、6型人小組有明顯差異。這些發現可能指出了4型人小組相對性地傾向於儀式性行為，3型人小組則是在行為上有比較大的彈性。這兩個概念都吻合九型人格的主要特徵。

在社交型內向量表，各個小組有著高度明顯的差異（p<.0000）。5型人小組的分數最高，和3型人、8型人、7型人、2型人、6型人小組有很大的差異。3型人小組的平均分數最低，而且明顯地比2型人、6型人、4型人、1型人、9型人和5型人小組還低。這個量表的問題和受試者，是否會在社交場合感到不安、沒有安全感、覺得煩惱和缺乏社交參與有關。量表分數越高，就代表這個人越喜歡獨處；分數越低，就代表這個人越喜歡社交。在社交型內向的量表中，「自主性」是我們進行評估的基本要素。

實驗結果：邁爾斯類型指標

使用單因變異數分析，我們也發現九型人格各個小組在「外向—內向」、「實感—直覺」和「情感—思考」，這幾個量表上有著顯著的差異。圖二是九型人格各個小組的平均分數，要注意的是，對於個別受試者來說，在某個項目拿到一百分的意思是，他在這個方面「沒有明確的喜好」。

在「外向—內向」量表中，九型人格的各個類型也有著相當明顯的不同。從我們對九型人格的知識來預測，3型人、7型人、8型人和2型人最為外向，5型人、9型人、1型人和6型人則是歸為內向型人格。就統計來說，5型人和其他的類型有著很大的不同；9型人和3型人、7型人、8型人、4型人不同；1型人、

圖二　九型人格表現：平均的邁爾斯類型指標分數

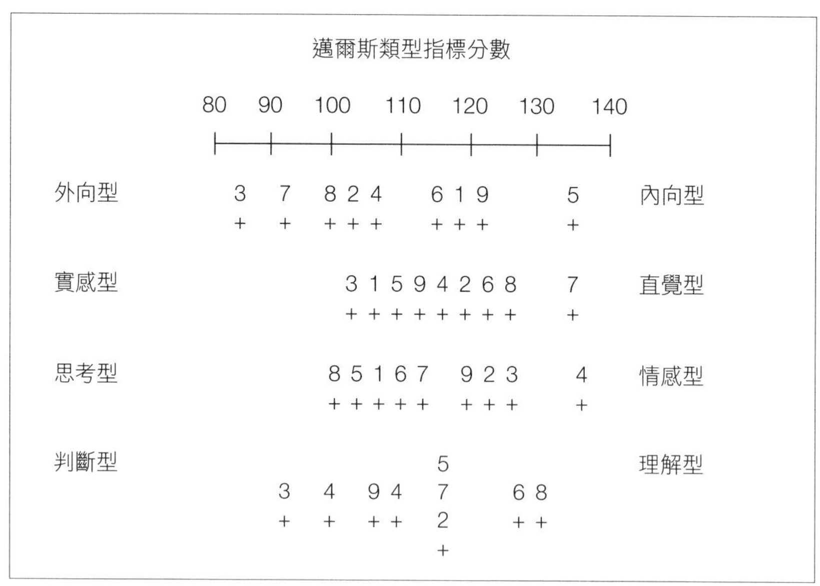

3型人、7型人不同；6型人、3型人、7型人不同；4型人和1型人不同。根據邁爾斯類型指標設計者的臨床解釋，外向型的人「比較容易和外在世界的人事物建立關係，比較無法和內在世界的理念產生關連」。

相反地，內向型的人「比較容易和內在世界的理念建立關係，不容易和外在世界的人事物建立關係」[13]。「外向型—內向型」這一量表的測量結果，和明尼蘇達多相人格測驗社交型內向量表的發現趨於一致：5型人的平均分數最高，3型人的分數最低。

在「實感型—直覺型」量表，九型人格各個小組之間的分數都很接近，其分布都靠近量表的直覺型這一側。整個樣本都向直覺靠攏相當合理，這或許是這個樣本的特色，因為受試者在之前就已經參與了「直覺探索與訓練中心」的活動，顯示出他們對於直覺這個題目有特別的興趣。7型人、8型人、6型人是最靠近這個量表直覺一側的類型。邁爾斯類型指標的設計者，對於受試者人格傾向的臨床解釋指出，「實感型」這一部分的分數，表示受試者「寧願從已知的事實下手，也不願意尋求新的可能性或關係」，「直覺型」的分數則是代表，受試者「寧願從新的可能性或關係下手，也不願處理已知的事實」[14]。

在「思考型—情感型」量表，8型人、5型人、1型人、6型人、7型人最趨於量表的「思考」這一側，4型人則是趨向「情感」這一側。這樣的發現相當合理，因為九型人格對4型人的描述，就是認為他們有一種具備深度與美學性質的情緒化傾向。邁爾斯類型指標的設計者認為，這個部分的「情感」趨向相當具有指標性，因為這些判斷「更基於個人價值，而不是非個人的分析和邏輯判斷」[15]。在這個研究當中，九型人格各個類型在「理解型—判斷型」這個量表，並沒有表現出明顯的差異。

柯漢—帕瑪九型人格題庫

我們希望可以藉由受試者在柯漢—帕瑪九型人格題庫的測量結果，來預測他們屬於九型人格的哪一種類型：計算受試者九組嵌入量表的分數、選擇得分最高的量表、然後進行預測。在我們的預測和受試者真正的人格類型之間，有著顯著的關聯性。預測的成功率從2型人的百分之二十六到8型人的百分之七十二不等。雖然這樣的關聯性比純粹的機率（$p<.0000$）還要好很多，我們依然希望尋找更好的分析方式，來增加我們對九型人格的預測能力。

藉著區別分析（discriminate analysis），我們評量柯漢—帕瑪九型人格題庫的測試題目對於分類的貢獻。區別分析是一種將差異放到最大的技巧，所有的題目都受到評估、接著被排在一起，讓所有的小組在統計學上儘量做出區分。每個題目的重要性或是標準化判別係數都被計算，表示這些題目有足夠的強度可以用來區別不同的群體。使用這些經過評估的題目，我們便能重新將百分之九十七的受試者重新分配到他們正確的九型人格小組中。柯漢—帕瑪九型人格題庫還需要進一步的研究，來評估這種區別分析中題目的重要性程度。藉著柯漢—帕瑪九型人格題庫來評估新的樣本，並且用經過評量的分數來為他們的測驗打分數，我們便能確定柯漢—帕瑪九型人格題庫的題目，用來分別九型人格類型、預測類型的能力。我們計畫要在這個評量過程當中，對多個團體進行測試。

討論

我們的研究部分肯定了瓦格納的發現，亦即九型人格和邁爾斯類型指標所評估的幾個人格面向，有著顯著的差異。我們的發現和瓦格納的發現有四個相似點，但是也有一些重大的例外。首先，雖然我們藉著變異數分析這個方法，發現了兩者的類似之處，然而在「判斷型—理解型」這個量表，九種人格類型彼此之間並沒有表現出明顯的差異。

圖三　基於變異數分析的九型人格預測

實際組別	個案編號	預測的人格類型								
		1	2	3	4	5	6	7	8	9
1	16	16 100%	0	0	0	0	0	0	0	0
2	15	0	15 100%	0	0	0	0	0	0	0
3	9	0	0	9 100%	0	0	0	0	0	0
4	11	1 9%	0	0	10 91%	0	0	0	0	0
5	15	0	0	0	0	15 100%	0	0	0	0
6	24	0	0	0	0	0	22 92%	0	1 4%	0
7	10	1 10%	0	0	0	0	0	9 90%	0	0
8	11	0	0	0	0	0	0	0	11 100%	0
9	27	0	0	0	0	0	0	0	0	27 100%

在這個研究當中，不具價值的研究個案並未列入計算。

瓦格納使用相關研究法（correlational approach），發現1型人和3型人近似於「判斷型」，8型人和9型人則是像「理解型」。此外，瓦格納的受試者當中的2型人和8型人，表現出「外向」的傾向，然而在我們的樣本當中，2型人和8型人則是較為「內向」。最後，在瓦格納的研究當中，5型人小組的成員明顯地偏於「思考型」，但是在我們的樣本中，5型人並沒有特別傾向於「思考型」或是「情感型」。

這些矛盾的發現，說明2型人和8型人可能是內向型，也可能是外向型；5型人可能傾向於思考型，也可能傾向於情感型。對於瓦格納的樣本或是我們的樣本來說，這些發現都有其獨特性，這也有可能是受到該實驗統計分析方法的影響。因此，我們還需要更進一步的研究來複製實驗結果，並且釐清這些差異。

我們對於明尼蘇達多相人格測驗的檢視帶來了相當合理的新發現，考慮到對於九型人格特質現有的描述。在憂鬱症量表，4型人分數最高，3型人分數最低；在反社會傾向量表，8型人分數最高，3型人分數最低；在強迫症量表，4型人分數最高；在社交型內向量表，5型人分數最高，3型人分數最低。

最後，我們的題庫發展活動相當令人振奮，如果把它和瓦格納的量表放在一起看的話。發展一份可靠有效的九型人格評量工具，看起來相當有可能而且有用。將來的研究，我們將會在新的樣本當中，將柯漢—帕瑪九型人格題庫的預測力也包含進來。

附錄註釋

1. J. Lilly, "The Arica Training," in C. Tart, ed., *Transpersonal Psychologies* (New York: Harper & Row, 1975).
2. J. G. Bennett, *Enneagram Studies* (York Beach, Maine: Samuel Weiser, Inc., 1983).
3. J. P. Wagner, "A Descriptive, Reliability and Validity Study of the Enneagram Personality Typology" (Ph.D. diss., Loyola University of Chicago, 1981). *Dissertation Abstracts International*, 41, 1981, 4664A. University Microfilms no. 8109973.
4. J. P. Wagner and R. E. Walker, "Reliability and Validity Study of a Sufi Personality Typology: The Enneagram," *Journal of Clinical Psychology* 39 (5) (Sept. 1983).
5. I. Myers and K. Briggs, *Manuel: A Guide to the Development and Use of the Myers-Briggs Type Indicator* (Palo Alto, Calif.: Consulting Psychologists Press, 1985).
6. T. Millon, *The Millon Self-Report Inventory* (Philadelphia: Saunders, 1974).
7. Marlene Cresci Cohen, Helen Palmer, and Martin Stuart Cohen, *Empirical Comparison of the Enneagram Personality Types*. In preparation, 1987.
8. Wagner, "Enneagram Personality Typology," 145.
9. J. Kunce and W. Anderson, "Normalizing the MMPI," *Journal of Clinical Psychology* 32 (1976): 776-80.
10. R. L. Greene, *The MMPI: An Interpretive Manuel* (New York: Grune and Stratton, 1980).
11. J. Duckworth and W. Anderson, *MMPI Interpretation Manuel for Counselors and Clinicians* (3rd ed.) (Muncie, Ind.: Accelerated Development Press, 1986), 189.
12. Greene, *The MMPI: An Interpretive Manuel*, 99.
13. Meyers and Briggs, *Manuel: A Guide to the Development and Use of the Myers-Briggs Type Indicator* (Palo Alto, Calif.: Consulting Psychologists Press, 1985).
14. 同上，54。
15. 同上，54。

分章註釋

第1章

1 我們認為自己是一個整體，結合了思想、感情、身體記憶以及其他早年認同，這所有的認同形成了我們的「自我觀念」（self-concept），在靈性的教導裡，有時候會把它稱之為「虛假人格」，更常聽到的說法則是「自我」（ego）。一旦自我形成，它就變成我們所認為的「自己」（self），因為我們無法觸及其他的、非自我的意識狀態。
當代一位蘇菲導師，A・H・阿瑪斯（A. H. Almass），將佛洛伊德所談論的自我和靈性傳統所說的自我做了區分：
「佛洛伊德所說的自我可以行使覺察、行動、現實檢驗等功能。這些功能並沒有被包括在靈性傳統以及（葛吉夫）相關的工作文獻之中。後者的「自我」主要指的是給予個體一種「自我感」或是「身分感」的認同作用（identification）。
心理分析的「自我心理學」（ego psychology），特別是它的「客體關係理論」（object relations theory），形構了一套非常有用的方法，讓我們了解這個「自我感」或是「自我認同」究竟是如何形成的。從根本上來說，我們所說的「自我呈現」（self-representation）是由個人早期的經驗所組成，包含了或大或小或片斷或全面的經驗。自我呈現和「客體表徵」（object representation）的發展是同步進行的。」
A.H. Almaas, *Essence, The Diamond Approach to Inner Realization* (York Beach, ME: Samuel Weiser, 1986), 43.

2 *Diagnostic and Statistical Manuel (Third Edition-Revised)*, (Washington, DC: American Psychiatric Association, 1987). 這本書詳細地列出了各種心理功能失調的項目，是健康專業人士的標準參考書，也因為和健康保險給付的項目有關，在全美各地受到廣泛地使用。

3 九型人格和卡巴拉「生命之樹」的關聯性，請見 James Webb, "Sources of the System," *The Harmonious Circle* (New York: G. P. Putnam's Sons, 1980).

4 韋伯斯特（Webster）將「意識」（consciousness）定義為對於某種曾經或正在發生或存在之事物的「覺知」（awareness）。九型人格系統暗示了有某種不同的意識狀態存在，在其中我們可以覺知到非歷史和非當下的事件。定義意識狀態的經典作品是 Charles Tart, *State of Consciousness* (El Cerrito, CA: Psychological Processes, 1983), 1975 初版。另外一本從葛吉夫的觀點來討論意識狀態的經典著作是Charles Tart, *Waking Up* (Boston: Shambhala, 1986)。

5 「觀察自己」和「記得自己」的練習，請見 Charles Tart, *Waking Up* (Boston: Shambhala, 1986)。

6 P. D. Ouspensky, *In Search of the Miraculous* (New York: Harcourt, Brace & World, Inc., 1949), 294.

7 在日常意識狀態當中，注意力最常流向的目標是身體感受、情緒、思想、記憶、計畫以及幻想（又稱為「受到引導的意象」或「白日夢」）。

8 G. I. Gurdjieff, *Life is Real Only Then, When "I Am"* (New York: E. P. Dutton, 1975), 51.

9 Kenneth Walker, *Venture with Ideas* (New York: Pellegrini and Cudahy, 1952), 152.

10 Walker, *Venture with Ideas: Meetings with Gurdjieff and Ouspensky* (New York: Pellegrini & Cudahy, 1952), 183.

11 Ouspensky, *In Search of the Miraculous*, 155.

12 Kenneth Walker, *Gurdjieff, A Study of His Teaching* (London: Unwin Paperbacks, 1979), 96.

13 Walker, *Venture with Ideas*, 114.

14 請見第1章的註釋1。我們可以進一步說，記起自己的本質可能會讓人格解體，因此有件事情相當重要，在人格開始瓦解之後，我們必須好好注意某些殘留的人格特徵，讓它繼續帶領我們朝著本質前進。這種整合性的工作最好透過適當的心理治療來進行。

15 要尋找人格和本質之間的關連有許多方法，阿瑪斯（A. H. Almaas）就這些方法做出了很棒的區別，請見其著作 *Essence, The Diamond Approach to Inner Realization* (York Beach, ME: Samuel Weiser, Inc., 1986), 78。他說：

「有些系統的方法是以本質和人格之間的對立為基礎，這類工作的目標就是要將完整的本質從完整的人格之中解放出來……有些系統一點也不在意本質；它們關注的是人格，把人格視為通往自由的障礙以及造成我們痛苦最根本的原因，因此這類工作的目標就是要消解人格的狹隘性……有些系統單純地建立在對本質的關注之上，它們強調本質，把它視為真理或是唯一的實相，對於其他的面向則是略過不談。」

16 Jan Cox, *Dialogues of Gurdjieff: Vol. 1* (Stone Mountain, GA: Chan Shal Imi Society Press, 1976), 169.

17 Ouspensky, *In Search of the Miraculous*, 267.

18 P. D. Ouspensky, *A Further Record: Extracts from Meetings*, 1928-1945 (London: Arkana Paperdecksm 1986), 246.

19 C. S. Nott, *Journey Through This World: The Second Journal of a Pupil* (New York: Samuel Weiser, Inc., 1869), 87.

第2章

1 請見第1章的註釋7。

2 注意力同時被容納在意識的層次和無意識的層次之中。可以按照我們的意願來轉移和聚焦的注意力，就是由意識掌控；注意力也會在無意識的層面上運作，將安全的訊息接納進來、將不安全的訊息排除出去。

3 Hara 是一個日本字，用來指稱位於肚臍和恥骨之間的腹部能量中心。各種神秘主義修行，無論其文化起源為何，都有提到這個中心。根據奧斯卡．伊察佐的說法，在蘇菲教派裡頭這個中心稱為 Kath。

4 「開放感覺訓練」（open sensing training）和特定的注意力轉移方式有關：藉著讓 Hara 的感覺向外擴張，將周遭環境與他人的能量特質都容納到自己的覺察範圍。

5 這種注意力轉移方式，會讓內在觀察者與非當前事件的視覺化象徵融合在一起。

6 兒童的注意力原本處於一種與環境、與他人合一的狀態，這一層面紗之所以形成，是因為這樣的注意力受到轉移，讓他們開始認同自己人格之中的心理傾向。因此，揭開這一層面紗，就意謂著回想起注意力的移動方式，運用注意力來重新連結失落的本質。

第3章

1 關於「三律」和「七律」如何互相作用，更多詳盡的介紹請見 John Bennett, *The*

Enneagram (Gloucestershire, England: Coombe Springs Press, 1974); Kathleen Riordan Speeth, chapter 7 in *Transpersonal Psychologies*, ed. Charles Tart (New York: Harper & Row, 1975), reprinted by Psychological Processes, Inc., 1983; Kathleen Riordan Speeth, *The Gurdjieff Work* (Berkeley, CA: And/Or Pres, 1976), reprinted by Simon & Schuster (New York: 1978); and Michael Waldberg, *Gurdjieff, An Approach to His Ideas* (London: Routledge and Kegan Paul, 1981) (reprinted from the 1973 French edition).

此外還有兩本書，它們將主動之力、被動之力、調和之力，在改變時所出現的徵兆，應用到商業經營程序的分析過程。由這兩本書來看，人們似乎對神祕主義產生了一些新的興趣，特別是應用到一些和心理過程無關的領域，像是物質世界某個事件的發展進程。這兩本書是Saul Kuchinsky, *Systematics* (Charles Town, WV: Claymont Communications, 1985)以及Robert Campbell, *Fisherman's Guide* (Boston: Shambhala, 1985)。

2 能量可以由一個內在系統轉移到另一個內在系統，這樣的概念對於所有的靈性系統而言都是相當基本的。要轉化意識，一個人必須有持續的能量補給，並且在某個程度上克制能量經常的流出。提升能量的方法有許多種，包括靜心、呼吸練習、身體練習，以及控制地喚起激烈的情感。要克制能量隨意流出的方法，則是一些注意力轉移的方法，防止能量流入慣性的思考、情感以及身體活動。

3 Walter Otto, *The Homeric Gods: The Spiritual Significance of Greek Religion* (New York: Octagon Books, 1978)

4 Walter Otto, *Dionysus: Myth and Cult* (Dallas: Spring Publications, 1981).

5 Ursula LeGuin, *The Left Hand of Darkness* (New York: Ace Books, 1969), Introduction.

第4章

1 John Lilly and Joseph Hart, "The Arica Training," *Transpersonal Psychologies*, ed. Charles Tart (New York: Harper & Row, 1975), reprinted by Psychological Processes, Inc., 1983.

2 Sam Keen, "A Conversation about Ego Destruction with Oscar Ichazo," *Psychology Today* (July 1973), p. 64.

3 Claudio Naranjo, *The One Quest* (London: Wildwood House, 1974).

九型人格是口述教學傳統的一部分。藉由各個人格類型的成員來傳述，亦即由他們訴說自己的故事，最能夠顯現這個題材的力量。和海倫．帕瑪以及敘事傳統中的九型人格研究（Enneagram Studies in the Narrative Tradition）相關的全球課程訊息，請見以下網站：遠距教學課程 www.Enneagram.com；美國以及國際訓練課程 www.EnneagramWorldwide.com。

BC1050R

九型人格聖經：
認識自己，理解他人，找到轉化的力量

The Enneagram:
Understanding Yourself and the Others in Your Life

作　　者　海倫・帕瑪（Helen Palmer）
譯　　者　張佳棻
責任編輯　田哲榮
協力編輯　朗慧
封面設計　黃聖文
內頁排版　李秀菊
校　　對　蔡昊恩

發 行 人　蘇拾平
總 編 輯　于芝峰
副總編輯　田哲榮
業務發行　王綬晨、邱紹溢、劉文雅
行銷企劃　陳詩婷
出　　版　橡實文化 ACORN Publishing
地址：231030新北市新店區北新路三段207-3號5樓
電話：02-8913-1005　傳真：02-8913-1056
網址：www.acornbooks.com.tw
E-mail：acorn@andbooks.com.tw
發　　行　大雁出版基地
地址：231030新北市新店區北新路三段207-3號5樓
電話：02-8913-1005　傳真：02-8913-1056
讀者服務信箱：andbooks@andbooks.com.tw
劃撥帳號：19983379 戶名：大雁文化事業股份有限公司

印　　刷　中原造像股份有限公司
二版一刷　2023年10月
二版二刷　2024年 4 月
定　　價　650元
ISBN 978-626-7313-57-2
（原書名：海倫帕瑪・九型人格聖經：認識自己，理解他人，找到轉化的力量）

國家圖書館出版品預行編目(CIP)資料

九型人格聖經：認識自己，理解他人，找到轉化的力量/海倫　帕瑪(Helen Palmer)著；張佳棻譯. -- 二版. -- 臺北市：橡實文化出版：大雁出版基地發行, 2023.10
面；　公分
譯自：The enneagram : understanding yourself and the others in your life
ISBN 978-626-7313-57-2（平裝）
1.CST: 人格心理學 2.CST: 性格 3.CST: 人格特質
173.75　　112014076